中国教育专业学位研究生教育 20 周年纪念文集

理论卷 / 崔延强　主编

教育专业学位研究生教育的理论研究

全国教育专业学位研究生教育指导委员会　组编

人民教育出版社
PEOPLE'S EDUCATION PRESS
·北京·

图书在版编目（CIP）数据

教育专业学位研究生教育的理论研究／全国教育专业学位研究生教育指导委员会组编. —北京：人民教育出版社，2016.10（2022.7 重印）

ISBN 978-7-107-31242-7

Ⅰ. ①教… Ⅱ. ①全… Ⅲ. ①教育学—研究生教育—理论研究 Ⅳ. ①G40

中国版本图书馆 CIP 数据核字（2016）第 241282 号

教育专业学位研究生教育的理论研究

出版发行 人民教育出版社
　　　　　（北京市海淀区中关村南大街 17 号院 1 号楼　邮编：100081）
网　　址　http://www.pep.com.cn
经　　销　全国新华书店
印　　刷　唐山市润丰印务有限公司
版　　次　2016 年 10 月第 1 版
印　　次　2022 年 7 月第 2 次印刷
开　　本　787 毫米×1092 毫米　1/16
印　　张　24
字　　数　512 千字
印　　数　3 001～5 000 册
定　　价　45.60 元

序

钟秉林

1996 年 4 月 13 日，国务院学位委员会第十四次会议审议通过《关于设置和试办教育硕士专业学位的报告》。同年 6 月 10 日，国务院学位委员会办公室、国家教委研究生工作办公室下发《关于开展教育硕士专业学位试点工作的通知》。1997 年 9 月，第一批教育硕士专业学位研究生入学。由此开启了教育专业学位研究生教育在我国的发展历史。

20 年来，在国务院学位委员会、教育部的领导下，在各培养院校的共同努力下，教育专业学位研究生教育从无到有，从小到大，培养院校由最初的 16 所增至 142 所，累计招生 25 万余人，授予学位人数超过 15 万，为基础教育输送了大批优秀的教师和教育管理干部。教育专业学位业已成为我国规模最大的专业学位类型之一。

20 年来，教育专业学位研究生教育的招生专业领域和方向从试点阶段的两个领域、7 个方向拓展至 9 个领域、20 个方向，不仅覆盖了基础教育各个学段、各个学科教师的培养，而且扩展到中等职业技术教育领域，从而更好地满足了教育事业发展对高素质、专业化教师的迫切需求。2008 年 12 月 30 日，国务院学位委员会第 26 次会议审议通过了《教育博士专业学位设置方案》，决定在我国设置和试办教育博士专业学位，至此，我国形成了完整的教育专业学位研究生教育体系。

20 年来，在地方教育行政部门和基础教育学校的大力支持下，历届全国教育专业学位研究生教育指导委员会和培养院校共同努力，逐渐建立了系统的人才培养体制和机制，形成了较为完善的教育专业学位研究生教育质量保障体系，为教育专业学位研究生教育的可持续发展奠定了重要的基础。各培养院校根据区情校情，锐意进取，不断探索，积累了丰富的人才培养经验，产生了一大批具有鲜明特色的优秀的教学改革成果。

20 年来，随着教育专业学位研究生教育的改革发展，对教育专业学位研究生教育的理论研究、政策研究和实践研究不断拓展、深入，成为教育研究新兴的重要研究领域，取得了丰富的研究成果。不同方面和不同视角的研究为教育专业学位研究生教育的健康可持续发展提供了重要的理论支撑和决策依据。

为了全面回顾 20 年来我国教育专业学位研究生教育所走过的艰辛历程，系统总结取得的成功经验和典型案例，深入分析存在的现实问题及其产生根源，科学谋划未来发展的总体战略和策略举措，全国教育专业学位研究生教育指导委员会决定组编《教育专业学位研究生教育的理论研究》和《教育专业学位研究生教育的实践探索》两本专辑，并委托崔延强委员、吴刚委员和刘铁芳委员分别担任主编。在此对他们的辛勤付出表示衷心感谢。

多年来，人民教育出版社对全国教育专业学位研究生教育指导委员会的各项工作给予了宝贵支持，为我国教育专业学位研究生教育的发展做出了突出贡献。在此谨向人民教育出版社的领导和编审人员表示诚挚的谢意。

2016 年 7 月 20 日

（本序作者系全国教育专业学位研究生教育指导委员会主任委员）

目　录

第一编　总论

以科学发展观为指导，
稳步推进教育硕士专业学位试点工作

顾明远

（北京师范大学）

全国教育硕士专业学位教育指导委员会成立以来，在国务院学位委员会办公室的直接领导及培养院校的大力支持下，解放思想，开拓进取，认真履行国务院学位委员会与教育部有关文件中所确定的专业学位教育指导委员会的职责，在开创我国教育硕士专业学位教育方面，在教育硕士专业学位的学科建设、探讨教育硕士专业学位教育的规律及指导培养院校的工作等方面做了大量的工作，取得了令人瞩目的成绩，得到了各院校的认可。现将所做工作总结如下。

一、坚持为基础教育服务的正确方向，准确把握教育硕士专业学位的教育目标
（一）认真探讨，形成共识

早在 1996 年全国教育硕士专业学位专家指导小组（全国教育硕士专业学位教育指导委员会前身）成立会议上，对教育硕士专业学位设置的背景、教育硕士专业学位的培养目标及规格定位、培养模式等问题已进行了探讨并统一了思想。全体专家小组成员一致认为教育硕士专业学位的设置不仅是调整我国学位与研究生教育结构、完善我国学位制度的需要，还是加速我国教师专业化进程、优化我国中小学教师队伍结构、培养高素质教师的需要。作为一种新型的学位教育，教育硕士是一种具有教师职业背景的专业性学位，对其培养目标需合理定位，必须保证教育质量，坚持教师教育理论与教师教育实践的有效结合，对教育硕士专业学位研究生进行专门的、高水平的教师职业专门训练，使其树立科学的现代教育观，具有较高的教育学科的理论素养及从事中小学教育教学的能力，并掌握现代教育教学技术与方法，成为高素质教师。

（二）采取多种有效形式，向社会宣传

为了保证教育硕士专业学位教育目标的正确体现，针对创办初期普遍存在的对教育硕士专业学位教育性质的误解，教育指导委员会加大了对工作的宣传力度，尤其是重视对培养院校内部的宣传。为此，教育硕士专业学位教育指导委员会采取工作会议宣讲、撰写专门文章、到培养院校作报告等形式，进行广泛的宣传。委员们也在报纸、杂志上发表了十余篇专门的文章。另外，教育指导委员会秘书处还编辑了文件、论文集，许多院校将其转印供教师、管理人员学习。这些做法取得了较好效果。

（三）发挥教育指导委员会的权威性，及时制止培养院校偏离正确轨道的苗头

受传统学术型研究生培养定势的影响以及市场运作的误导，有的培养院校在制订具体的培养方案以及在培养过程中，出现了一些偏差，对此教育指导委员会不是指责，而是对培养院校进行有针对性的专门指导或专项培训，使培养院校很快纠正了偏差，坚持了教育硕士专业学位教育研究生培养的正确方向与定位。

二、以科学发展观为指导，坚持正确的工作方针

（一）积极稳妥地扩展专业

多年来，为适应中小学教师职业发展与学习的需要，教育指导委员会针对我国中小学教育实际，特别是基础教育课程改革发展的需要，认真研究教育硕士专业设置的指导思想、原则及扩展方向，采取了先论证、后设置，按其必要性、科学性、可行性逐步扩展的工作思路，积极稳妥地进行专业建设。到目前为止，已初步形成了我国教育硕士专业学位专业设置框架。

（二）坚持开放，积极稳妥地扩展培养院校

从整体上优化我国中小学教师队伍的学历学位结构、培养高素质教师，不能仅仅依靠少数院校。积极扩展教育硕士培养单位才能提高培养能力，促进规模与效益的提高。如何做好培养院校的扩展工作，经多次研究，统一了思想，明确了工作的指导思想与原则。

第一，积极稳妥地扩展。因教育硕士专业学位教育正处于试办阶段，培养与管理经验不足，为保证整体的教育质量，培养单位的扩展要稳步、分批进行。

第二，坚持以普通高等师范院校为主体，向具备条件的综合大学开放。

第三，坚持准入制度。为保证教育硕士的培养质量，教育指导委员会提出了培养单位的准入资格与条件，并按资格、条件对申请院校进行考察、审核。审批工作按规定程序进行。

第四，坚持合理布局。从我国教师培训现行管理体制出发，教育指导委员会认为，基于发展极不平衡的国情，培养院校的布局必须合理，并向西北地区倾斜。

三、以培养工作为中心，积极开展基础性工作

培养工作是教育指导委员会的中心工作。围绕这一中心，教育指导委员会主要做了以下几方面的工作。

（一）组织研制、论证、审核培养方案

培养方案是教育硕士的培养与管理工作的基础。在此项工作中，教育指导委员会抓的第一项工作是统一对教育硕士专业学位的性质与培养目标的认识。第二项工作是组织由有关院校专家组成的若干专业培养方案研制组，研究制订具体的专业培养方案。

在研制培养方案的过程中，研制组重视对教师职业活动进行分析，在教师应具有的现代职业素质、教师教育课程理念、培养方式、培养过程、课程结构等方面形成了较为一致

的、相对稳定的认识，形成了关于培养方案的一般模式。

（二）重视课程建设，构建教育硕士专业学位课程体系

如何设计结构合理的课程体系，一直是我们探讨的主要问题。教育硕士专业学位课程设计的基本思路是：本着少而精的原则，体现宽、新、实的精神，加强基础，关注实践，拓宽口径，体现现代教育新观念与改革新进展。在对培养目标及规格准确定位的基础上，教育指导委员会在组织、研制课程计划的过程中，在理论课与实践课、教育学科课程与学科专业课程、一般教育类课程与学科教育课程、必修课与选修课之间的关系和具体的课程设置等方面形成了较为稳定的认识，并设计了体现教育硕士专业学位层次特点、适应教师职业发展需要并具有时代特点的课程体系。

教育硕士专业学位课程体系的建构工作，集中在两个方面：一是课程标准的研制工作；二是编写教学大纲。

（三）积极推进教材建设及案例教学

案例教学以研究"问题"为中心，提倡师生共同参与。通过对实际案例的讨论分析，有效地提高学生分析问题、解决问题的能力及在案例分析中理论应用的能力，加深对理论实质的理解把握。为适应课程教学工作需要，教育指导委员会一方面组织专家学习，借鉴国外案例教学的经验；另一方面设立案例教学专项研究项目，进行案例教学理论与实践研究，积极推进案例教材建设与案例教学。

为适应教育硕士课程教学学习需要，教育指导委员会拨出专款组织专家编写教材，并作为推荐教材供各试点院校教师使用。

（四）制定学位论文标准，保证学位论文质量

各试点院校十分重视教育硕士专业学位论文的撰写工作。为了规范教育硕士学位论文的撰写，教育指导委员会在专家充分研讨和广泛征求院校教师意见的基础上，制定了《关于教育硕士专业学位论文标准的规定》，强调选题的针对性、实践性及论文理论联系实际的水平，对论文字数、论文形式和论文参考文献等都做出了具体的、可操作的规定。

四、采取积极有效措施，加强师资培训和导师队伍建设

在教育硕士专业学位试办过程中，试点院校普遍感到现有教师队伍在适应教育硕士培养规模发展与保证培养质量方面存在一些急需解决的问题，主要有：1. 随着培养规模的扩大，师资队伍存在着数量上的不足，且在某些学科专业方向上较为突出。2. 教育硕士专业学位教育对于培养院校来说是一种新的教育。在课程教学与学生指导方面，原有教育学硕士学位教育的定势对任课教师与指导教师影响较大。3. 培养院校中相当一部分教师对基础教育教学现状与改革不很了解，在课程教学与学生论文指导工作中表现出针对性不强等问题。

对师资队伍方面存在的问题，教育指导委员会给予了高度重视，并采取了一系列措施，取得了较好成效。

1. 认真总结、推广试点院校在师资队伍建设方面所取得的富有成效的做法与经验。这包括提出教育硕士导师聘任条件；积极开展对试点院校任课教师与导师的培训工作，将编写、修订课程教学大纲与师资培训有机结合起来，使之适应教育硕士课程教学与学生指导的需要。

2. 积极开展教学研讨活动。由教育指导委员会委员主持，分片、分学科举办课程教学研讨会，发挥各试点院校教师教育资源优势，做到优势互补。另外，通过送专家报告上门的方式，就课程教学与建设、学位论文指导等问题组织专题报告会，对试点院校教师进行有针对性的辅导。

3. 举办新增培养单位培训班，提高新增试点院校对教育硕士专业学位教育的认识，使之了解教育硕士专业学位教育培养与管理工作的特点及基本要求。教育指导委员会委员实地考察申请教育硕士研究生培养单位，通过现场指导，统一其思想，提高申请单位对教育硕士专业学位教育的认识。

五、组织联合检查，开展调查研究

（一）及时了解教育硕士专业学位教育试办情况，并对其进行有效的监控、指导

鉴于教育硕士专业学位教育工作尚处于试办、摸索阶段，教育指导委员会将联合检查的目的定位为以调查研究为主，检查工作为辅。通过自检、联检、总结、报告，教育指导委员会不仅发挥了其指导、监督的职责，还从中归纳出一些培养与管理规律，并以教育指导委员会名义下发了一些文件，规范试点院校的培养与管理行为。

（二）积极开展评估研究

评估对培养院校具有指挥棒的作用。科学的评估方案对于今后提高教育硕士研究生培养质量至关重要。教育指导委员会十分重视评估工作研究。这经历了一个从内容到步骤不断调整和完善的过程。经过多次研讨，形成了包括培养条件等4个一级指标、学位点建设基础等13个二级指标和导师队伍结构等37个三级指标的评估指标体系及等级标准。

六、积极开展研究工作，以科研促培养

教育指导委员会制订科研立项指南，组织申报与立项，并于1998年11月开始启动。截至2003年上半年，培养院校共撰写论文105篇，其中公开发表论文77篇，有3篇文章获得省级教学、科研成果奖励；编写案例75个；研制多媒体教学课件50余个，其中有6个课件分别获得全国第一、二、三届计算机多媒体教学研究成果评比交流大会一等奖和二等奖。

七、健全教育硕士专业学位教育指导委员会的工作制度与方法

试办阶段，教育指导委员会建立了年会工作制度、学科教学小组专项工作研究制度和信息资料通报制度。这些制度的建立保证了教育硕士专业学位试点工作顺利开展。教育指

导委员会还十分重视行业自律。为了提高试点院校的自律意识，正确处理自主与自律的关系，我们通过联合检查，规范教育硕士研究生培养单位办学行为；针对教育硕士专业学位试办阶段出现的一些情况，当很难对其培养行为做出正确与错误的结论时，教育指导委员会采取重点调查、研究的方式，规范其办学行为；通过各种会议，交流经验，进行正面引导；针对存在的问题，教育指导委员会领导进行集中点评；在普遍调研和重点调研及广泛征求专家和院校意见的基础上，出台了行业内部的规范文件，在制度上保证教育硕士专业学位教育行为的规范性；收集社会和院校的反映，根据不同情况，采取不同的处理方法，维护教育硕士专业学位的教育形象。

八、关于招生工作

为保持教育硕士专业学位良好的社会形象，教育指导委员会要求培养院校自觉贯彻《中华人民共和国学位条例》中有关招生工作的精神，处理好质量与数量之间的关系。根据当前招生工作的现状，教育指导委员会十分重视对录取工作的指导和招生信息的沟通工作。

九、有待进一步深入研究和解决的问题

教育硕士专业学位教育指导委员会要继续认真贯彻国务院学位委员会与教育部确立的"在保证质量的前提下，积极发展专业学位教育"的工作方针以及坚持科学发展观，树立品牌意识，以质量、特色求发展的工作思路，特别要重点抓好以下几方面的工作：第一，加强教育硕士专业学位的宏观规划研究，如对我国教育硕士专业学位教育的专业设置原则与发展方向、教育硕士专业学位教育的宏观布局等带有全局性的问题进行研究；第二，加强教育硕士专业学位标准研究，继续下大力气研究培养方案及教学大纲，使之符合专业学位特点及教师职业发展需要；第三，建立教育硕士专业学位质量评估制度，构建质量保证体系；第四，研究制订2006—2008年教育硕士专业学位教育科研项目指南，深入开展科学研究工作；第五，继续完善教育硕士专业学位教育指导委员会的工作制度，更好发挥其作用；第六，进一步扩大宣传，要加强与外界的交流，要关注基础教育与教师教育改革与发展动态，要建立专门网站，为试点单位搭建交流平台，扩大影响，引起全社会的重视；第七，积极开展设置教育博士专业学位的研究工作，对设置教育博士专业学位的可行性、必要性进行论证，同时要研究教育博士专业学位课程设置、学习内容、招生对象等具操作性的问题；第八，要继续研究在大学本科生中招收教育硕士专业学位研究生的工作，论证其必要性、可行性等问题。

早在教育硕士专业学位教育指导委员会成立之初，国务院学位委员会办公室明确指出：教育指导委员会的宗旨在于指导、协调全国教育硕士专业学位教育工作，监督教育硕士专业学位教育质量，推进基础教育师资队伍和管理干部队伍的建设，加强教育硕士专业学位教育的国际交流与合作，促进我国教育硕士专业学位教育制度不断完善和发展。八年

的工作实践证明，在国务院学位委员会办公室领导下，教育指导委员会出色地完成了对教育硕士专业学位教育工作的指导、协调、监督和为国家教育主管部门提供有关政策建议和咨询的任务。

（本文选自《学位与研究生教育》2006年第5期）

我国专业学位教育发展的新突破

——写在教育博士专业学位诞生之际

钟秉林　张斌贤

（北京师范大学）

2008 年岁末，从刚刚结束的国务院学位委员会第 26 次会议上，传来了令人振奋的好消息。经过委员们认真审议和投票表决，通过了教育博士专业学位设置方案。教育博士专业学位的设置，是我国学位与研究生教育发展的一件大事，是继 1996 年设置教育硕士专业学位以来，教育专业学位教育发展史上的一个新亮点，具有新的里程碑意义。

教育博士专业学位（Professional Doctorate in Education）一般称为教育博士（Education Doctor，英文缩写为 Ed.D.），是一种国际通行的高级专业学位。它以从事教育管理和教育教学工作、具有丰富实践经验并已取得一定成就的专业人员为培养对象，以造就善于运用科学理论与方法，探索和解决教育实际工作中复杂问题的高级职业型人才为培养目标。此前，受国务院学位委员会办公室的委托，全国教育硕士专业学位教育指导委员会组织有关专家学者历经两年时间就设置教育博士专业的必要性、可行性和实施方案等进行了详细论证。本文将就有关问题进行阐释。

一、设置教育博士专业学位的必要性

改革开放三十年来，随着经济社会和教育事业的发展，在我国设置教育博士专业学位，不仅具有广泛和迫切的需求，而且具有重要的战略意义。

（一）设置教育博士专业学位是经济社会和教育事业发展的客观需要

党的十七大把科学发展观确立为我国经济社会发展的重要指导方针。学习实践科学发展观，要求教育事业主动适应经济社会发展的客观需要，创新教育体制和机制，不断提高人才培养质量。我国的经济社会领域正在发生巨大的变革，经济增长方式转变，经济结构、产业结构和职业结构不断调整，劳动力市场的需求日益多样化。这些变革都直接影响着人才培养的层次、类型和规格，要求在人才培养体系、模式等方面进行相应的改革和创新。工作在教育领域一线的教育行政部门和各级各类学校的管理干部、中小学教师，是支撑我国教育发展的基本力量，肩负着重要的使命和责任。他们对教育规律的认识程度，把握教育政策的水平，教育教学与管理的能力，直接影响着我国教育现代化事业的进程。党的十七大把建设人力资源强国和创新型国家作为重要的战略目标，提出要优先发展教育，要求"注重培养一线的创新人才"。设置教育博士专业学位，培养造就实际从事教育教学

和教育行政管理工作的高级职业型人才，充分适应了国家经济社会和教育事业发展对一线创新人才的迫切需要。

（二）设置教育博士专业学位是拓展优质教育资源的重要举措

随着我国教育事业的发展，广大人民群众对接受高质量教育的需求不断增长，优质教育资源严重短缺已成为我国教育发展的主要矛盾。而在构成优质教育的所有要素中，高素质、专业化的教师和教育管理人员是核心要素。如何不断提高在职教师和教育管理人员的综合素质，提高其运用科学理论和方法解决、探索实际工作中复杂问题的能力，是优化和拓展优质教育资源、提高教育质量和效能的关键。设置教育博士专业学位，将为大批在教育实践中已经积累了丰富经验和取得一定工作业绩的优秀教师和教育管理人员提供高水平的职业发展平台，满足他们高端职业发展的迫切需要，使他们通过更高层次的系统训练，开阔视野、丰富思想，不断提高教育教学和管理工作的成效，为办好人民满意的教育做出更大贡献。

（三）设置教育博士专业学位是推进教师教育创新和教育管理者职业拓展的重要途径

我国是教育大国，教育人口为 3.35 亿，占总人口的 25.6%。全国现有 48 万多所各级各类学校（其中，小学 396 567 所，初中 60 885 所，普通高中和职业技术学校 23 798 所，高等院校 2 305 所），有 1 600 多万教师和教育管理人员（其中包含 100 多万名中小学校长和数以万计的中小学特级教师以及大批高校管理干部）。进一步提高广大教师和教育管理干部的能力和素质，是今后一个历史时期我国教育改革与发展所面临的艰巨任务。温家宝指出，中国需要建设一支规模宏大、素质优良的教师队伍，造就一大批教育家。多年来，我国教育战线的管理人员和教师大多是在基层工作和教育教学实践中成长起来的。这种基于"做中学"和经验活动获得发展的方式，尽管曾经造就了一些优秀教育管理者和教师，但不是创新型领导和中小学名师成长的唯一高效模式，更无法满足在日益复杂和多元的社会环境中造就一批教育家的要求。设置教育博士专业学位，有利于创新优秀教师和教育管理者的职业持续发展模式，培养造就大批高层次的、具有实践研究和实践反思能力的教学名师和优秀教育管理者，并从中产生一批人民教育家。

（四）设置教育博士专业学位是深化学位与研究生教育改革的重要探索

我国已经成为世界研究生教育第一大国。如何在数量增长的同时，保证和不断提高研究生教育的质量，使我国从研究生教育大国逐步迈向研究生教育强国，是我国学位与研究生教育发展的时代命题和战略目标。调整研究生教育的结构，拓展研究生教育的类型，改变长期形成的单一的学术型人才培养模式，满足经济社会发展对人才的多样化需求，是实现这个战略目标的重要策略。从 1984 年到 2006 年，全国先后有 2 567 人获得教育学博士学位，他们中的绝大多数都活跃在高等院校和教育科研机构，从事教育学科的教学和科研工作。由于现有学位类型的单一性，教育实际工作领域所需要的各种类型的高级职业型人才难以进行系统地和有计划地培养。教育博士专业学位的设置，不仅将填补我国学位体系的空白，也将使教育领域高级学术型人才和高级职业型人才的培养相互协调，相得益彰。

二、设置教育博士专业学位的可行性

随着我国高等教育和教育学科的发展，在我国设置教育博士专业学位已经具备了实施的可行性。

（一）丰富的培养经验

从 1979 年至今，我国教育学领域学术型高级人才培养已有近 30 年的历史，先后培养了数万名教育学硕士和教育学博士，为高等院校和教育科研机构输送了大批高素质的学术型人才，为我国教育科学事业的发展做出了重要贡献。经过多年的努力，我国高校不仅形成了教育领域学术型人才培养的体制和机制，而且积累了丰富的培养职业型人才的经验。从 1996 年国务院学位委员会审议通过《关于设置和试办教育硕士专业学位的报告》以来，历经十余年的发展，教育硕士专业学位教育已经成为我国规模最大的专业学位类型之一。累计招收 6 万多名学员，3 万余人获得教育硕士专业学位，其中涌现出了大批特级教师、学科带头人和 2 000 多名中小学校长、地方教育行政部门负责人，为我国基础教育的改革和发展做出了重要贡献。承担教育硕士培养工作的高校积极探索职业型人才培养的客观规律，创新人才培养模式，改革教育教学内容，建立实验实践基地，为进一步提升教育职业型人才培养规格和开展教育博士专业学位教育，积累了丰富的经验。

从 2000 年以来，北京师范大学、华中科技大学、北京大学等国内知名高校先后通过各种方式，尝试在现行教育学博士学位体系和制度范围内开展高级职业型人才的培养，先后为教育行政部门、高等院校和中小学培养了数十位高素质、研究型的管理人员。在实践过程中，这些院校通过制订培养方案、更新课程内容、改革教学方式、加强实践研究和反思环节、吸收相关领域的专家合作指导等措施，探索出了一套培养研究型职业人才的经验。

此外，我国已经开设的兽医、临床医学和口腔医学等领域的专业博士学位教育取得的经验，也为开设教育博士专业学位提供了有益的借鉴。

（二）良好的培养条件

经过 20 多年的学科基础建设和师资队伍建设，我国有关高校已经具备了开展教育博士专业学位教育的良好条件。第一，随着我国学位与研究生教育事业的发展，近年来，高等院校教师获得博士学位的比例显著提高，学历结构不断改善（以北京师范大学为例，具有博士学位的教师已占教师总数的 78.6%），整体素质和国际化程度不断提高，这为开展教育博士专业学位教育提供了良好的教师资源。第二，随着我国教育改革的推进和教育事业的发展，高等学校的教育学科建设不断加强，且呈现出显著的变化。关注教育现实问题、强调理论研究与教育实践的结合、注重研究方法的创新，已经成为教育学科发展的重要趋势，这为开展教育博士专业学位教育提供了有效的知识基础。第三，近年来，有关高校重视教育学科的实验、实践和实习基地的建设。在十余年来教育硕士专业学位教育的实践中，许多高校与地方教育行政部门、中小学共建了较为系统的实验和实践基地，这为开展教育博士专业学位教育提供了丰富的"知识实验"的基础。

此外，近年来有关高校在教学建设（包括图书资料、信息网络系统、教学资源等）方面所取得的显著成绩，也为开展教育博士专业学位教育提供了必要的保障条件。

（三）充足的生源保证

教育博士专业学位主要面向教育领域具有丰富实践经验和取得较好工作业绩的优秀中小学教师、各级各类学校和教育行政部门的管理人员。在全国教育领域工作的广大教师和教育管理干部中，有数以万计已经获得硕士学位的特级教师、师德标兵和学科带头人以及在管理工作岗位上做出突出成绩的教育管理干部。据教育部师范教育司统计，全国高中教师中已经获得硕士学位的比例为 1.5% 左右。目前，包括中小学优秀教师和优秀管理干部、各类高校教育管理干部、教育行政部门管理人员，已经具备攻读教育博士专业学位基本条件的人数至少有 10 万人；再考虑到教育领域每年新增的教师和教育管理干部的人数，这个数字将更为可观，为开设教育博士专业学位提供了充足的生源。

（四）国际经验的借鉴

从 1921 年哈佛大学开始设置教育博士专业学位以来，教育博士专业学位教育先后在美国、澳大利亚、英国、爱尔兰等发达国家和我国香港地区开设。经过多年的探索，教育博士专业学位教育已经积累了丰富的经验，形成了较为成熟的办学模式，为我国有效吸取和借鉴先进经验提供了有利的条件。

事实上，近年来国内有关高校就已经开始自觉地系统借鉴国外的先进经验。北京大学、北京师范大学等著名高校先后与哥伦比亚大学、宾夕法尼亚大学、香港大学等境外著名高校开展合作，吸收境外优质教育资源共同参与整个培养过程（包括招生对象和报考条件的确定、入学考试科目和内容的设计、课程计划和论文标准的研制等），学习到了境外相对成熟的教育博士专业学位教育的经验，从而不仅为今后自主开展教育博士专业学位教育，也为进一步开展相应领域的国际交流与合作奠定了良好的基础。

三、教育博士专业学位的特点

教育博士专业学位不同于教育学博士，具有鲜明的实践特性和职业导向。

作为一种学术学位（academic degree），教育学博士学位要求学生进行原创性研究，为人类知识创新做出贡献，毕业生大都选择高校和教育科研机构从事教学科研工作；而作为一种专业学位（professional degree），教育博士专业学位则主要面向中小学教师、各级各类学校管理部门和教育行政机构的在职人员，要求学生综合掌握各种知识和方法，创造性地解决教育领域中的实际问题。二者的区别具体体现在以下几个方面。

（一）培养目标

教育学博士注重培养"专业的研究人员"（professional researchers），主要为高校和教育科研机构培养师资和科研人员，"学术性"是它的基本价值取向。教育博士专业学位则旨在培养"研究型的专业人员"（researching professionals），主要目的是通过博士阶段的专业训练，使业已具有丰富经验并取得一定成就的教育管理人员和中小学优秀教师掌握相应的专业理论知识，发展从事教育教学或教育管理的专业能力，深化对教育专业特性和规律的理解，养成通过科学研究解决教育实际问题的意识和方法，"实践性"是其基本价值取向。

（二）培养对象

教育学博士学位教育通常并不具体规定培养对象是否应具有一定的实际工作经验；而教育博士专业学位教育则要求学员具有较为丰富的实践经验和优良的工作业绩。

（三）课程设置

教育学博士学位教育的课程通常注重基本理论的专题研讨和文献研究；教育博士专业学位教育的课程设置则要求更强的结构性和规定性，要求课程体系更能体现综合性、宽广性和实用性。

（四）教学方式

教育学博士学位教育更为注重个人研究和师生之间的交流；教育博士专业学位教育则重视采用团队学习以及各种探究式教学方式（如专题研讨、现场研究、案例分析及社会调查等），以促进学员的经验共享与合作反思。

（五）论文要求

教育学博士学位论文通常要求有原创性研究成果，对人类知识体系有新的贡献，注重研究的理论意义和学术价值；教育博士专业学位论文则要求以教育实践中的关键问题为中心，强调运用所学理论和方法分析问题、解决问题，并通过实践探索创生知识，注重研究的实践意义和应用价值。

在教育博士专业学位设置后，如何保证教育质量，将是教育博士专业学位教育平稳健康发展所面临的关键问题。为此，应在科学研究的基础上设计培养方案和课程体系，系统构建教育博士专业学位的教育标准，并建立严格的质量评价和监控机制。我们相信，只要思路明确，措施得力，制度健全，就一定能保证教育博士专业学位教育的高质量和高水平，从而使教育博士专业学位教育在推进我国教育改革与发展中发挥重要的作用。

（本文选自《中国高等教育》2009 年 Z1 期）

我国教育硕士专业学位研究生
教育综合改革的探索与思考

张斌贤　李子江　翟东升

（北京师范大学）

 摘要

　　总结了各教育硕士专业学位研究生教育综合改革试点高校采取的改革举措以及取得的成效，并针对改革中面临的困难提出了进一步深化改革的政策建议。

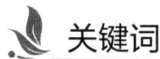 关键词

　　教育硕士；专业学位研究生教育；综合改革

　　为贯彻落实《国家中长期教育改革和发展规划纲要（2010—2020年）》精神，进一步推进研究生教育改革与发展，促进专业学位研究生教育更好地适应经济社会发展对高层次应用型人才的需要，2010年教育部决定批准北京师范大学等64所高等学校开展专业学位研究生教育综合改革试点工作。几年来，教育硕士专业学位研究生教育综合改革试点高校按照教育部《关于实施专业学位研究生教育综合改革试点工作的指导意见》，在全国教育专业学位研究生教育指导委员会的具体指导下，积极探索和创新符合教育专业学位研究生教育特点的培养模式和管理体制，在建立和完善具有中国特色的教育专业学位研究生教育制度方面取得了一系列卓有成效的成果，顺利完成了改革试点工作的目标。

一、改革措施
（一）高度重视试点工作，完善组织管理机制
　　各改革试点高校高度重视教育硕士专业学位研究生教育综合改革试点工作，通过学校领导讲话、专家报告、专题讨论等形式，提高学校各级领导及教师对综合改革工作重要性的认识；加强顶层设计和组织协调，建立制度保障机制，充分配置办学资源。大多数高校都成立了由校领导任组长，相关职能部门负责人、试点学院（系）负责人参加的综合改革试点领导小组和专家指导组，负责统一领导、规划设计和组织实施综合改革试点各项工作，定期进行教育硕士专业学位综合改革试点工作理论与方法、问题与对策的交流与研讨，为做好试点工作的具体实施提供了制度保障。

（二）明确试点工作的目标、任务，修订或完善改革方案

各试点单位认真学习教育部有关专业学位研究生教育综合改革试点工作的文件和重要讲话精神，积极开展相关方面的学习与调研，组织教师教育方面的专家研究制定教育硕士专业学位研究生教育综合改革试点工作的实施方案，确定关于综合改革试点工作的主要目标、任务和措施，以及在办学思想、培养目标、招生办法、培养方案、师资队伍、管理体制、课程设计、实习基地建设、考核方式等方面的改革要点，培养模式创新和管理体制改革方面要实现的重点目标和主要创新点以及保障措施等，形成了明确的改革试点思路；召开了教育硕士专业学位研究生教育综合改革试点工作会议，广泛征求各方面的意见，让学校各有关部门，各承担教育硕士专业学位研究生培养任务的学院的领导、教师、管理干部均较清楚地了解综合改革试点工作的基本方向、工作思路和改革内容，为顺利推进综合改革试点工作奠定了重要基础。

（三）完善相关配套政策，推进改革试点

教育硕士专业学位研究生教育综合改革是一项需要一定人力、物力、财力投入的工作。各试点单位主动与地方教育主管部门汇报和沟通，争取经费和政策支持。各个试点单位也想方设法投入专项经费，根据教育部专业学位研究生教育综合改革试点资助经费，按1:1的比例配套设立教育硕士专业学位研究生教育综合改革试点专项基金，确保教育硕士专业学位研究生教育各项工作的顺利开展。例如，广州大学将教育硕士经费支持列入学校年度财政开支专项，对全日制教育硕士生提供与学术型学位研究生同等的奖学金支持。广州市政府支持学校对全日制教育硕士研究生实行免学费的政策，从2010年开始下拨专业学位研究生教育综合改革试点专项经费，连续三年每年支持50万元用于学校开展教育硕士专业学位研究生教育综合改革试点工作。此外，许多试点单位修订或出台了相关政策文件，推进教育硕士专业学位研究生教育综合改革试点。

二、特色与经验

各试点单位整体规划，大胆探索，积极创新，在培养模式创新、课程体系创新、管理体制创新等方面都取得了一定的突破，积累了具有典型意义的做法和有益经验。

（一）加强组织管理机构建设，创新专业学位研究生教育管理体制

教育硕士专业学位研究生教育综合改革本身所具有的综合性、实践性和实验性，要求试点单位创新管理体制，积聚多方面的管理力量，统筹各方面的管理资源，调动多方面的积极性，不断提高改革的成效。各试点高校按照教育部研究生教育综合改革试点工作的指导思想及其目标任务，加强教育专业学位教育管理体制改革创新。沈阳师范大学以体制改革为先导，实行"院部制"改革，成立教育硕士研究生院，下辖直属专业教学部，努力确立教育硕士专业学位研究生教育在大学中的专业化和中心化发展地位。山东师范大学成立了"专业学位管理中心"和"教育硕士教育中心"，实现了专业学位研究生教育的专门化管理。陕西师范大学成立了教育硕士专业学位教育教学督导委员会和教育硕士培养质量评估委员会，同时针对免费师范生在职攻读教育硕士专业学位，还成立了"学校教育硕士管理中心"。南京师范大学创办教育硕士后工作站，建立教育硕士教育综合改革试验区，构建与行业和中小学"互助互用"的协作机制；广州大学成立了校教育硕士专业学位研究生教育（教学）指导委员会，加强对专业学位研究生教育改革的指导，同时把教育硕士生列入政府全额拨款的范围，对全日制教育硕士研究生提供与学术型学位研究生完全相同的奖学金支持；部分试点院校开展教师教育管理体制改革，整合教育相关学科资源，成立了教育学部和教师教育学院，将其建成统筹教育硕士研究生培养工作的主体，全面负责教育硕士研究生教育的规划、组织、实施及条件建设，为教师教育健康持续发展提供全面保障。

（二）完善课程体系建设，创新专业学位研究生培养模式

各试点单位深入研究各类型教育硕士培养目标，全面修订教育硕士研究生培养方案，建设适应新模式的课程体系。北京师范大学在推进试点改革的过程中，提出了建设模块化课程体系的建设思路，把构建充分体现教育硕士研究生培养共性特点，同时又能够充分满足全日制教育硕士研究生、免费师范毕业生攻读教育硕士研究生、在职攻读教育硕士研究生个性需求的课程体系，作为综合改革的重点。天津师范大学采取加强基础理论与应用知识相结合的"三明治"式的课程体系，推出"4+2"学制的"本科—教育硕士"连读机制，制定了"3111"培养模式。南京师范大学开展了基于不同来源和类型教育硕士研究生培养的课程"立交桥"建设，基于教师特色技能培养的微型课程建设。西北师范大学根据全日制教育硕士研究生、在职教育硕士研究生、农村教育硕士研究生、农村特岗教师研究生四种不同类型教育硕士研究生，分类设计了课程体系，开发数字化的课程，强化了教育硕士网络课程平台的建设，提高教育硕士研究生培养质量。华南师范大学结合自身实际和办学特色，重点构建了以教师专业发展为导向、以教育教学能力提高为核心的"四结合"培养模式，课程体系由"基础理论""研究方法""专业技能""实践实习"四大类课程模块群构成，既重视基础性，又突出应用性和实践性，力求通过建设"四结合"模块群课程体系，实施"四结合"学习模式，推进培养模式的改革和创新。陕西师范大学创新培养模式，实施"六个一"质量工程，即通过一次能力测验（教师专业能力）、进行一项教学设计、撰写一份调查报告、进行一学期教学实践、撰写一篇学位论文、获得一本教师资格证书，全方位提升教育硕士专业学位研究生的整体素质。首都师范大学探索"教师专业意识品质养成"的培养机制，组建了"教师专业意识品质养成"实验班。

（三）注重培养和提升研究生的实践能力和专业技能，创新专业学位研究生实践教学形式和途径

华东师范大学建设上海基础教育教师专业发展共同体，在上海、苏州和深圳等地建立了30多个研究生全天候专业实践基地。西南大学建立"双师型+临床性"实践基地，突出全日制教育硕士研究生培养过程中的实践性，实行高校与实践基地学校双导师制，实现了高校与基础教育学校的有效连接，为全日制教育硕士专业学位研究生开展专业实践和论文研究活动提供了有力保障。南京师范大学注重实践平台建设，凸显高水平解决实际问题的技能学习，构建了"嵌入式"的实践能力培养体系，有针对性地开展教学技能训练，实施档案袋评价。

（四）加强专业学位教师队伍建设，创新教师遴选与考核制度

西北师范大学依托"高层次人才建设计划"，设立教育硕士首席导师岗位，鼓励相关学科的博士生导师、优秀学术带头人、学科领军人才参与教育硕士相关学科建设和人才培养工作，成为教育硕士研究生教育的学科带头人。西南大学建立了校外指导教师的指导水平考察制度，通过对短期聘任校外指导教师指导效果的跟踪和考察，留任和续聘优秀指导教师，逐步完善教育硕士研究生校外指导教师队伍。山东师范大学逐步完善专业学位研究生导师的遴选、引进、外聘制度，将教育硕士研究生导师队伍建设纳入学校人才引进总体规划，设立专、兼职教育硕士专业学位特聘教授岗位，引进基础教育一线和基础教育领域突出人才，充实教育硕士研究生导师队伍。沈阳师范大学大力依托教育一线专家办学，新遴选的学校教育硕士专业学位教育指导委员会中，大学教师、研训人员、中小学一线专家各占三分之一；在中小学成立教育硕士研究生联合培养工作站，整合大学、中小学和教育行政部门的教育资源，积极探索团队指导、个性发展、现场教学和小组研讨等方式，不断加强教育硕士研究生培养的针对性与时效性。南京师范大学制定了教育硕士研究生的"双导师制度"和实践性导师的遴选方案，实行"主导师负责、双导师协作、导师组统筹"的三级导师管理体制，更好地规范和统一了教育硕士专业学位研究生的培养。

（五）完善专业学位研究生评价考核体系，创新专业学位教育质量评价机制

华东师范大学改革教育硕士研究生的评价方式，首创以"论文包"审定学位论文的方式，强化教育硕士研究生的实践研究能力。山东师范大学实行论文考核与技能考核相结合的"双标评审"制度，建立了教育硕士研究生专业技能的评价指标，突出教育硕士专业学位研究生教育的应用型职业教育特点。西南大学采取多元化和多样化的考核方式对教育硕士研究生进行专业实践考核，建立了以思想品德、研究能力、职业能力等为一级指标，13个观测点为二级指标的专业实践考核体系，促进教育硕士研究生的专业成长。沈阳师范大学通过实行学位论文全程质量监控和学生发展档案袋评价相结合的机制，开展专业学位研究生教育质量评价专项调研，建立了有效的质量保障机制。

三、面临的困难

（一）改革的相关配套政策和制度尚需完善

综合改革试点单位在招生计划、录取方式、实践基地建设等方面仍面临许多制度障碍和政策困境。目前招收教育硕士专业学位研究生工作主要通过全国统一考试进行，推荐免试指标也由教育部下达，招生单位缺乏招生自主权，招生工作不能很好地适应地方基础教育师资队伍建设的需要，招生政策的限制不利于一线优秀教师及长期坚持在农村基础教育岗位的教师攻读专业学位，不利于创新型应用型专业学位人才的培养。

（二）经费投入不足，不利于改革的推进

根据现有的政策，专业学位研究生学费标准不允许高于科学学位研究生的标准，教育硕士研究生培养经费明显不足。由于专业学位研究生大量增加了实践教学环节，实习实践基地建设需要大量经费投入，然而有限的经费严重限制了教育实习等实践教学环节的正常开展，甚至影响了培养质量的提高。

（三）教育硕士专业学位研究生生源质量不尽如人意，社会认可度仍需提高

尽管近年来教育硕士专业学位的社会认可度在不断提高，但总体来说还存在着教育硕士毕业生相关政策不到位、社会不了解等问题。教育硕士生源质量与学术型研究生相比还存在差距。

四、政策建议

（一）推进招生制度改革，扩大试点院校的招生自主权

建议给予试点学校一定的招生自主权，允许高校拿出一定指标专门用于在实践工作中做出突出贡献的一线教师和管理人员，选拔适应中小学教师队伍建设需要的优秀大学本科毕业生或优秀在职人员，实行国家联考、学校自主考试、免试推荐（免初试）相结合，公费和自费相结合的招生考试制度；建立分类考试制度，对于在职教师报考的，增加教学经验和职称条件作为报考优先条件，优先录取优秀教师和高职称教师，逐步扩大在职攻读教育硕士专业学位研究生招生比例，鼓励优质生源在职攻读教育硕士研究生；建立专业学位硕博连读制度，明确教育硕士报考教育博士研究生的要求。

（二）国家完善相关配套政策，加大经费投入保障

首先，政府相关部门应出台政策，在教师资格管理上，国家应明确给予全日制教育硕士专业学位研究生与本科师范生同等待遇，直接申请认定教师资格，赋予各师范大学在教育硕士研究生完成学业时，同时授予他们毕业证书、学位证书以及教师资格证书的权力，实现教育硕士研究生培养与职业资格认证的完全衔接，地方有关部门不再要求教育硕士参加其他教师资格证申请程序。其次，国家要扩大实行免费师范生教育的范围，逐步完善免费师范毕业生攻读教育硕士学位的政策保障体系，将本科阶段的免费师范生制度扩大到教育硕士研究生培养，以吸引优秀本科生攻读教育硕士专业学位，为基础教育储备优秀人才。此外，国家要保障足够的经费投入，解决限制专业学位研究生教育发展的资金瓶颈。

（三）加强教育硕士研究生教育的分类指导，制定专业学位研究生培养的质量评估体系

在已有教育硕士研究生教育综合改革基础上，在不同经济发展地区设置教育硕士研究生教育改革实验特区，给予学校和地方教育主管部门进一步的改革任务和特殊政策，以深化教育改革，进一步探索教育硕士研究生培养规律；尽快出台专业学位研究生教育质量评估标准，明确规定对学校专业学位研究生教育的考核内容；探索多种形式的学位论文标准，增加实践型学位论文评审的可操作性；加强师德建设，切实保障"双师型"教师队伍

建设落到实处；加快课程资源的开发与使用，及时调整培养方案，满足社会需要，不断提高专业学位研究生培养质量和声誉；加强和人力资源与社会保障部门的沟通，了解社会需求，积极协调推进毕业生就业，提高专业学位的社会声誉和认可度。

（四）建立区域性或全国性的教育硕士研究生教育资源共享平台，实现教育硕士研究生培养的协同创新

建议在征集优质资源和精品课程的基础上，统筹全国教育硕士案例库建设和全国教育硕士资源共享平台的建设，设立专项资金开发教育硕士研究生培养的网络共享课程体系，以提高我国教育硕士研究生培养资源的集约化和组织化程度。

参考文献

［1］刘建银:《我国教育硕士培养模式多样化问题的政策思考》,《学位与研究生教育》2011 年第 1 期。

［2］王强、李继凯、杨祖培、杨高玕、周自翔:《关于教育硕士专业学位研究生教育的回顾与思考》,《学位与研究生教育》2009 年第 1 期。

［3］徐德龙:《搞好专业学位研究生教育综合改革试点 探索多元化创新性精英人才培养新体系》,《学位与研究生教育》2010 年第 4 期。

［4］全国教育硕士专业学位教育指导委员会:《改革创新，推进教育硕士专业学位教育发展——庆祝教育硕士专业学位教育十周年》,《中国教育报》2007 年 12 月 15 日第 3 版。

（本文选自《学位与研究生教育》2014 年第 2 期）

第二编　本质省思

关于教育硕士专业学位问题的几点思考

李淑珍　邬志辉

（东北师范大学）

1995 年，国家教委在《关于进一步改进和加强研究生工作的若干意见》中指出，"研究生培养的重心应加快调整到为经济建设和社会发展服务的方向上来"，并强调要"扩大专业学位研究生教育占硕士生教育的比重"。对师范教育来说，贯彻这一精神就是要把硕士生教育的重心转到为基础教育服务的方向上来，并适度发展教育硕士的专业学位。对我国来说，教育硕士专业学位还是一个新鲜事物，许多问题都需要深入的研讨。本文试就教育硕士专业学位的内涵、意义、特点和问题略作探讨。

一、教育硕士专业学位的内涵

要弄清教育硕士专业学位的内涵，必须从硕士学位的起源和发展谈起。从硕士学位的起源看，它最初是作为一种任教资格存在的。在中世纪的欧洲大学，学生经过一段时间的学习后，要进行学术和操行的考核以及智力和心理状态的测验。凡通过考核者，可由基督教会当局批准认可，授予硕士学位。这是当时授予的唯一学位，该学位的获得实质上意味着他从此拥有了任教的资格和权利，当时的硕士学位就是"教师"的代名词。1150 年后，学位由硕士扩展到博士，但两者的区别甚微。博士学位是从事教师职业的凭证，而硕士学位则是从事行会和技艺性行业的凭证。19 世纪初，由洪堡德领导的新人文主义教育改革运动，科学研究引入了传统的大学，提出了教学与科研相统一的原则，从而实现了学位教育范式由"职业准备教育"向"纯粹的科学教育"的转换，形成了重理论思维和学术研究的传统。以德国为代表的学术研究型学位教育模式对世界各国的研究生教育产生了深刻的影响。比如在美国，哈佛大学于 1861 年颁发了第一个教育博士学位，但授予的学位名称不是教育博士（Ed.D），而是哲学博士（Ph.D）。

19 世纪末，随着科学的发展和学科的分化，以及社会对应用型高层次专门人才的需求，一些新兴的非传统学科和专业都要求独立地授予本专业的博士学位，而不是传统的哲学博士学位。20 世纪以来，特别是二战后，为响应社会要求，使研究生教育更加适应社会的各种实际需要，学位类型出现了多样化的趋势。1921 年，美国哈佛大学又率先开设了教育博士学位课程，授予教育学博士学位，从而出现了教育学术学位（Ph.D）和教育专业学位（Ed.D）并存的局面。在美国，教育硕士一直是作为专业学位存在的，由于它在入学条件和学习年限上要求不严格，因而吸引了大量基础教育第一线的教学和管理人员。据统计，在 1986~1987 年度，教育硕士学位（M.Ed.）获得者占专业硕士学位总数的 31.07%，教育博士学位（Ed.D）获得者占专业博士学位总数的 38.86%，均居专业硕士和专业博士学位之首。

因此，从世界范围来看，硕士学位大体上可分为两类：一类是学术性学位（academic degrees），另一类是职业性学位（professional degrees），我国称之为专业学位。教育硕士学术学位偏重于学术性，主要是培养高等学校的教师和科研人员，其基本要求是要掌握扎实的教育基础理论和系统的教育科学知识，具有独立从事教育科学研究和教学的能力。教育硕士专业学位偏重职业性，主要培养从事基础教育教学和管理工作的实际人员，其基本要求是通过高水平的专业训练具有从事基础教育教学或管理的能力，并掌握扎实的教育理论知识。

二、教育硕士专业学位的意义

教育硕士专业学位是我国继工商管理硕士（MBA）、建筑学专业硕士和法律硕士专业学位之后设置的又一专业学位。教师是我国乃至世界上职业特色最突出、人数最多的行业之一，它要求从业者既掌握某学科的基本理论和专业知识，又懂得教育学、心理学的基本规律。教育硕士专业学位的设置，体现了我国师范教育为基础教育服务的精神，它对树立教师新的职业形象，提高教师地位以及改变现行教育学科研究生偏重学术研究，培养规格单一的状况都具有里程碑性的重大意义。

首先，教育硕士专业学位满足了基础教育师资队伍和管理队伍建设与提高的需要。

基础教育是提高民族素质的奠基工程，加强基础教育师资队伍和管理队伍建设是提高基础教育教学和管理水平的重要保证。教师工作不仅是一种职业（career），而且还是一种专业（profession）。1966年联合国教科文组织和国际劳工组织在《关于教师地位的建议》中提出："教师工作应被视为一种专业：它是一种要求教师经过严格而持续不断的学习研究，才能获得并保持专业知识和技能的社会服务形式；它还要求对其管理下的学生的教育和福利具有个人的和公共的责任感。"目前，我国拥有在职中小学教师100多万人，从总体上看，存在着学历结构偏低、素质不高和骨干教师青黄不接等问题。据1991年的统计，我国义务教育阶段教师学历合格率仅有50%左右。此外，我国还有民办教师300多万人，占中小学教师总数的1/3左右，其90%都集中在初中和小学。这种状况严重地阻碍了我国基础教育事业的健康发展。面向21世纪，我国中小学的师资队伍建设一方面要抓普及，提高中小学教师的学历达标率，另一方面还要抓提高，进一步提高他们的学历层次，这在学历已基本达标的大中城市里显得尤为重要。近年来，人们已越来越多地认识到了教育科研的价值，提出了"科研兴校"和"科研兴教"的口号，期望通过科学研究的形式解决学校教育面临的新情况和新问题。设置教育硕士专业学位既满足了基础教育第一线教师学习新的教育理论和教育方法的需要，也满足了他们提高科研能力的需求。

教育管理是达成教育活动高质量和高效益的重要保障因素，教育管理队伍素质的高低将直接影响教育事业的发展。目前，我国中小学的管理人员除少部分校长接受过短期的教育管理培训外，大部分只具有某一学科、专业的教学和科研工作背景，知识结构单一，没有受过系统的教育管理训练，大部分是按经验来管理学校、管理教育。设置教育硕士教育管理专业学位，将有助于改善现有教育管理干部的素质，培养跨世纪的教育管理人才。

其次，教育硕士专业学位改变了教育硕士学位类型单一化的倾向。

改革开放之初，我国教育学科教学与科研事业百废待兴，急需建立一支教学与科研队伍。这就决定了我国教育硕士研究生教育从恢复之初就带有明显的学术研究特点。也就是说，我国的教育学硕士学位不是一种作为基础教育任教资格的职业学位，而是专门为培养高校教育领域教师和科研人员服务的学术学位。在当时的历史背景下，教育学硕士培养目标强调教学科研型和学术研究型是非常必要的，一大批教育学硕士补充到教育教学与科研岗位，为教育专业教育与科研事业的恢复起到了巨大的推动作用。随着我国改革开放事业的深化和社会主义市场经济体制的确立，面向 21 世纪，人们已经清醒地认识到，世界范围的经济竞争、综合国力的竞争，实质上是科学技术的竞争和民族素质的竞争，而归根结底又是各国教育的竞争和师资队伍的竞争。一位日本学者在研究后曾指出，中国明日在世界上竞争实力的状况取决于他们今天的师范教育，取决于教师队伍的素质状况。我国设置教育硕士专业学位，适应了为基础教育培养高层次应用型师资队伍的大趋势。

梁启超曾在《中国教育之前途与教育家之自觉》演讲中说："学问可分为两类，一为纸的学问，一为事的学问。所谓纸的学问者，即书面上的学问，所谓纸上谈兵是也。事的学问，乃可以应用，可以做事之学问。"当前我国的教育硕士研究生教育，急需培养做"事的学问"的职业性研究生。从美、英等国的教育硕士学位性质上看，全部都是职业性的，只在博士层次才出现学术性与职业性的分离。我国是否也应该由学术型全部转到职业型呢？笔者认为，在我国目前不完全具备只把博士学位作为终结性学位的条件下，硕士学位应兼有终结性和过渡性两种性质，保持教育学位硕士层次的多样化，是全面满足教育不同需求的客观必然。

三、教育硕士专业学位的特点

教育硕士专业学位与学术学位不同，主要不以培养高校教师和科研人员为主，而是侧重于基础教育教学和管理人员的培养，重实际工作能力的训练和已有教育理论的实际应用。由于侧重点不同，决定了教育硕士专业学位在培养目标、招生对象、课程体系、培养方式、教学方式和毕业去向等方面的特殊性。

（一）培养目标

在培养目标上，不同于以培养高等学校教育学科的教学与科研人员为主的学术性学位，主要培养面向基础教育教学和管理工作需要的高层次人才。该学位的获得者应具有良好的职业道德，既要掌握某门学科坚实的基础理论和系统的专业知识，又要懂得现代教育基本理论和学科教学或教育管理的理论及方法，具有运用所学理论和方法解决学科教学或教育管理实践中存在的实际问题的能力。随着教育硕士专业学位的发展和实际需求的提高，它将逐渐成为普通中学专任教师或中、小学管理人员任职或担任较高职务的资格条件。

（二）招生对象

在招生对象上，主要不是面对大学优秀的本科应届毕业生，而是已具有大学本科学历、具有三年以上第一线教学经历的在职人员，即面向普通中学的专任教师或中小学的教育管理人员。他们应该是基础教育第一线热爱本职工作、业务水平较高的优秀教师或教育管理人员。其招生一般采取推荐与考试相结合的形式，报考者必须持有所在单位及地市人事和教育主管部门的推荐信。

（三）课程体系

在课程体系上，不同于按二级学科分类设置课程的学术型学位，它是以普通中小学学科教学和教育管理两大专业为主，统筹设置课程，使之能同时跨越多个专业的大学科课程体系，以优化他们的智能结构。既要开设学科教学或教育管理基础理论课程，又要开设现代教育基本理论和学科教学或教育管理的方法论等方面的课程，以及外语、计算机等必修课程，重在加强学科教学或教育管理基础理论和专业知识的学习，以提高解决实际问题的能力。

（四）培养方式

在培养方式上，不同于学术型学位全脱产的培养方式，而是采取脱产、半脱产以及在职就读等灵活多样的培养方式，学习年限可根据培养方式的不同，从二年到四年不等。为了突出理论学习与实践探索相结合的特点，加强教学、科研与社会实践三方面的联系，还聘请教育实际工作部门中具有高级专业技术职务的专家参与研究生的培养工作。学位论文选题要密切联系实际，结合本职工作，对学科教学或教育管理中存在的问题进行分析、研究和提出解决办法。

（五）教学方式

在教学方式上，不同于学术型学位课程学习与学位论文并重的特点，它主要以课程学习为主，重视案例教学，目的是在加强基础理论和专业知识学习的同时，提高发现、分析与解决实际问题的能力。教学安排上既有培养规格的统一要求，又能针对不同学科人员的特点，分类指导。在论文评价上，不以是否提出了新的理论为标准，重在考查学员综合运用所学理论和知识解决学科教学与教育管理实际问题的能力。

（六）毕业去向

在毕业去向上，不同于学术性学位的双向选择，而是遵循"哪来哪去"的原则，确保教育硕士专业学位的研究生能回到基础教育第一线，回到原学校工作，实行"生源来自基础教育、课题选自基础教育、毕业回到基础教育"的培养方式以及"职位与学位"相结合的人事政策，对改变学术性教育硕士研究生不愿到基础教育第一线工作，以及定向、委托培养不想回到原单位的尴尬局面，具有积极的促进作用。

四、教育硕士专业学位今后应着力解决的问题

教育硕士专业学位从 1993 年酝酿、论证到 1996 年批准设置，前后只用了三年左右的时间，但要实现由理论论证到实践操作的完美过渡，还需要更长时间的摸索与探讨。从当前教育硕士专业学位研究生的培养方式上看，基本上采取了与教育硕士学术学位研究生"同样内容、同堂上课、同标准考试"的"三同做法"，没有真正体现出专业学位研究生的培养特点。根据国务院学位委员会"学位办〔1996〕25 号"文件——《关于开展教育硕士专业学位试点工作的通知》中要"在总结现有教育学科研究生教育经验的基础上，根据基础教育教学、管理岗位的需要确定培养目标，注意改变现行教育学科研究生教育尚存在的偏重学术研究、培养规格单一的状况，加强能力培养，探索一个适合国情的、规范的、能成批培养合格的应用型高层次教育基础人才的新型教育学研究生教育模式"的要求，当前应着力探索解决以下几个方面的问题。

（一）关于课程内容与教材的建设问题

教育硕士专业学位的教学特点是以课程学习为主，因此课程本身的质量就会直接影响培养质量。根据专业学位培养目标的要求，其课程内容应体现出三个字，即"宽""新""实"。"宽"是指专业学位课程的基础要宽厚，知识面要宽广。这是当今时代教育教学和教育管理的特点所决定的。从学科教学上看，任何学科都不能只从本学科出发，搞"学科本位"教育，特别是面向当代素质教育的课题，为了促进学生素质全面、和谐、自由、充分、持续地发展，必须具有宽厚的教育基础知识。联合国教科文组织由 20 世纪 70 年代初提出的"学会生存"到 80 年代末倡导的"学会关心"以及 90 年代中期要求的"学会认知、学会做事、学会共同生活、学会生存"思想的发展，客观上反映了学科教师要具有宽广的知识视野。从教育管理上看，学校是一个大系统，必须从整体的角度统筹学校内部人、财、物、时间、空间、信息等资源以及与校外的关系。而对"大教育"必须相配以"大管理"，狭隘的眼光是难以全面提高学校教育的质量和效益的。"新"是指课程内容要反映国内、国外最新的教学与管理的理论与方法。当前世界各国教育发展很快，教育要面向现代化、面向世界、面向未来已是大势所趋，如果不掌握最新的教学与管理理论，就无法有效地掌握教育的命运。就学校管理而言，增加诸如学校战略管理、学校人力资源管理以及学校组织文化管理的学习，是塑造现代的有效学校的必然要求。"实"是指课程内容要实用。由于受传统学位课程学术性倾向的影响，空泛的思辨内容多，而实用的技术方法内容少。比如，教育基本理论中关于教育学逻辑起点、教育学理论体系以及元教育学等内容，严重脱离生动活泼的教育实际。课程内容突出"实"与"用"，就是要以分析与解决基础教育面临的实际问题为核心展开理论学习与方法运用。

加强教材建设也是保证专业学位培养质量的重要环节。由于专业学位的招生对象大都是在职人员，不能放弃原工作岗位。采用在职半脱产的方式必然会对课程学习的质量产生负面影响。建设一套规范化的、适合成人教育特点的教材，有助于学员把课堂讲授与自学有机结合起来，把课堂学习与研究实际问题有机结合起来，保证培养质量。

（二）关于教学方式的问题

关于专业学位研究生的教学方式历来是一个有争议的问题，历史上大致形成了两种对立的观点，一种观点来自"案例派"，他们强调教学应以案例为中心，通过对案例的分析、讨论与研究，重点培养研究生分析问题与解决问题的能力案例是架起沟通理论与实践的桥梁。另一种观点来自"理论派"，他们特别强调理论的重要作用。因为在变动的社会中，任何情况都是在发生变化的，案例只能代表过去，而难以昭示未来。只有那些用理论武装了头脑、形成了现代教育教学或教育管理观念的人，才能在变动的社会中以不变应万变，获得成功。近年来，两种对立的观点有着合流的趋势。"理论＋案例"是当前我国教育硕士专业学位倡导的教学方式。从本质上讲，关于教学方式的探讨实质上是关于理论与实践关系探讨的一种转换形式。由于专业学位的学员均来自教育实践第一线，所以他们觉得自己不缺少实践经验和实践锻炼，最好能多学些理论，以理论教学为主。学员来自实践，就能保证专业学位教育的实践性吗？回答当然是否定的。我们所要求的实践是一种理性实践，而不是以往的经验实践，理性实践恰恰是他们缺乏的。理性实践能力的形成不是单纯靠理论学习获得的，而是依赖于理论与实践有机结合的教育。当前我们面临的问题是，一方面缺乏典型有教育效力的案例与案例系列（或称案例群），另一方面还缺乏运用案例实施教学的经验。因此，关于专业学位研究生教育教学方式的探索还有一段路要走。

（三）关于师资建设问题

我国教育硕士学术学位教育有一批学术造诣深厚、梯队结构较合理的师资队伍，这是我国教育学科研究生教育的一笔巨大的财富。根据"逐步实现师范院校的研究生教育以培养教育硕士专业学位为主"的精神，原有的师资队伍已不能完全适应这一重大转变的需要。要实现师范院校研究生教育重点的转移，就必须实施师资队伍建设的超前转移。这种转移主要应该体现在两个方面：一方面是培养足够的适应专业学位教育的师资队伍，师资队伍状况是专业学位教育成功与否的关键因素。由于传统的师资队伍是适应学术型需要的，对职业型研究生教育缺乏必要的经验和理论指导，因此容易在具体教学上陷入传统学术型教育的套路，进行一些诸如案例教学、现实问题分析和成人教育特点与规律等方面的培训是十分必要的。另一方面是要调整师资队伍的结构，吸纳一定数量的基础教育实践部门的具有高级专业技术职务的专家加入导师组。有些课程既可由学术专家与实践家共同上，也可由一些有精深思想的教育实践家单独上。必要的情况下，学位论文的指导可采用"双导师制"，实现师范院校与基层学校联合培养、指导，打破封闭的研究生教育体系。总之，教育硕士专业学位的研究生教育是一项大事业，它是面向 21 世纪有发展前途的 30 项行业之一，即在职培训的重要组成部分，因此加强理论建设有重大意义。本文只是抛砖引玉，期望有更多的试点单位能以研究、探索的姿态，积极实践，努力创造出一个有中国特色的教育硕士专业学位研究生教育。

（本文选自《东北师大学报（哲学社会科学版）》1997 年第 6 期）

教育硕士专业学位的性质、特点和意义

吴家国

（北京师范大学）

摘要

本文阐述了教育硕士专业学位设置的背景，分析了教育硕士专业学位的性质、特点和意义，着重论证了教育硕士专业学位与教育学硕士学位的区别，并由此提出：在教育硕士专业学位研究生教育中应注意防止两种倾向。

一、教育硕士专业学位的性质

1993年，中共中央、国务院发布的《中国教育改革和发展纲要》指出："振兴民族的希望在教育，振兴教育的希望在教师。建设一支具有良好政治业务素质、结构合理、相对稳定的教师队伍，是教育改革与发展的根本大计。"在我国的教育体系中，中小学教育是整个教育的基础，因此，提高中小学教师的政治业务素质具有奠基性战略意义。

90年代中期，我国在职的中小学教师已达到1 000多万人，成为世界上规模最庞大的基础教育资源。然而，他们的学历（学位）结构偏低，素质有待提高，骨干教师和管理干部青黄不接的现象相当严重，从而影响了我国基础教育的发展和质量的提高。为了解决现实存在的诸多问题，国家和地方的教育主管部门已经制订了教师培训计划，实施跨世纪人才培养工程，促使尽可能多的教师早日达到国家要求的学历标准。有关高等学校积极扩大招生，培养适应基础教育需要的学科教学论专业的硕士研究生，逐步提高研究生在教师中的比例。但是，这样做仍难以满足基础教育改革和发展的需要。

国务院学位委员会办公室从1993年开始着手进行设置教育硕士专业学位的调查和论证工作，其中包括召开设立教育硕士专业学位专家研讨会，委托教育界专家研究制订教育硕士专业学位研究生的培养计划和实施方案等。经过两年多的调查研究与反复论证，从上到下基本达成共识，即认识到在我国设置并立即开始试办教育硕士专业学位不仅是必要的和具有重大意义的，而且基本条件已经具备，是可以操作的。

1996年4月，国务院学位委员会第十四次会议审议通过了《关于设置和试办教育硕士专业学位的报告》。报告写道："为贯彻落实《中国教育改革和发展纲要》，加快基础教育师资和管理队伍的建设，提高基础教育教师和管理人员的素质，促进我国基础教育教学及其管理水平的提高，特设置教育硕士专业学位。"教育硕士专业学位的设置和试办，为中学教师和中小学管理人员获取研究生学位开辟了一条有效渠道，正如教育界的专家所指出的，"这在我国教育发展史上还是第一次"，是"中国教育发展史上的里程碑"[1]。

为正式启动和搞好教育硕士专业学位试点工作，国务院学位委员会办公室和国家教委研究生工作办公室确定北京师范大学、华东师范大学、东北师范大学等 16 所师范院校为首批试点学校，并于 1996 年 6 月发出《关于开展教育硕士专业学位试点工作的通知》，对教育硕士专业学位试点工作的指导思想和原则，教育硕士专业学位的基本要求，试点工作的组织与实施，分别做出了明确规定。同时建立了教育硕士专业学位专家指导小组和秘书处，印发了教育硕士专业学位主要专业方向的参考性培养方案。随后，召开了教育硕士专业学位试点工作会议，对试点工作进行了具体部署。由此开始，我国教育硕士专业学位的试点工作便在 16 所试点学校逐步展开。到 1998 年，根据需要，经学位主管部门批准，试点学校增加到 29 个，覆盖了全国 25 个省、自治区和直辖市。

1997 年，首批教育硕士专业学位研究生入学，到 2000 年，各试点学校做了大量工作，四年共招收教育硕士专业学位研究生 7 459 人（内含在职攻读教育硕士专业学位研究生 7 180 人）。到 2000 年，已有 512 人走完了教育硕士培养阶段的全过程，获得了教育硕士专业学位[2]。这是我国历史上自己培养出来的首批教育硕士，它标志着我国教育硕士专业学位的试点工作已经开花结果。

"教育硕士专业学位是具有特定教育职业背景的专业性学位，主要培养面向基础教育教学和管理工作需要的高层次人才。"这是国务院学位委员会第十四次会议审议通过的《关于设置和试办教育硕士专业学位的报告》对教育硕士专业学位的性质做出的明确规定。由此，我们可以看出：第一，教育硕士专业学位不是学术性学位，也不同于其他专业学位，它是专门为从事基础教育职业的人设置的一种专业性学位。第二，教育硕士专业学位的授予对象主要是在基础教育战线工作的教师和管理人员。第三，通过学习与训练，把受教育者的理论知识和业务能力提高到研究生的水平，学位层次为硕士。

教育硕士专业学位虽不属于学术性学位，但是作为专业学位的一种，它仍是研究生教育的一部分，因而不能降低它的学位级别。对教育硕士专业学位研究生可以采取全日制和非全日制（包括在职攻读教育硕士专业学位）两种不同的培养方式，既然他们所获的学位与教育学硕士学位属于同一个级别，其受教育的层次都应属于研究生（尽管其中有的并无研究生学历）。因此，我们应理直气壮地把接受教育硕士专业学位研究生教育的学生称为教育硕士专业学位研究生。在这个问题上，过去有的人认识比较模糊，曾经把他们称为"学员"，这是不妥当的，因为这种称谓不利于认清教育硕士生仍属于研究生层次这一性质。

二、教育硕士专业学位的特点

同学术性学位分为博士学位和硕士学位相对应，专业学位也包括博士学位和硕士学位。目前我国所设置的专业学位绝大部分是在硕士层次上，教育硕士专业学位就是其中之一。

作为专业学位的教育硕士学位与作为学术性学位的教育学硕士学位，二者是紧密相关的，它们同属于硕士学位，在学位层次上没有什么不同，其共性主要表现在：1. 二者的入学条件基本上是一致的，它们都要求有大学本科毕业学历或具有同等学力，都要求通过规定的入学考试并取得合格成绩；2. 入学后都要在规定的时间内有组织地进行比较系统的学位课程学习，还要写出有一定水平的学位论文；3. 凡是课程考核成绩合格、论文答辩获得通过者，都要授予硕士学位。

但是，我们必须看到，教育硕士专业学位与教育学硕士学位二者确有明显的不同，各有自己的特点和存在价值。1. 学位设置的依据不同。教育学硕士学位是依据教育学科本身的内容和范围设置的；教育硕士专业学位是以教师职业为依据设置的。2. 具体的培养目标有区别。教育学硕士学位主要培养教育学科（包括教育学原理、教育史、课程与教学论、教育经济与管理、比较教育学等）的科研人才以及具有科研能力的高等学校教师和管理人才；教育硕士专业学位主要培养从事基础教育教学和管理工作的高层次人才。3. 培养模式与规格不同。教育学硕士学位要求课程与论文并重，要学习 3~4 门学位课程以及相关的选修课，打好专业理论基础和扩大知识面，又要培养科研能力，写出有一定学术水平的学位论文；教育硕士专业学位要求以学习课程为主，除学习本专业的基础理论和基本知识及其发展趋势外，还要学习教育学和心理学的基本理论和方法；教育硕士专业学位也要求撰写学位论文，并把它视为获得学位的必要条件，但是在论文的选题和内容上强调要联系基础教育教学和管理工作的实际，提高综合运用所学的专业理论和知识分析和解决实际问题的能力。4. 培养的途径和方式有区别。攻读教育学硕士学位的研究生，入学以后基本上是在校内进行学习与研究，并有确定的指导教师进行具体指导，然后直接获得学位；教育硕士专业学位研究生除用少部分时间到学校集中上课外，大部分时间是在职攻读，即在工作岗位上一边工作，一边进行学习与研究，撰写学位论文，然后通过在职申请学位的途径获取学位。

正确地认识和把握教育硕士专业学位与教育学硕士学位之间的不同是非常重要的，只有如此，人们才能真正了解教育硕士专业学位的本质和特点，才能正确地确立教育硕士专业学位的质量观，进而才能经过努力探索一条体现其自身特点的、新的培养道路，把教育硕士专业学位工作持续健康地开展下去，并取得更大成绩。

为了更好地把握教育硕士专业学位的特点，切实保证教育硕士专业学位的质量，必须认真处理好以下几方面的关系。

（一）学术性与师范性的关系

我们强调教育硕士专业学位的师范性，绝不是要放弃对它的学术要求，教育硕士专业学位毕竟是硕士学位的类型之一，它的培养目标是定位在"主要培养面向基础教育教学和管理工作需要的高层次人才"上的。作为"高层次人才"，自然应当有一定的学术要求，具体地说，就是要求教育硕士生在学习课程阶段适当进行专业理论和教学方法的研究，并拿出研究成果，在撰写学位论文阶段要对学科教学或教育管理中存在的问题进行分析研究，发表自己的看法，并且提出解决办法。但是教育硕士专业学位不同于学术性学位，对它的学术要求不宜过高，要把更多的眼光投向它的专业性，即师范性方面，因为它培养的是中学骨干教师和管理人才，不论是学习课程还是撰写论文，都应当紧密结合学科教学或教育管理的实际，注重实际工作能力的培养与提高。因此，我们不应当把学术性与师范性对立起来，不能把师范性等同于低水平，既不要忽视对教育硕士专业学位的学术要求，又不要简单地用学术性学位的标准来衡量教育硕士专业学位。正确的做法应当是：在努力体现教育硕士专业学位的师范性的同时，认真落实对它的学术性要求，这样就可以把二者统一起来。

（二）教育硕士专业学位与师资培训之间的关系

教育硕士专业学位是专门为中学教师和中小学管理人员设置的，目的是通过学习与研究，提高他们的教学水平和业务能力。从这方面看，它与师资培训是相通的，有密切联系的，也可以把它看成是师资培训的有效途径之一。但是，我们决不能把教育硕士专业学位工作等同于师资培训。一般的师资培训不与学位挂钩，没有全国统一的培养目标，没有统一的培养模式，也没有统一的时间规定，学习结束后不发学位证书。教育硕士专业学位研究生有统一的培养目标，确定的培养模式，大体一致的时间要求，学成后即可获取教育硕士专业学位证书。因此，要看到教育硕士专业学位工作与一般的师资培训工作是有区别的，在教育硕士专业学位工作中要坚持自己的质量标准，努力实现国家特定的培养目标。

（三）教育硕士专业学位与同等学力人员申请硕士学位的关系

教育硕士专业学位工作与同等学力人员申请硕士学位工作在以下三点有相同之处：一是攻读学位者获取的学位属于同一层次；二是他们都不脱产，都是边工作边学习；三是他们都要通过在职申请学位的途径获取学位。但是，两者又有所不同，前者有入学考试，成绩合格才能被接收，后者没有入学考试，有入学资格就可以接收；前者是一种有计划、有组织的培养过程，而且可以批量培养，后者没有统一的计划安排，各校单独接收，申请者个人到校听课，接受指导；前者获得的是教育硕士专业学位，后者获得的是本学科的学术性硕士学位。因此，要把教育硕士专业学位工作与同等学力人员申请硕士学位工作区别开来，在实际工作中要按教育硕士专业学位的要求办事，加强管理，以求保证质量。

把以上所述归纳起来，就是要在教育硕士专业学位工作中（尤其是试点阶段），注意防止两种倾向：一是把教育硕士专业学位混同于学术性学位，又回到教育学硕士的培养框架里，用学术性学位的标准来要求教育硕士专业学位；二是把教育硕士专业学位工作混同于一般的师资培训，降低了教育硕士专业学位的质量标准。这两种倾向都没有真正把握教育硕士专业学位的特点，都不利于教育硕士专业学位工作的顺利开展。

三、教育硕士专业学位的意义

（一）适应科教兴国战略的需要，提高我国基础教育的质量

我国正在实施科教兴国战略，要实现科教兴国，就必须要大力发展科学技术，因为科学技术是第一生产力，不大力发展科学技术，科教兴国只能是一句空话。而要发展科学技术，根基在哪里？在教育。"国运兴衰，系于教育。"[3]教育是科教兴国的奠基工程，教育事业不发展，科学技术的发展就会从根本上受到制约。因此，国家在实施科教兴国战略的同时，明确提出要优先发展教育，把发展教育当作一项影响全局的战略任务。

根据终身教育的观念，我国的教育体系可以包括学前教育、基础教育（即中小学教育）、高等教育和成人教育等，其中，基础教育占有重要地位。基础教育质量的高低，直接影响高等学校生源质量的高低，还将影响各行各业劳动者素质的高低，乃至整个国民素质的高低。因此，要发展教育，首先要把基础教育办好，不断提高基础教育的质量。

要办好基础教育，需要有诸多条件，其中教师是关键，造就一支高素质的教师队伍和管理干部队伍是基本保证。为此，《中共中央、国务院关于深化教育改革全面推进素质教育的决定》要求："地方各级人民政府要多渠道筹资设立骨干教师专项资金，在大中小学培养一批高水平的学科带头人和有较高影响的教书育人专家，造就一支符合时代要求、能发挥示范作用的骨干教师队伍"，同时还要求"经济发达地区高中阶段教育的专任教师和校长中获得硕士学位者应达到一定的比例"。教育硕士专业学位是专门为基础教育教学和管理人员设置的，目的正是为了提高他们的素质，帮助他们获得硕士学位，造就一支高水平的骨干教师队伍。因此我们说，教育硕士专业学位的设置为基础教育教学与管理人员提高水平、获取硕士学位提供了切实可行的渠道。只要我们把这项工作坚持下去，一定会对基础教育质量的提高、科教兴国战略的实施，发挥积极作用。

（二）促进我国高等师范院校学位与研究生教育的改革和发展

自1978年我国恢复研究生教育，特别是自1981年我国实施学位制度以来，我国的学位与研究生教育制度的改革取得了举世瞩目的巨大成绩，其发展速度之快在世界上是少有的。然而，应当承认，在发展过程中确实还存在一些需要加以解决的问题。从硕士生教育来说，突出的问题主要表现在培养规格和类型比较单一，培养要求偏于学术性，培养渠道较少，培养规模偏小，因而不能适应我国社会主义现代化建设事业的发展对各方面高层次应用性人才提出的需求。

在我国高等师范院校，上述硕士生教育中存在的问题表现得尤为明显。长期以来，我国师范院校的学科结构很不合理，基础理论学科占据绝大部分，应用学科极少，又脱离实际。大多数教师重基本理论研究，轻应用研究，因而应用方面的研究成果甚少。这种情况必然反映到研究生培养工作中来：绝大多数指导教师比较擅长于培养学术型研究生，对培养应用型人才缺乏经验。这样就造成师范院校的学位与研究生教育难以面向我国社会主义现代化建设的实际，并直接为其服务。应当说这是师范院校学位与研究生教育的改革和发展迫切需要解决的问题，解决得越快越好。

教育硕士专业学位的设置和试办，为上述问题的解决提供了切实有效的途径，其具体表现是：1.克服了研究生培养规格和类型单一的弊病，在继续培养学术型研究生的同时，开始培养大批应用型研究生。2.研究生培养渠道增多了，在继续坚持全日制培养研究生的同时，开辟了在职攻读的培养渠道。3.扩大了研究生教育规模，在教育硕士专业学位试点工作开始以后，师范院校研究生招生数有明显的增加，研究生教育规模比过去增大了许多。尽管由于种种原因，目前教育硕士专业学位研究生的招生数还不算太大，但其发展潜力是巨大的，因为它面对的是我国基础教育大市场。由此可见，教育硕士专业学位的开设为师范院校在高层次人才培养上直接为基础教育服务开辟了道路。

（三）有利于提高教师职业的专业性，进而提高教师的社会地位

教师本来是一个很重要的职业，教师是"人类灵魂的工程师"，理应受到全社会的尊重。但是，实际情况并非如此。不尊重教师的言论时有表露，看不起教师职业的现象时有发生。究其原因可以列出许多，但是其中有一条不可忽视的原因是教师职业的专业性不够，对教师职业没有明确和严格的专业要求，似乎人人都可以当教师，从而影响了教师的形象。针对这种情况，中共中央、国务院在《中国教育改革和发展纲要》中提出："要下决心，采取重大政策和措施，提高教师的社会地位，大力改善教师的工作、学习和生活条件，努力使教师成为最受人尊重的职业。"同时还提出，教师本人"必须努力提高自己的思想政治素质和业务水平，热爱教育事业，教书育人，为人师表，精心组织教学，积极参加教育改革，不断提高教学质量"。这就为进一步提高教师的社会地位确定了明确的方向。

要真正实现教师社会地位的提高，必须练"内功"，核心是要提高教师职业本身的专业性。"社会上任何一个职业，只有它的专业性越强，具有不可替代性，它的社会地位才越高。"[4]教师职业也不例外，只有它的专业性要求越来越强，造成不达到规定的政治和业务标准就不能当教师的态势，教师地位的提高才有了内在的根据。只有到这时，"尊师重教"才能从口号变成人们的切实行动。

如何提高教师职业的专业性程度呢？开设教育硕士专业学位就是国家采取的一项重大举措。通过攻读教育硕士专业学位，教师既可以学到某门学科坚实的基础理论和系统的专业知识，又可以学到现代教育理论和学科教学或教育管理的理论及方法，并能提高分析和解决学科教学或教育管理中存在的实际问题的能力，这样，教师的专业化水平就大大提高了。有了这样的实力，教师的职业形象就可以得到优化，人们就会自觉地尊重教师职业，教师的社会地位就可以得到提高，他们对社会的贡献就会更大了。因此我们认为，教育硕士专业学位的开设，对提高教师职业的专业性，进而提高教师的社会地位，是有重要作用的。

参考文献

　[1][4]顾明远：《中国教育发展史上的里程碑——谈教育硕士专业学位》，《中国教育报》1998年9月24日。

　[2]全国教育硕士专业学位教育指导委员会秘书处：《1997—2000年全国教育硕士专业学位试点单位招生人数及授予学位人数统计表》，2001年4月。

　[3]江泽民：《在第三次全国教育工作会议上的讲话》，1999年6月15日。

（本文选自《学位与研究生教育》2001年第11期）

我国专业学位教育主要问题辨识

翟亚军　　王战军

（河北大学；教育部学位与研究生教育发展中心）

 **摘要**

　　从专业学位的基本属性、层次定位、专业学位与科学学位及职业资格的关系、专业学位的规模、结构、效益、质量保证体系、国际化与本土化八个方面剖析了目前我国专业学位教育中存在的主要问题，以期促进我国专业学位教育的良性发展。

关键词

专业学位；科学学位；研究生教育

　　专业学位教育作为培养应用型高层次专门人才的重要途径，是我国学位与研究生教育的重要组成部分。自 1991 年工商管理硕士（MBA）专业学位试办以来，我国专业学位教育从无到有，规模不断扩大，类型不断增多，特色日渐突出，质量不断提高，制度不断完善，"初步掌握了专业学位教育的发展规律，形成了一套比较适合专业学位教育发展的运行机制"[1]。然而，由于我国专业学位教育起步较晚，发展过程中不可避免地还存在着一些问题。"问题就是时代的口号。"[2] 本文采用问题研究法，剖析目前我国专业学位教育中存在的主要问题，旨在抛砖引玉，以促进我国专业学位教育的良性发展。

一、职业性：专业学位的基本属性

　　什么是专业学位？专业学位的基本属性是什么？这是我国专业学位教育健康、良性、快速发展首先必须回答的问题。专业学位的"专业"（profession）既不是人们熟悉的学校里设置的"专业"（英文译作"specialty"或"specialization"）[3]，也不是普通意义上的"职业"（trades 或 occupation），而是一种"专门职业"，是一种"有学问的职业"，它更多的是基于职业标准来设定的，这种职业有其独特的知识领域，有严格的入门标准和鲜明的实践性。有人从文化的视角对专业学位的"专业"进行了概括，认为它有三项特质：一是它以技术为基础，尤其是以现代高技术，所谓 SOTA（state of the arts），为其实践的基础；二是它以设计（规划、策划、决策、决断）为核心，其对象非但有为人熟知的硬件

（hardware）和渐为人知的软件，更有鲜为人知的"慧件"（humanware 或 firmware）；三是它以创造从来未有的人工的物和事为旨趣。[4] 也就是说，专业学位具有明显的实践取向，其本质是职业性学位，职业性作为专业学位的基本属性，是专业学位区别于其他学位类型的本质特征。

专业学位的职业性不是对学术性的完全摒除，职业性和学术性之间并不是非我即你的对立。专业学位作为一种尺度、一种标杆，主要衡量学位获得者在特定职业领域的学术水平和实践能力，它以学术为依托，是内含学术性的职业性教育。专业学位不是一般的职业培训，它是应对职业专业化对高层次应用型人才的需求而建立和发展起来的，培养的是具有一定理论水平、科研能力和突出的实践能力，以应用研究为主，着重于应用领域的管理、技术或工程开发与研究的高级专门人才，以解决实践中的具体问题为主要使命。鲜明职业背景的学科领域、特定的职业或岗位归宿，无不昭示着专业学位的职业性内涵；而高层次、高水平的要求显示了学术性的不可或缺。因此，要辩证地看待专业学位的职业性属性，在严格遵循专业学位职业性的本质属性的前提下，也要注意专业学位的学术性要求。

二、边缘与中心：专业学位的层次定位

在由专业学位和科学学位组成的学位体系中，专业学位与科学学位的关系如何？我国专业学位的实际定位又如何？

《专业学位设置审批暂行办法》明确规定，专业学位与科学学位作为两种不同的学位类型，二者只有培养规格的侧重，并无层次的高低，专业学位与相应的科学学位处于同一层次。但是在实践中，"科学学位始终占据压倒优势"[4]，专业学位作为科学学位的附庸或点缀，一直游离在高等教育的边缘。

专业学位的边缘化现象既有历史的影响，又有现实的原因。首先，中国传统的"重学轻术"思想阻滞了专业学位的发展。学位发端于职业资格的证明，揭示了大学起源于职业的需要，西方传统文化"学以致用"的价值取向在高等教育和科学研究中起着主导作用。在我国的文化传统中，唯"学"独尊，扬"学"贬"术"，素有"巫医百工君子不齿"之说，"术"被斥为卑贱之学。时至今日，这种观念仍有一定的市场。其次，我国学位制度起步较晚，当时的教育水平和经济水平弱化了对专业学位教育的需求。1981 年颁布实施的《中华人民共和国学位条例》虽未明示学位类型，但其实已内含专业学位和科学学位两种类型。以硕士学位为例，条例的第五条规定了获得硕士学位者的学术水平标准：1.在本门学科上掌握坚实的理论基础和系统的专门知识；2.具有从事科学研究或独立担负专门技术工作的能力。第一款具有普适性，是科学学位和专业学位共同的基本要求；第二款两种标准用"或"连接，"或"为平行之意，两者取一，即表示两种互相平等的类型，两种类型具有不同的质量标准。但是由于当时我国人才严重匮乏，高等院校和科研院所所需的教学与科研型人才青黄不接；同时由于最初的几届毕业生，几乎都有几年或十几年的实践经验，在一定程度上掩盖了对应用型人才的需求，也掩盖了科学学位教育与专业学位教育之

间发展不均衡的矛盾。经过二十多年的发展，我国学位与研究生教育取得了巨大的成绩，人才尤其是教学科研型人才数量上的匮乏已得到缓解。随着经济全球化和国际竞争的日趋激烈以及我国经济的发展和知识经济的来临，社会各行各业从业标准和技术含量日益提高，非传统的学术性岗位对高层次人才表现出巨大的社会需求。因此，我们既面临如何抓好创新型高层次人才的培养问题，也面临如何抓好应用型高层次人才的培养问题，二者互相补充，共同作用，忽略或偏废任何一方都会造成不可弥补的损失。

三、关联与共生：专业学位与科学学位及职业资格的关系

专业学位和科学学位作为学位系统中的两个子系统，每一系统内部的层级跃迁模式各不相同。科学学位可以逐级，也可以越级由低层次向高层次跃迁，可以在本学科内，也可以跨学科领域跃迁（见图1）。专业学位以专业硕士学位为主导，专业博士学位设置类型单一，系统内部的跃迁局限于仅有的临床医学专业、口腔医学专业和兽医专业三个领域，学士学位层级上只有建筑学专业学士。专业学位体系中同一专业领域不存在越级问题，而专业学位的"专业性"也限制了跨域跃迁的可能性。在科学学位与专业学位两个系统之间存在着贯通的渠道，这种渠道并不完全对等。相对于科学学位向专业学位的跃迁，专业学位向科学学位的进阶渠道或窄化或宽化，窄化容易阻滞，宽化容易泛滥。窄化有客观的必然，与专业学位的本身特性有关。专业硕士学位终结性特点远远强于过渡性，但关键的因素还是对专业学位内涵属性认识上的偏差。如果某人以专业硕士学位获得者身份去申请科学博士学位，他可能或被认为其学术水平低于科学硕士而被拒绝，或被认为其学术水平等同于同级科学学位而不加以区分。

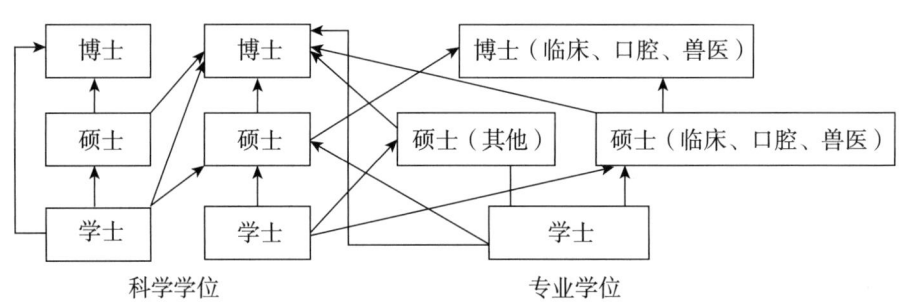

图 1　学位系统关联图

缺乏专业学位与职业任职资格的有效衔接，专业学位教育就缺乏了有力的约束机制和发展动力。在英、美等一些发达国家和地区，尤其是专业学位发展比较早和比较成熟的国家和地区，专业学位人才的培养标准和专业界的用人标准基本统一，相应的专业学位和职业资格基本接轨，专业学位成为从事某种职业的必备条件或先决条件，形成了专业学位和职业注册相互衔接的配套机制。在美国，不获得法律博士学位，没有资格报考律师；不获得医学博士学位，不能参加职业医师培训。目前在我国，只有建筑学专业学士学位和硕士

学位与国家建筑师注册制度建立了比较成熟的衔接制度，其余专业学位与职业任职资格的衔接还存在着相当大的发展空间。

四、发展与协调：基于规模的视角

在由规模、结构、质量、效益组成的研究生教育系统中，规模是首当其冲的前提性要素。专业学位教育不论是绝对规模还是相对规模，都存在着规模过小的问题。与科学学位相比，不论在专业学位的设置领域，还是在专业学位点的设置规模上，专业学位的比例都明显偏低。目前，我国在16个专业领域设立了专业学位，其中3个专业博士学位，16个专业硕士学位，1个专业学士学位；43个专业博士试点单位，370个专业硕士试点单位；专业博士授权点47个，专业硕士授权点786个。截至2006年1月，经过十次学位授权审核，我国科学学位现有博士学位授予单位361个，硕士学位授予单位798个；一级学科授权点1 360多个，二级学科博士点2 000个左右，二级学科硕士点1.5万多个。2003年，我国授予专业博士学位216个，专业硕士学位17 567个，共计17 783；授予科学博士学位17 362个，科学硕士学位90 747个，共计108 109个；二者之比分别为1：80、1：5、1：6，悬殊立见。20世纪90年代，美国专业学位获得者的比例已占硕士学位获得者人数的55%以上。根据美国国家教育统计中心（NCES）公布的数据，1999—2000年度，美国授予博士学位人数44 808人，第一级专业学位授予人数80 057人，后者几乎是前者的2倍（根据NCES的解释，第一级专业学位标志着达到了在某一特定领域开业之前所需学习课程的要求，并具有超出一般学士学位所要求的专业技能水平。第一级专业学位教育的起点与硕士相同，但终点接近博士）。

专业学位教育的规模过小与社会日益增长的需求之间存在着巨大的矛盾。第一，经济发展和技术进步对应用性人才的需求规格多样化。有关研究表明，厂矿企业所需的高层次人才，大约5%是研究型人才，而大约95%是从事生产设施、设计开发、经营销售和管理类的人才。所以，我们不仅需要大批从事基础研究和高等学校教学工作的科研型人才，也需要大批面向厂矿企业等有关行业和部门的应用型、复合型高层次人才，即专业学位人才。第二，一些专业性很强的行业对人才需求的重心上移，现有职员队伍素质不能满足需求。截至2003年年底，我国有公务员队伍498.3万人，研究生只有6.7万人，占1.34%；全国税务系统有职工73.79万人，研究生只有9 114人，占1.235%；2003年我国各类体育教师已达3.8万余人，但具有硕士以上学位的教师在高校仅为8.7%，在中学任教的则不足0.2%[5]。第三，随着博士生培养规模的增加，硕士不再是高等院校和科研院所研究和教学的主力军，对科学学位硕士的需求减弱，硕士直接进入科研和教学的概率大大降低。第四，硕士研究生增长幅度远远大于博士研究生的增长幅度，硕士生进入博士生阶段学习的比例不大，大部分硕士生进入到工作领域，硕士学位即为终结性学位。第五，大量直接进入实际工作领域的本科毕业生需在职提高。所以，扩大专业学位教育规模，合理统筹专业学位与科学学位规模比例以及不同专业学位之间的规模比例应是当务之急。

五、延伸与拓展：基于结构的视角

我国专业学位类型结构单一，无法适应日益扩大的专业领域的需求。随着我国经济结构由计划经济向市场经济的转变，社会也由同质性向异质性转变，职业分化越来越细，职业种类越来越多，科技含量越来越高，越来越多的职业进入到专业领域。据统计，1987年，全美有500多个学科领域可授予博士学位，除传统的哲学博士外，有47种专业博士学位；1999年，英国有33个领域可授予专业博士学位。而到目前为止，我国只在16个领域设置了专业学位，虽然这里面有我国专业学位教育发展历史较短、不同国家学科领域划分各异的原因，但是从中也不难窥见我国专业学位类型结构单一的现实。

专业学位在层次结构上主要表现为张力不足。在由学士、硕士、博士三级学位组成的专业学位体系中，专业硕士学位处于绝对压倒优势。随着社会对高层次人才多样化的需求，个体的需求也呈现多元化的趋势，在合理拓展专业学位类型的基础上，积极发展各种专业博士学位是一种必然的趋势，而我国研究生教育日渐走向成熟，也为专业博士学位类型的多样化发展提供了可能。

我国专业学位教育的试点单位，尤其是早期试点单位主要集中在办学层次较高的重点大学。1996年公布实施的《专业学位设置审批暂行办法》为这种格局的形成提供了制度上的保证，其第七条规定：授予专业学位的高等学校，与专业学位相关的学科、专业应有相应的学位授予权。我国大部分重点大学以研究型大学为发展目标，承担着培养科研型人才的主要任务，在科研型人才的培养上具有一般大学无可比拟的优势。但是科研型人才与应用型人才的培养在培养目标、教学方式、教学方法、教学手段、教师资格等方面各有不同的要求，简单克隆并非有效之举。非重点大学，尤其是一些专业性较强的单科院校或以单科教育为主体的多科大学，可能总体上不是很突出，但专业优势明显，且由于专业学位起步时间较短，大家处于同一起跑线上，机会均等。一些特色明显的学校举办专业学位教育时，可能会更用心、更投入、更专一、更有效。

六、期望与落差：基于效益的视角

专业学位教育和科学学位教育同时担负着培养高层次人才的重任，为社会培养更多和更高质量的人才不仅是其首选和根本的目标，也是学校生存和发展的源泉。但在实际操作过程中，有些学校异化了对专业学位的理解，忽略了社会效益与经济效益、直接效益与间接效益、长远效益与眼前效益的统一，单纯把营利作为专业学位教育的第一目标，认为专业学位教育就是创收项目，在专业学位教育中急功近利，片面追求规模，追求经济收益，这种短期行为导致了专业学位研究生培养方式上的培训化现象以及专业学位地位的边缘化结局，降低了专业学位的教育质量，损害了专业学位教育的声誉。

由于专业学位很好地适应了行业发展的需求，行业对专业学位获得者寄予了很高的期望，同时也提供了优厚的待遇。但随着时间的推移，社会用人理念逐渐成熟，由于一部分专业学位获得者的水平不尽如人意，社会对专业学位获得者的青睐开始回落，回落的结果引发了学生对专业学位教育回报的过高期望与现实落差的矛盾。因此，如何科学地看待专业学位，不高估、不低视，实现学生、学校和社会的三赢，是一个从观念到技术都需要解决的问题。

七、控制与引导：专业学位的质量保证

专业学位教育的微观质量保证体系是专业学位由趋同化向多元化、特色化模式转变，保证专业学位质量的主要途径。体系涉及招生、培养和学位论文各个环节，由于我国科学学位制度发展于前，专业学位制度起步于后，在具体的各个环节上容易不自觉地以科学学位制度为蓝本，因此，在招生制度上存在着如何找寻初试与复试、口试与笔试、基础知识与实践能力考核之间的平衡点，体现专业学位的特色等问题。在培养方式上存在着如何体现专业学位要求，以特色求质量的问题。以案例教学为例，案例教学在专业学位教育中占据关键位置，备受推崇，不过囿于对国内优秀案例挖掘不够以及国外优秀案例与我国实际情况不能完全匹配，案例教学在一些学校或流于形式，或生搬硬套、食而不化，或弃之不用。在教师队伍上，还存在着两个班子、一套人马的现象，一些教师或不屑于从事专业学位教育，认为专业学位"低人一等"；或无能于专业学位教育，仍然遵循"学院式"的人才培养模式，从教学到教学，为研究而研究，同样的模式培养出来的人才除了证书不同以外，知识结构、能力素质毫无特色可言。在学位论文上，存在着专业学位论文与科学学位论文趋同的现象，例如有些教育硕士的学位论文"选了非职业性和实践性的基础理论题目，甚至选了教育哲学、教育学史、比较教育学、高等教育学等专业的学术性学位才合适的题目"[6]，学术性有余，实践性、应用性不足。

外部系统的调控作用是专业学位教育质量的宏观保证，要正确认识政府、行业主管部门、专业学位教育指导委员会、社会用人单位以及高等学校在专业学位的发展中应发挥的作用。目前，存在着政府在专业学位发展中职能不清，有越位、错位和缺位的问题，也存在着行业在专业学位教育中话语权缺失的问题。行业是直接的用人单位，对人才状况最了解，专业学位是否适应社会、经济的发展，行业拥有最重要的发言权，其认可度是衡量专业学位教育质量的主要指标。但我国在专业学位的设置、专业学位授权的审批、专业学位的规模等方面行政化痕迹明显，行业话语权严重缺失。专业学位教育指导委员在职能执行中存在着行政化的倾向，指导、监督、协调作用没有得到有效的发挥。而专业学位教育评估体系有待进一步完善，如科学学位与专业学位之间、不同专业之间评估指标体系的区分度不高，模糊、雷同现象明显，导向性作用无法有效发挥。

八、借鉴与创新：专业学位的本土化与国际化

专业学位教育发端于西方，在英、美等一些发达国家，专业学位教育历史较长，积累了丰富的经验，形成了特色鲜明的专业学位教育制度，专业学位教育和科学学位教育并驾齐驱，从不同视角诠释着各自的职能。反观我国，专业学位教育起步较晚，教育理念和技

术尚显稚嫩，在这种情况下，积极借鉴国外专业学位教育的先进经验、教育理念和教育模式，是加快我国专业学位教育发展步伐，提高我国专业学位教育质量的重要途径。但是，专业学位教育的产生与发展毕竟有其特定的环境与土壤，国外先进的经验弃置不用固然不可取，但若不顾实际情况照搬照抄肯定会产生南橘北枳之憾。在借鉴国外先进经验的基础上，如何积极探索适合我国国情的专业学位教育制度，创新我国专业学位的发展路径，我们还有很长的路要走。

专业学位的学术性和实践性决定了其服务社会的高端性、先导性和直接性，在我国由研究生教育大国向研究生教育强国迈进的路程中，专业学位教育的支撑作用和引领作用也必将更加突出。积极开展专业学位教育，推进专业学位教育与科学学位教育的并行协调发展，对于完善我国高等教育体系、提高高等教育国际竞争力、促进学位与研究生教育的改革与发展具有重要的战略意义。面对挑战，抓住机遇，乘势而上，促进我国专业学位教育的快速发展是时代赋予我们的责任。因此，积极发现专业学位发展中存在的问题，研究问题产生的原因，探寻解决问题的途径，防患于未然，对于每一位教育工作者来说既是责任，也是义务。

参考文献

［1］周其凤：《总结经验 继续努力 把我国专业学位教育工作推向一个新的发展阶段》，《学位与研究生教育》2002 年第 1 期。

［2］马克思、恩格斯：《马克思恩格斯全集》第 40 卷，人民出版社 1982 年版。

［3］邹碧金、陈子辰：《我国专业学位的产生与发展——兼论专业学位的属性》，《高等教育研究》1999 年第 2 期。

［4］王沛民：《研究和开发"专业学位"刍议》，《高等教育研究》1999 年第 2 期。

［5］段世杰：《在全国体育硕士专业学位教育指导委员会成立大会上的讲话》，《学位与研究生教育》2005 年第 9 期。

［6］杨启亮：《偏失与合适：教育硕士专业学位的论文选题》，《学位与研究生教育》2005 年第 8 期。

（本文选自《学位与研究生教育》2006 年第 5 期）

对专业学位研究生教育本质的审视与思考

刘国瑜　李昌新

（南京农业大学）

 **摘要**

　　认为培养应用研究能力是专业学位研究生教育的本质，彰显本质是提高专业学位研究生教育质量的关键。为促进专业学位研究生教育回归本质，从培养目标、师资素质、课程设置、教学过程、学位论文评价等五方面进行了探讨。

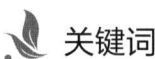 **关键词**

专业学位；研究生教育；应用研究能力

　　积极发展专业学位研究生教育，既是学位与研究生教育自身发展、自我完善的需要，也是学位与研究生教育适应社会发展、满足社会需求的需要。我国自 1991 年开展专业学位研究生教育以来，专业学位种类不断增多，培养规模不断扩大，社会影响不断增强，在培养高层次应用型专门人才方面发挥了重要的作用。同时，我们也应清醒地认识到，由于对专业学位研究生教育的重要性及其本质的理解不深等原因，教育实践中还存在着定位模糊、特色不彰的现象，这在很大程度上制约着专业学位研究生教育质量的提高，直接影响着专业学位研究生教育服务经济社会发展的成效。为此，我们必须从战略和全局的高度深刻认识发展专业学位研究生教育的重大意义，科学把握专业学位研究生教育的本质，努力提高专业学位研究生教育的质量，更好地担负起培养高层次应用型人才的历史重任。

一、培养应用研究能力：专业学位研究生教育的本质

　　专业学位研究生教育的本质是什么？这是发展专业学位研究生教育必须回答的问题，否则其发展就会陷入盲目状态，脱离科学发展的轨道。根据《现代汉语词典》的解释，"本质"是指"事物本身所固有的，决定事物性质、面貌和发展的根本属性"[1]。因此，专业学位研究生教育的本质就是专业学位研究生教育本身所固有的，决定专业学位研究生教育性质、面貌和发展的根本属性。那么什么是专业学位研究生教育本身所固有的根本属性？是什么决定了专业学位研究生教育的性质、面貌和发展？我们可从以下几方面对其加以探究。

（一）从专业学位研究生教育的起源来考察

现代学位制度和研究生教育源于德国，最初只是为了培养科学接班人，强调纯知识、纯学理的研究。美国等其他西方国家的学位制度和研究生教育最初也受到德国的影响，在实施学位制度和研究生教育早期，也只是注重科学研究型人才的培养。19世纪后期，随着科学技术的发展及其在经济社会发展中的应用范围不断拓展，一些特定社会职业要求其从业人员能够运用科技知识解决实际问题。为适应这一变化，西方发达国家又建立了专业学位制度。从世界各国的情况看，专业学位研究生教育均是以专业实践为导向，重视技术科学和应用科学研究，增强研究生探索实践、研究并解决现实问题的能力，以培养社会需要的高层次应用型人才。

（二）从研究生教育的特征来考察

研究生教育是建立在科学研究活动基础之上的，以科学研究为主要特征的一种教育。正如伯顿·克拉克所指出的，研究生教育"以科研为首要的成分，教授的作用在于把科研和教学结合起来——科研活动十分恰当地成为一种教学模式。学生的作用就是把科研和学习结合起来——科研活动转变为一种学习的模式"[2]。在研究生教育的发展历程中，尽管研究生的培养层次、培养类型、培养形式发生了变化，但科研能力的培养始终贯穿于研究生教育的产生与发展过程中。"科研能力培养，是研究生教育固有的，决定研究生教育性质、面貌和发展的根本属性。"[3] 专业学位研究生教育作为研究生教育的重要组成部分，必然要具备和反映研究生教育的本质，同样要加强科研能力的培养，所不同的只是其科研的指向是实践领域，科研的目的是将科学运用到实践中以解决经济社会发展中的现实问题。

（三）从专业学位与学术学位的差异来考察

专业学位是不同于学术学位的一种学位类型。学术学位所表征的主要是其获得者在相应的学科领域中知识的掌握程度和理论的修养水平；专业学位所表征的主要是其获得者具备了特定职业所要求的专业能力和素养，具备了从业的基本条件，能够运用一定的理论、知识和技术有效地从事专业工作。与其相应，学术学位研究生教育重在学理的学习和研究，以满足人类发展的普遍需要和社会基础研究人才的需要；专业学位研究生教育则重在事理的学习和研究，以满足特定社会职业的专业人才需求[4]。此外，从我国已设置的39种专业学位的学科分布看，作为纯学术性的哲学、理学学科均未设立与之相对应的专业学位，而具有应用性的管理学、医学和农学等学科均设有与之相对应的多种专业学位。这也说明了专业学位研究生教育具有明显的应用性导向，重在加强研究生研究和解决实际问题能力的培养。

综上所述，应用研究能力培养，是自专业学位研究生教育产生之初便具备的，是保证专业学位研究生教育属于研究生教育的基础，是专业学位研究生教育区别于学术学位研究生教育特有的属性，决定着专业学位研究生教育的性质、面貌和发展，即专业学位研究生教育的本质是应用研究能力的培养。

二、彰显本质：提高专业学位研究生教育质量的关键

《国家中长期教育改革和发展规划纲要（2010—2020年）》和《国家中长期人才发展规划纲要（2010—2020年）》都把发展专业学位研究生教育作为发展战略，明确提出加快发展专业学位研究生教育的要求。但是，专业学位研究生教育的发展不只是数量的增长，还要有质量的提高，是一种有质量的数量增长。质量是专业学位研究生教育的生命线，直接关系到专业学位研究生教育的可持续发展。保证和提高专业学位研究生教育质量，关键在于教育实践中能够彰显专业学位研究生教育的本质，突出专业学位研究生教育的特色。

专业学位是具有职业背景的一种学位。追溯我国专业学位的发展历史，在没有确立"专业学位"的概念之前，我国曾将其命名为职业学位，后来考虑到我国学位制度还处于刚刚建立的阶段，学位的作用主要是对学位获得者的学术水平的认可，在人事制度方面还没有规定某种学位是从事某项职业的必备条件，因此，称为专业学位更切合我国的国情[5]。1996年7月22日，国务院学位委员会在《专业学位设置审批暂行办法》中明确规定："专业学位作为具有职业背景的一种学位，为培养特定职业高层次专门人才而设置。"也就是说，法规文件明确地指出了专业学位具有明显的职业指向性，要求在教育实践中突出职业性，即人才培养应瞄准职业或职业资格要求，并为之准备。然而，专业学位研究生教育的职业性特征并不意味着对学术性的摒弃。从专业学位之"专业"看，它不是普通意义上的职业，而是一种"专门职业"，有较高的专门技术层次，有独特的知识领域，有严格的入门标准。从学位的本质看，"学术是学位的本质体现，学位与学术有着内在的本质关联性。可以说，任何学位都是对学术水平的一种鉴定和认可，都直接反映一定层次的学术问题"[6]。专业学位作为学位的一种类型，必然要反映学位的学术本质。从培养目标看，专业学位研究生教育的使命是培养高层次应用型专门人才，这就必然需要相应的高级专业知识来充当教育的内容。因为只有掌握某一专业（或职业）领域坚实的基础理论和宽广的专业知识，较深入地了解专业的前沿动态，掌握现代实验方法和技能，才能进行知识应用与技术创新，更好地解决实际问题。"为什么从总体上看美国的工程师不如英国的工程师在工程实践以外的领域达到那样的高度？答案在于美国工程师必须修习的职业课程相对狭隘。如果美国律师业和英国律师业的水准存在令人遗憾的差异，那么其中的一个原因是否就可能是美国的法学院强调实际的训练，而英国的大学注重对法律的理解？"[7]因此，如果舍去了学术性，不仅不能提高专业学位研究生教育的地位，更不可能培养出社会需要的高层次应用型专门人才。

职业性与学术性是专业学位研究生教育不可分割的两个方面，职业性是在一定学术水准下的职业性，而学术性则是体现职业性的学术性。专业学位研究生教育的质量主要通过职业性与学术性的融合来保证，培养应用研究能力是整合职业性与学术性的根本途径。应用研究是将基础研究所产生的理论知识设法应用到解决人类实际的问题上，具有特定的实际目的或应用目标以及指向明确的应用范围和领域。它虽然也是为了获得科学技术知识，但这种新知识的获得建立在开辟新的应用途径的基础上，是为解决实际问题提供科学依

据，对应用具有直接影响。在专业学位研究生教育实践中，着力培养研究生的应用研究能力，引导研究生善于从经济社会发展的现实需要中发现问题、提炼问题、思考问题，有利于促进研究生学以致用，提高他们综合运用理论、方法和技术解决实际问题的能力和综合素养；有利于增强理论与实践的沟通，拓展理论的外延和功用，并依靠实际问题的解决来丰富、发展理论。因此，培养应用研究能力，既能突出专业学位研究生教育的职业性，又能保证专业学位研究生教育的学术性，促进职业性与学术性的彼此沟通与相互融合，进而提高专业学位研究生教育质量。

三、专业学位研究生教育本质的回归：路径与条件

随着我国经济社会和科学技术的快速发展，各行各业实际部门对高层次应用型人才的需求持续增长，这既为专业学位研究生教育提供了良好的发展机遇，同时也对其提出了新的更高的要求。为此，我们应正视专业学位研究生教育中存在的不足，充分借鉴国外先进经验，积极探索促进专业学位研究生教育回归本质的新途径，提高专业学位研究生教育的质量和水平。

（一）培养目标定位于应用型人才

明确的培养目标定位，是专业学位研究生教育科学发展的前提和基础。正如蔡元培先生所言："宗旨既定，自趋正轨。"[8]宗旨不明，遑论其他。我国发展专业学位的初衷是"完善我国学位制度，加速培养经济建设和社会发展所需要的高层次应用型专业人才"[9]。专业学位不是学术学位的补充，而是一种独立的学位体系，其培养目标与学术学位有着明显的差异。但是，目前人们对专业学位研究生教育的认识还很不充分，教育实践中还存在着培养目标迷失的现象，以学术学位研究生教育的学术要求、培养模式来发展专业学位研究生教育，忽视了专业学位研究生教育的特色和优势。因此，在专业学位研究生教育实践中，应充分认识到专业学位研究生教育的独特性，坚持以高层次应用型人才为培养目标，制定不同于学术学位研究生教育的培养方案，从而使专业学位真正成为一种具有独自存在价值和意义的特色学位，增强服务国家和社会发展的能力，促进人才培养与经济社会发展实际需求的紧密联系。

（二）师资素质注重专业实践能力

高质量的专业学位研究生教育必须有高水平的师资队伍作保证。与学术学位研究生教育相比，专业学位研究生教育的重要特征是职业性与实践性，这就决定了从事专业学位研究生教育的教师既要有较高的专业理论水平，又要有较强的专业实践能力，还要密切关注相关职业领域的发展。一个对相关行业、职业领域缺乏了解的教师不可能对专业学位研究生进行有效的指导。然而，目前我国从事专业学位研究生教育的师资主要是高校教师，由于他们大多长于专业理论而缺乏专业实践能力，他们能教给学生的主要是理论知识，而不是解决实际问题的方法，不利于培养专业学位研究生的应用研究能力。为此，要鼓励校内教师参与产业实践活动，及时了解行业企业的发展动态，了解生产实践中的问题，使他们

成为具有较高理论水平、较强专业实践能力的教师。要拓宽指导教师来源渠道，聘请职业部门专业实践能力强、具有一定理论水平的专业人员参与到专业学位研究生教育的课程教学、实践实习、学位论文等培养环节中，发挥他们专业实践能力强、深刻理解行业发展对人才的要求等优势，与校内教师紧密合作，共同承担研究生的培养工作，提升专业学位研究生教育质量。

（三）课程设置围绕职业发展需要

课程在专业学位研究生教育中处于核心地位，是实现专业学位研究生培养目标的重要手段和工具，对专业学位研究生掌握较坚实的理论基础和较宽广的专业知识，提高解决实践问题的能力影响重大。专业学位研究生教育的使命是针对社会特定职业领域的需要，培养具有较强的专业能力和职业素养，能够创造性地从事实际工作的高层次应用型专门人才，这就要求其课程开发应从职业世界向学科内部辐射；课程设置应围绕职业发展需要，以职业能力和综合素养的提高为核心；课程内容应提供学术与实践的知识，反映理论发展动态和实践领域的最新进展。这样，研究生通过课程学习，既可形成职业要求所需的知识体系，养成高层次应用型人才所需的开拓性思维方式和多视角分析问题的习惯，提高专业工作的能力，勇于应对实际工作中复杂而多样的挑战；又可灵活、及时地将学到的理论、方法和技术应用到社会实践中，迅速转化成现实生产力。

（四）教学过程做到教、学、用结合

教学是由若干能够实现预定教学目标的教学环节组合而成的活动过程，是专业学位研究生培养工作的重要环节。专业学位研究生教育的实践性特征，要求其教学应能激发研究生关注相应职业领域中的实际问题，注重培养研究生运用理论知识分析和解决实际问题的能力，从而使教学成为推动他们自我完善、自我发展的积极力量。然而，目前我国专业学位研究生的教学，并没有突出面向实际问题和实际工作能力的培养，不能很好地满足研究生职业发展的需要。为此，专业学位研究生的教学应把更多的实践因素融合到教学中，强化专业实践教育，促进学术与职业之间的融合。要多运用现场研究、模拟训练、案例分析等教学方法，最大限度地调动研究生的积极性、主动性，强化教学参与的深度和广度，激发研究生的讨论热情，真正将知识与能力、理论与实践、专业与素质紧密结合，培养研究生理论联系实际，主动发现和思考实践中的问题，提高解决实际问题的能力和综合素质。要注重吸纳和使用社会资源，通过高校与企业合作开展应用研究和技术开发，使企业在分享高校研发及人才优势的同时，参与专业学位研究生的培养，促进教与学、学与用的有效衔接。

（五）学位论文评价突出解决实际问题的能力

学位论文是研究生开展研究工作的重要成果，也是评判研究生能否获得学位的重要依据之一。专业学位研究生开展的研究工作，主要是针对社会实践或工作实际中的现实问题，运用理论知识对其加以分析并提出解决问题的有效方法，重在回答"怎么办"，属于问题对策研究，具有明确的职业背景和应用价值，其目的在于提升研究生分析和解决实际

问题的能力。因此，对专业学位研究生的学位论文评价，应反映相应专业领域的特点及对高层次应用型人才在专门技术工作能力和学术能力上的要求，突出研究生综合运用理论、方法和技术分析和解决实际问题的能力，以引导研究生善于从实践中发现问题，善于运用所学知识和理论分析问题、解决问题，促进理论与实践的融合，努力提高专业工作能力和综合素养。

参考文献

［1］中国社会科学院语言研究所词典编辑室编：《现代汉语词典（修订本）》，商务印书馆1996年版。

［2］［美］伯顿·克拉克著，王承绪译：《探究的场所——现代大学的科研和研究生教育》，浙江教育出版社2001年版。

［3］周泉兴、王琪：《研究生教育的本质：历史、现实和哲学的考察》，《中国高教研究》2009年第2期。

［4］研究生专业学位总体设计研究课题组主编：《开创我国专业学位研究生教育发展的新时代》，中国人民大学出版社2010年版。

［5］黄宝印：《我国专业学位教育发展的回顾与思考（上）》，《学位与研究生教育》2007年第6期。

［6］康翠萍：《对学位类型界定的一种重新解读》，《学位与研究生教育》2005年第5期。

［7］［美］罗伯特·M.赫钦斯著，汪利兵译：《美国高等教育》，浙江教育出版社2001年版。

［8］蔡元培：《就任北京大学校长之演说》，《教师之友》2000年第10期。

［9］国务院学位委员会：《专业学位设置审批暂行办法》学位〔1996〕30号，1996-07-22。

（本文选自《学位与研究生教育》2012年第7期）

迷失·定位·重构：全日制教育硕士专业学位研究生教育之省思

王 磊

（安徽农业大学）

摘要

全日制教育硕士专业学位研究生教育在完善我国研究生教育制度、优化专业学位教育结构等方面起到了积极的作用，但囿于历史和现实的因素，当下的全日制教育硕士专业学位研究生教育迷失了自己应有的"特色"，存在着诸多"错位"现象：价值取向上重学术而轻专业；培养过程中重经验而轻问题；教育体系上重传统而轻特色。全日制教育硕士专业学位教育应当科学优化培养模式；灵活制定和落实政策，完善职业教育体系；凸显自身办学特色。

关键词

专业学位；教育硕士；研究生教育

为更好地满足知识经济发展对高层次、应用型专门人才的需求，我国适时调整和优化硕士研究生的类型结构，大力发展全日制专业学位研究生教育，逐步实现了硕士层次研究生教育的培养目标从以往的学术型人才为主向应用型人才为主的重大战略转变。全日制教育硕士专业学位作为我国全日制专业学位研究生教育中的重要组成部分，为我国中小学教师的培养和教学管理人员队伍的充实起到了重要的推动作用，为一大批希望接受继续教育、提升学历的在职教师提供了重要渠道，在很大程度上满足了我国对高素质的中小学教学与管理人才的渴求，为我国的教育发展做出了极大的贡献。

一、全日制教育硕士专业学位研究生教育的自我迷失

我国教育硕士专业学位研究生的培养已有十余年的发展历程，招生学校和招生方向不断扩展，招生人数也迅速增加，取得了很多重大成绩，整体呈现出开放、立体、多元化的发展态势；但仔细审视就会发现其中仍然存在许多问题，如培养目标定位模糊、师资队伍结构不甚合理等。特别是国家扩大了以应届本科毕业生为主的全日制硕士专业学位研究生教育规模，全日制专业学位成为专业学位教育的主力军和主渠道，生源等方面也相应出现

了一些新的问题。因此，囿于历史和现实的因素，全日制教育硕士专业学位研究生教育消解了自己应有的"特色"，迷失了其正确的发展方向，存在着诸多"错位"现象，导致其质量下滑，教学效果难以保证。

（一）价值取向上重学术而轻专业

我国全日制专业学位硕士研究生培养模式与学术学位研究生培养模式类似，缺乏自身的个性与特点，不适应目前和未来大规模高级技术人才的需求，难以达到培养的目的。在诸多承担专业学位教育培养任务的高校中，已然熟悉了学术性研究生教育培养范式的管理者和教师有意或无意地用学术性学位的标准去审视和规范专业学位研究生教育。一些学校对全日制专业研究生和学术研究生的课程设置没有任何区别，培养课程模式与实践模式单一。这种生存境地使专业学位沦为了学术学位的"衍生物"，在形式上加深了人们对其认识的"误区"。加之社会对其熟知和认可的程度还不是很高，难免也陷入了学术学位教育的"窠臼"之中而丧失了自身的个性与特色。

全日制专业学位教育也不应该轻视或无视学术性。作为研究生学位层次的一种教育类型，学术性是其内蕴的应有之义。但究其本性而言，全日制专业学位是学术性和专业性（即职业性）的结合。学术学位是以学术性为主的一种学位类型，而全日制专业学位则是一种以专业性、职业性为主，学术性为辅的一种学位类型。同时，全日制专业学位的学术性是体现其专业性、职业性的学术性，其价值主要是为专业性、职业性提供理论上的指导。因此，在全日制专业学位教育中，专业性是第一位的，而学术性是第二位的。但在当前的全日制专业学位教育中，沿袭以往，过分地强调学术性，势必会影响学生专业能力和素养的培养。

（二）培养过程中重经验而轻问题

在过去的教育硕士专业学位教育中，由于其生源的主力是中小学一线教学、管理工作者，所以一直认为攻读专业学位的学生已经具备了扎实的教学与管理专业技能。于是，在培养过程中，主要是强调对高深知识和理论的学习，较多地关注学生科研能力的培养和训练。随着国家扩大了以应届本科毕业生为主的全日制硕士专业学位研究生教育，越来越多的应届本科毕业生进入教育硕士专业学位的学习中。全日制教育专业学位研究生教育的目的就是培养中小学教师及管理人员，而国家对全日制教育硕士的本科学习专业并无要求，即并未要求其本科为师范专业，因此其考生来源可谓"五花八门"，那些非师范专业的应届毕业生既无相关从业经验，也未经过系统专业的教学实践训练，在教育心理学等专业知识方面的基础理论也比较欠缺。而研究生阶段的教育却以知识的深化和提高为主，同时由于我国专业学位教育的起步较晚，大多数学校在这一领域尚处于探索阶段，虽然也在积极联系相关实践单位，但还未形成完整的管理和评价机制，这就使得学生在校学习期间的专业实践环节变得有名无实。而其应届毕业生的身份特征也导致了一些学生对自身学习目标以及职业定位出现偏差，他们无法清醒地认识到学成之后必须到基层中去，为基础教育服务的教育目标，而将这一阶段的硕士学习作为拿文凭、找工作的跳板。在这一点上，可以说学校延续了以往生源特征的惯性，忽视了生源变化带来的新情况，直接导致了全日制教育硕士专业学位研究生的专业技能未能达到预期的目标。另外，部分学术型导师不能胜任实践性教学，对基础教育实际情况了解也不够，以及部分导师无法在准确把握高校与中小学教学之差异性的基础上有针对性地对学生进行指导等问题，也是必须引起重视的。

（三）教育体系上重传统而轻特色

在重学术轻专业的价值指引下，在错置的重传统轻特色的教育体系和重经验而轻问题的培养模式内，全日制教育硕士专业学位研究生教育逐渐迷失了自身的本性和特色，导致培养质量不高，再加上招生制度以及学生心理上的因素，造成的后果就是：全日制教育硕士专业学位的社会认可度低。主要表现在两个方面：一方面是用人单位对此种学位毕业生的认可度低；另一方面是考生对该学位的认可度低。而社会对该学位的认可度，与应届生对选择专业硕士的信心成正比。因此，全日制教育硕士专业学位研究生教育目前在一定程度上陷入了恶性循环，严重影响发展的速度和质量。

二、全日制教育硕士专业学位研究生教育的特征定位

"专业学位"一词来源于"professional degree"，其直译为"职业学位"，产生于 20 世纪初的美国。在综合考虑我国学位制度的实际情况以及我国研究生教育与社会经济发展现状之后，我国学术界一致认同使用"专业学位"的称谓，而不取直译"professional degree"的"职业学位"，并一直沿用至今。

（一）全日制教育硕士专业学位研究生教育相关概念的甄别

专业学位是一个看似简单而其内涵却实际较为复杂的概念。在学界，有人把它等同于职业教育，有人把它错解为技术教育。要探索专业学位研究生培养规律，并对其进行准确定位，必须厘清相关的概念。

1. 专业教育与职业教育

联合国教科文组织出版于 1984 年的《技术和职业教育术语》一书指出：职业教育"通常在中等教育后期进行"，"着重于实际训练"，培养"技能人员"。在西方，职业教育人才培养从下往上可分为三个层次："职业教育"（vocational education），"技术教育"（technical education），"专业教育"（professional education），大致对应于我国的"技术工人"、"技术员"及"工程师"[1]，而专业学位研究生教育所具有的学术性和知识性决定了其专业、职业与技术均不等同于职业教育。从本质上说，全日制专业学位研究生教育是"本科以后以研究为主要特征的高层次的专业教育"[2]。从纵向来看，相较于普通职业教育，全日制专业学位研究生教育在知识积累、知识起点、知识层次及知识结构上都较高；从教育内容与方式上看，全日制专业学位研究生教育的研究特征决定了其教育的创新性，其学习知识不仅仅是对普通知识的习得与重复，更注重知识的创新、转化和应用。

2. 专业学位研究生教育和学术学位研究生教育

专业学位研究生教育和学术学位研究生教育是我国研究生教育层次的两个重要组成部

分。专业学位与学术学位都是高等教育程度和水平的证明和标志，由获得授权的高等教育机构颁发。学术学位研究生的培养目标主要是为社会、高等学校和科研机构培养基础知识扎实、研究探索能力强、富有理论创新思维的师资和科研人员。在此培养目标的指引下，学术学位依据学科分类而设立，以学术研究为导向，关注学科理论知识的掌握，着重培养知识创新和科技创新的能力。因此，理论型、学者型人才是学术学位研究生教育的最终目标。可见，学术学位是注重基础研究，注重理论研究，注重原创的一种学位。专业学位研究生的目标是培养掌握某一专业（或职业）领域扎实的基础理论和宽广的专业知识、具有较强的解决实际问题的能力、能够承担专业技术或管理工作、具有良好的职业素养的高层次应用型专门人才。根据招生对象的不同，专业学位教育的学习方式可以分为全日制和非全日制两种。一般而言，在职人员采用的是非全日制的学习方式，即以业余时间学习为主，利用周末、节假日或集中授课的方式，进行不脱产或半脱产学习；而应届本科毕业生则采用全日制的学习方式。具体而言，两者的区别主要体现在以下方面：专业学位研究生教育和学术学位研究生教育作为同一层次的不同教育类型，虽然具有相同的教育基础，但在招生对象、学制、学生特点、培养目标、培养方式、过程管理、授予证书等方面都存在着较大差异。而这些差异的根源主要在于两者的培养目标不同，学术学位教育重在满足社会对基础研究人才的需要，专业学位教育主要是为了满足特定社会职业对专业人才的需求（见表1）。

表 1　专业学位与学术学位硕士教育的区别

类别	专业学位		学术学位
	全日制专业学位	非全日制专业学位	
招生对象	多数应届本科大学生；少数的往届本科生	往届本科大学生	多数应届本科大学生；少数的往届本科生
学制	2年	2~5年	3年
学生特点	具备的优点是：基础知识扎实，外语水平较高，掌握较系统的最新的科学技术知识。但其缺点是：从学校到学校，对社会及其社会行业不了解，社会与实践知识知之不多，动手、实践能力差。	具备的优点是：对社会和行业了解较多，实践知识丰富，动手和实践能力强，他们在实践中遇到很多技术难题，知道社会和行业需要什么知识。但其缺点是：由于毕业时间较长，知识老化落后，知识体系不完整，外语较差，对最新的科技知识和成果不熟悉、不了解。	具备的优点是：基础知识扎实，外语水平较高，掌握较系统的最新的科学技术知识。但其缺点是：从学校到学校，对社会及其社会行业不了解，社会与实践知识知之不多，动手、实践能力差。
培养目标	为社会培养具有较宽的知识、掌握最新科技成果和技术、动手和实践能力强、能够直接服务社会的应用型、复合型人才（高级技师）。		主要为社会、高等学校和科研机构培养基础知识扎实、研究探索能力强、富有理论创新思维的师资和科研人员（科学家）。

类别	专业学位		学术学位
	全日制专业学位	非全日制专业学位	
培养方式	理论知识与专业技术实践		理论学术
过程管理	全日制统一管理	单独管理（半工半读）	全日制统一管理
授予证书	专业学位证书和毕业证书	专业学位证书	专业学位证、毕业证书

（二）全日制教育硕士专业学位研究生教育的特征定位

从以上相关概念的甄别中可以看出，专业学位是随着现代科技与社会的快速发展，针对社会特定职业领域的需要，为培养具有较强的专业能力和职业素养、能够创造性地从事实际工作的高层次应用型专门人才而设置的一种学位类型。

1. 学术为基础

全日制教育硕士专业学位作为专业学位的一种形式，培养的是具有较宽的知识面、掌握最新科技成果和技术、动手和实践能力强、能够直接服务于现代教育事业的高层次应用型、复合型人才。可以说，全日制教育硕士专业学位教育是理论性和实践性、学术性和职业性的有机结合。而学术性则是研究生教育层次人才培养过程中的奠基因素。没有学术和科研，就不能够掌握新的科研成果和知识，也不具备知识和技术转化的能力，更谈不上把知识和技能应用到实践中去。专业知识和专业技能是学术和经验的统一，学术是受教育者获得专业知识和技能的基础，经验是受教育者获得专业知识和技能的桥梁，二者缺一不可。

2. 专业为核心

在全日制教育硕士专业学位研究生教育中，其招生对象主要是应届本科毕业生。他们基本上没有实际工作经验，其中一些没有受过从事教育工作和教师职业相关的专业知识、技能、行为和道德的专业培训。要想真正实现专业学位培养高层次应用型专门人才的目标，就需要以专业为核心和关键。在培养过程中，无论是在校学习还是校外实践，专业素养的培养成为首要和关键任务。专业素养不仅包括专业知识、技能，同时还包括专业意识、思维和价值观的形成。专业知识、技能是专业素养的前提和基础，这需要在专门的、长时间的学习和实践中逐渐形成和完善。而专业意识和价值观是专业内在崇高目标的重要组成部分，指引和规范着专业素养的方向。全日制专业学位研究生的素养培育，必须将学习、科研、实践融为一体，培养一定的创新能力、创业能力和实践能力。只有在学习和实践中，始终以专业为核心，才能实现专业学位研究生教育培养高层次人才的目标。

3. 职业为导向

全日制教育硕士专业学位研究生教育主要是针对高水平高素质的中小学教师和管理人员这一职业所进行的导向性教育培养。《教育部关于做好全日制硕士专业学位研究生培养工作的若干意见》明确提出了全日制专业学位研究生培养的能力要求："具有较强解决实际问题的能力，能够承担专业技术或管理工作。"这表明，全日制教育硕士专业学位研究生教育不仅要使学生获得知识和技能，更为重要的是要实现由知识习得向知识应用的有效转化。而这种转化必须要以其特定的职业为导向。可以说，职业导向是贯穿于整个全日制专业学位研究生教育的一条主线，必须落实在培养标准设置、课程与教学环节设置等人才培养的各个环节中。在培养过程中，实践环节是职业导向实现的关键和载体。国家明确提出，应届本科毕业生的实践教学时间在原则上应不少于1年。只有以明确的职业为导向，全日制教育硕士专业研究生教育的培养目标才能得以真正实现。

三、全日制教育硕士专业学位研究生培养模式的重构

现实中所存在的诸多"迷失"现象，导致了全日制教育硕士专业学位研究生教育培养质量不佳，教育效果堪忧。那么，如何才能够在保证其规模发展的前提下提高人才培养质量，实现数量和质量的协调、可持续发展，是当前全日制教育硕士专业学位研究生教育亟待解决的问题。

（一）深刻理解培养目标定位，科学优化培养方案

《教育部关于做好全日制硕士专业学位研究生培养工作的若干意见》对全日制专业学位的培养目标进行了科学定位，即"专业学位研究生的培养目标是掌握某一专业（或职业）领域坚实的基础理论和宽广的专业知识，具有较强的解决实际问题的能力，能够承担专业技术或管理工作，具有良好的职业素养的高层次应用型专门人才"。以此目标为指导，国家制订了科学的研究生培养方案，其中明确规定了人才培养的过程及各环节应达到的具体要求，是研究生培养工作实施的依据和标准。具体到承担全日制教育硕士专业学位研究生培养工作的各个高校，首要任务是要深刻理解全日制教育硕士专业学位的目标定位，在培养方案的制订过程中，应将培养人才定位于适应"教师"这一特定职业或岗位的实际工作需求，充分体现其自身的个性，即"专业性"和"职业性"；要将培养目标的具体要求和人才所需知识结构相结合，在课程学习、专业实践和学位论文三大培养环节中，有效地突出专业学位的职业导向，确保培养目标的实现。

（二）灵活制定和落实政策，实现专业学位与任职资格挂钩

当前，我国的全日制专业学位研究生教育与任职资格或从业资格的分离成为制约专业学位研究生教育发展的重要制度性障碍。在一些专业学位发展较为成熟和发达的国家，由于专业学位教育的培养标准和相关职业的从业标准已经基本达成一致，因此在专业学位和职业资格的认证中，双方已经达成了某种程度的默契，专业学位是人们从事某种职业所必需的前提条件。专业学位教育和职业资格之间实现了相互衔接和配套。而在我国，只有建筑学等很少的专业学位与职业任职资格相衔接和配套，大部分专业学位和职业任职资格还处于相互分离的状态。这就是说，专业学位虽然在培养目标上是以适应社会所需职业为依据，但当人才培养出来之后，并未受到社会相关职业的资格认证。这种人才供需之间的脱节，严重影响了专业学位教育，成为其进一步扩大发展的制度性"瓶颈"。[3]因此，我国的全日制教育硕士专业学位研究生教育想获得其应有的权威性和社会认可度，就应该借鉴

西方教育发达国家的成功经验，由教育部、人力资源和社会保障部携手灵活制定相关政策，把专业学位的获得作为进入"中小学教师"这一特定职业（或岗位）的准入证或先决条件之一，通过与职业任职资格挂钩，使其成为名副其实的职业学位。

（三）凸显办学特色，构建政府、用人单位、高校合作的共赢机制

1903 年，英国的森德兰技术学院首次提出"合作教育"（cooperative education）的概念，通常也被称为"以就业为导向的合作教育"（career oriented cooperative education），其核心是，把课堂学习与相关领域中生产性的工作经验学习结合起来的一种结构性教育策略，被世界合作教育协会（Word Association for Cooperative Education）认定为培养应用型人才的一种教育安排。[4]

全日制教育硕士专业学位研究生教育是一种培养高层次、应用型专业教师的教育类型，在培养过程中，不仅要求学生掌握必要的专业理论知识，更为重要的是要加强实践教学环节的力度。而要想实现这一目标，就需借鉴森德兰技术学院提出的"合作教育"，实现政府、用人单位和高校三位一体的合作共赢机制。政府应在政策方面大力支持高等学校实现专业学位办学特色化，引导培养单位、用人单位等合作办学，有效提高行业和学校在专业学位研究生教育的培养方案、课程设置、教学环节等方面的自主权，真正实现合乎专业学位教育规律的办学模式。

教育硕士专业学位教育的职业特性内在地规定了建立良好和成熟的实践基地是实现专业学位研究生教育可持续发展的关键，而用人单位在实践基地的建立中具有非常重要的作用。与此同时，全日制教育硕士的用人单位不仅是知识创新的主体，同时也是知识创新转化为生产力的受益者。因此，用人单位与高校在全日制教育硕士专业学位研究生的培养上，具有诸多合作的基础，高校应将用人单位的需求和标准主动纳入研究生培养体系的评估制度之中，而用人单位在人才招聘、工资水平等各个方面应给予专业硕士和学术型硕士同等的认可度。总之，在专业学位研究生的培养过程中，必须通过建立政府、用人单位和高校有效的联动机制，真正实现全日制教育硕士专业学位研究生教育的特色发展。

参考文献

［1］翟海魂：《世界职业教育发展规律初探——一个历史的视角》，《河北师范大学学报（教育科学版）》2006 年第 2 期。

［2］美国斯坦福大学：http://www.fiuxue51.net/studio/singapore/n-47280.html。

［3］于东红、杜希民、周艳来：《从自我迷失到本性回归——我国专业学位研究生教育存在的问题及对策探析》，《中国高等教育》2009 年第 12 期。

［4］徐平、徐建中：《美国辛辛那提大学的合作教育及其启示》，《外国教育研究》2009 年第 2 期。

（本文选自《国家教育行政学院学报》2014 年第 7 期）

论教育博士的实践逻辑

吕寿伟

（江苏大学教师教育学院）

 摘要

实践在我国经历着庸俗化和神圣化两种截然相反的命运，但却制造了相同的结果，即实践和理论的脱离，这种脱离使得日常的教育实践不得不遵照实践者自身的经验逻辑。实践性是教育博士的首要特征，教育博士来自于实践，同时也为了改造当下的实践。教育博士要进行的教育实践绝不意味着经验的行动化或技术的操作化，而是遵从理论的逻辑、价值的逻辑和行动的逻辑，通过赋予实践以价值性和理论性而实现教育领域的创造性行动。

关键词

教育博士；教育实践；价值实践；理论实践

2008 年 12 月，国务院学位委员会第 26 次会议审议通过了《教育博士专业学位设置方案》，指出设置教育博士专业学位的目的在于"培养实践领域的高层次专门人才，使其能够创造性地解决教育实践中的复杂问题"。为达成这一目标，该方案在课程设置、教学过程、教学方法以及毕业论文选题等方面对教育博士培养提出了明确的实践性要求。可以说，教育博士自诞生之日起，便决定了自身的实践性价值导向。然而，同样作为事实的是，教育博士诞生伊始，对教育博士实践性的庸俗化理解，甚至对教育博士实践性的质疑就未曾中断。

教育博士来源于教育实践，同时也是为了实践的改进和发展。但问题的关键在于我们该如何理解这里的实践性，以使教育博士的实践性既能够避免被庸俗化地理解，从而不再是可有可无的学位类型，同时又能形成自身区别于教育学博士的独特内涵，为其合法性寻找依据。教育博士专业学位的设立绝非是一时的冲动，亦非是对国外的盲从，它的设立是教育学实践本性的要求，同时也是当下中国教育现实的必然。教育学本质上并非是为了一种理论之知，而是为了追求一种实践之能。而且，在当下的中国，教育所面临的很多问题在根本上也非因为理论上的无知，而是由于实践上的困惑，以及理论与实践之间的分离所造成的"知道的人不去做，不知道的人正在做"的尴尬事实。教育博士的出现正是为了弥

补理论与实践之间的差距，为了矫正教育的现实问题。

然而，对教育实践的固有偏见，以及长期以来在观念中所形成的理论与实践之间的对立，使实践往往被局限于教师等教育实践人员在教育过程中的实际行动，或者按照一定的经验或理论所进行的技术化的操作行为。事实上，任何教育实践都意味着对当下事实存在的教育状态的改变，"暗含和依赖于一种未曾实现的想法，一种'将要成为……'，但'现在却不是'的想法"[1]。教育实践表达着当下"是什么"与我们期望的"应当是什么"之间的差异。因此，实践的行动就不仅取决于"是什么"的实然判断，同时也取决于应然的价值观念，以及实现观念中应然目标的方式。与任何其他的教育实践一样，教育博士的实践首先是一种价值实践。另一方面，教育博士作为"博士"的一种类型也注定了这里的实践不同于技术化的操作行为，而必须具有一定的理论性和学术性，也就是说，这里的实践具有理论的品格，它不仅遵循着价值的逻辑，同时也遵循着理论的逻辑。教育博士的实践就是以价值和理论为基础的创新行动，价值、理论与行动既是教育博士实践的必然过程，同时也构成了教育博士的实践逻辑。

一、实践的两种命运与日常的教育实践逻辑

自工业革命以来，人类便进入了以技术起决定作用的方式重新确定一切的时代，从而使技术取代了实践作为"生活的完善"的古老概念，而成为实践的基本形式。然而，尽管技术支撑了整个人类世界的繁荣，但从事技术生产的人却并没有因技术的巨大功能而获得应有的身份、财富和社会地位，相反，因为技术只是作为理论在现实中的运用，是"缺乏智力投资和创造性"的，而使他们长期处于社会的底层。实践的技术化使实践成为理论的对立物，难以获得应有的重视。在我国，重理论而轻实践的观念有着深刻的文化根基，儒家一向将技艺性的东西视为"雕虫小技"，而坚持"劳心者治人，劳力者治于人"的基本信念。在这种倾向下，莘莘学子普遍将"君子耻于器""学而优则仕"视为至理名言。时至今日，我们虽不再将那些技术性的东西称为"奇技淫巧"，但这种观念也并没有因为商业时代的来临而消失，相反，以现代的方式愈演愈烈。理论的应用构成实践，因此，理论便是优先于实践的概念，理论很大程度上具有脱离实践的自我构成性，而实践者也无须怀有理论的忧虑。

然而吊诡的是，重理论轻实践的社会文化并没有阻碍另一种相反观念的广泛流传。我们知道，实践已经成为20世纪后半叶中国哲学的核心概念，在长达半个多世纪的意识形态渗透、学术讨论和生产生活中，实践已经被赋予了神圣化的地位。"实践是检验真理的标准"，"实践是一切人类活动的源泉和归宿"，"实践是……的唯一途径"，"实践是创新的源泉"，"实践是人的存在方式"，"实践是根基"，"实践是最重要的品格"等诸多命题共同聚合为普遍化的实践崇拜。一切无法解决的问题，都交给实践解决，甚至一切目的、意义、价值等问题也都可以在实践中被发现和揭示，"实践成了万能之筐，可以盛装一切；实践成了万能钥匙，可以打开一切难题的命门；实践也成了万能的基石，可以为所有缺乏

根基的东西奠定基础"[2]。实践既可以指向日常的世俗世界，以满足人类的日常需求；又能够指向先验的形而上学世界，以确定人类生活的真理、价值和意义，从而成为"集世俗性与超越性、创造性与庸常性、既定性与生成性的大全性存在"[3]。在这一过程中，实践获得了上帝般的神圣地位，既是一切真理和价值的根源，同时也因其神秘化而使人们难以获得关于实践的全部秘密。既然理论来源于实践，实践相对于理论便具有了优先性，实践的基础性和理论的衍生性使两者很难在具体实践中发生真实的关联。

两种迥异的实践观制造着相同的结果，即实践和理论的脱离以至对立。实践的技术化使实践丧失了反思性而成为机械化的生产和制作的工艺，从而使实践成为庸俗的实践；而实践的神圣化则使实践因脱离了理论的观照而不可避免地具有盲目性。理论与实践的对立使教育实践者的实践成为无理论的实践，同时也使理论研究者的理论成为无实践的理论。

两种实践观所带来的理论和实践的对立和断裂，深刻地影响着教育实践人员日常的实践逻辑。首先，因为实践与理论的分离，使真正从事理论研究的人员往往不能清晰地认识实践，而从事实践教学或管理的教育实践工作者则往往不能有效地掌握理论知识而导致理论上的无知。这种无知要么使教育实践者完全按照自身的经验逻辑进行日常的教育行动，要么形成对既有理论的盲从。对理论盲从的谬误在于"把人们为解释实践而构建的模型当作实践的根由"[4]，而忽略了教育实践所具有的流动性和时间性，一味地追求外在理论在教育中的运用，而未能对教育现实和理论知识的适用性给予反思，从而在根本上忽略了当下正在形成的实践。其次，实践的神圣化和由之而来的实践崇拜，因为把实践置于优先的地位，将实践作为一切事物的根源，而形成教育实践工作者内心关于实践的傲慢，在这种心态下，往往会形成一种鄙视理论甚至敌视理论的日常态度。因为敌视理论，也就不会关注理论，在这种情况下，教育实践人员在日常的教育工作中便只能遵从自身的经验逻辑。

经验是个体对亲历的事件的内在体验，对于个人而言，"每一个体验都是由生活的延续性中产生，并且同时与其自身生命的整体相联"[5]。因此，体验总是具有亲身性、感受性和持久性，并能持续地对生命产生影响，对个体的行为具有极强的决定作用。当然，决定教育实践人员日常行为的不仅有日常的经验，还包括由长期的经验所形成的个人习惯以及历史积淀的习俗，这些因素共同决定个人日常行为的习性。遵从经验和习性的教育实践逻辑是一种自在的逻辑，既无有意识的反思，又无逻辑的控制。这种"隐性的社会无意识可能来自遥远的过去"，是实践文化长期积淀的结果。这样的实践"完全注重于现时，注重于在现时中发现的、表现为客观性的实践功能"[6]，因此总是排斥任何形式的反思。在此背景下，国务院学位委员会通过设置教育博士专业学位来打破理论与实践的对立，从而改变当前教育实践者要么依据经验，要么盲从理论的实践逻辑，并从根本上改造教育实践，使教育实践者的实践能够沿着正确的方向、以正确的方式进行。

二、实践智慧和实践能力的培育：教育博士实践的理论逻辑

教育博士专业学位设立的初衷在于创造性地解决实践中的困难和问题，但这里的困难

和问题究竟意味着什么？教育博士又如何能够解决这些问题？我们说"博士"二字内含着学术性的要求，无论是教育博士还是教育学博士都必须达到一定的学术性要求才能称为"博士"。然而，教育博士与教育学博士有着不同的学术性要求，"作为一种学术性学位，教育学博士学位要求学生进行原创性研究，为人类知识创新做出贡献"[7]，而教育博士则志在解决教育实践中的问题，它关注的不是理论的原创性，而是如何能够正确地实践，它需要的是能够面对真实实践的理论，是一种实践性的理论或能够转化为实践行动的理论，通过这些理论使自身在日后的日常教学与管理中摆脱经验、直觉、习俗式的实践逻辑，从而在教育实践中实现马克思所强调的理论与实践的同一化。简单地说，就是要使实践行为成为一种理性的行为，成为一种理论化的实践，使实践具有理论化的品格。

我们说过，在20世纪后半叶的中国，伴随着马克思主义哲学主导地位的确立，实践概念也成为中国哲学的核心范畴，几乎在所有领域（无论是政治、经济领域，意识、行动领域，还是生产、生活领域）实践都被赋予了自然的优先性。但我们该如何理解实践在这里所具有的绝对的、自明性的优先地位？难道就是对实践过程暂不思考，对实践结果暂不评估的试错？显然，我们不可能对摆在眼前的问题置之不理，也不可能对那些制约教育实践的社会性的、经济性的、政治性的以及我们自身的诸多约束条件置若罔闻，实践绝非是自发的盲目行为。不过，在现实的教育实践中，类似的盲目行动并不在少数，这一方面是因为教育实践人员自身理论的匮乏，另一方面也"与某种憎恨思想的情绪有关，与某种贬低理论的态度有关"[8]。

"人并非受本能驱使，而是有理性地过自己的生活"，这既是实践的真正基础，也构成了人之为人的本质特征。[9]因此，实践的优先性绝不意味着直截了当、不加反思的行动。对于实践，首先应该思考的问题是如何正确地行动，但正确的行动并不总是显而易见的，它需要实践人员进行艰苦的理论探索、思考，而这种对"如何正确实践"进行的理论探索工作本质上已经成为完整实践的一部分，它本身便已经是实践了。如阿多诺所言："这种理论上的义无反顾本身已经包含着一种实践的因素……实践在今天已经悄无声息地进入理论之中。"[10]但这种实践又不同于一般意义上的操作和行动，阿尔都塞将其称为"理论实践"。"人们通常把理论当作一个静态的抽象的概念体系，而把实践当作是追求具体目的的行动过程"[11]，从而忽视了它们之间内在的关联，同时也忽视了理论实践存在的事实。理论实践是实践的一种特殊的形式，它的提出目的在于避免理论的绝对化、教条化，它反对任何将外部理论直接运用于实践的做法，因为生硬地搬移过来的理论"除了名称以外，丝毫改变不了它是外来的真理的性质"[12]，相反还极易形成意识形态般的桎梏。

同时，理论实践概念的提出也是对教育中经验主义实践观的抵制，经验主义因为对理论的排斥和封锁而将教育实践建立在经验、直觉和习惯的基础之上，对经验的坚信使其形成一种主观化的实践行动，从而"在自身中与错误的，也就是压制别人的、盲目的甚至暴力的实践发生了关系"[13]。理论实践是对教条化的理论主义和主观化的经验主义的矫正，目的在于使真正的理论能够最终在教育实践过程中畅通无阻。事实上，一种正确的实践活动之所以可能首先在于理论的畅通无阻[14]，虽然有了正确的理论并不一定有正确的实践，然一旦行动驱赶了思想，实践也就降格为一种盲从。当然，任何理论都不能脱离实践而独立地存在，"理论如果不与任何可能的实践发生关系……就会变成一种僵死的知识材料，对我们活生生的精神和活生生的人都一无是处"[15]。而理论实践所关注的恰恰在于如何将理论畅通无阻地运用于教育实践，从而使正确的教育理论能够最终成就正确的教育实践。因此，理论实践并不会形成与一般抽象理论之间的混淆，因为它关注的不是理论认识的起源等问题，而是教育实践的方法问题。[16]

理论实践的存在使教育博士在自身的实践中需要遵从理论的逻辑，这就意味着必须使教育实践成为一种理性的行为，成为一种理论化的实践，同时使理论成为具有实践品性和实践指向性的理论，避免那种因教育"博士"的学术性要求而推崇理论至上的实践态度，以及不顾真实的教育实践而一味地构筑理论、套用理论的实践逻辑，而是通过实践的实际状况来进行理论的建构。而且它也避免了强调实践而放弃理论的经验主义的实践逻辑，因为教育博士所要进行的理论实践绝非是要为了实践而完全放弃理论，它只是要考虑如何正确地运用理论，如何通过把理论置于恰当的位置而实现理论与实践的同一，而这正是教育博士的根本任务。理论实践使教育博士在日后的工作中能够真正地参与实践，它既融合了"教育实践是什么"的现实关切，也包含了"应该如何正确地实践"的理性判断，因此是融合了理论理性与实践理性的实践，包含着认识教育和改变教育的努力。

三、应然的取向与规范性的理想：教育博士实践的价值逻辑

我们不仅需要正确的实践，同时也需要正当的实践。既然教育实践是对实然状况的改进，那也就意味着任何教育实践都包含着"是什么"的实践认识和"应该是什么"的价值规范。教育实践就是在一定价值指引下的行动，它首先是一种价值实践。"作为价值实践，教育不可避免地需要哲学对实践进行规范性的思想言明，需要思想指陈教育的理想、价值、原则。"[17]这就意味着教育博士的实践是具有引领性和超越性的实践，它不仅仅指向当下正在进行的教育行为和教育事件，而且要通过价值的规范为教育实践指明方向。换言之，这种实践是立足当下、面向未来的实践，它包含的不仅仅是行动本身，而且是关于行动的理念。从当前的实际情况来看，攻读教育博士专业学位的多是来自实践领域的教育行政人员和富有经验的骨干教师，他们的行为本身就在学校环境中发挥着榜样力量和引领作用。如果他们能够以正确的价值来改造自我，并引领学校的教育实践，其意义将是巨大的；相反，如果他们缺乏实践的理念或以错误的价值进行实践，其后果也是不堪设想的。事实上，教育实践的混乱和错误并不仅仅是因为行动本身的错误，更多情况是因为我们缺乏实践的理念和价值准则，而用习俗和错误纷杂的意见来控制教育实践行动。

实践本质上是一种目的性行为，亚里士多德就认为"不完成目的的活动就不是实践"[18]，唯有以本身为目的的实现才能称为实践。目的性是教育实践的本质特征，正是这种目的性，赋予教育实践以价值性。不过，对于实践的这种价值性也存在着两种不同的理

解。在亚里士多德那里，实践被理解为人的存在行为的理性思考，人的行为包含着伦理之知或善恶之知，因此实践的价值性就首先体现在实践的道德性上，价值即道德价值。[19]但并非所有的教育实践行为都具有善恶的价值取向，更多情况下，价值意味着我们在教育生活中渴望或追求的、尚未实现的东西，我们面对的关于实践的价值判断也更多的是针对实践目的的值得期待性和值得向往性。所谓价值就存在于现实与期待之间，价值的大小取决于我们期待的程度。

任何教育实践都是对当下存在状态的改变或维持，因此，当下事实上的教育存在状态就构成了实践存在的前提和基础，保持是对当前状态的保持，改变也是对这一存在状态的改变。当下的存在状态构成了现实的教育生活，它既是对既有变化的一种维持，同时也是对新的变化的阻挠。但无论是维持还是阻挠都将注定不会久远，因为实践的目的性注定了教育实践不会总停留于这个实践事实世界，而总是朝着现在尚不是的存在状态迈进。目的性打破了教育实践所具有的事实性和给定性特征，而赋予实践以观念性的特征，"进入实践"就意味着将一种观念转化为一种行动。[20]因此，我们说教育实践不仅是教育行动本身，而且是一种教育行动的计划或观念，教育实践世界就是由这样一些行动以及行动所蕴含着的东西构成的整体。

教育行动总是在一个给定的观念世界中运行，观念对行动的规范使行动摆脱了盲目性。但行动是对作为教育实践存在前提的实在世界（或当前状态）的改造，因此，任何教育实践活动都假定了一个可以被改造的事实世界或实在世界。也就是说，教育实践实际上假定了两个不同的存在状态，一个是当下实然的存在状态，表达的是"是什么"的给定世界；另一个是应然的存在状态，表达的是"将是什么"的尚不存在的世界。教育实践就是对这两种存在状态之间的裂痕的治疗，是对两个不同世界之间差异的转化。

但问题是，这里的应然的教育世界是一个什么样的世界？

应然的教育世界并非是纯粹的观念世界，它同现实的教育存在状态一样也是一个经验的世界，只不过它是"将要"成为事实的经验世界。应然的教育存在状态并非是指根本不存在的状态，尽管它不是教育实践者已然经历的世界，但却是可能被经历的未来的现实世界。事实上，不具有存在性的观念是不具有价值的。另一方面，它也不是纯粹的"是什么"的世界或经验的世界，它同时是一个应然的和有价值的世界。价值性是教育实践的最为重要的规定，实践在任何时候都是一种价值实践。但这里的价值实践不同于纯粹的价值判断，"当价值进入实践之中时，它总是超越纯粹的价值"[21]。不能把价值对实践的介入看作一种纯粹价值对外在世界的推广和应用。"纯粹的价值判断将'当下'与'应然'区分开来，但它并不想把这二者调和起来。实践力图要做的事情就是要将'当下'与'应然'调和起来。它的任务就是要在实践事实世界中实现存在于价值世界，并在价值世界中早已具有真实性的那些东西。"[22]教育实践通过当下的现实状况和应然的存在状态而规定了行动的路径和教育实践的价值逻辑，"行动就是'应然'对'当下'的限定"[23]。

价值逻辑是教育实践的首要逻辑，离开了价值的引领或以错误的价值予以引领，我们的教育实践就极易陷入混乱，甚至误入歧途。教育博士专业学位的设立不仅是要通过理论的学习去完善教育实践，更重要的是要通过价值的引领去改造教育实践。教育博士的实践性首先在于其以超越的眼光审视当前的教育价值，身在教育中，却又能跳出教育之外，以旁观者的姿态对当前的教育价值进行批判性建构，通过这些来自于实践领域的精英群体而赋予教育实践以规范性的特征，并引领教育实践沿着正确和正当的方向前行。

四、从技术的祛魅到行动的返魅：教育博士实践的行动逻辑

教育博士来自于教育实践，为了教育实践，而且在接受博士学习之后还要回到实践。对他们而言，能否在学校和课堂中进行有意义的行动，如何进行创造性的行动要比理论和价值具有更强的现实意义。行动不仅是教育博士实践的最后环节，同时也是其最为关键、最为根本的环节。然而现实中"技术化的操作"对"创造性的行动"的替代使这一决定性的环节并非总能够顺利地完成。

夸美纽斯在人类历史上第一次提出了教育是一种艺术的观念，但这里的"艺术"毋宁说是一种技艺更为恰当。因为在夸美纽斯那里，教与学的对应性是教育的第一原则，而"学"是心理学家根据儿童的年龄阶段特征以及学习过程而进行的程序设计，教师只是依据这种设计好的程序来规范自身的行为。这样一来，教师的实践活动既缺乏艺术的想象，又缺乏理论的探索，充其量只是技术性的活动而已。[24] 尽管如此，夸美纽斯的观点还是得到了后人的推崇。将教育作为一种技艺性的活动意味着教育是按照明确而固定的目的和程序所进行的模塑和制作。如此一来，教育实践自其开始的那一刻便已经注定了最终的结果（或产品），教育实践活动的执行者只要"知晓达到实现确定的固定目标的方法、程序、步骤"，而且只要操作规范，教育实践的最终结果就不会发生很大的变化，或者说，教育实践活动的结果就存在于教育实践者所掌握的流程和步骤之中。[25]

教育的技艺化，使教育实践遵循着技术的逻辑。技术的逻辑是一种固定的、明确的、可重复的简单性逻辑。之所以说其简单，是因为无论多么复杂的技术，只要遵循其步骤和程序，都是可以学会并达到熟练化的。如此一来，教育实践人员依据外在于教育的目标，年复一年地重复着自己的劳动，并年复一年地"生产"着相同或相似的"产品"。显然，依据亚里士多德的观点，这样的教育实践本质上已经不属于实践，因为它并没有将教育目的贯穿在自身过程之中，而是将自身的决定力量完全交付给了外在的必然性法则。[26] 事实上，遵循技术逻辑的教育实践与真正的教育实践之间，无论在处理的对象上还是在所遵循的规则上都有着根本性的区分："技术性活动所涉及的是主体与客体的关系，而实践性活动则涉及主体与主体的关系。技术性活动的规则的依据是客观的自然规律，因而是不可能违反的，而实践性活动的规则的依据是有关人们的承认，因而是有可能违反的。所谓实践活动，就是人们依据他们所承认的规则来调节行动者与行动者之间的关系，或者在更高的反思的层面上，对这种规则本身进行调整和修正。"[27]

为了区分技术性活动与实践性活动，哈贝马斯、阿伦特等人用"行动"来代替"技

术"或"制作",以重构实践的逻辑。行动之所以区别于制作,在于其结果的不可预见性和过程的不可逆性,不可预见的结果和不可逆的过程表达了实践所具有的内在的创新性,"去行动,在最一般的意义上,意味着去创新、去开始"[28]。

对于教育博士而言,"去行动"就是要去找回实践所具有的原初意义,恢复行动的本真面目,让"祛魅"的教育实践重新"返魅",以改变当前普遍的技术化的实践逻辑。那么我们该如何理解行动对实践的返魅呢?

创新是行动的本意,也是对教育博士实践的最基本和最核心的要求,因此,返魅便意味着拂去面纱,揭示教育实践行动的创新本质。这里的创新自然并不是指学术探索中的理论创新,而是指教育博士行动中的创新,即以创新的行动创造性地解决教育实践中的问题。尽管行动意味着创新,但在教育实践中创新并非总是能够轻易实现的,行动结果的不可预测性、行动过程的不可逆性都为教育实践者的创新行动埋下了潜在的风险,同时也使教育实践者的实践行动变得困难重重。大概也正是因为风险和困难的存在而使得在现实中教育实践人员总期望以一种固定的、模式化的"正确"做法来规避风险、降低难度,然而这一行为的后果便是"制作"对"行动"的替代。

返魅同时意味着恢复行动所具有的属人性。教育实践是人与人的交往实践,行动也是人与人之间的交往行动。人的不确定性和未完成性注定了教育实践与工艺制作的本质区别。"制作是工匠用强力改造原材料使之合于他的模型的活动",而"原材料在制作过程中没有发言权"[29]。显然,这样的实践忽视了行动中人的主体性质,实践主体以模塑的方式限制着实践对象的发展,在这一过程中不仅作为实践对象的学生被模型化、一致化,而且实践主体也在这一过程中放弃了对教育行动的价值想象和创新的考量。

作为交往行动的教育实践体现着实践的复数性质,这也使其在另一个层面上区别于制作。因为"行动从来不可能在孤独中存在,孤独意味着被剥夺了行动的能力"[30],而制作恰恰是一种个人化的行为,无论这一制作工艺需要多少人的合作,对每一个人来说,自己所承担的工作永远是个人性的,语文、数学、社会、自然各门学科的分工合作,并不会改变各个教师之间的孤立状态。教育实践过程中参与行动人员的复数性质,连同其结果的不可预测性和过程的不可逆性,使教育实践变得异常复杂,每一次行动的对象都是不同的,每一次行动都会有不同的结果,每一次行动的方案都有着不同的选择,所有的行动都是不可重复的,每一次行动都是崭新的开始,都是一次创造性的历程。这也就意味着作为创造性的教育实践,需要"改变所有已获得的行为倾向"[31]。而教育实践行动的创造性就在于其能够弃置曾经被惯常所用的种种理论的或经验的模型,时时检视、反思之前思考实践的方式和逻辑。

无论价值实践,还是理论实践,终究还是作为沉思的实践,表达的是实践理性的慎思。沉思固然重要,但只有行动才具有最终的现实意义。教育博士的重要责任之一就是要打破当前沉思的教育生活与行动的教育生活之间的对立,用实践的行动祛除技术化的操作对于真实的教育实践的遮蔽和对作为人的学生的无视,改变当前教育实践主体的孤立化状态，真正使教育实践成为具有创造性的实践，成为"人"与"人"的交往实践，完成创造性的行动对技术化的操作的替代，让"祛魅"的实践重新"返魅"。当然，教育实践的行动逻辑也离不开价值的导航和理论的规范，离开了价值将失去方向，离开了理论将变得无序。教育实践的行动本性及其价值特征、理论品格，使教育博士的实践不仅遵循着行动的逻辑，同时遵循着理论的逻辑和价值的逻辑。

参考文献

［1］［20］［22］［23］［英］迈克尔·奥克肖特著，吴玉军译：《经验及其模式》，文津出版社 2005 年版。

［2］［3］［21］［25］刘森林著：《实践的逻辑》，社会科学文献出版社 2009 年版。

［4］［法］布迪厄著，蒋梓骅译：《实践感》，译林出版社 2012 年版。

［5］［德］伽达默尔著，洪汉鼎译：《真理与方法》第一卷，商务印书馆 2007 年版。

［6］石中英：《论教育实践的逻辑》，《教育研究》2006 年第 1 期。

［7］国务院学位委员会：教育博士专业学位设置方案，http://www.edm.edu.cn/list.jsp?id=602。

［8］［10］［13］［14］［15］［德］阿多诺著，谢地坤、王彤译：《道德哲学问题》，人民出版社 2007 年版。

［9］［德］伽达默尔著，洪汉鼎译：《真理与方法》第二卷，商务印书馆 2007 年版。

［11］童世骏主编：《批判与实践——论哈贝马斯的批判理论》，生活·读书·新知三联书店 2007 年版。

［12］阿尔都塞著，顾良译：《保卫马克思》，商务印书馆 2010 年版。

［16］刘莘：《阿尔都塞：理论实践与实践理论》，《晋阳学刊》2011 年第 1 期。

［17］金生鈜主编：《教育与正义——教育正义的哲学想象》，福建教育出版社 2012 年版。

［18］［27］洪汉鼎主编：《诠释学》，人民出版社 2001 年版。

［19］张能为主编：《理解与实践——伽达默尔实践哲学研究》，人民出版社 2002 年版。

［24］周浩波主编：《教育哲学》，人民出版社 2000 年版。

［26］亚里士多德著，廖申白译：《尼各马可伦理学》，商务印书馆 2003 年版。

［28］［29］［30］［31］阿伦特著，王寅丽译：《人的境况》，上海人民出版社 2009 年版。

（本文选自《高等教育研究》2014 年第 4 期）

第三编 课程与教学

论教育硕士专业的课程目标和取向

母小勇　谢安邦

（苏州大学；华东师范大学）

 **摘要**

教育硕士专业学位教育的课程目标是培养能够有效地、创造性地实现把文化科学"转换"为学科或课程和把学科或课程"转换"为有助于学生全面发展的课堂内外的文化科学学习活动的、专业化程度较高的"临床专家型"教师。教育硕士专业学位课程的价值在于提升学员的技能、判断力、敏感性、分寸感，为学员提供严肃的、理性的教育教学理论活动和行动研究活动。教育硕士专业学位课程应具有经验性、工具性和通识性。

关键词

教育硕士；课程目标；"临床专家型"教师；课程取向

教育硕士专业学位是国务院学位委员会所确定的 12 个学科门类以外的专业学位。教育硕士专业学位的设置不以学科为依据，而是以职业为依据，是专门为具有教师背景的人员准备的，因此，我国开展教育硕士专业学位教育的目的是满足基础教育改革对教师素质和能力的更新、更高的要求，"探索一个适合国情的、规范的能成批培养合格的应用型高层次教育基础人才的新型教育学研究生教育模式"[1]。

教育硕士专业学位与现行教育学硕士学位处于同一学位层次，但在培养对象、目标、规格、方式以及课程设置、论文要求和质量评价等方面却与以培养高层次教育研究人员为目的的教育学硕士学位完全不同。教育硕士专业学位教育以学位课程学习为主要培养方式，是我国教师教育遇到的新的课题，现在已有 29 所师范院校参加这项试点工作。目前《教育硕士专业学位教学大纲》还仅仅是草稿，相应的教学用书尚未出版，大多数试点院校按照专家指导小组审定的参考性培养方案《教育硕士专业学位教学大纲（草稿）》和推荐的教学参考书进行试点，有一些试点院校选用本校教师自编的教材，还有一些试点院校正在讨论、编写教学大纲和教材。在这种情况下，探讨教育硕士专业学位教育的课程目标和取向，将有助于本院校在不偏离正确的课程目标的前提下充分发挥各试点院校的创造性，构建科学的、符合"学科学士—教育硕士"一体化要求的教育硕士专业学位教育课程体系，培养合格的教育硕士。

一、教师继续教育的发展趋势

任何教师只有不断学习、不断充实自己，才有可能不断提高自己的教育教学水平。在我国，许多地区特别是发达地区的基础教育部门、中小学校越来越清楚地知道，师范院校的教师教育只是教师教育的开始，而不是"终极教育"，开展了各具特色的教师继续教育活动。许多学者、专家和中小学校都就优秀教师、名优教师、骨干教师、专家型教师、学者型教师应该具备的素质提出了各种不同的但又相似的内容，并采取了许多有效的措施培养专家型和学者型教师。

为了弄清我国基础教育到底需要什么样的专家型和学者型教师，笔者在1999—2000年间，对江苏省张家港市教委、常熟市教委、常州国际学校、南通中学和锡山市锡南高级中学等单位教师继续教育的方针、目标、规划和措施进行了文本分析和实地考察[2]。我们的调查和研究表明，我国基础教育需要专家型和学者型教师；专家型和学者型教师应系统地掌握较为深厚的本体性知识（本学科专业知识），拥有较为广泛的条件性知识（教育学、心理学、教学法等知识），具有较为丰富的实践经验，基本形成自己的教学风格和特色；专家型和学者型教师应积极参加教育教学改革研究，并撰写教育教学研究报告和论文，成为反思型实践者或实践反思者。调查和研究表明，基础教育部门在进行教师继续教育的实践中采用了具有明显工具性的培训内容。

在国外，1986年，美国卡内基教育和经济论坛工作小组、霍姆斯协会相继发表了《以21世纪的教师装备起来的国家》和《明天的教师》两个报告，提出教师专业发展的观点和策略。《以21世纪的教师装备起来的国家》认为，必须彻底改变教师教育的机构和课程教学计划，取消教育专业的学士学位，本科教育应致力于宽广的文理教育和对所学科目完备的基础训练，教师专业训练应在研究生阶段进行。研究生阶段为期两年的"教学硕士"（即我国的"教育硕士"）学位课程的目标是使"教学硕士"充分地利用教学的研究成果和优秀教师积累的知识，发展"教学硕士"的教学和管理技能，培养"教学硕士"对自己的教学实践反思的习惯。《明天的教师》要求建立三级教师证书制度，以保证教师的专业化水平。三级教师证书分别是：（1）初任教师（instructor），（2）专业教师（professional teacher），（3）终身专业教师（career professional teacher）。[3]凯斯（C.W.Case）等人在讨论霍姆斯协会关于"教师教育课程"改革的意见时，归纳指出："教育事业的复杂性要求专业化的教师，教师专业培养应包括自由艺术教育、主修和辅修科目和本科水平的教师入职引导课程。如果教师教育课程是实质性的和分析性的，而不是教育学，那么四年制专业培养的时间就不够。专业培养应放在硕士水平进行，它包括一半时间的实习教师工作。"[4]其实，美国莱斯莉学院自1954年起就开始设置教育（教学）硕士学位，[5]面向在职教师和其他在职教育工作者，兼收全日制学生和部分时间制学生。学位课程涉及计算机在教育中的应用（计算机模拟、计算机结构原理与操作、计算机与特殊需要的学生等），教育与语言（教育研究与写作、写作与演说等），评价与测量（学位评定、教师评价、学校评估等），心理学（教育心理学、发展心理学、人的发展与学习等），咨询（个人智力测验、东西方的心理治疗艺术、心理与精神治疗原理、心理诊断原理、单亲家庭咨询等），行政管理（中小学行政管理、人事管理与监督、机构组织的理论和分析、教育机构的会计制度、行政人员评价、筹集资金与捐款管理、教职人员素质的提高等），各学科的专业课程等。

1972年，英国发表了《教师的教育和训练》，并在1975年第35届国际教育会议上总结出"教师三段培训法"，即师资培养应由三个连续的阶段组成：个人教育阶段、职前训练与指导阶段、在职教育和训练阶段。经济合作与发展组织下属的工会咨询委员会于1990年又提出了在职教师培训的目标：（1）提高在职教师的知识与技能；（2）拓宽教师的知识领域，提高其工作能力，并提供一切必要的工作条件；（3）使教师正确理解社会上发生的新情况、新变化，并能做好应付的准备，进而引导学生在心理上做好面对经济、社会、文化等方面新挑战的准备；（4）帮助教师取得新的资格，使每个教师都能发挥其特有的才能；（5）提高整个教师队伍的文化（教养），发扬教师的革新精神和创造性。[6]伦敦大学教育学院等也招收了具有高等教育学历和一定工作年限的中小学教师、学校行政管理人员和地方教育当局行政管理人员，培养教育硕士。[7]学位课程涉及教师评价、教育政策、教学规划评估、课程发展、课程改革、学生学位评定、教育哲学、比较教育、发展中国家教育、城市教育、教育研究的理论与方法、教育史、教育心理学、教育统计、教育行政、教育社会学、中小学教育、阅读、体育、青少年研究以及各学科专业课程等。

总之，无论从国内外教师继续教育的目的或课程目标来看，还是从国内外教师继续教育的课程内容来看，都突出了对培养对象的专家性、临床性和研究性的要求。

二、教育硕士教育的课程目标

1981年4月，教育部颁发的《高等师范院校四年制本科文科三个专业教学计划（试行草案）》对高等师范院校的教育目的做了具体规定。该文件认为，高等师范院校本科教育的基本任务是培养中等学校师资。除了关于高等师范院校本科学生的政治素质和道德素质外，该文件还在专业方面作了具体规定，要求高等师范院校本科学生"掌握本专业所必需的基础理论、基本知识和基本技能……具有从事中学教育和教学工作的初步能力……"[8]。可见，高等师范院校本科教育的目的是培养具有从事中学教育和教学工作初步能力的教师。这类教师相当于《明天的教师》中的"初任教师"。如果这类教师不继续提高自身的能力和素质，他们只能在低层次上实现人们对中学教育的最低期望值。

我国开展教育硕士专业学位教育无疑是为了进一步提高基础教育的质量或期望值，而基础教育的质量又直接通过学生在教学过程中学习的进步体现出来。我们知道，教学实质上是"教师引起、维持或促进学生学习的所有行为"[9]的活动。问题是，教师能不能有效地引起学生学习的行为，怎样有效地引起？教师能不能有效地维持或促进学生学习的行为，怎样有效地维持或促进？什么样的教师能够有效地实现上述功能？因此，必须在研究学生学习规律的基础上讨论教师教育课程的目标，确定教育硕士专业学位课程的目标也不例外。

我们于 1999—2001 年用心理学实验方法研究了学生的文化科学学习过程，分析了教师在此过程中能够发挥的必要的和有限的作用。[10] 我们发现，学习过程有这样的规律：先渐进或振荡，随后出现"高原期"，最后是突变。我们绘制的集体学习文森特（S.B.Vincent）曲线与自组织系统的进化曲线完全一致。我们有理由认为学生学习是一个自组织过程。事实上，学习过程是个体知识结构、技能结构和人格品质结构各要素整合为一个人的心理结构的过程。因此，我们把学生个体定义为一个学习系统。构成学习系统心理结构的各要素不是各自孤立的，而是互相联系、互相作用、互相耦合的。学习系统之所以能够逐步形成复杂有序的结构，是因为它接受了输入的高负熵流（如信息等）。由于学习系统属于自组织系统的范畴，当其从环境中接收到信息、扰动（启动）时，构成心理结构的存在非线性相互作用的众多要素中的部分要素必然产生某种变化或涨落（渐进或振荡），从而引起心理结构的量变。在这种情况下，学习系统的能动作用便与上述涨落作用交叉起作用，使学习系统心理结构及其功能始终保持着某种程度的对称性破缺，使其处于非平衡态或某种亚稳态。这种对称性破缺又构成了学习系统内部各局域之间及其与外部环境之间的某种相互作用势，它与系统结构对称的势一起产生相应的"流"（例如，信息流和能量流等）。这种"流"推动着学习系统的形成、演化与发展。当涨落（渐进或振荡）等构成的势和流随机地干扰或影响系统渐进地逼近新的稳定对称性趋势时（"高原期"），随着量变的积累，便使学习系统处于一定的临界点、质变点或分歧点。学习系统就要在这一分歧点附近选择演化的方式和方法，使其进入另一个有序状态（突变）。

根据自组织理论，在学习系统的演化过程中，教师环境及媒体等产生的扰动对学习系统的心理结构的量变（渐进或振荡）起着相当重要的作用。虽然学习系统最终的进化途径的选择（突变）发生在分歧点附近（"高原期"），但在其趋向和逼近分歧点的过程中，一定数量的知识、经验和教师提供的信息扰动的积累却是不可或缺的。因此，在教学过程中，理想的、优秀的教师对学生的文化科学学习应该和能够起到缩短、加速"渐进或振荡期"和"高原期"的有限的但是非常必要的作用。在教学过程中，由于有了教师，学生不用直接与文化科学发生相互作用，而是与已经从文化科学"转换"而得到的学科或课程（通过教师组织的课堂内外的文化科学学习活动）发生相互作用。因此，要实现教师的上述作用，教师必须有效地、创造性地把文化科学"转换"为学科或课程，并进一步把学科或课程"转换"为有助于学生全面发展的课堂内外的文化科学学习活动。因为有了教师的"转换"，学生的文化科学学习的"渐进或振荡期"和"高原期"才能被缩短和加速。

从《关于开展教育硕士专业学位试点工作的通知》的精神来看，教育硕士专业学位教育正力图解决培养能够有效地实现上述任务的教师的问题。换言之，教育硕士专业学位教育培养出来的教师，应该能有效地激活学习系统（学生个体），能有效地加快学习系统逼近临界点、分歧点的速度（缩短和加速"渐进或振荡期"），能有效地缩短学习过程的"高原期"，能有效地维持和推动学习活动。一句话，教育硕士专业学位教育培养出来的教师应该能有效地把文化科学"转换"为学科或课程，并进一步把学科或课程"转换"为有助于学生全面发展的课堂内外的文化科学学习活动。

因此，我们把教育硕士专业学位教育的课程目标概括为：培养能够有效地、创造性地实现把文化科学"转换"为学科或课程和把学科或课程"转换"为有助于学生全面发展的课堂内外的文化科学学习活动的、专业化程度较高的"临床专家型"教师（clinical and specialized teacher）。"临床专家型"教师的概念强调这类教师是学科教学活动的专家，而不是"初任教师"，强调这类教师是解决学生现实的学习问题的实践者，而不是理论家。我们认为，"临床专家型"教师具有三个方面的特征："专家性""临床性""创造性"。

"临床专家型"教师的"专家性"体现在这些教师能有效地实现把文化科学"转换"为学科或课程和把学科或课程"转换"为有助于学生全面发展的课堂内外的文化科学学习活动。"临床专家型"教师不是学科专家，而是学科教育专家。他们深谙学生学习该学科时的兴奋点、分歧点、"高原期"何在，熟知如何激活兴奋点，加快逼近分歧点的速度，缩短"高原期"以及维持和推动学生该学科的学习活动。他们虽然不是学科专家，当然也不可能有足够的时间和精力掌握所有学科知识或非常深入地钻透该学科某一知识点的问题，但是他们掌握了该学科最根本的观念、思想和方法，掌握了人类进行该学科研究的历史、过程和现状，他们借鉴人类在进行该学科研究时如何逼近分歧点，如何度过"高原期"，从而帮助学生加快逼近分歧点的速度（缩短和加速"渐进或振荡期"），缩短"高原期"以及维持和推动学生该学科的学习活动。

"临床专家型"教师的"临床性"体现在这些教师是教育、教学实际的执行者和研究者。"临床"的含义是"教师与学生共同面临学习的问题或困难，教师在现场帮助学生解决学习中的问题或困难，使学生获得学习的成功"。这里，我们把"临床"的概念进行了扩展，突出教师促进和帮助学生学习的作用。"临床专家型"教师通过学科、课程和组织的学习活动直接影响学生的知识、技能、人格和行为，使学生这一学习系统的心理结构得以建构和更新，不断从有序程度比较低的状态向更高层次的有序状态进化，实现学习系统功能（认识和改造世界的能力）的逐步改善——学习进步。他们就像"临床医生"那样，既能"诊断"出"病情"——学生学习的困难，也能根据情况"对症下药"。他们能够根据学生的特点和学习内容的特点，及时调整教育教学策略、进度和方法。他们知道自己是实践者，而不是理论家，教育教学工作的成效最终取决于学生学习的效果。因此，他们既要研究学科中最具有价值的核心问题，也要研究学生和学生的学习。

"临床专家型"教师的"创造性"体现在这些教师虽然有一些共同的、具有中心趋势的品质特征，但是他们的教育教学风格、教育教学行为和教育教学过程却各具特色。他们为学生提供新颖和适当的"最佳认识路线"的引导，实现对学科内容的"最佳转换"。他们重视在教育教学实践中依赖理智的思考和批判的态度与方法自我解剖和反思，以追求教育教学实践的合理性。他们主动关心教育教学目的与结果的一致性，关心教学手段与工具的效率，不断控制、评价并修正自己的实践，采用新的教育教学策略。他们运用其特殊的知识、技能和方法，在他们的头脑中把学科的基本结构与个性化的直觉、个性化的经验有效地组织起来，并在提取这些信息时表现得非常自信、迅速和准确，以至于可以用较少的时间和认知资源的投入，完成教学活动的准备，便能够机智地处理课堂中的突发事件。

三、教育硕士教育课程的取向

根据教育硕士专业学位教育的课程目标的分析，笔者认为，教育硕士专业学位课程的价值在于提升参与教育硕士专业学位课程活动的学员的技能、判断力、敏感性、分寸感，在于为学习该课程的学员提供严肃的、理性的教育教学理论活动和行动研究活动。

第一，教育硕士教育课程应具有为教育硕士学员提供"居高临下"剖析和解决教育教学实际问题的理论基础和可以"举一反三"的范例。教育硕士学员一般都已经具备教育实践的经历和有一定的教学成效，他们需要的是进一步充实理论基础、提升教育科学水平、发展教育教学行动的决策能力。"临床专家型"教师是严肃地或理性地思考其教育教学行动（实现转换）的理由的人，是教育教学实际问题的研究者。所以教育硕士专业学位课程的价值在于提供严肃的、理性的教育教学理论活动和行动研究活动，在于提供适当的理性知识以重建教育教学观念体系。要做到这一点，教育硕士专业学位课程应采取教育教学理论与教育教学案例结合的内容取向，应强化对实际教学及教学管理活动案例的解剖和反思，应从生动活泼的教育活动中寻找问题并提供解决的原则和策略。

第二，教育硕士教育课程应具有为教育硕士学员提供解剖学生学科认识过程的机会。把文化科学"转换"为基础教育的学科或课程和把基础教育的学科或课程"转换"为学生的文化科学的学习活动，是教师实现教育教学过程的两个基本环节。教师对两次"转换"的认识和理解，对教育教学活动是非常重要的。从学科专家的角度来看，学科的视域层次、思维方法和科学精神的形成是一个渐进的、自然的、潜在的过程，他们常常凭借研究的经验和直觉，自觉或不自觉地从学科的视域去认识研究对象，自觉或不自觉地运用学科的特有的思维方法和科学精神去处理学科的问题。但对教师来说，重要的是通过人为的处理，尽快地使学科的视域、层次、思维方法和科学精神更加明晰地凸显出来，以便他们的学生能在指导和帮助下有所认识和理解。这就要求教师必须从整体上、思维方法和科学精神出发认识学科。所以，教育硕士教育课程应强调学员所教学科的基本的、核心的内容——学科的科学思想和科学方法，应帮助学员从课程层面认识学科、认识学科教育教学。

第三，教育硕士教育课程应为教育硕士学员提供对基础教育职能和功能进一步深刻认识的机会。基础教育的社会职能和社会人格形成的功能是基础教育设计和实施中必须关注的重要因素。与临床医学专业课程的要求和 MBA 学位课程类似，教育硕士专业学位课程也必须强调跨学科性、通识性、文理渗透性。1984 年，美国医学院联合会在《21 世纪的内科医生》的文件中，集中讨论了具有较高专业知识技能要求和较高从业素质的内科医生的培养问题。[11]文件指出，"所有内科医生无论是哪个科的，都要求一般的知识、技能价值观和态度等基础……每个内科医生都应关心、热情对待和忠诚于患者……权衡各种可能性的能力和根据每一个患者的需要来设计应答行动计划的能力对内科医生是至关重要的"。临床医学专业越来越重视给学员提供更多的交叉性课程。在 MBA 教育过程中，不管各商学院如何制订它们的 MBA 学位课程，不管课程顺序和具体科目如何不同，它们都努力通过通识性课程来强调"企业家的精神和道德""总质量管理""信息技术管理""领导艺术的发展""社会责任""团队精神"等。教师面对的也是活生生的、具有个别差异的人，面对的是一个或多个"团队"，关心、热情对待和忠诚于学生是教师的道德和"社会责任"。

　　总而言之，教育硕士专业学位课程应该针对教育教学行动的理论活动和教育教学机理的探究活动，应从课程层面探讨教育教学中完成有效"转换"的工具合理性和价值合理性。教育硕士专业学位课程应该具有经验性、工具性和通识性取向。

参考文献

　　［1］国务院学位委员会办公室、原国家教委研究生工作办公室：《关于开展教育硕士专业学位试点工作的通知》，1996 年 6 月 10 日。

　　［2］母小勇：《论"临床专家型"教师的教育课程》，华东师范大学博士论文，2001；释炳如、母小勇主编：《苏南地区小康后理科基础教育改革探索》，苏州大学出版社 2001 年版。

　　［3］霍姆斯协会：《明天的教师》，《外国教育资料》1988 年第 5—6 期。

　　［4］C.W.Case, et al.（1986）. The Holmes Group Report: Impetus for gaining professional status for teachers. *Journal of Teacher Education.*

　　［5］［7］王斌华：《吸收国外办学经验，培养中国教育硕士》，《华东师范大学教育硕士培养资料汇编》，1999 年第 88 期。

　　［6］谢安邦主编：《师范教育论》，中国建材工业出版社 1997 年版，第 111—112 页。

　　［8］张燕镜主编：《师范教育学》，福建教育出版社 1995 年版，第 172 页。

　　［9］施良方等：《教学理论：课堂教学的原理、策略与研究》，华东师范大学出版社 1999 年版，第 13 页。

　　［10］母小勇、张莉华：《一个科学概念形成过程的初步实验研究》，《心理科学》 2000 年第 5 期。

　　［11］Association of American Medical Colleges.（1984）. Physicians for the Twenty-first Century. Report on the general professional education of physicians and college preparation for medicine.

　　　　　　　　　　　　　　　　　　　　　（本文选自《教育研究》2002 年第 1 期）

关于学科教学专业教育硕士课程建设的反思

 **摘要**

对进一步明确和细化学科教学专业方向教育硕士培养目标和课程体系建设的原则问题进行探究，并对建设适合此类研究生培养目标的课程体系提出建议。

教育硕士教育已经历了八个春秋。八年中，教育硕士专业学位从设置、试办到进一步发展，充分展示了广阔的前景。现设有教育管理、学科教学和现代教育技术三个专业方向，其中学科教学专业方向已由试办之初的语文、物理、数学三个领域逐步扩展，目前已涵盖了基础教育教学的全部领域。笔者根据各试办单位的工作进展及教育硕士专业学位教育指导委员会的调研，拟就学科教学专业方向教育硕士的培养目标和课程建设问题谈一点改进意见，与同行共勉。

一、进一步明确教育硕士的培养目标，细化学科教学专业方向的教育目标

早在教育硕士专业学位开办之初，国务院学位委员会办公室在《关于开展教育硕士专业学位试点工作的通知》（以下简称《通知》）中就已明确规定了教育硕士专业学位的性质和教育硕士的培养目标：教育硕士培养的是面向基础教育教学和管理工作需要的高层次人才；教育硕士和学术型的教育学硕士处于同一学位层次，但规格不同，各有侧重。同时，对该专业学位获得者应具备的职业道德、专业知识、教育教学理论及方法、运用所学理论解决实际问题的能力及外语水平等方面给出了明确规定。

随着教育硕士专业学位教育的发展，其招生规模逐步扩大，招生专业领域愈加齐全，从事基础教育教学第一线的教师的比例日趋上升，已成为学科教学专业方向教育硕士培养的主要对象。一方面，对学科教学专业方向教育硕士的培养应服从于总的教育目标，另一方面，社会开始越来越多地关注学科教学专业方向教育硕士的培养质量。因此，对进一步明确教育硕士的培养目标，细化和完善学科教学专业方向教育硕士的培养目标势在必行。从调研来看，教育硕士的培养目标不明确的主要表现有两个方面：一是混淆学科教学教育硕士与学科课程与教学论硕士的特点，一味强调教育理论的学习与教育科研能力的提高，脱离学科教学专业方向教育硕士基础教育教学的实际；二则是片面强调学科所在专业理论知识的学习与教学技能的掌握，而轻视了现代教育理论与技术的武装，

| 第三编   课程与教学 | 69

降低了培养规格。

笔者认为，首先应进一步明确教育硕士的目标定位。基础教育的快速发展和素质教育的全面推进在需要一定数量高素质、高层次、具有教育科研能力的教育工作者的同时，更需要一大批能够不断应用现代教育理论和技术提高自己水平的骨干教师和管理者。教育硕士的培养目标，就是培养面向基础教育教学和管理工作需要的高层次人才，而学术型的教育学硕士则主要是面向大学教育学院和教育科研部门。据此，可以进一步细化学科教学教育硕士的教育目标。这种面向基础教育教学的高层次人才，应该是以学科教学为职业背景的，既有理论（包括教育理论、专业理论）知识又有实践（包括教育、教学实践）能力，且能应用所学理论解决问题，进行基础教育科研的骨干教师。因此，在学科教学专业方向教育硕士研究生的培养中，应把握以下两个方面：一是要求本专业方向的研究生掌握现代教育基本理论和技术，树立正确的、崭新的、符合时代要求的教育理念；二是提高他们的业务水平。后者又体现在三个方面：一是掌握本学科扎实的专业基础知识和了解本学科前沿；二是提高运用所学理论和技术进行教育教学的能力；三是培养他们初步的教育教学科研能力，进行研究性、反思性教学，以促进教学过程的高效化、最优化。

二、学科教学专业方向教育硕士课程体系建设的原则

从调研看，由于对学科教学专业方向教育硕士培养目标认识上的偏颇，导致课程建设和教学不同程度地存在着缺憾。有的强调了教育理论课程而忽视学科专业课程，导致教育课程空泛无力，而学科课程也没能使学生的专业水平有所提高，更不要说二者很好地结合应用了。有的则一味强调学科专业知识的增广加深，而轻视了教育理念和价值观的更新，导致学员（有的是中学校长）毕业后连基础教育课程改革的基本理念尚未接受，更不用说用现代教育理念和技术研究教学了。因此，从培养目标出发，学科教学专业方向教育硕士课程体系的构建应遵循以下四个原则。

第一，课程体系的建设要坚持以先进的教育理论和技术武装人的原则。当今社会是知识更新、科技迅猛发展的社会，从事任何职业的人都需要以不断发展的新理论来指导，需要用新的技术与手段来从业，基础教育也不例外。随着新的教育教学理论和先进的教学设备和方法的不断涌现，基础教育的教学过程对教师素质的要求也更高。过去那种"应试教育"的理念和"教科书＋参考书＋粉笔＋题库"的教学方式已不能适应基础教育课程改革的新形势，教师迫切需要以现代教育理论和先进的教育技术手段来武装自己，以适应新形势下的基础教育教学工作。我们在构建学科教学专业方向教育硕士的课程体系时必须考虑这一点，使它能够满足学员对现代教育理论和先进教学技术手段的需求。

第二，课程体系的建设要坚持完善学员专业知识结构的原则。《通知》明确指出，面向基础教育教学培养的学科教学专业方向教育硕士，"要掌握某门学科坚实的基础理论和系统的专业知识"。而深厚的专业理论和完善的专业知识结构则是作为一名优秀的中小学老师所必备的。据调研，他们的专业知识的缺陷主要在两个方面：一是高等专业知识与中

小学学科知识的脱节及对本学科前沿的盲点；二是学科教育理论与学科教学实践的脱节。因此，在构建学科教学专业方向教育硕士的课程体系时，就要充分考虑他们的这种知识缺陷。只有把握好这一原则，我们构建的课程体系才能有更强的针对性，真正满足教育硕士对专业知识的迫切需要。

第三，课程体系建设要坚持提高学员教育教学能力的原则。学习了丰富的现代教育教学理论，掌握了扎实的专业理论知识，也未必能成为一名优秀的教师。而通过本专业的学习，掌握运用所学理论和方法解决学科教学中存在的实际问题，提高教育教学水平，则是学习成效的主要标志。因此，要通过典型案例的分析和实践教学的培养，将所有这些转化为他们自身的教学能力、高超的教学艺术，才能使他们逐步成长为一名优秀教师。这就要求在构建学科教学专业方向教育硕士课程体系时，充分考虑他们实践能力的培养，注重典型案例和实践基地的建设。

第四，课程体系建设要坚持培养学员初步的教育科研能力的原则。本专业的培养目标从根本上要求学员不但应具有坚实的现代教育科学理论知识，系统掌握现代学科教学理论和方法，具有较高的教育教学水平，而且应具有一定的教育教学科研能力，能够较熟练地运用所学理论从事教育实验和改革，并对基础教育教学改革过程中遇到的新问题、新情况进行分析研究，以期进一步指导教学。这一目标的实现，不能单靠学位论文的撰写，而应首先从"教育科学研究方法"这类课程学习入手，并进行初步的训练。

总之，学科教学专业方向教育硕士课程体系的构建是一项系统工程，以上四条原则要全面地考虑，不能偏废。

三、对学科教学专业方向教育硕士课程体系建设的几点建议
（一）要正确处理教育类课程与学科类课程的关系

如前所述，教育类课程主要是对学员教育理论基础和教学能力素质进行培养的课程，以达成转变旧的教育观念，树立正确的、符合时代特点的和新的教育理念。它是教育硕士专业学位的核心课程。学科类课程主要是对学员进行相关学科理论知识与技术的更新和扩展的课程。两者在学科教学专业方向教育硕士培养中各有侧重。前者解决学员的教育理念、从教技能和研究能力问题，是体现教师职业背景特色的主要课程；后者解决学员专业知识结构问题，是培养优秀的学科教师的必要条件。两者相互依赖，缺一不可。

从调研看，学员对教育类课程的不满，有的在于课程设置问题，有的则是课程教学中的问题。因此，建议改"教育学原理"这些大课为讲座式的专题，如"教师专业发展""基础教育课程改革概论""国际教育比较""活动课设计""微格教学""研究性学习"等。"学科教学论"与"中学学科教学研究"的课程应关注现代教育理论与学科教学的有机结合和中学教改中热点问题的研究，突出学科特点，如开设"义务教育与高中学科课程标准解读""学科学习心理研究"等专题。专业基础理论课应关注高等学科知识与中小学学科知识的结合及学科前沿的介绍，开设如"高观点下的中学学科""某学科前沿研究"

等专题讲座。要合理安排教育类课程与学科类课程的课时与学分比例，尽量多门数、少课时，同时教学中也应注意理论联系实际、观点新，避免空泛无物。

（二）加强选修课程的建设

现行学科教学专业方向教育硕士的培养方案中，课程设置除四门教育类必修课程、三门学科类必修课程外，还设置了几门选修课程，各学科领域三到五门不等，共10学分左右。本专业方向设置选修课程的目的在于：补充和完善学员的专业知识结构，拓展知识面，提高自身素质，培养学生的实践能力和科研能力。从调研看，选修课程的建设也存在不足，需要加强。首先，我们要设置的选修课程是学科教学专业方向教育硕士课程体系的重要组成部分，要服从于总的培养目标的实现，即为培养基础教育教学的高层次人才服务。其次，还要考虑学科课程体系的整体结构，既要满足培养目标的需要，又不能使整个课程体系过于庞杂。同时，教学中也要注意学科专业、学科教学内容的实用性；教材的选取要有利于完善学员的专业知识结构，有利于培养学员的科研能力；教学内容的组织和教学方法的采用也应和培养目标紧密结合，以促进学员教学能力的提高，而不是一味地加深加广学科专业理论，把教育硕士同学术型学科专业的硕士混同起来。

（三）要加快教学案例建设

案例教学是组织学科教学专业方向教育硕士课程教学的重要方法，是实现本课程体系所列课程目标的重要手段。案例教学的成效在很大程度上依赖于典型教学案例的开发。因此，应该调动两方面的积极性来开发优秀的教学案例集。一方面，建议有关主管部门设立相关课程教学案例的研究项目，通过申报、立项等程序，针对本课程体系中的具体课程，组织专家进行教学案例的收集与编写。另一方面，也应发挥培养单位的积极性，自行编写相关课程的教学案例，加快教学案例的建设，力争在较短时间内编写出一批适合学科教学专业方向教育硕士的高质量的教学案例，以便在课程教学中广泛推进案例教学，提高培养质量。

（四）要加强实践课程的建设

实践课程是学科教学专业方向教育硕士课程体系中不可缺少的部分。实践课程教学是加强学员运用所学理论发现问题、分析问题和解决问题等实践能力培养的重要途径。从调研看，当前课程体系中实践课程的分量明显不足，教学中比较稳定的实践基地相对偏少，不能为学员提供足够的教学实践和研究场所，不利于培养目标的实现。

考虑到实践课程和实践基地对提高教育硕士培养质量的重要意义，建议各试点单位在逐步调整课程体系中实践课程分量的同时，积极同地方基础教育主管部门和中小学（包括本校的附小、附中）建立较为密切的合作关系，加强教育硕士培养的实践环节教学，建立稳定的实践基地，使学员把掌握的先进教育理论和方法与灵活运用所学理论指导具体教学工作紧密结合，促使学员教学、科研等综合素质的全面提高。

参考文献

［1］顾明远:《中国教育发展史上的里程碑——谈教育硕士专业学位》,《中国教育报》1998 年 9 月 24 日。

［2］吴家国:《教育硕士专业学位的性质、特点及意义》,《学位与研究生教育》2001 年第 11 期。

（本文选自《学位与研究生教育》2005 年第 4 期）

构建模块化课程体系　造就卓越教师

——北京师范大学教育硕士研究生教育综合改革试点工作的经验

马健生　张　弛　孙富强

（北京师范大学）

 摘要

　　介绍了北京师范大学开展教育硕士专业学位研究生教育综合改革试点工作的情况。北京师范大学以课程改革为突破口，聚焦模块化课程体系的研制与开发。为此，明确了构建模块化课程体系的问题，夯实了模块化课程体系的科学基础，确立了模块化课程体系的培养目标与素养结构，借助模块化课程体系的构建，推动了教育硕士研究生培养方案与培养措施的完善，为提高教育硕士研究生培养质量，促进卓越教师培养目标的实现奠定了基础。

关键词

　　教育硕士；模块化课程；卓越教师

　　根据教育部《关于实施专业学位研究生教育综合改革试点工作的指导意见》，2011年以来，北京师范大学研究生院积极组织开展了教育硕士专业学位研究生教育综合改革试点工作。改革之初，经过多次研讨，最终确定试点工作的目标是"构建适应基础教育卓越教师专业成长的教育硕士培养新体系"，其指导思想是"课程切入，服务学生，追求卓越"。为此，确立了三大工作原则：（1）质量第一，即始终围绕质量的提升与保证来设计、开展；（2）科研引领，即充分发挥学校教育学科优势，为改革提供教育理论指导，努力将试点工作建立在教育科学基础之上，确保培养工作的科学性、前瞻性与可行性；（3）协同整合，即培养工作与条件保障相协调，研究生院与学校二级学院协同，教育学部与其他二级学院协同。北京师范大学教育硕士专业学位研究生教育综合改革在强调整体部署的同时，选择以课程改革为突破口，而课程改革则聚焦到模块化课程体系的研制与开发之上。这既保证了综合改革落到实处，切实提高了培养质量，而且也进一步形成了北京师范大学教育硕士研究生培养工作的特色。

一、明确构建模块化课程体系的问题

自 1997 年开展教育硕士专业学位研究生教育以来，北京师范大学教育硕士专业学位研究生教育不仅培养规模有了巨大发展，由最初的几十人发展到现在每届的上千人；而且培养方向日益多元，在教育管理、主要学科课程与教学论的基础上又增加了学前教育、心理健康教育等，涵盖全部教育硕士的 19 个专业方向；培养对象多样化，既有传统的具有工作经验的在职人员，也有刚刚毕业不久的免费师范生，还有全日制攻读的来自全国各高校的应届毕业生，更有攻读北京师范大学特色"4+2"模式的本校优秀本科生。此外，与大多数师范大学一样，北京师范大学的教育硕士专业学位点也分散在各学院（学部、系），共涉及 12 个学院（学部、系）。各院系的学术传统不同，师资力量有差异，造成各方向的培养方案不同，培养方案不仅课程结构差异大，而且标准往往也不同。这就造成了许多混乱，同一门课在不同类型教育硕士研究生的培养中要求不同，增加了教师教学的难度，也给教学管理带来了很大困难。这既影响教育硕士研究生的培养质量，也容易引发社会误解，导致公众对于教育硕士专业学位的偏见。

鉴于上述现实，我们确定了教育硕士专业学位研究生教育综合改革的关键问题是培养方案中的课程体系的构建。我们的目标是重新设计教育硕士研究生的课程体系及其样态，从而为统一各类型教育硕士研究生的培养方案提供基础；同时，通过模块化设计，增强各类型教育硕士研究生培养的特点和灵活性，为各自特色发展提供统一基础上的选择空间；进而推动课程设计、开发与管理工作，推进教育硕士专业学位研究生的教学改革，进一步提高研究生的培养质量。

二、夯实模块化课程体系的科学基础

为了保证这次试点工作的科学性与前瞻性，充分发挥学校教育学科的优势，在北京师范大学专业学位研究生教育综合改革试点工作领导小组的组织领导下，成立由教育硕士专业学位评审组为主体，有关教育领域专家和教育硕士各学科专家参与的课题组，主要开展美、英、法、日、荷、澳等国家中小学教师专业标准的国际比较研究，为培养卓越教师素养结构吸取经验；开展教育硕士研究生课程体系研究，为开发具有北京师范大学特色的模块化课程体系提供理论基础；开展教育硕士研究生教育需求调查，确保课程体系与培养方案能够满足教育硕士研究生发展的需要。这些成果已经在全国首批教育硕士专业学位研究生教育试点单位工作研讨会上汇报讨论过，得到了与会专家的积极肯定。

为了保证试点工作的可行性与有效性，领导小组制定了模块化课程体系构建的流程：专业学位处组织—专家组研究、设计方案—征求意见—专家组修改—评审组评审—院系专业进一步细化—全面实施方案。即由研究生院的专业学位处组织实施，委托专家组开展相关问题研究，设计模块化课程体系的初步方案；由专业学位处广泛征求有关专家和院系领导的意见，在此基础上，专家组修改、完善方案，之后提交教育硕士专业学位评审组评审；通过后，提请各相关负责教育硕士研究生培养工作的院系结合自身特点进一步具体化，最后由研究生院专业学位处统一发布实施。

为了保证模块化课程体系构建的合理性与合法性，领导小组强调整个工作必须建立在科学而合法的根据上。这就要求：首先，有关专家和工作人员必须认真学习和研究全国教育专业学位教育指导委员会所颁发的文件，主要包括《全日制教育硕士专业学位研究生指导性培养方案（试行）》《免费师范毕业生攻读教育硕士专业学位研究生指导性培养方案（试行）》；其次，充分汲取国际、国内教育硕士研究生培养经验；再次，广泛听取各培养单位和广大师生（包括毕业生）的意见，尊重教育硕士专业学位评审组专家的意见；最后，充分吸收课题组的理论研究成果。

三、依据培养目标与素养结构确立模块化课程体系

（一）深化卓越教师的内涵

北京师范大学一直十分重视教师教育的发展与改革，逐步形成了独具特色的"4+X"培养模式，提出了为基础教育培养卓越教师的目标。结合国际经验和学校的传统，北京师范大学进一步明确了作为教师教育体系重要组成部分的教育硕士专业学位研究生教育阶段卓越教师培养目标的内涵，即教育硕士专业学位获得者应具备以下教师专业能力：

1. 能够为学生创设并保持良好的学习环境；

2. 能够透彻地理解和合理地组织学科知识的教学内容；

3. 能够高水平地进行教学设计；

4. 能够正确评估学生的学习行为和水平；

5. 能够系统研究学生的学习，反思自己的教学实践；

6. 能够制定专业发展目标，成长为卓越教师。

（二）探索卓越教师的素养结构

为了更好地实现卓越教师的培养目标，专家组通过比较研究，进一步揭示了北京师范大学培养的基础教育卓越教师的素养结构，主要包括基础素养、学科素养、教学素养、管理素养、研究素养、信息素养六大部分。

1. 基础素养

主要包括：有效交流的能力与技巧，自主探究人文社会科学、数学及自然科学和表演艺术知识的能力，独立完整的文理知识，对教育价值观进行讨论和辩论的能力，国际视野，理解并尊重个体差异，理解并尊重不同的价值观和理念，理解技术的影响，理解中国历史与文化，了解市场机制，尊重个人的权利和价值。

2. 学科素养

主要包括：创造学习环境的能力，帮助学生获取并使用信息、技术及其他学习资源的能力，设立高期望目标的能力，建立课堂教学与现实世界联系的能力，获取并运用新知识的能力。

3. 教学素养

主要包括：运用人类成长、发展和学习的理论知识；发展学生的认知、情感、身体和社会能力；认识并鉴别个人信念和价值观对教学工作的影响程度；确保教学环境安全有序；设计多样化教学方案；使用多种方法评估学生的能力和需要；创造能够满足特殊需要学生需求的包容性环境；运用多种方式促进学生知识的获得。

4. 管理素养

主要包括：设计并且运用不同的认知、情感和精神激励方法；运用灵活多样的教学方法和技巧；与其他教师合作，为学生学习创造机会；与家长合作，为学生学习创造机会；明确并能够使用鉴定和评估的步骤；明确并承担教书育人的法律和道德责任；理解并运用当前所教学科的知识；充分合理地利用教学时间；了解学校的经济、社会、政治、法律和组织基础及功能。

5. 研究素养

主要包括：了解并且运用其他学科教学获得的研究成果；与各方面有效沟通，以提高学生成绩；能够讨论和辩论教育改革等问题；进行有意义的自我反思和对同事的专业活动进行评价；能够设计并且实施教育教学问题的研究。

6. 信息素养

主要包括：了解信息时代的学习和技术的操作与理念；能够设计有效的强化技术学习的环境与活动；把技术作为有效鉴定与评估的辅助手段；将技术运用于专业发展、教学活动和教学资源的开发；了解中小学使用技术过程中产生的有关问题。

（三）建构模块化的课程体系

为了有效提高教育硕士研究生的素养，将教育内容结构化为文理学科知识模块、学科知识与能力模块、教学知识与能力模块、管理与指导教学活动的知识与能力模块、研究与反思教学活动的知识与能力模块、运用信息时代学习方法与技术的知识与能力模块六大课程模块。这些教育内容与卓越教师的素养结构形成了一定的对应关系，进一步衍生出不同的课程系统。主要包括：

1. 基础素养—文理学科知识模块；

2. 学科素养—学科知识与能力模块；

3. 教学素养—教学知识与能力模块；

4. 管理素养—管理与指导教学活动的知识与能力模块；

5. 研究素养—研究与反思教学活动的知识与能力模块；

6. 信息素养—运用信息时代学习方法与技术的知识与能力模块。

每个模块下设定课程体系，并针对应届本科毕业生、免费师范生和在职教师三种培养对象，确定每门课程必修、选修或限选的性质，在整合的基础上提高针对性，突出培养重点和特色（见表1）。各类型、方向的教育硕士研究生培养方案均可以在此基础上进一步具体化、特色化。这个方案设计不仅保证了不同类型、形式的教育硕士研究生培养质量，也方便整合与组织校内教师力量开展教学，也为相关课程的开发与创新提供了基础。

表 1　北京师范大学教育硕士专业学位模块化课程体系

教师素养	课程模块	课程名称	课程性质	课程类型		
				全日制	在职攻读	免费师范生
基础素养	文理学科知识模块（4~5学分）	人文社会科学前沿讲座	学位公共课	选修	选修	选修
		科学技术前沿讲座	学位公共课	选修	选修	选修
		讲演艺术讲座	学位公共课	选修	选修	选修
		书法讲座	学位公共课	选修	选修	选修
		发声艺术与训练	学位公共课	选修	选修	选修
		哲学专题讲座	学位公共课	选修	选修	选修
		教师礼仪专题讲座	学位公共课	选修	选修	选修
		形式逻辑专题讲座	学位公共课	选修	选修	选修
		外语（或汉语语言文学基础）	学位公共课	必修	必修	必修
		政治理论（包含教师职业伦理）	学位公共课	必修	必修	必修
学科素养	学科知识与能力模块（10~12学分）	学科基础与前沿问题	学位专业课	必修	必修	必修
		学科专业发展前沿动态	学位专业课	选修	选修	选修
		学科知识拓展	学位专业课	选修	选修	选修
		学科教育发展动态	学位专业课	选修	选修	选修
		学科教育史	学位专业课	选修	选修	选修
		学科课程与教材分析	学位专业课	必修	必修	必修
		学科教学改革研究	学位专业课	选修	选修	选修
		学科教学心理学	学位专业课	选修	选修	选修
		学科教育测量与评价	学位专业课	必修	必修	必修
		学科教学设计与案例分析	学位专业课	必修	必修	必修
教学素养	教学知识与能力模块（8~10学分）	教育哲学专题	学位基础课	选修	选修	选修
		中外教育简史	学位基础课	选修	选修	选修
		当代世界教育思潮	学位基础课	选修	选修	选修
		国外中小学教育	学位基础课	选修	选修	选修
		教育学原理	学位基础课	必修	必修	必修
		课程与教学论	学位基础课	必修	必修	必修
		青少年心理发展与教育	学位基础课	必修	必修	必修
		教育心理学案例研究	学位基础课	选修	选修	选修

續表

教师素养	课程模块	课程名称	课程性质	课程类型		
				全日制	在职攻读	免费师范生
教学素养	教学知识与能力模块（8~10学分）	中小学心理健康教育	学位基础课	选修	选修	选修
		教学设计专题研究	学位基础课	选修	选修	选修
		教育社会学讲座	学位基础课	选修	选修	选修
		教育经济学讲座	学位基础课	选修	选修	选修
		特殊需要学生与教育	学位基础课	选修	选修	选修
		板书板画（板图）	教育实践研究	选修	选修	选修
		教学语言与沟通技巧	教育实践研究	选修	选修	选修
管理素养	管理与指导教学活动的知识与能力模块（2~4学分）	课堂管理案例研究	教育实践研究	必修	选修	选修
		优秀班主任案例研究	教育实践研究	选修	选修	选修
		基础教育改革研究	学位专业课	选修	选修	选修
		教育评价专题研究	学位专业课	选修	选修	选修
		教育政策与法规	学位专业课	选修	选修	选修
		教育管理案例研究	教育实践研究	选修	选修	选修
		基础教育督导专题研究	学位专业课	选修	选修	选修
		管理心理学专题研究	学位专业课	选修	选修	选修
		学校财务专题研究	学位专业课	选修	选修	选修
		教育管理伦理	学位专业课	选修	选修	选修
研究素养	研究与反思教学活动的知识与能力模块（6~8学分）	教育研究方法论	学位基础课	选修	选修	选修
		中小学教育研究方法	学位基础课	必修	必修	必修
		课堂观察与研究	学位专业课	选修	选修	选修
		教育调查研究	学位专业课	选修	选修	选修
		教育实验研究	学位专业课	选修	选修	选修
		教育历史与比较研究	学位专业课	选修	选修	选修
		叙事研究	学位专业课	选修	选修	选修
		文献研究	学位专业课	选修	选修	选修
		个案研究	学位专业课	选修	选修	选修
		基于设计的研究	学位专业课	选修	选修	选修
		行动研究	学位专业课	选修	选修	选修

教师素养	课程模块	课程名称	课程性质	课程类型		
				全日制	在职攻读	免费师范生
研究素养	研究与反思教学活动的知识与能力模块（6~8学分）	教育统计与测量	学位专业课	选修	选修	选修
		SPSS在教育研究中的应用	学位专业课	选修	选修	选修
		教师实践案例自我反思与总结	教育实践研究	选修	必修	必修
		课堂教学改革设计与实践	教育实践研究	选修	必修	必修
		学位论文写作与规范	教育实践研究	必修	必修	必修
		教育见习与实习	教育实践研究	必修	不修	不修
信息素养	运用信息技术的知识与能力模块（2~3学分）	现代教育技术应用	学位专业课	选修	选修	选修
		教育媒体理论与实践	学位专业课	选修	选修	选修
		教育技术新发展前沿讲座	学位专业课	选修	选修	选修
		信息技术与课程整合	学位专业课	选修	选修	选修
		常用教学软件及其使用	学位专业课	选修	选修	选修
		数字化教学系统及其使用	学位专业课	选修	选修	选修
		教育新媒体与传播	学位专业课	选修	选修	选修
		校园网络安全	学位专业课	选修	选修	选修
		信息技术与教育革新	学位专业课	选修	选修	选修

四、推动培养方案与措施的完善，造就卓越教师

（一）修订教育硕士培养方案

2012年，各培养单位以模块化课程体系方案为依据，修订了已有在职攻读教育硕士、全日制教育硕士研究生的培养方案，制订了新的免费师范毕业生在职攻读教育硕士研究生的培养方案。在新方案中，课程的学分以2学分为主，同时开设1学分的前沿课程，突出教学内容的专题性、前沿性、方法性内容；加重了实习实践环节、实践研究课程、经验反思课程的分量；加强了基于课程的教育教学反思的内容；加强了研究方法环节的教学；加强了学生基于网络数据库的信息文献检索及分析利用能力的培养。该方案已于2012年暑期开始实施。

（二）深度开发精品课程

近几年来，在模块化课程体系优化的基础上，学校研究生院明确了品牌意识，积极推动品牌建设，落实到课程领域则是要求任课教师与相关领导都要树立精品课程意识，建设精品课程。为此，学校对于新开设的或新调整后的教育硕士研究生教育类学位基础课程，均责成课程负责人建立教学团队；给予专项经费（10万元），支持开展教学研讨；学校立

项支持教师开展教育硕士研究生精品课程建设 14 项（28 万元）。

（三）大力推动课程网络化

为了适应信息技术的发展，切实提高卓越教师的学习素养，学校十分重视网络课程的建设，采取一系列措施鼓励教师探索基于网络视频课程的集中授课与网络学习、研讨相结合的教育硕士研究生在职学习新模式。为此，学校不仅投入专项经费，录制了 41 门教育硕士研究生优质课程全程视频，并全部发布在 IPv6 平台上，而且还基于 IPv6 平台建成了 23 门网络课程，实现了基于网络的远程学习和短期集中授课的有机整合；同时，将优质的学术讲座、专题报告等视频内容发布在 IPv6 平台上，并充分利用在 IPv6 平台上所采集的 240 多节次的中小学观摩课程供教育硕士研究生学习。

（四）积极推行案例教学

为了积极推行案例教学，促进讲授式教学方法转向参与式培训，学校立项支持教师开展教育硕士案例教材建设项目 10 项（20 万元），并多次邀请大连理工大学的专家对授课教师进行案例教学培训。大力支持教师搜集案例、分析案例、交互式讨论和多角度解读等教学活动，提高实施教育硕士研究生课程的针对性和实效性。

（五）深入推进实践教学及实践研究

实习实践环节对于专业学位研究生而言非常重要，更占全日制教育硕士研究生学习时间的四分之一。为了强化教育硕士教育的实践性，提升研究生教学素养，北京师范大学研究生院采取了一系列措施：（1）免费师范生组建团队，统一进入学校实习基地实习；（2）专项支持教育硕士研究生实践教学内容设计研究（7 项，共 21 万元）；（3）加强免费师范生教育硕士、在职攻读教育硕士研究生实践教学研究，切实保证教师实践案例自我反思与总结、课堂教学改革设计与实践的效果；（4）针对学生撰写的报告，要求导师开展团队研讨和指导；（5）设立实习实践研究立项，鼓励本校和实习单位的指导教师参与实习工作研究，旨在提高教师对实习实践工作的指导水平，提升实习实践活动的效率和质量。同时，与北京师范大学 44 所附属中学合作，构建独立的全日制教育硕士研究生实践教学基地体系，保证实践教学的条件。

（六）创新教育硕士研究生培养质量保证体系

学校围绕建立教育硕士专业学位研究生教育的质量保证体系，采取了以下举措：

1. 建立适应专业学位研究生教育特点的组织管理制度

为适应专业学位研究生教育的发展，解决原有学位评定组织体系不适应专业学位的问题，建立了专门的专业学位评定体系，即在学校学位评定委员会下，专设专业学位评定分委员会，在专业学位评定分委员会之下，再按照不同类型的专业学位设立各专业学位评审组，如教育硕士专业学位评审组。教育硕士专业学位评审组全面负责教育硕士专业学位研究生培养方案制订、学位论文评审、导师资格评审、课程立项建设等工作。

2. 设立专业学位研究生教育的管理机构，强化专业学位研究生的行政管理

在研究生院内，将专业学位研究生教育管理的职能从原来的培养处、招生办等处室抽

出整合后，划归单独成立的专业学位处。专业学位处的职能涉及专业学位研究生教育从招生、培养，到学籍管理、学位管理的全过程，负责全校专业学位研究生教育的统筹规划、政策协调、日常管理、条件建设等工作。专业学位研究生教育学术组织和行政管理组织的专门化，为教育硕士专业学位研究生教育质量保证体系的建立提供了重要的组织保障。

3. 创新质量评价渠道和评价方式

研究生院对教育硕士研究生所有学位课程设置评课环节，将学生的评价反馈作为教师考核评价的依据之一；每年都要对教育硕士毕业生进行满意度调查，将学生对课程、师资、管理等多方面的满意度作为调控培养单位招生计划的依据之一。同时，研究生院还通过与教师资格评定机构以及用人单位的积极沟通，通过对毕业生就业后情况的跟踪了解，将外部质量评价与内部质量评价和监控有机地结合起来，并在此基础上对内部质量保证体系进行校验。

总之，北京师范大学以构建模块化课程体系为核心的教育硕士专业学位研究生教育综合改革，极大地转变了学校师生对于教育硕士专业学位的认识，促进了广大教师更加注重研究教育硕士教育的特点和规律，并且凝聚起一支长期稳定的教育硕士研究生课程的师资队伍；同时，提高了教育硕士研究生课程的专门化水平，完善了教育硕士研究生培养与质量保证体系，从而保证了教育硕士研究生的素养更加全面，满意度更高，基本实现了试点工作的目标。

（本文选自《学位与研究生教育》2013 年第 10 期）

论教师专业标准下教育硕士课程体系的构建

李 红 王 方

（广西师范学院）

 **摘要**

《教师专业标准》不仅是我国中小学教师教育的行动纲领，也是教育硕士专业学位课程体系构建的基本标尺。本文从"专业理念与良好师德""专业理论知识""专业实践能力"三个方面阐述了该标准对教育硕士课程体系建设的新要求，提出了基于《教师专业标准》下的教育硕士课程体系构建的四个策略性建议。

关键词

教师专业标准；教育硕士；课程体系构建

为中小学培养专业化教师是我国教育硕士专业学位教育最终的培养目标。课程体系作为实现教育硕士这一培养目标的重要因素，承载着提升教育硕士培养质量、推动教育硕士专业学位从单纯量的扩张转向质的提升的重要使命。现实情况不容乐观，在实际操作中由于其课程体系缺乏教师专业标准参照等多方面的问题，已严重影响着教育硕士专业研究生的培养质量，使其备受来自学生、社会的诟病。2012 年，我国教育部正式颁布了《小学教师专业标准（试行）》《中学教师专业标准（试行）》（教师〔2012〕1 号，以下统称《教师专业标准》），这一标准从理论和实践两个视角为教师专业化确立了清晰的目标，它不仅是我国中小学教师教育的行动纲领，也是教育硕士课程体系构建的基本标尺。所以，研究与理解我国中小学《教师专业标准》，掌握其内涵要求，构建一个基于《教师专业标准》视角下的教育硕士专业学位课程体系，成为目前突破教育硕士专业学位困境，实现教育硕士专业学位教育最终培养目标的关键所在。

一、我国《教师专业标准》对教育硕士课程体系构建的要求

《教师专业标准》是中小学教师专业化发展的目标和方向，其基本理念是：师德为先，学生为本，能力为重，终身学习。《教师专业标准》包含三个维度：专业理念与师德、专业知识、专业能力。在每个维度下面又细分了若干要求。通过对《教师专业标准》阅读分

析可以发现，它主要从两个方面来确定教师专业化：一个是理论的角度，另一个则是实践的角度。《教师专业标准》不仅对中小学教师提出了新要求，而且对专门为基础教育培养优质师资的教育硕士课程体系也提出了新的要求。

（一）增加对专业理念与良好师德的课程设置

《教师专业标准》第一个维度提出了对教师专业理念与师德的要求。《国家中长期教育改革和发展规划纲要（2010—2020年）》指出，"作为老师一定要关心爱护自己的学生，在学术上要严谨笃学，在物质生活上淡泊名利，在自我要求和修养上要自尊自律，以自己的人格魅力和丰富学识感化学生，可以很好地成为学生人生道路上的导师和引路人"。这不仅是对中小学教师在师德方面提出的新要求，也是对未来中小学教师——教育硕士在师德养成方面提出的新要求。笔者经调查研究发现，目前各培养院校在关于教育硕士的教师专业教育理念和教师师德课程设置上，主要是通过开设"思想政治理论"或"教师职业道德"等一些公共课来完成的，这些课程基本上仅停留在对一些浅层的师德和教育理念方面的介绍，而且授课内容大多与本科教育阶段雷同；同时这些课程实施的方式也很简单，千篇一律地采用教师理论灌输式授课，没能引起教育硕士认真对待和足够重视。调研发现：85%以上的教育硕士认为这些课程可以不开设。显然，单纯的理论教学和说教是非常不利于教育硕士专业理念和师德养成的，这种状况体现了我国教育硕士培养在教育理念和师德课程建设方面有很大的缺失。

（二）补充专业知识的理论课程

《教师专业标准》第二个维度主要是对教师专业知识要求的标准。其专业知识维度下面具体分为四个领域：教育知识、学科知识、学科教学知识、通识性知识。在这四个领域中，《教师专业标准》关于其内涵的认识，已远远超出我们固有的理解。例如，我们往往将专业知识局限在学科知识的范畴，将专业知识等同于学科知识，而在《教师专业标准》中，诸如安全防护知识，班级管理知识，了解中学生思维能力、创新能力和实践能力的发展过程和特点等，都归入了专业知识的范畴。目前，这些要求仍没能够体现在国家教育硕士培养指导方案中，虽有一些培养院校在教育硕士课程体系改革中，开设了诸如"班级管理""学生的心理健康"之类的课程，但这些课程不仅在课时量和专业师资配备方面不能保证，有时还只是根据教育硕士实习任务的要求拼凑性地临时请一些教师进行经验交流而已，缺少从整体课程体系方面考虑的知识理论逻辑关系的模型建设和与之匹配的具体实践操作系统研究。

（三）凸显专业能力的实践课程

《教师专业标准》第三个维度是专业能力。专业能力细分为教学设计、教学实施、班级管理与教育活动、教育教学评价、沟通与合作、反思与发展六个领域。这六个领域不仅需要理论知识作为支撑，也需要教育教学实践，如果没有实践保障就难以收到好的效果。因此，在教育硕士课程体系构建中，不仅需要安排以上六个领域的相关理论课程，最重要的是要设计好针对这六个领域的教育硕士具体实践操作系统，要根据专业方向的特点增加一些教育教学专业技能培养方面的课题，如"教学目标和计划制订""教学资源利用""教学过程设计""学习环境和氛围营造""课堂有效教学实施"等。同时，有条件的院校还应该开发相应的有针对性的教育教学专业技能类的课程教材，这有助于课程体系的构建，并能带来良好的教学效果。

二、《教师专业标准》下的教育硕士课程体系构建的策略建议

（一）全面的益于体现专业知识的课程内容

《教师专业标准》提出的针对教师专业知识四个领域的标准，要求在教育硕士的课程内容选取开设时既不能夸大重视理论性知识对于教育硕士的理论水平提升的作用，而忽视实践性课程内容的开设，又不能鉴于教育硕士的实践性特色盲目增加实践性课程的成分，而轻视了理论性课程的指导，其全面性主要体现在如下三个方面。

1. 课程体系应侧重实用性知识

教育硕士最终培养目标不是使其成为学科的理论专家，而是成为具有丰富专业知识的中小学教师，他们是教育教学的实际执行者和研究者。因此，提供更多的使其能像临床医生一样，"诊断"学生的"病情"，并"对症下药"的课程体系，对提高教育硕士的实践能力显得尤为重要。

2. 课程体系需打破学科壁垒，融会贯通

目前，教育硕士课程体系构建过程中，各学校甚至是学校中的各院系各自为政，学科之间壁垒森严，教育资源有限却严重浪费的现象普遍存在。所以，站在一个学校乃至国家的角度，构建一批基于《教师专业标准》的凸显各培养学校院系之间的教育优势或特色的教育硕士优质共享课程及其共享平台和课程实施机制，是教育硕士课程体系创新的关键所在。

3. 课程内容需要考虑教育硕士的兴趣爱好及实际需要

课程内容的选择和设置不能想当然，符合教育硕士学习兴趣和实际需要的课程，才可能引导学生表现出更强烈的学习欲望，只有被学生认可的教育方面的课程方法才可能有更好的教学效果。

（二）合理的利于专业能力提升的课程结构

《教师专业标准》提出了中小学教师应具备的专业能力包括教育教学设计能力、组织实施能力、激励与评价能力、沟通与合作能力、反思与发展能力。通过教育硕士课程结构优化，对这些能力的培养应做到以下几点。

1. 显性知识与隐性知识合理分配

教师专业标准所要求的能力表现在培养知识上主要可以分为两种：显性知识和隐性知识。显性知识主要是可以直接通过观察来发现的教学技能运用，而隐性知识主要是教育硕士将教育教学理论迁移到教学实践上的内在智慧。在专业能力提升的课程结构建设方面，只有外显知识与内隐知识比例恰当，排列组合得当，才能使整个课程结构显得较为合理。

2. 减少作用不大的公共课程比重

根据教育部规定的教育硕士课程指导意见，公共英语和政治理论一般各占 34~36 个学时，学分各占 2~4 个学分。有效地发挥这些公共课程的作用，要在课程结构中调整两者所占课时的比例和分量。减少公共英语课程，增加专业英语的课时比重，课程实施应注重以训练听写能力为主。减少政治理论课程，增加师德教育和教师职业教育及教师专业理念等有助于教师师德养成的课程。

3. 选修课程体现选择自主权

笔者在进行关于教育硕士选修课问题的调查问卷数据统计时发现，认为"没有课程选择权利"的人数达到 90%，甚至有的学生还不知道有"专业选修课程"。这说明培养学校在教育硕士选修课程门类、质量、推广宣传上重视程度的不够及学生对于选修课的权利意识比较薄弱。这个方面，国外一些先进经验值得我们借鉴。如在美国的教育硕士课程结构中，学校对于选修课是非常重视的，同时学生在课程选择上有很大的自主权。学生在一开始入学之后，就可以在导师的指导之下，根据自己的专业方向、兴趣爱好或个性化的需求来选择对自己作用最大的课程。

4. 增加各种理论性课程的实践性

理论性课程在教育硕士课程体系中扮演着非常重要的角色，但是也是学生比较不喜欢的课程，主要原因在于其内容和方法缺乏创新性、实践性。笔者认为理论性课程应该与实践相结合，如通过适当加入案例教学、实地调研、团队研讨、对话、辩论、演讲等参与式的课程学习方式，增加理论和实践的对接，加深学生对理论的理解与运用。

（三）合适的有着丰富实践经验的课程实施者

课程能否有效实施的关键在于实施者的素质和能力。所以，改变我国教育硕士的培养中"一套队伍指导两种学生（学术型和专业型）"的现状，组建一支基于《教师专业标准》要求下的教育硕士导师团队，成为我国教育硕士课程体系构建中由培养"量"的增加转向"质"的提高一个关键的支撑点。

1. 教育硕士专业学位导师聘用标准规范化

根据教育硕士专业学位培养目标的要求，教育硕士的指导教师不仅需要具有一定的理论造诣，还须具有较强的实践经验和应用操作示范能力，并对教育硕士培养模式也要有深刻的理解和认同。目前，我国的情况是，一般来说只要学术型教师有足够时间并且有意愿指导教育硕士，就可以作为教育硕士的任课老师或者导师。这种教育硕士专业学位导师聘用标准的缺失，已经严重地影响教育硕士培养质量与目标的实现。因此，制定一套基于《教师专业标准》下的教育硕士导师的聘用标准并按照此标准对导师团队进行规范化管理，是构建高质量教育硕士课程体系的关键所在。

2. 建立教育硕士导师培训课程体系

在教育硕士课程体系建设中，要建立匹配教育硕士指导教师专业成长的培训课程体系，以使教育硕士的导师跟上教育变革的节奏。教育硕士导师培训课程体系可由《教师专业标准》解读、教育硕士导师的责任和义务、教育硕士的特点与培养经验、案例教学实操、教育实习指导策略、基础教育课程改革与发展的趋势、有效教学设计等方面的内容组成。

3. 整合现有的实践课程体系教学资源

当前教育硕士教学精品课程资源缺失，导师队伍中教学实践的指导能力不足及"双师型"人才资源短缺，已成为制约教育硕士教学实践课程体系有效构建的短板。为解决这个问题，我们要整合与有效利用现有的课程教学资源，从以下几个方面入手：第一，建立校外导师的人才资源库，加强人才资源的建设与管理；第二，建设一批不同层次、不同学科可以共享的教育硕士专业素养与技能提升的精品课程及课程网络学习与管理的平台；第三，建立一批课程教学案例资源库；第四，建立校内外教育硕士导师取长补短、相互学习的机制，提升其课程的执行力等。

（四）多元的侧重综合实践能力的课程评价

课程评价是课程体系构建的重要组成部分。完整的教育硕士课程评价体系需要包括两个方面：一是对于直接面对教育硕士的具体课程评价；二是对于整个专业学位课程体系的评价。

1. 关于具体课程的评价

客观的课程评价体系构建需要做到以下几点。一是选对评价主体。评价主体如果过于单一，则很难全方位、多角度审视课程的价值，因此多元化的课程评价参与者或者主体可以对于课程进行立体评价，汇总各方观点所得出的评价结果才可能更加客观有效。二是课程评价信息渠道多元化。课程评价所依据的信息不仅仅是学生所提交的作业、课程的考试分数，还应该参考课堂教学的方式方法、任课教师备课的材料，如美国佐治亚大学教师在课程评价中给予教育硕士最终的成绩也与其课程实施过程中的表现和参与程度挂钩等。三是评价方式的多元化。即不局限于定量评价，还应该参考一些定性的指标，同时加入形成性评价和总结性评价等。

2. 关于专业课程体系的评价

对于整个课程体系的评价，最重要的是构建一个开放式的、内外结合的评价系统。在内部，不仅可以由正在学校中学习的教育硕士研究生来进行评价，还可以请已经走上教学岗位的毕业生参与课程的评价，因为他们经过具体的教育教学工作实践检验，对原有的教育硕士课程体系如何能够科学合理地构建会提出更具有价值的建议和意见。对于外部评价主体，我们可以邀请其他培养院校、地方教育行政机构、中小学教师培训中心、教研机构及中小学用人单位等代表参与到我们教育硕士课程体系建设与评价研讨活动中。只有这样，教育硕士专业学位的课程体系才能朝向更有利于《教师专业标准》的方向发展。

综上所述，《教师专业标准》不仅是对中小学教师提出的新要求，而且是对专门为基础教育培养优质师资的教育硕士课程体系提出的新要求。它不仅是我国中小学教师教育的行动纲领，更是教育硕士专业学位课程体系构建的基本标尺。

参考文献

［1］《国家中长期教育改革和发展规划纲要（2010—2020 年）》,http://www.gov.cn/jrzg/ 2010-07/29/content_1667143.htm.

［2］《中学教师专业标准（试行）》（教师〔2012〕1 号）, http://www.moe.edu.cn/publicfiles/ business/htmlfiles/moe/s6127/201112/127830.html.

［3］李红:《全日制教育硕士教育实习存在的问题及对策》,《教育与职业》2014 年第 26 期。

［4］吴玲:《教育硕士专业学位课程设置研究——基于教师专业发展的视角》, 华东师范大学硕士论文, 2007 年。

［5］林云:《中美教育学硕士研究生课程设置比较研究》, 中南大学硕士论文, 2003 年。

（本文选自《研究生教育研究》2015 年第 3 期）

差异平衡：专业学位教育的一种教学评价理念

——兼论教育硕士的科研优势

杨启亮

（南京师范大学）

 **摘要**

　　高等教育中的专业学位教育，以其鲜明的职业性和实践性特色，适应着社会需要与受教育者主体需要，正在获得长足发展。但它与普通学术型学位教育相比较，如何达成同层次不同规格的质量标准，也正在成为一个困惑着理论界与实践界的问题。本文提出"差异平衡"教学评价理念，主张在充分估计不同规格的差异性基础上，寻求同层次的教学评价之平衡机制，希望以积极的方式引导专业学位教育的健康发展。

关键词

　　差异平衡；专业学位；教学评价

　　高等教育中的专业学位教育，如法律硕士、工商管理硕士、教育硕士等，在我国还是具有尝试性的新事物。但是，它以其鲜明的职业性和实践性特色，顺应高等教育之宏观供求机制，顺应受教育主体的自身发展需求，短短几年就形成了逐步规范化和扩大规模化的发展格局。

　　然而，与学术型硕士学位相比较，专业学位如何才称得上是同层次不同规格，或者说，它以半脱产的培养方式如何满足"同层次"的质量标准，也正在成为高校内部、社会用人机构乃至攻读专业学位的受教育者自己的疑虑或困惑。笔者在较广泛地考察攻读专业学位人员实际情况的过程中，认为这里的确存在着产生"不同层次"质量问题的可能性，但同时也存在着评价理念保守，不能充分尊重"不同规格"差异性的问题。针对第二种情况，笔者在指导教育硕士的过程中尝试进行过一些积极调整，在此基础上认为，应当提出一种新的教学评价理念，即在充分估计不同规模之差异性以及这种差异性的优劣比较的基础上，寻求同层次教学评价的平衡机制。这种新的教学评价理念，可以概括称之为"差异平衡"。用现实的范例来解释，"差异平衡"评价大致近似于高校职称评聘中对于研究员、教授、教学为主型教授的评价理念，同层次但不同规格。

一

建立一种新的教学评价理念，很有必要对现有的评价理念进行反思与辨析。

时下，在高校内部因循着的教学评价理念，主要还是比较规范化的经验性成见。如对待层次性和规格区别，就有一些已成定论的规范，人们很明确学士、硕士、博士属于不同层次，文理之别、师范与非师范之异属于不同规格，这种明确都会依附于某些规范或某种经验性成见。因此，在貌似公正公平的规范化的教学评价理念的桎梏中，出现如硕士、专业学位硕士、在职申请学位硕士这样的新事物，它们是否属于"同层次"都会被怀疑，教学被扭曲乃至异化的情况就很难避免，虽然这之中也会有某种潜隐的逆反、反压抑的冲突，但是，它们不可能动摇积淀深厚的、几乎不会给新规格人才培养以真正释放的传统基础。

其一，这常常是学问中心或学术中心的基础，是主要由记问之学所支持的基础。在这一基础的约束下，高校对不同层次的培养对象规定了不同层次标准，而且在没有充足的依据测评质量高低的情况下，宁可关注数量的多寡抑或形式上的"优劣"，譬如，学士、硕士、博士论文就有明确的字数篇幅、文献检索的不同标准，而表达形式也约定俗成地形成了阅读难易（通常均冠以理论深浅的名义）的不同标准，以至于发生令人头痛的事实："有些研究者使用精心考虑过的词汇只是为了掩饰作品的空洞或论证的薄弱。"[1]专业学位教育中的受教育者主体，均有较丰富的职业实践经验，其日常习作或学位论文自然会不乏翔实的事实、雄辩的论证，他们无须或者无力搜寻到读不懂的词汇，也无须掩饰什么。然而学问中心的教学评价却常常毫不客气地贬抑他们为"低层次"，而"低层次"的评价，实际上是从根本上否定专业学位的"同层次"规格。在课程学习中，这样的"低层次"更为普遍，面对只有一种教学文本、一种教学评价理念的教师，在职攻读专业学位的学员经常不得不接受"攻其所短"的考试，与全日制、全脱产的年轻人一起演练记问之学，真正是"公平"把不公平掩抑了。

不公平的根源在于，坚持学问中心或学术中心的评价标准是依据学术型硕士来规定的。它对于不同规格的学位应有不同选择性标准缺乏考虑，没有兼顾，没有公平地扬双方之所长或攻双方之所短，而是先验地确立下因循学术型硕士的标准。这就像以研究员的学术标准评价教学为主型教授，却并不同时以教学为主型教授的教学标准来评价研究员一样不公平。再者，这种依据学术型硕士标准的取向又往往是因循了传统知识观而非智慧观，那些没有鲜活实践经验的学术型硕士正可以扬长避短，即令附加创新思维一类的评估指标，他们也完全可以有文献检索的长处、外文资料的优势来满足，而职业性实践型的学生就相形见绌了，即令偶有机会阐发出一些生活中的创意来，自然也逃不脱"低层次"的评价。另外，许多攻读专业学位的学生并非科班出身，他们仅靠自学基础，与科班出身的学术型硕士共读同样的学位课程已是十分吃紧，如果再以僵化的评价办法对付他们，岂不提襟见肘？难怪自卑心理常常与他们结缘。

其二，这又常常是教师中心或教师权威的基础，而且是由未必有职业经历和实践经验的教师支持的基础。我们不得不承认的事实是，高校中的专业学位教育所坚持的学问中心或学术中心，不仅仅是因循选择，而且还经常是师资规格本身限制下的被动选择。换言之，高校不能建构起充分适应专业学位教育的职业性与实践性评价理念，还与评价者的素质基础密切相关。尽管现在凡培养专业学位研究生的高校都在积极改变教育者的群体素质，譬如把一线实践专家聘为导师，聘为学位论文答辩委员会成员，聘一线实践专家主讲课程或举办学术讲座，等等。但是，在案例教学的雄辩性方面，在教学中以身示范的征服力方面，有相当多的高校学术型教师经常在极富实践经验的学生面前陷入困境或被动。这样，评价以教师为中心、以教师为权威也就实属必然了。

这种现象发生的原因主要是普遍存在于高校内部的学科壁垒，这种学科壁垒形成一种反实践的界域，它体现为两大特征：一是学科专业分化过细，细到任何专业学位课程的体系都必须由一个教师群体来支撑，这个群体如同分别占据自己那条跑道的运动场上的一群，他们为"学院派"的学术理念所左右，审慎地决不冒犯别家领地，当这样作茧自缚式的专家无力面对活生生的现实问题的情况时，唯一能自持的就是专业的权威性了。二是学科学术性与实践性的文化隔离太深，不仅仅是雅俗或文野的隔离，还有专门化的学术性与普遍联系中的实践性的隔离。譬如某一学科教学论的学术范畴，与它必然面对的完整性人格成长的学生之间就极难有适应性的和谐机制建立起来。由此看来，高校内部的学术壁垒常常会把学科异化为既孤立于学科群，又超然于实践基础的悬浮状态，保守权威性于此也就实属无奈。如果再进一步看，高校内部至今还在因循着的传道授业解惑的惯例，其实质也是界定了传承而非创新的价值范畴的，这种界定所产生的结果，是学生的主体性、自主性尤其是选择性几乎不被尊重。如果试图把因人设课而非因课选人的旧制转换为因学习者主体的选择设课，这可能尚属一种不合实际的理想，因此，即令强行实施，大约也不可能有令人满意的呼应。在这种条件下，专业学位教育要想获得根本性的特殊关照，可能是十分艰难的，更多情况下，它不得不以依附性理念面对高校现实"削足适履"，而且，"履"总有理由批评或贬抑"足"的不适。

其三，就教学评价本身而言，主要是僵化、量化、功能单一化的基础。支持它的是人们关于教学评价的科学性、规范性、严格质量把关云云。在职成人攻读学位的基础性弱势，如在职工作、家庭子女、年龄偏长等全部成为通过现行评价的障碍，而他们在职业实践中获得的长于理解、长于质化研究的优势基础则根本派不上用场。更严重的问题是，攻读专业学位通常半脱产，集中学习时间短，还有居住条件、生活习惯等困扰，对付严峻的"过关"或"淘汰"式评价，如果评价者采用的是与全脱产、学术型硕士同样的标准，其实是给出了在公平旗帜下的双重不公平。现行专业学位教育（乃至各种类型的成人教育、继续教育）正是在这种不利环境中无奈地步入了两种可选择道路：接受不公平以获得"公平质量"认可；放低"公平质量"标准，接受"低层次"评价。

二

"差异平衡"教学评价理念，是从教育和教学实际出发，为专业学位教育寻求公平与公正而建构的一种教学评价理念。这种评价理念主张从实际出发，研究并尊重"不同规格"，通过对不同规格学员的不同课程、不同课程标准的选择、比较，寻到既承认差异性又满足同层次的平衡。

差异平衡教学评价理念的目标可以分为两种：其一，在宏观视域，坚持以人为本。从学习者主体的角度来看，攻读专业学位的学员，在学习中应当获得如全日制学术型硕士一样的心理体验，这主要体现于被评价时的心理状态。他们不应当受到考试焦虑、自卑、不公正（或潜在的不公正，即他们已经习惯于接受的与不同规格的硕士相同标准的评价）等的困扰，而是应当获得主体自我的人格尊严感受。（必须提及的是，那种以相同标准为前提的照顾性的放低标准，是以被评价者主体的人格尊严的某种失落为代价的，而那些面对不照顾、不放低标准的评价，采取自欺欺人办法以讨得优良成绩的被评价者，是以另外方式表明人格尊严失落的。因为那些以舞弊或变相舞弊的办法获得优良评价的，那些终究获得了文凭、学位而又自知水平欠缺、评价结果不真的，往往都是以庆幸的浅层心态隐蔽了深层次的心理创伤的。）其二，在微观视域，坚持人的发展水平的尽可能充分的体现。我们应当确立一种目标，依照规格的差异性来调整评价。这种评价应当使不同规格的学生都能以己之长比彼之长，以己之短比彼之短，长与长不同，短与短也不同，就会有差异平衡可以达成。譬如某门课程的考试，攻读专业学位的学员以实践见长，而学术型硕士却以理论思辨见长，如果考试能够寻到双方均不留遗憾的策略，双方都能体验到发挥得很充分，也就平衡了。再具体些来说，专业学位教育特别受重视的规格是职业性与实践性，这为他们创造了寻求平衡的重要依托，如案例教学就是专业学位教育中的一大特色、一种优势依据，如果把这种教学以某种策略纳入评价范畴，寻求差异平衡也就不是难事。

差异平衡教学评价理念，从策略分析也可概括为两种：其一，在宏观视域，坚持对地域、校本课程、专业特色的关注。专业学位教育当然有国家规定的统一标准，但在统一标准之下还会留有机动空间，用以关照不同地区或不同学校的特色性。如少数民族地区、经济欠发达地区，完全可能开发出有特色的校本课程，而特色所创造的优势则可以弥补某些不足，达成差异平衡。至于专业特色，则可以形成专业比较中的某些优势，专业学位之不同于普通学位，主要是在有特色的实践层面。如教育硕士完成的教育调查报告、撰写的应用性论文或侧重应用的作业、举行的实验教学示范课，优于学术硕士的比率就很高，关键只在于我们是否把它们列入教学评价范畴。其二，在微观视域，坚持对内容选择、形式选择、评价具体策略选择的特色关注。"同层次"的学位，完全可以权衡"不同规格"的特点来选择内容，选择不同的形式来评价对内容的驾驭程度。而通常的具体评价策略，也完全可以依照类型不同来调整。我们以公正公平为出发点的评价策略，有时候恰恰会因为被评价者"规格"不同而隐含了一些不公平，如果评价策略多一些弹性、不确定性、开放性，可能会达成差异平衡。在笔者接触到的我国首批教育硕士专业学位论文中，尽管存在着如文献检索、写作规范等方面的不足，但是笔者也同时看到了鲜活的教育现实，看到了富于征服力的、富于深厚情感性的创新建树。有些论文写到六七万字的篇幅，尽管有些冗长，但这之中的那种追求与探索的精神，那种由于真实而深刻的实践体验而呈现出来的热情，还是让人感受到教育以及教育科学健康发展的希望。我们为什么不该给他们以公正合理的评价呢？

总之，差异平衡评价理念，因为其宗旨是在承认差异性的前提下，寻求同层次不同规格的学位教育的平衡，所以它达到的结果应当获得公正评价。换个角度来看，就是公正地评价不同规格的学位教育所达到的"层次"。

三

我们不妨以教育硕士专业学位的学员优势为例，来印证尊重差异性基础上所达到的平衡。如果这些优势是能够被充分认识之后纳入教学评价的，专业学位教育在培养质量上可能会更加理直气壮。反之，如果这些优势均不在教学评价之范畴，那就是评价不公导致了不平衡，而不平衡则会导致专业学位教育的困难处境。

在教育科学研究范畴，可能最突出的疑难问题就是研究、决策与教育实践的健康交流，教育专家们在探讨这之间的有效机制时常常陷入困境，研究者与教育者、研究者与行政人员的交流都会受阻。攻读教育硕士专业学位的人员，恰恰许多人正是二位一体式的，他们既是研究者或正在成长过程中的研究者，同时又是实践教育者甚至是优秀的实践教育者。这样，他们正是在这一最突出的问题领域，体现为有突出优势的群体。

其一，教育硕士较少存在上述困境中文化与语言方面的差距，当他们作为研究者出现时，较少发生"写报告、出书时没有考虑到读者公众中的差异[2]"，因为他们本身就在读者公众中，所以最少脱离读者公众的文化与语言。如果我们不是硬要把专业学位教育操作得离职业离实践越远的话，那么，我们就没有理由不鼓励或通过评价来鼓励他们所具有的文化与语言优势（值得提及的是，有些人正是把这种优势贬低为"低层次"，反而把那种即令是师范大学毕业的教师也读不通的教育学文章捧为"高层次"的）。而鼓励这种优势则不仅仅给教育硕士的成长与发展创造了自信，大而化之，它对教育理论脱离实践问题的有效解决也提供了保障。

其二，教育硕士明显具有从事理论研究并使之密切结合于实践的双重优势。而传统的教学评价理念正是局限于其实践的经验性以及职业所造成的理论学习弱势来定位的。这里关于优势或弱势的不同判断，其根本问题是，我们究竟从何种视角以何种价值取向来面对。联合国教科文组织的教育丛书中，在教育研究与教育实践的关系理解上，一向重视的却正是双向的积极思路。在教育科学研究方面，国际组织十分重视改进研究者的招聘制度，要求研究教学法的学者应当以教育者的身份开始其学术生涯，或有长期教育实习经历；同时重视改进对研究者的培训，保证研究者的实习条件，使研究者在研究中保持同教育的经常联系。在教育实践方面，最受重视的则是改进教育者的培训，尤其是在心理学和教育哲学方面对教育者的培训；同时鼓励教育研究并鼓励革新，奖励积极参与研究者及参与推广新的教学和教育法的教育者，改进学校文化和教学生活，等等[3]。很显然，国际组织所重视的问题，正是教育硕士们得天独厚的优势所在，教育硕士兼及理论与实践双重优势，他们与"专门化"研究者比较的实践优势以及与"普通化"实践者比较的理论优势，最具特色。如果我们关注的焦点是优势并且致力于弘扬这些优势，如果我们把这些优势有机地纳入教学评价，就会寻到以积极的思路所达成的差异平衡。

其三，我们还应当充分估计并支持教育硕士的发展性特点，这种发展性可以解释为扬长补短。我们必须明确，如果我们的教育硕士培养不仅仅停留在发扬长处、回避短处的水平，而是致力于既扬长也补短的思路，那么，在差异平衡的评价理念确立之后，教育硕士有可能是更具有发展潜力的高层次师资规格。就笔者考察到的情况来看，教育硕士在学习过程中，多数人既不自持其得天独厚的实践优势，又勇于正视其理论弱势，因此他们往往可以在实践基础的帮助下，以其独特的方式掌握理论，这种掌握虽然未必能像普通学术型硕士那样"理论化"，但其适应性、选择性、有效性又的确在创造着一种境界。就此而论，差异平衡过程中的差异性尽管是绝对的，但在关注差异性基础上寻求平衡，还有可能创造出新的不平衡，甚至可以认为，这种不平衡的优势一方可能属于教育硕士乃至各种类型的、各种专业的专业学位教育。对专业学位教育的"低层次"评价，则可能由于其发端于保守因循的评价观，而在不久的将来宣告终结。

参考文献

[1][2][3] S. 拉塞克、G. 维迪努著，马胜利等译：《从现在到 2000 年教育内容发展的全球展望》，教育科学出版社 1996 年版，第 261、261、262 页。

（本文选自《教育科学》2001 年第 2 期）

案例教学与研究性学习

——教育硕士教学方式改革摭谈

田山俊　孙慧佳

（内蒙古大学；河北大学）

 摘要

由于招生对象和培养目标的独特性，教育硕士在其培养过程中有着明显的实践性和应用性特征。以案例教学为切入点，积极推广习明纳教学制度，鼓励教育硕士开展研究性学习，是推动当前教育硕士教学方式改革，提高教育硕士培养质量值得借鉴的有效途径之一。

关键词

教育硕士；案例教学；研究性学习；习明纳

1996 年 4 月，国务院学位委员会第十四次会议审议通过《关于设置和试办教育硕士专业学位的报告》，自此我国开始正式设置教育硕士专业学位（Ed.M）。十余年来，教育硕士招生规模和覆盖领域迅速增长，招生数量从 1997 年的首届不足百余人，增至 2011 年的万余人，招生单位从首批试点的 16 所院校，增至目前的 88 所（涵盖除港澳台地区以外的所有省、直辖市、自治区），招生专业涉及教育管理、教育技术、小学教育、特殊教育、心理健康、科学与技术教育以及中小学各个学科[1]。教育硕士专业学位的开设，为中小学和幼儿园教师获取高层次学位开辟了新的路径，已成为提高我国基础教育师资水平的重要渠道。

教育硕士属于专业硕士的范畴，招生对象为"大学本科毕业，具有三年以上第一线教学经历的基础教育的专任教师和管理人员"。与大多数教育学硕士（属学术型硕士）不同，教育硕士除了具备较为扎实的教育理论基础之外，往往还有着丰富的教学实践和管理经验，这就决定了在教育硕士的培养过程中，教育者应充分考虑到他们的知识结构和实践背景，结合学生自身特点，采用更加灵活和富有针对性的教学方式，注重理论与实践的有机结合，使之与教育硕士的培养目标要求相符，更好地贴近教育硕士的学习需求。

一、当前教育硕士培养过程中案例教学的弱化及其原因

作为一种切实体现理论与实践有机结合的教学模式，案例教学在近年来的教育硕士培养过程中已经开始得到人们的普遍认可。全国教育硕士专业学位教育指导委员会曾明确提出："（教育硕士）教学尤其要重视采取案例教学法，要组织任课教师选编典型的教学案例，也要加强案例教学的研究与交流。"[2]

不过，从近年教育硕士的教学实践来看，尽管人们对案例教学的作用有着较为一致的认识，但其实施却因种种因素的制约而存在诸多不尽如人意之处。首先，很多教育硕士课程从理论教学转为案例教学的进程本身，就是一个需耗费大量精力却很难收到良好效果的问题，因此任课教师在主观上不愿花费时间从事这样一项基础性的工作。其次，即便是那些已经实现了案例教学的课程，所选案例也大都是一些久经引用的经典案例，而不是针对具体课堂中具体的学生来精心挑选的具有较强现实感的案例[3]。由于所选案例多为教材中"规定性"的内容，案例本身已有定论，对案例的分析和解释只是按部就班的"程序性"过程，因此在教学实践中，教师往往无法组织起有效的讨论，只能采取传统的讲授方式，对案例加以解释和说明。对于教育硕士而言，他们更渴望的不是借助对那些耳熟能详的现实案例进行分析而得出的众所周知的"定论"，这些结论给出的只是一些刻板生硬的目标，而他们希望了解的是实现这些目标的现实途径与可行的方法，这就需要通过对大量具有针对性和现实色彩的案例加以认真分析才能够更好地实现。如果教师选用的案例不具备这种针对性，或者案例本身已经过时、陈旧，则这种案例分析就很难引起学生的学习和研究兴趣，无法充分和有效发挥案例教学在培养学生分析和解决问题方面的优势。例如，人们都认识到提高中小学生的课外阅读兴趣是扩大学生视野、激发学生学习积极性的重要方式。在当前的网络时代，信息来源多样化，学生的阅读内容已经不仅限于传统的纸质媒介，更多地开始转向电子媒介。因此在鼓励学生加强课外阅读时，中小学教师就需要顺应这种新的变化，积极引导学生学会正确运用现代工具进行多元性阅读。在教育硕士教学过程中，教师论及此问题时，就应该尽可能搜集贴近当前实际的案例进行分析，如围绕计算机网络、平板电脑、电子书等中小学生经常接触和乐于接受的现代媒体，和教育硕士共同探讨新型阅读方式对中小学生的影响及需要注意的相关问题。如果教师仍然以 20 世纪八九十年代流行的课外报纸、期刊等青少年读物为案例，在课堂上和教育硕士分析如何加强中小学生的课外阅读，则失之偏颇。这种案例教学本身不会收到预期的教学效果。

案例教学在教育硕士培养过程中的弱化（包括不当应用），实际上反映出人们对教育硕士作为专业学位的定位认识上不到位，将长期以来习惯采用的学术型硕士教学方式套用到教育硕士的培养过程中来，尤其是没有能够针对教育硕士的知识背景和培养目标，推动学生自身进行有效的研究性学习。众所周知，设立教育硕士专业学位的目的，是要为基础教育领域培养一大批"既要掌握某门学科坚实的基础理论和系统的专业知识，又要懂得现代教育基本理论和学科教学或教育管理的理论及方法，具有运用所学理论和方法解决学科教学或教育管理实践中存在的实际问题的能力"[3]的教育工作者，其落脚点是具备解决

教育教学和管理实践中的现实问题的工作能力。这一点与教育学硕士有所不同。作为学术型硕士，教育学硕士的培养更加强调理论性和思辨性，而教育硕士则更加注重应用性和实践性。这种应用性和实践性既为案例教学的推广提供了现实依托，同时也对案例教学提出了更为具体的要求，可以说，以案例教学为平台，开展具有针对性的研究性学习，是契合教育硕士培养要求，提高教育硕士培养水平的有效手段之一。

二、加强案例教学及其对推动教育硕士研究性学习的现实意义

"教育硕士的教学需要一种新的教学智慧，即尊重教育硕士的实践优势和从事教育和教学实践研究的优势，弄懂基础教育和基础教育管理的实践，学习并运用案例教学等适合于专业学位教育的新教学方式。"[4] 由此及彼，实现案例教学和研究性学习的有机结合，同样需要"新的教学智慧"。这种智慧集中体现在教学案例的选择和应用上，能否提供大量有针对性、现实性和争鸣性的教学案例，进而吸引教育硕士积极主动地参与到有关案例的研讨中来，是发挥案例教学的作用与价值，实现研究性学习最为关键的环节之一。

教育硕士大多来自基础教育教学和管理第一线，他们有着丰富的实践经历，在实际工作中往往会遇到这样那样的问题，对如何更为有效和更富艺术性地解决这些问题存有诸多疑惑。如果案例选择缺乏针对性，则会导致学生"感到课程教学缺少理论与实践的结合点……学习的理论与教学实践相去甚远，难以将学习的理论用于教学实践"[5]。有些案例可能就其本身而言极具研讨价值，但却不一定适合教育硕士的学习需求，如一些任课教师由于长期在高校工作，积累了大量有关高等教育教学管理的案例，这些案例或许很有意义，但却与教育硕士的工作背景相去甚远，缺乏针对性，如果勉强应用到教育硕士教学中，就难以收到预期的效果。试想，面对大批长期在中小学和幼儿园的工作的教育硕士，如果教师在课堂上大量选用高校中发生的案例，诸如高校教学、大学科研以及学术自由、教授治校等，且不说严重脱离教育硕士工作背景的案例能否引起他们的学习兴趣，即便他们对其中部分案例感兴趣，但这又能在多大程度上有效提高教育硕士分析、判断与他们工作息息相关的现实问题的实际能力呢？恐怕只能造成"上课时热热闹闹，下课后一无所获"的尴尬局面。因此，在教学过程中，教师尤其需要注意针对教育硕士的这一知识背景和学习需求选择相关案例，有效地激发学生的求知欲，吸引学生积极主动地参与到案例教学过程中来，进而开展富有成效的研究性学习。

案例的现实性同样是确保案例教学顺利实施和研究性学习有效开展的重要因素。在选择教学案例时，当然有必要搜集一部分已成为经典的案例，这些案例尽管久已有之，但其背后所蕴含的理论内容以及案例本身具备的思考和分析价值却具有永恒性。不过，这些经典案例不应成为案例教学的主体内容。当前，我国基础教育正处在大变革和大发展的历史阶段，教学改革、课程改革、考试改革、学校管理体制改革都在稳步推进之中。在这种情况下，很多在以往教学过程中采用过的案例很可能已经失去了依托的现实基础，其教学价值也就随之降低。以教育管理专业硕士教学的案例选择为例，如在当前中小学已经普遍实

施了绩效工资改革之后，教育硕士希望能够通过具体的案例分析，探讨绩效工资制度背景下教师工作积极性的激发途径以及工作业绩评价方式等问题，以此为其实际工作的有效开展提供思路。这就可以说集中反映了案例教学的现实性。如果教师仍然选择那些在传统评价体系下出现的案例进行分析探讨，则非但无法取得预期的教学效果，反而会让教育硕士失去学习的兴趣。在教学实践中，教育硕士最感兴趣和最渴求的往往都是那些具有强烈的现实感、与他们的工作经历和工作经验紧密结合的案例。这些案例能够最大限度地激发他们的讨论和分析热情，促使他们积极投入到研究性学习中来。

案例教学成效的取得，依赖于学生的积极思考和主动参与，而带有争鸣色彩的案例则可以充分调动学生的学习兴趣，吸引学生自觉开展具有研究导向的学习。在教育硕士教学实践中，那些早有定论或结论一目了然的、浅显易懂的案例很难激发那些具有丰富教学和管理实践经验的教育硕士的探讨兴趣。如果教学中充斥着大量此类案例，教师就难以引导学生参与到案例教学过程中来，最终导致教师只能照本宣科、自说自话。相反，如果教师能够在教学中引入某些带有争鸣性的案例，则可有效避免上述问题。当前我国基础教育正处在大变革时期，改革本身就是一种探索，改革越深入，就越可能面临一些难以解决的深层次矛盾。教育硕士作为一线教育工作者，他们是基础教育改革的参与者和亲历者，在改革进程中也会碰到诸多困惑。将这些矛盾和困惑加以整理，完全可以成为极具研究价值，同时也极具吸引力的有效案例。如近年来社会上普遍关注的学生权利保障的问题，尽管人们对此问题已有共识，即均认为学校和社会应充分保障学生的基本权利，但是学生权利的边界在哪里？学校和教师如何在确保教师履行教育权的前提下维护学生的相关权利？诸如此类的问题，学术界和教育界均尚无定论，而这又是教师、学生（家长）和社会都普遍关心的热点与焦点问题。对此类问题稍加整理、汇总，即可成为很好的教学案例。在教师的引导下，学生围绕这些带有争鸣性和极强现实感的案例进行深入探究和研讨——尽管在很多情况下这种探究和研讨可能一时难以得出确定性的结论，不过其本身就是促进教育硕士开展研究性学习，提高其分析和解决现实问题能力的良好手段，同时也是改善教育硕士教学方式，提高教学效果的有效途径。除上述三方面外，实际教学中还应注意案例教学和研究性学习作为教学方式和学习方法，必须和它所服务的课程实现有机结合。尤其在案例应用方面，不同的课程有不同的理论架构和知识体系，需要不同的案例作为支撑，案例背后所反映和负载的理论也需与课程相符，同一课程的案例应成体系、合逻辑，不同课程的案例之间应相呼应、少重复。

三、习明纳：实现案例教学与研究性学习的有效载体

实现案例教学与研究性学习的有机结合，还需发掘适合的教学组织形式作为平台和载体。在这一方面，起源于近代德国大学，并在西方国家的大学中得到普及且延续至今的一种教学组织形式——习明纳为我们提供了一种可供选择的教学途径。

习明纳（Seminar），又称研讨班或讨论班，最早发源于18世纪的德国。1737年，古

典语言和考古学教授格斯纳（Johann Gesner）在哥廷根大学创办了哲学习明纳，这是有史可载的最早的大学习明纳[6]。作为一种教学组织形式，"习明纳是训练学生对某个重大问题进行独立的调查研究……习明纳一般来说是一名研究专家向他的学生提出问题或鼓励学生自己发现这类问题，然后在他的指导下，学生开始进行解决问题的活动"[7]。这种带有明显研究特征的教学方式在19世纪初德国柏林大学创办之后遇到了适宜的土壤，并在19世纪中后期得到快速发展，被誉为德国大学"科学研究的中心和摇篮"[6]，成为推动德国大学崛起的重要制度保障。19世纪末，在一批留德美国学人的积极推介下，习明纳被引入到美国大学，其在研究生教育教学过程中的显著成效很快得到人们的普遍认可。19世纪末，哥伦比亚大学的一位学者曾这样评价习明纳："习明纳是轮中之轴，是现代大学真正的具有生气的中心，是激动人心的和富有创造性的力量。"[8]直至今日，习明纳仍然是美国大学最重要的教学方式，而且这种方式不仅被广泛地应用在研究生教育教学之中，而且几乎所有的本科生也都接受过这种教学，由此可见习明纳在大学教学中的重要地位和作用。

习明纳能够在西方大学中得到普及，究其原因，在于习明纳的教学特色契合了大学学习的本质要求。自科学研究成为大学的基本职能以来，"掌握方法比了解具体知识更重要"的教学理念已经得到人们的普遍认可，重要的不是学到什么，而是怎样学到，意即学会如何学习、如何探索才是大学教育（尤其是研究生教育）的终极目标。而习明纳的价值，就体现在培养学生独立研究以及分析和解决问题的能力方面，这一价值与现代大学的教育精神和教学理念是并行不悖和相辅相成的。

作为一种成熟的教学方式，习明纳被视为是最具有大学特色的开展学术研究的课程组织形式。学生在教师的指导下进行专门的学术研究，以培养从事学术研究所必需的多种能力，核心是以学习能力为主要出发点。其特征集中体现在如下几个方面。

其一，习明纳以学习问题组织教学，可以促进学生的问题意识。在问题基础上要求学生开动脑筋进行判断、思考，这就有可能促进他们智慧的发展与判断力、思考力的提高。

其二，习明纳要求学生通过调查与研究去探索解决问题的途径，可以帮助学生掌握调查方法、实验方法、统计方法、获取和分析信息的技术、比较论证归纳的方法，以及提高分析、批判、综合、描述和报告的能力。

其三，习明纳课中的学习问题并没有现成答案，而要求学生通过自己探索去解决问题，这就有可能通过他们自己探索的过程，培养他们具有自信心、持久力、专心、责任心。

其四，习明纳主要是以小组合作研究的形式组织教学，并在研究结束时小组内进行交流。这可以培养学生的交际能力、合作能力、集体感、同情心等。

其五，习明纳不是以教师传授知识的教学形式来组织教学的，而是由学生通过独立研究去完成学习任务的，因此它能较好地培养学生独立学习的能力[9]。

习明纳的上述特征恰好为实现教育硕士培养过程中的案例教学和研究性学习的有机结合提供了适合的平台。如前所述，在教育硕士的培养过程中，以研究性学习为导向的案例教学，其效用的发挥依赖于学生的主动参与和积极思考，而习明纳则是教师引导学生积极参与到教学过程中来的最有效的组织形式之一。习明纳本身所具备的问题导向、探究学习、争鸣性、合作性和自主性相结合的学习特点几乎完全与案例教学的内在特征和本质要求相吻合，同时也符合研究性学习所倡导的自主学习和探究学习理念。

四、结语

尽管已经走过十余年的历程，但相对于属于学术型硕士范畴的教育学硕士而言，教育硕士仍然属于新生事物。

由于招生对象和培养目的的独特性，如何通过改进教学及相关培养方式，满足教育硕士的学习需求，提高教育硕士的培养质量，真正实现设立教育硕士专业学位的预定目标，为我国的基础教育事业造就一大批既掌握前沿性教育科学理论，又能够应对教育教学和管理实践中层出不穷的现实问题的教育工作者，仍是当前教育硕士培养过程中需认真面对的一个重要课题。具体到教学领域而言，切实针对教育硕士的知识结构和学习背景，以案例教学为切入点，积极开展教育硕士习明纳教学模式的有关尝试，最终推动教育硕士开展自主性、研究性学习，是值得我们积极探索的发展路径之一。

参考文献

［1］《2012 年教育硕士研究生培养单位招生领域表》，http://www.edm.edu.cn/old/list.jsp?id=739.

［2］全国教育硕士专业学位教育指导委员会组编：《教育硕士专业学位建设的理论与实践》，人民教育出版社 2007 年版，第 46 页。

［3］石长地、白向宁：《以课程学习为依托，提高教育硕士专业学位研究生的科研能力》，《学位与研究生教育》2006 年第 4 期。

［4］杨启亮：《教育硕士专业学位教育实践中的问题与解释》，《教育发展研究》2005 年第 6 期。

［5］邵光华、姚静：《教育硕士专业课程教学改革研究》，《教师教育研究》2004 年第 2 期。

［6］贺国庆、王保星、朱文富等著：《外国高等教育史》，人民教育出版社 2003 年版，第 205 页。

［7］贺国庆著：《德国和美国大学发达史》，人民教育出版社 1998 年版，第 162 页。

［8］Laurence R Veysey. The Emergence of the American University. Chicago: The University of Chicago Press, 1956: 154.

［9］李其龙：《习明纳课模式：一种值得关注的研究性学习模式》，《全球教育展望》2003 年第 11 期。

（本文选自《河北大学学报（哲学社会科学版）》2013 年第 2 期）

教育硕士研究生培养中应用案例教学法的实证研究

——以教育心理学课程为例

张春莉　权元元

（北京师范大学；广东省深圳中学）

摘要

　　在教育硕士研究生教育心理学课程中开展案例教学的行动研究，并通过问卷调查，对教育硕士培养中应用案例教学法的可行性进行了讨论。研究表明：案例教学法是一种与教育硕士培养相适应的教学模式，教育硕士研究生普遍接受并欢迎案例教学法；通过案例教学能有效拉近理论知识和教学实践之间的距离，有助于加深研究生对理论知识的理解；案例教学法实施的关键是教学中的学生的讨论和分享过程，教师应利用有效的教学互动，使学生在分享中将零碎的教学经验和教学智慧加以整合和提升，从而提高分析问题和解决问题的能力。

关键词

　　教育硕士；案例教学法；教育心理学

　　教育硕士是一种面向中小学教师的专业学位，与学术性学位在性质上不同，它以培养实务型高级专门人才为目标[1]。由于历史上，中国没有职业性"教育专业研究生"的培养传统，所以教育硕士的培养在很大程度沿用的是学术学位研究生的培养模式，在教学上采用的是"理论教学"的方式。一项对教育硕士教学方式的调查结果显示：80.4%的教育硕士生反映教师在课堂教学中主要采用的是"课堂讲授法"，采用"案例教学法""自学法""课堂讨论法"等其他教学方法的很少。进一步分析后发现，在这个问题上，选择"课堂讨论法"和"案例法"的学生明显比选择"课堂讲授法"和"自学法"的学生对教师教学效果的满意度更高[2]。2009年北京师范大学建设了教学网络平台"IPv6教师教育创新支持系统"，鼓励授课教师通过建设网络课程和开展案例教学来代替纯理论的教学，以转变教育硕士研究生教学方式，提升教育硕士研究生的专业水平。在这一背景下，我们在教育硕士研究生（在职攻读）"教育心理学"课程中开展了案例教学法的应用研究。

一、问题的提出

教育硕士研究生（在职攻读）来自教育教学的第一线，有着丰富的教育教学经验，而在这些经验中常常会蕴藏着丰富的教学智慧。实际上，中小学教师们的经验在一定意义上也是一种理论，与理论教学中"倡导的理论"不同，它是一种"采用的理论"，是一种不言自明的"暗含"的理论假设，它对教师的行为起着决定性的影响作用[3]。但是，由于受理论水平所限，教育硕士研究生往往不能把这些教育教学经验和智慧进行理论的提升，不能将这些经验和智慧系统化、专业化。所以，他们的这些教学经验和智慧常常是零碎的、非专业化的，不能起到很好的普适性的指导作用。

我们认为教育硕士研究生教学应改变理论的呈现方式，加强实践应用，从而帮助学生在理论与原有经验之间建立起有效的联系。实际上，教育硕士研究生教学并不反对理论本身，而是反对理论的呈现方式。它希望在理论与学生原有经验之间建立有效的联系，但纯粹的理论教学很难做到这一点。正如丁钢教授所指出的那样，学者理论的谬误是用逻辑的实践代替实践的逻辑。理论话语常常妨碍事实真相的表达，造成现实生活中大多数教师的失声，教师经验经常被置于一种"非合法化"的地位[4]。而案例教学法的优势就在于能为学生提供一个近乎真实的场景，大大缩短教学情境与实际生活之间的差距，在教育理论与教育实践之间架起桥梁。

案例教学法，简单地说，就是运用案例进行教学的方法，最早用于法学界和医学界。1910年，哈佛大学工商管理学院科普兰（D.Copeland）博士把案例教学引入管理学界。案例教学在教育界，特别是在教育专业研究生教学中使用还是20世纪80年代以后的事情。案例通常是一个实际教育教学情境的描述，它包含着一个或多个疑难问题，并蕴含着多种解决问题的方法。案例教学的方法也是灵活的，主要有以下几种：一是个别解决法，每一个学员写一份案例分析报告，包括鉴别问题、提出观点和解决办法；二是小组讨论法，先是各小组讨论，然后再由全班同学共同分析案例；三是智囊团法，聘请有经验的各界人士（包括教育界人士、案例涉及的特定场景的人员等）分析案例；四是角色扮演法，由学员分别扮演案例中的人物，用戏剧的形式将案例的内容表达出来[5]。

通过前期的文献研究，我们得出这样的结论：案例教学法的上述特点对于学生充分理解和应用理论起到了一个很好的由理论到实践的桥梁作用。理论的作用不仅在于指导实践，而且更重要的还在于能帮助实践者进行自我反省。一个真正"反省实践者"的形成，有赖于教师引导学生对理论进行自主探索与内化。为此，本研究试图在教育心理学课程中开展案例教学，通过帮助学生学会鉴别出案例中的问题，分析问题背后的心理学方面的原因和可供理解和解决该问题的理论基础，与同伴共同提出一些可行的解决方法，以及同伴间彼此分享过去经验中类似的成功案例，探明以下三个问题：

（1）基于文献调查，并咨询讲授该课程的同事们的相关意见，制订出在暑期教育硕士课程中实施案例教学法的具体方案；

（2）通过问卷调查，了解案例教学法的实施效果；

（3）通过观察和访谈，总结案例教学法实施中的关键点或尚需改进的地方，并给出开展案例教学法的一些意见和建议。

二、研究过程与方法

首先，我们在文献整理和分析的基础之上，归纳出了案例教学法实施的基本原则，在此基础上，设计出案例教学的具体实施方案。

接着，我们结合自己的教学工作，在一个暑期教育硕士班级（北京师范大学2010级教育硕士1班70名学员）中开展行动研究，将案例教学的具体方案付诸实施。在实施过程中，每天课程结束时授课教师都及时地观察和访谈一些教育硕士研究生，了解他们对这种教学方法的感受和意见。

最后，在整个教学过程结束之后，我们向班级里的全体教育硕士研究生发放研究者自编的有关案例教学学习效果的结构式调查问卷，了解案例教学对教育硕士研究生学习积极性和学习态度等方面的作用，分析案例教学在促进教育硕士研究生学习教育心理学方面的效果。

三、研究内容

通过对案例教学法的文献分析，我们首先确定了如下三条制定案例教学法具体实施方案的基本原则。

（一）调动研究生的教学经验是案例教学的出发点和归宿

这一原则主要是由教育硕士研究生的特点所决定的。教育硕士研究生（在职攻读）多为来自教学第一线的中小学教师，本身有着丰富的教育教学经验，但是对教育理论知识掌握得不多或理解得不够深刻。教师通过案例教学法，把理论知识和日常教学实例结合起来讲解，并组织大家在一起交流探讨，就能把研究生以往的教学经验充分地调动起来，与他们的原有认识产生一种共鸣或冲突，引发他们主动地结合理论对案例进行更深层次的思考，这为理论知识的讲解找到了一个很好的突破口，同时也拉近了教育教学理论和教学实践之间的距离，有助于学生对理论知识的理解和掌握。而对理论知识的理解和掌握反过来又能进一步促进研究生主动地去反思他们的教学经验，发现以往教学中的成功之处和不足之处，并通过相应的理论分析，总结出解决类似问题的规律和方法，进而能在实际教学中个性化地、创造性地解决问题。因此，我们首先提出调动教育硕士研究生的教学经验是案例教学的出发点和归宿。

（二）案例教学的着眼点不是获得那些固定的原理或原则性知识，而是培养中小学教师面对新情境处理与解决实际问题的创新能力

理论的理解和掌握并不是教育硕士研究生培养的目的，因为他们来学习的目的是为了更好地解决他们日常教学中面临的各种问题，成为一个有专业判断和分析能力、有一定专业素养的研究型教师。传统的讲授式教学重点放在知识的传递上，而案例教学的着眼点不是获得那些固定的原理或原则性知识，而是通过引导学生对案例的分析、讨论，较好地促

使学生运用所学知识去解决实际问题，从而真正实现培养学生的学习能力的目标。我们认为学生分析讨论案例的过程能有效培养他们分析问题和解决问题的能力，当学生彼此分享如何运用相关的理论去分析解决实际存在的问题时，他们甚至能够创造性地解决问题。

（三）案例教学法的案例应力求真实、典型，富有启发性，教学过程应该是一个动态、开放的过程

案例的选择需遵循一定的原则，主要包括针对性原则、问题性原则、完整性原则、客观性原则、代表性原则、启发性原则以及多元性原则等。[6] 为此，教育心理学的案例可以取材于教育教学过程中活生生的真实事件，也可以是基于真实事件和情景而创作的故事，但必须力求寻找与相关理论相配合的真实的、对学员富有启发作用的经典案例。对每一个案例，在课前均需进行认真的研究、编写以使其更加适合研究生学习的特点，在保证真实和经典的同时，还可以具备一定的趣味性，以更好地让学生参与进来。案例选择得好，才能真正帮助学生更好地掌握知识、提高技能和培养能力。而在教学过程中，案例的呈现不同于随便举例子，而应是一个可进一步研讨的动态、开放的过程。因为学生并不一定能够把握住案例中所蕴含的知识，教师应创设引导学生主动参与教学的情境，采用启发式提问方式，运用开放性问题对所呈现的案例进行设疑，以便学生更好地将理论与实际经验联系起来，从而主动地、富有个性地学习。

在这些基本原则的基础上，我们制定了如下的案例教学实施方案（如图1所示）。

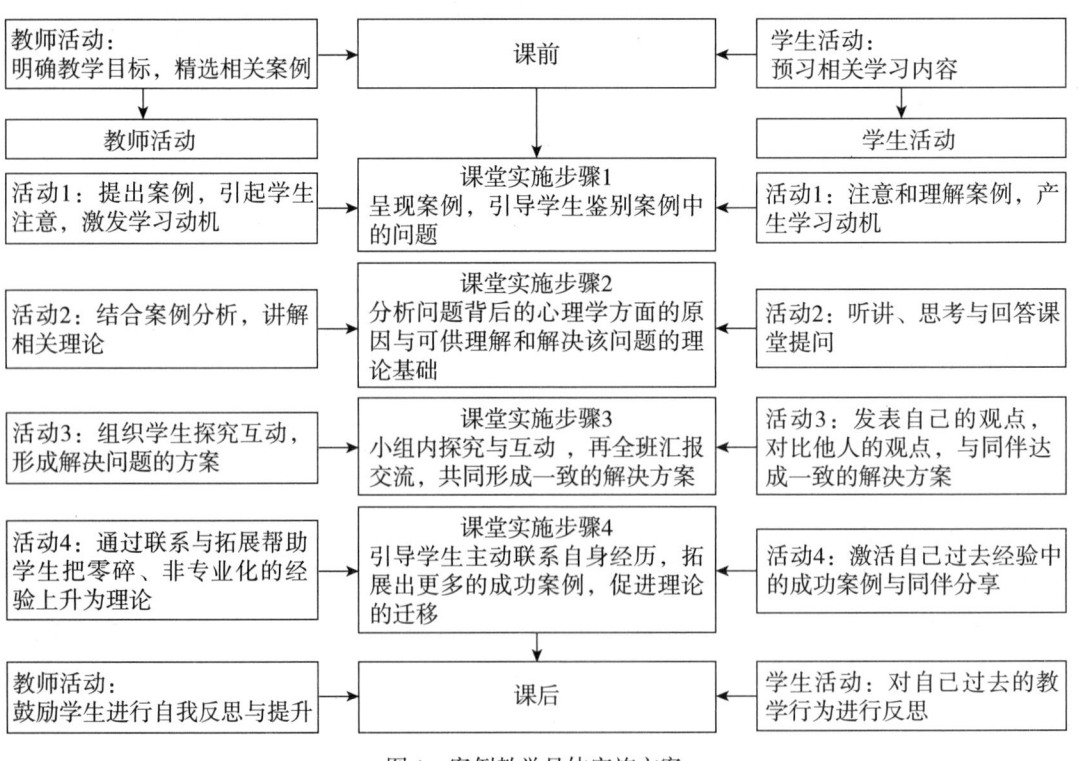

图1 案例教学具体实施方案

四、研究结果

案例教学法的行动研究结束之后，我们在班级里发放"教育心理学中应用案例教学法学习效果调查问卷"70份，回收有效问卷65份，回收率为92.8%。问卷主要设置了17道题，最后一道是开放性问题，前16道题主要有三个维度，分别是：① 促进理论理解方面的效果（共4题）；② 提高分析和解决问题能力方面的效果（共6题）；③ 激发学习积极性和学习兴趣方面的效果（共6题）。问卷采用的是五分量表，每道题从"非常满意""非常符合"到"非常不满意""非常不符合"5个选项，分别赋值5分、4分、3分、2分、1分。调查结果如表1所示。

表1　案例教学效果调查

调查维度	平均分
促进学生理解理论知识方面的效果	4.48
提高学生分析和解决问题能力方面的效果	4.42
激发学生学习积极性和学习兴趣方面的效果	4.41

由表1可见，三个调查维度的平均得分都不低于4.41分，这说明案例教学法在促进学生理论知识学习，提高学生分析和解决问题的能力，激发学生学习积极性和学习兴趣等方面都产生了令人满意的效果。我们在问卷的最后，设计了开放性问题，请学生写出自己学习完教育心理学课程后对教学中实施案例教学法的一些感受和建议。同时在教学过程中，我们在每次课程结束后都与学生进行交流，及时了解他们对这种教学的意见。归纳起来，有以下几个方面。

第一，教育硕士研究生认为，教学中运用案例教学法是必要的。他们认为这种教学法适应他们学习的需要，值得推广，希望其他课程也能使用这种教学方法。

第二，教育硕士研究生认为，研究者设计的案例教学模式和步骤符合学生的实际情况，特别是将学员分为8组，按照小组编排座位并将学习任务分为小组讨论作业和个人作业的方式，有效地促进了同学之间的学习和讨论，提高了学生学习的效率和积极性。

第三，教育硕士研究生认为，教学中案例的选取要兼顾小学、初中和高中三个不同阶段的案例；同时，不同的专题要选取有针对性的案例进行分析。

第四，许多教育硕士研究生提出希望延长课上的讨论时间，同时也希望增加教育心理学课时。这一方面说明案例教学中学生讨论的时间需要得到充分保证，另一方面也反映了学生对我们采用的案例教学法的肯定与欢迎。

五、结论与建议

通过行动研究和问卷调查，我们可以得到如下的结论：（1）案例教学法是一种与教育硕士研究生学习相适应的教学模式，教育硕士研究生普遍接受并欢迎案例教学法；（2）通过案例教学能有效拉近理论知识和教学实践之间的距离，有助于加深学生对理论知识的理解；（3）案例教学法实施的关键是案例教学中学生的讨论和分享过程。教师应利用有效的教学互动，使学生在分享中将零碎的教学经验和教学智慧加以整合和提升，从而提高学员分析问题和解决问题的能力。

为此，我们对于案例教学法在教育硕士研究生教学中的应用提出以下建议。

（一）推广案例教学法在教育硕士研究生教学中的应用

我们的研究是以教育心理学这门课为例，来研究案例教学法在教育硕士研究生教学中的使用情况及作用。通过研究我们看到，这种教学法适合教育硕士研究生的特点和学习需求，有助于提高教育硕士研究生分析问题和解决问题的能力，受到了教育硕士研究生的好评，学生希望其他课程也使用这种方法授课。为此，我们建议在教育硕士研究生其他课程中尝试使用案例教学法。

（二）案例教学法的应用需要有课前精心的准备

本研究在课堂授课之前，教师和研究者根据教学任务和教学时间等，精心设计了一套课堂上案例教学法的具体实施步骤，并在课上按照设计好的方案实施，同时，研究者在课上对教学情况进行观察记录，课后和教师及时交流、总结。整个课程结束后，我们发现这种做法是很有必要，也是很有作用的。建议教育硕士课程在进行案例教学之前，要精心选取合适的案例；在案例教学的过程中，要灵活地运用案例；在课程结束之后，要及时反思总结，使这种教学方法的作用得到最大限度的发挥。

（三）案例的选取要具有普遍性、代表性

案例教学过程中，最重要的是选取合适的案例，所选的案例既要具有代表性，符合课程内容的要求，又能激发学生对以往教学经验的反思，富有启发性。同时，教师应创设引导学生主动参与教学的情境，采用启发式提问方式，运用更多的开放性问题对所呈现的案例进行设疑，使案例教学成为一个激荡学生思维的动态生成的过程。

（四）成立学习讨论小组

在案例教学的过程中，应在学生自愿和教师指导的基础上成立学习讨论小组，各小组坐成一圈进行讨论，并且在讨论结束时派代表总结发言。这样不仅可以保证在规定时间内完成教学任务，而且有利于学生之间的讨论和互动，让每个人都得到表达观点的机会。

（五）加强师生互动

案例教学的过程中，不仅仅学生要主动、积极地讨论学习，同时教师也需要加强指导和点拨。在学生讨论的过程中，教师不是旁观者，而应积极参与到讨论中来。在我们的行动研究中，教师在学生讨论的过程中进行巡视，及时发现学生中好的观点和意见，鼓励学生讨论结束后上台发言，和大家一起分享经验；当有学生的意见出现偏颇或产生疑惑时，教师又给予及时的引导和点拨。通过这样的方式，才能保证案例教学获得较好的效果。

（六）引导学生积极进行课后反思

在教师上课的过程中，北京师范大学研究生院给每个教师都配有一个助教。助教也和学生一起听课，并在听课过程中进行课堂观察和记录，对学生的发言、作业进行录音和及时整理，并上传到北京师范大学的网络平台"IPv6 教师教育创新支持系统"上，使得学生的学习成果和意见得到及时反馈，有助于教师了解学生的学习情况和意见建议等，改进自己的教学。

（七）不断完善评价方式

在评价方式上，教师要根据与学生的交流、课堂讨论的总结、提交的小组作业以及个人作业来评价各个学习小组以及教育硕士研究生个人的学习进展情况，评价每个小组成员的贡献以及个人的进步，将过程性评价与考试成绩联系起来，给出最终的综合成绩。这种评价和调控对于维持高水平的交互学习活动具有重要意义。

参考文献

［1］邬志辉、戴继天、唐德先：《关于教育硕士专业学位几个理论问题的认识》，《学位与研究生教育》2001 年第 1 期。

［2］饶燕婷：《教育硕士专业学位教育质量调查》，《大学：学术版》2009 年第 11 期。

［3］郑金洲编著：《案例教学指南》，华东师范大学出版社 2000 年版，第 1—12 页。

［4］丁钢：《教育经验的理论方式》，《教育研究》2003 年第 2 期。

［5］张培、狄雁：《教育硕士教学方式的转变：从理论教学、案例教学到行动学习》，《中小学教师培训》2003 年第 8 期。

［6］张民杰著：《案例教学法——理论与实务》，九州出版社 2006 年版，第 67—68 页。

（本文选自《学位与研究生教育》2012 年第 1 期）

第四编　培养模式与机制

在职教育硕士研究生培养模式的创新设计与实践

王恩科

（华中师范大学）

摘要

分析了我国在职教育硕士研究生培养目标的发展变化以及教学模式、评价体系存在的问题，在此基础上对华中师范大学在职教育硕士研究生培养模式进行了创新设计，包含培养目标的创新、教学模式的创新以及评价体系的创新三个方面，并对该培养模式的实施成效进行了分析。

关键词

在职教育硕士；培养目标；教学模式；专家型教师

自 1997 年教育硕士专业学位研究生教育正式实施以来，我国教育硕士研究生的培养工作得到了迅速发展，培养了大批优秀的骨干教师和教育管理人才，形成了具有一定特色的培养模式。然而，随着现代化教育实践日新月异的发展，传统的培养模式已无法满足教育硕士研究生尤其是在职教育硕士研究生的特定需求。本文试图在正确把握我国教育硕士研究生培养现状的基础上，对在职教育硕士研究生教育的培养目标定位及教育教学中的不足之处进行分析和反思，并由此出发，阐明华中师范大学对在职教育硕士研究生培养模式所进行的创新设计及其实践成效，以期为其他院校的研究与实践提供借鉴。

一、我国在职教育硕士研究生教育的现状及问题

（一）在职教育硕士培养目标的发展

1996 年，国务院学位委员会第十四次会议审议通过了《关于设置和试办教育硕士专业学位的报告》，明确提出教育硕士专业学位"主要培养面向基础教育及其管理工作需要的高层次人才"[1]。经全国教育硕士专业学位教育指导委员会讨论，将教育硕士专业学位的培养目标定位为"培养具有现代教育观念和教育、教学工作能力，具有较高水平的学科教学骨干教师或管理人员"。

为适应招生对象范围扩大和专业领域设置细化的需求，全国教育专业学位教育指导委员会 2010 年修订了原有的《教育硕士专业学位参考性培养方案》，并制定出《在职攻读

教育硕士专业学位研究生指导性培养方案》，将在职攻读教育硕士的培养目标修改为："培养具有现代教育理念、较强的教育教学实践和研究能力、良好教师职业素养的中小学教师和基础教育管理人员。"教育硕士培养目标的变化并非偶然，而是教育硕士专业学位研究生教育发展的必然结果。对比新旧培养目标，我们能够看到以下变化。

其一，更加重视教师的职业素养。教师的职业素养主要包含八个方面：教师职业理想、教师职业责任、教师职业态度、教师职业纪律、教师职业技能、教师职业良心、教师职业作风和教师职业荣誉。以往对教师的职前教育，往往偏重教师职业技能的培养而忽略了教师职业理想、职业责任等方面素养的教育，因此一些社会上的不正之风也渗透进教师队伍中，严重危害着我国教育事业的健康发展。"学高为师，身正为范"，教师作为学生的楷模，必须不断提高自身的职业道德修养，才能真正发挥"身教"的作用，因此，良好的职业素养理应成为对教育硕士专业学位获得者的基本素质要求。

其二，更加重视教师的教育教学研究能力。教师的教育教学研究能力是搭建在教学实践一线和教学理论之间的桥梁，是培养人才和促进教育科学发展的必要条件。我国对基层教师的教育研究能力的讨论早在20世纪90年代就已被提出，从事教育领域研究的专家学者希望通过教育科研改革教学方法，提高教育质量，并将教育科学理论与教学实践相结合，从而发展我国的教育科学理论。同时，专业学位研究生教育的"应用研究性"[2]，也决定了教育教学研究能力应当成为教育硕士研究生教育最为重要的培养目标之一。

（二）在职教育硕士教学模式及其问题

教育硕士专业学位研究生教育试点工作开展后的十几年间，其招生对象和专业设置都在不断调整和扩大。根据来自中国教育专业学位教育网的数据[3]，截至2011年12月，教育硕士招生对象由最初只招收普通高中现职教师或管理人员，发展到涵盖了基础教育各级各类学校的专任教师、管理人员以及各级教育行政部门中具有（或相当于）中小学、幼儿园技术职务的管理干部；招生学科领域也由教育管理、学科教学2个专业发展到现有的教育管理、学科教学、现代教育技术、小学教育、科学技术教育、心理健康教育、学前教育、特殊教育8个专业、19个专业方向。

然而，教育硕士教学模式并未跟上教育硕士专业学位研究生教育迅猛发展的步伐，与在职教育硕士研究生的需求严重脱节。在职教育硕士课程设置与相关专业的学术性学位研究生课程设置大同小异，课程多偏重于理论知识，而有关教学实践、相关岗位职业要求以及职业道德准则方面的课程开设较少，并未体现出在职教育硕士专业学位的实践性特点。同时，在教学方式上，多采用集中面授方式组织教学，适合在职教育硕士研究生学习特点的网络学习方式没有得到有效的应用；课堂上以灌输式教学为主，而能体现专业学位实践性特点的团队学习、案例分析、现场研究、模拟训练等教学方式运用得较少。在职教育硕士研究生多为中青年教师，一方面，他们相对于全日制的硕士研究生，有来自家庭、工作等各方面的压力，学习精力、学习时间等十分有限，时间、地点固定的传统课堂集中授课的教学方式，是在职教育硕士研究生学习过程中急需突破的障碍；另一方面，他们在多年的一线教学中认识到教学研究能力的重要性，因而对提高教学研究能力的需求非常迫切，而以教师为中心的传统教学模式极大地阻碍了教育硕士研究生教学研究能力的发展。

（三）在职教育硕士评价体系及其问题

长期以来，我国高校对在职教育硕士研究生的考核评价主要是以"平时表现 + 期中考核 + 期末成绩"的方式来评估学生的学习成效，并以期末的考试成绩为主。这种评价方式并不能很好地适应在职教育硕士研究生的学习特点，也不利于提升在职教育硕士研究生的实践、研究等能力。"平时表现 + 期中考核 + 期末成绩"的评价理念是将过程性评价和结果性评价相结合，但在具体的操作中往往"轻过程、重结果"，过程考核流于形式，导致这种评价方式与传统的结果性的评价方式没有根本区别，只是"披"上了一件过程评价的"外衣"。

另外，现行的在职教育硕士评价体系多以全日制硕士生的评价体系为蓝本，并未考虑到在职教育硕士研究生的"在职"特点，只对学生在校期间的课程学习进行评价，没有把他们应用所学理论进行教育教学实践和研究的工作成效纳入评价体系中。

二、在职教育硕士研究生培养模式创新设计

我国在职教育硕士研究生教育经过十几年的发展，取得了很大的成绩，为我国基础教育教学及教育管理部门培养了大批优秀的教师和管理人员，但其现有的培养模式仍存在种种弊端和不足。基于此，华中师范大学着手开展在职教育硕士研究生培养模式的创新工作，并在华中师范大学教育管理、学科教学、现代教育技术、小学教育、科学技术教育、心理健康教育、学前教育、特殊教育 8 个在职教育硕士专业中实施。培养模式的创新主要包含培养目标、教学模式和评价标准三个方面。

（一）在职教育硕士培养目标的提升

由上文对在职教育硕士培养目标的发展的分析可以看出，我国在职教育硕士的培养目标越来越接近于"专家型教师"的基本内涵。

美国亚利桑那州立大学的伯利勒（Berliner）把教师的专业成长划分为五个阶段：① 新手型教师（novice）；② 熟练新手型教师（advanced-beginner）；③ 胜任型教师（competent）；④ 业务精干型教师（proficient）；⑤ 专家型教师（expert）。我国教育领域的专家和学者借鉴了伯利勒对教师专业成长的阶段划分，并参考我国本土特色，将教师的专业成长阶段划分为新手型教师、胜任型教师、骨干型教师、专家型教师四个阶段[4]（如图 1 所示）。

其中我国教师专业成长阶段中的骨干型教师即伯利勒所说的业务精干型教师。骨干型教师一般都是各所中小学的"顶梁柱"，他们教学技能娴熟，教学经验丰富，其教学为学生所追捧和喜爱，由于能够肩挑"应试教育"的重担，他们又易受到家长的推崇、领导的器重。在"应试"仍占教育主导地位的今天，骨干型教师似乎是一个很能让人满足的位

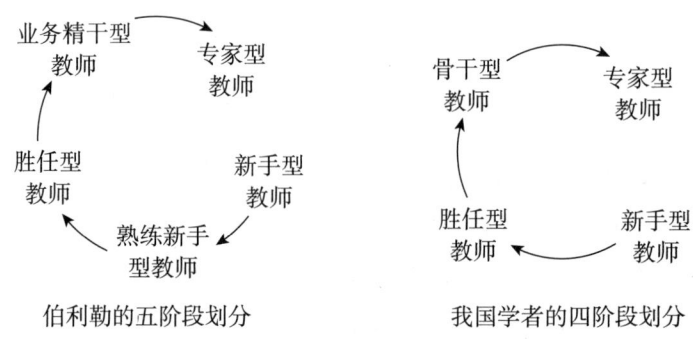

伯利勒的五阶段划分　　　　我国学者的四阶段划分

图 1　教师专业成长阶段演进

置，同时由于年龄限制、教学压力等多方面因素，诸多骨干型教师们放慢甚至停滞了他们前行的脚步，这对于国家教育改革以及个人职业发展都是极为不利的。

骨干型教师并非教师专业发展的终点，相反，它是一个新的起点。专家型教师是骨干型教师的更高层次。按照斯腾伯格等人的观点，所谓专家型教师，主要是指"具有教学专长的教师，即能运用广泛的、结构良好的知识和经验有效地、创造性地解决各种教学问题的教师"[5]。也有西方学者将其解释为"反思型教师"，即这种教师同时是学者，是研究者，他们不但具有课堂教学所必需的知识和技能、技巧，同时还具有对教育目的、教育行为后果、教育伦理背景以及教育方法、课程原理等更宽广的问题进行探索和处理的能力[6]。与骨干型教师相比，专家型教师更需要具备一定的教学研究能力和自我发展能力。

培养专家型教师已经成为西方国家教育硕士的培养目标。在美国，教育硕士学位项目"以培养教学专家为目标，使有经验的专业人员得以提高他们的专业素养，帮助教师获得更高的学位，使申请者获得成为本专业领域教育专家和领导者的资格"[7]。可以说，培养专家型教师已成为当今世界教师专业化发展的基本趋势。

正是出于对教师成长阶段的认识，华中师范大学在借鉴国际教育经验的基础上，将在职教育硕士研究生教育定位于"精英教育"，精英教育的目标即"专家型教师"。这要求我们的教育硕士研究生不仅能成为技能娴熟的教学骨干，还能对积累的教育实践经验进行反思，并在此基础上运用先进的教育理论和科学的研究方法开展卓有成效的教育教学研究工作。

（二）学与教模式的创新

在对在职教育硕士研究生的教学模式上，华中师范大学打破传统的集中面授模式，采用传统结合信息化的方式，具体来说是在专家型教师的目标导向下，采用"面授＋E-learning＋B-learning＋国际共享课"的教学模式。

面授是各级各类教育的基本教学组织形式之一。集中面授，也是现阶段我国在职教育硕士研究生教育中普遍采用的教学组织形式。在信息技术日新月异的今天，信息化的教学模式以其学习时间和空间上的灵活性，对传统的面授教学模式造成了很大的冲击，一些开展网络教育的院校甚至放弃了集中面授的教学方式。然而，至少在现阶段，集中面授辅导在在职教育硕士研究生教学过程中仍然具有不可替代的作用。首先，研究生在自主学习的过程中，对于抽象性的知识概念以及在学习中遇到的重点难点，不能很好地把握。其次，一些实践性较强的课程，需要教师当面的讲解和指导，学生才能融会贯通。再次，在职教育硕士研究生有工作上的压力，与全日制学生相比长期远离校园，极易在独立、分散的学习过程中产生"无归属感"，这无形中会弱化其学习动力。最后，面授提供了师生之间直接交流的机会，有助于师生之间、学生之间的情感沟通。正是基于以上原因，华中师范大学仍然将面授辅导作为在职教育硕士学与教的模式的重要组成部分。

作为网络与信息化技术迅速发展的产物，E-learning（Electronic Learning，译为"数字化学习、电子化学习、网络化学习"）是近年来颇为流行的教学方式。E-learning 打破了传统课堂教学时间和空间的限制，汇聚大量的学习资源，很好地弥补了传统教学中的不足，且多媒体的授课手段的运用也提高了课程的生动性、趣味性。如美国《教育技术白皮书》所说："E-learning 提供给学习者一种全新的方式进行学习，提供了学习的随时随地性，从而为终身学习提供了可能；E-learning 改变教学者的作用和教与学之间的关系，从而改变教育的本质。"[8] 从其特点分析，E-learning 适合多数公共课程和部分选修课程的学习，这些课程大多难度不大，对教师讲解的要求不高，但在学习过程中需要有大量的资料和知识作支撑。E-learning 刚好能够满足这种需求，同时又能在时间和空间上提供便利，降低学习成本。

传统面授和 E-learning 各有千秋，"E-learning 能很好地实现某些教育目标，但不能代替传统的课堂教学，不会取代学校教育"[8]。在这种情况下，B-learning（Blended Learning，译为"混合式学习"）应运而生。B-learning 汲取传统面对面教学和 E-learning 之优势，将二者有机整合起来。21 世纪初，B-learning 成为学术界和培训界的研究热点。B-learning 适用于在职教育硕士专业课程的教学。专业课程相对难度较高，应让学生首先通过 E-learning 的方式，利用网络进行自学，获取对课程知识的整体性认识；进而在学校中通过面授的方式，为他们解析疑点、难点问题，强化具有实践应用价值的重要知识点，从而使教育硕士研究生对专业知识的掌握更加透彻。

国际共享课的教学模式即让学生通过网络学习的方式，充分利用世界各大名校的优质共享教学资源，并与世界各地的学者、教师和学生开展学术上的互动和交流，开阔视野的同时掌握相关领域的前沿研究理论及发展趋势。国际共享课以选修课程的形式开展。

华中师范大学在职教育硕士研究生学与教的模式创新以专家型教师为目标导向，首先将在职教育硕士研究生学与教的过程分解为 E-learning 和面授两个阶段，并实现二者的相互结合，也即 B-learning，再通过国际教学资源的共享进一步促进教学，学生将学习到的知识和技能运用到本土化的教学实践中，从而促进专家型教师的诞生（如图 2 所示）。

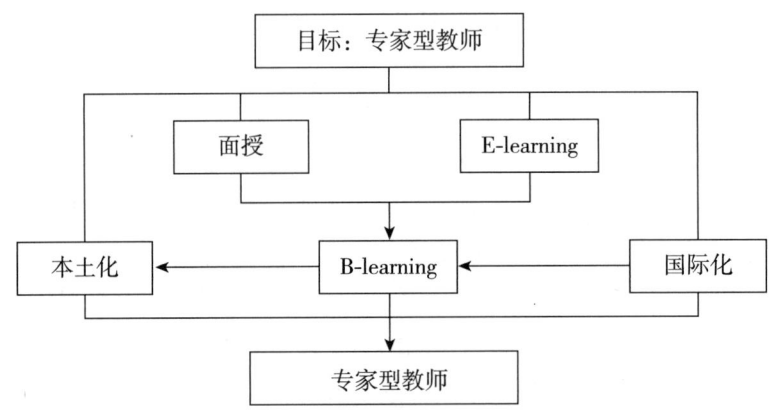

图 2 在职教育硕士研究生创新型学与教的模式结构图

（三）评价体系的创新

对教育硕士研究生的评价方式与标准，与其教学模式有着直接的关联，教学模式的多样化必然对评价标准提出更高的要求。华中师范大学在创新在职教育硕士研究生学与教的模式的同时，也对其评价方式进行了改革。在汲取传统的课程学习评价在结果评价方面的优势的同时，吸收和借鉴了 E-learning 和 B-learning 等网络课堂教学评价的思想、理论、技术与方法，高度重视对在职教育硕士研究生学习能力，尤其是网络环境下学习能力的评价，把过程评价与结果评价、课程学习评价与实践应用评价结合起来，构建了科学合理、简单实用的多元评价体系。

该评价体系将对学生的评价分解为课堂评价部分和职业评价部分，其中课堂评价又分为传统课堂学习评价和网络课堂学习评价两个部分。首先，在课堂学习评价中摒弃传统的评价体系忽视学习过程评价的弊端，明确了过程评价的意义，实现了过程性评价和结果性评价的统一。而网络课堂学习评价包含对学生学习行为的评价、学习历程的评价以及学习成效的评价三个方面。在此基础上，使用目标分析法对其进行分解，构建了在职教育硕士研究生网络学习评价的二级指标体系，并明确了各指标的主要参数（如表 1 所示）。

表 1 在职教育硕士研究生网络学习评价指标体系

一级指标	二级指标	主要参数
学习行为	在线记录	在线时长、登录频率等
	回答问题	提出问题次数、回答问题次数等
	参与讨论	讨论区发言频率
学习历程	学习计划	浏览的课程网页是否完成计划数量
	学习任务	浏览的课程网页是否完成既定的学习目标
	学习日志	学生学习课程过程中的记录

一级指标	二级指标	主要参数
学习成效	作业上交	作业的上交情况
	学生作品	学生学习过程中完成的电子作品
	教师评价信息	教师对学生的评语

对在职教育硕士研究生评价的终极目标是将他们学习到的知识和技能运用于教学和研究的实践中，因而在对他们的课程学习进行评价的同时，追踪他们的工作成效和研究水平也是很有必要的。因此，华中师范大学对在职教育硕士研究生的工作情况进行了跟踪调查，即定期到其工作岗位开展访谈和问卷调查，同时结合所在单位的意见，综合完成对他们的考核评价工作。

三、在职教育硕士研究生创新型培养模式的实践成效与反思

（一）在职教育硕士研究生创新型培养模式的实践成效

华中师范大学自试行在职教育硕士研究生创新型培养模式以来，得到师生的广泛支持，收到了来自学生以及教育行政管理部门的积极反馈。

学生对实施在职教育硕士研究生创新型培养模式的支持率高达97.6%，学生普遍反映学习的自主性和能动性得到了提升，学习的积极性和自由度增加了，能够更合理地分配学习、工作和生活时间，学习效率也得到了提高。在职教育硕士研究生新型培养模式使得学生的创新热情得到了进一步的激发，学习与研究能力得到了提升，视野得到了拓展，各方面素质得到了全面提升，与教师的沟通机会增加了，师生之间相处更加融洽。

华中师范大学的在职教育硕士研究生培养模式创新项目得到了教育行政管理部门的高度评价。专家组认为此种创新型的培养模式进一步深化了在职教育硕士研究生的培养模式改革，很好地解决了在职教育硕士研究生在校时间短、实践经验与学术理论脱节的问题，同时学生的创新能力和研究能力得到了较大的提高，建议继续推广，以保障项目研究的持续和深化。

（二）总结与反思

华中师范大学在职教育硕士研究生培养模式创新改革试行两年以来，取得了一些突破性的成效，尤其是学生学术研究与创新能力得到了很大的提高，产生了一批具有代表性的学术科研成果，较好地推进了学科建设的发展，同时为在职教育硕士研究生教育的进一步发展奠定了良好的基础。但是，目前此项目只是提出了在职教育硕士研究生创新型培养模式的框架，仍有诸多地方有待完善。我们认为以下三个方面有待进一步加强和改进。

第一，要建立健全相应的教育教学评价机制。在职教育硕士培养模式的创新必然带来教育教学评价机制的改变，而目前的培养模式创新仅涉及对学生的评价体系的创新，对教

师教学与指导的评价机制有待进一步探讨和完善。

第二，要加强和完善学生管理体制。在新型教学模式中，学生自主学习的比例增加，如何加强对其自主学习过程的管理，也是亟待解决的问题。

第三，目前最为重要和迫切的工作是为在职教育硕士研究生提供相应的学习支持服务，加强优质教学资源的建设。教学资源的开发要探索、借鉴和引进国内外先进的理念和经验，同时要大力提升在职教育硕士研究生教育的国际化水平和信息化水平，全面提升教育硕士研究生的职业素质和教育教学研究能力，以实现培养"专家型教师"的根本目标。

参考文献

［1］《关于设置和试办教育硕士专业学位的报告》，http://www.moe.gov.cn/publicfiles/business/htmlfiles/moe/moe_823/200408/346.html。

［2］袁广林：《应用研究性：专业学位研究生教育的本质属性》，《学位与研究生教育》2011 年第 9 期。

［3］《教育专业学位教育情况》，http://www.edm.edu.cn/list.jsp?id=721。

［4］李继峰：《"专家型教师"的理念与成长》，《当代教师教育》2008 年第 3 期。

［5］徐红、董泽芳：《中外专家型教师研究的回溯与前瞻》，《河北师范大学学报（教育科学版）》2011 年第 10 期。

［6］常波：《西方反思型教师教育思潮兴起背景综述》，《外国教育研究》2000 年第 4 期。

［7］袁锐锷、易轶：《美国大学以优秀教师标准重设教育硕士课程》，《学位与研究生教育》2005 年第 11 期。

［8］《E-learning》，http:// baike.baidu.com/view/302172.htm。

（本文选自《学位与研究生教育》2012 年第 7 期）

小课题研究：在职教育硕士培养策略的创新

陈 霞

（上海师范大学 上海师资培训中心）

 **摘要**

探索了在职教育硕士研究生培养中的小课题研究方法。在职教育硕士研究生培养中的小课题研究以教育硕士课程为基础，在进行相应课程内容的教学时，引导学员对照自身教育教学的现状和专业发展的需求，确立具体的、迫切需要解决的、有价值的小研究课题，遵循教育科研的规范，采用多种适切的科学方法，自己独立或在他人的帮助下分析与解决问题，从而发现教育现象之间的本质联系与规律。认为小课题研究在促进教育硕士研究生学历提升与岗位能力提高、理论学习与实践应用、研究能力与教学专长的协同发展等方面具有重要的作用。

关键词

小课题研究；在职教育硕士；研究生教育

为更好地发挥教育硕士专业学位研究生教育在培养高学历、高素质的基础教育教学和教育管理人才中的作用，不同的培养机构针对现行教育硕士研究生培养中存在的一些问题，如重理论学习、轻实践应用，重集中学习、轻同伴互助与个体实践反思等现象，进行了一系列积极的改革探索。上海师范大学近年来在张民选校长的带领下，进行了在职教育硕士研究生培养模式的创新实验，如在课程组织上，采用模块课程；在课程学习时间安排上，学员每周至少集中一天；学员按照学科组建学习小组，采用双导师制，即由教育学专家和学科教育专家共同负责各小组的学习；学校为每组提供了一所中小学校作为培训基地，供学员现场观察、演示与实践之用。笔者作为参与这一创新实验的英语学科组导师，在教育硕士研究生培养目标的指导下，基于在职教师专业成长的规律，结合教育硕士研究生培养的创新实践，在具体课程实施上，进行了小课题研究培养策略的实践探索，在一定程度上促进了在职教育硕士研究生学历提升与岗位能力提高的统一、理论学习与实践应用的统一以及研究能力与教学专长的协同发展。

一、小课题研究提出的理论依据

（一）教师职业是实践性的专业

教师职业作为一种专业，其核心是教师的专业知识。按照舒尔曼的划分法，教师的专业知识分析框架包括七个部分：学科知识，一般教学知识，课程知识，学科教学知识，学习者及其特点的知识，教育情境知识，关于教育的目标、目的和价值以及它们的哲学和历史背景知识。其中学科教学知识（Pedagogical Content Knowledge，简称PCK）被认为是区分学科专家与教学专家、高成就教师与低成就教师的关键，它是一种各构成要素之间相互作用动态生成的实践性知识，是教师实践智慧的表现。教师职业的这一特点决定了一个成功的教师必须在教育教学实践中时时反思，不断对经验进行概括升华，然后再返回到实践中去行动与思考。教师教学实践经验对教师成长有着非同寻常的影响，在职教师教育必须重视教师的实践性知识，用它去整合本体性知识、条件性知识，实现理论知识与教育实践的紧密结合[1]。

在职教育硕士研究生培养中的小课题研究就是基于教师职业实践性的特点，对准教师实践中存在的有价值的问题，在分析问题与解决问题中，把理论知识的学习与实际工作中的应用结合起来，让教师在工作实践中增长教学智能与实践智慧。

（二）学生的学习以提高工作绩效为目的

研究表明，作为在职教师的教育硕士研究生的学习往往以提高绩效为目标，他们一般比较关心通过学习能够解决自己哪方面的问题，更讲求实效性[2]。也就是说，在职教育硕士研究生的学习不仅仅是为了自己今后的发展以及适应组织、社会的要求而积累知识，更是为了能够及时地把所学到的知识、掌握的技能、技巧等应用于自己的工作和现实生活中，及时地解决自己在工作、生活以及在适应社会等方面存在的问题。基于在职教育硕士研究生这一学习特点，小课题研究在学员的学历提升与实践需求之间架桥，以便实现理论学习与行为改进的协同发展。

（三）教师在职学习行动教育范式的启示

以上海市教育科学研究院的顾泠沅教授为首的研究团队，在多年实践探索与理论研究的基础上，基于众多优秀教师成长的经验，提出了旨在提高教师实践智慧的行动教育范式。具体就是，以课例为载体，以一线教师与专业人员合作为特征，通过专业理论学习、教学情境设计和教学行为反省等方式，在实际教学行动中学习的一种教师在职教育模式[3]。

这种行之有效的在职教师教育模式对在职教育硕士研究生培养的启示是，在职教育硕士研究生培养必须找到一种最为合适的载体，加强导师、同伴与个体间思想的交流与碰撞，发挥群体智慧，在分析问题与解决问题中促进理念的更新与实践能力的提升。与硕士课程学习相结合的小课题研究就是一种适切的载体，基于小课题研究，能够聚集群体的智慧，能够实现理论到实践、实践到理论的转移。

二、小课题研究的内涵与特征

小课题研究的提出受到了基础教育领域微型课题研究的启发。微型课题研究源自于中小学一线教师的教育科研实践，是基础教育基层工作者的创造。微型课题研究是一线教师有感于科研行政部门发布的纵向的、正式的、具有学术性的课题研究远离他们的现有能力和工作实践等弊端而提出的，是在关注自身教育教学中具体的、有价值的、微小的教育教学问题基础上而展开的，它不需要科研机构的审批，没有固定的研究周期与严格的结题程序，什么时候教师"眼明了、心亮了，就可以结题了"[4]。

笔者在教育硕士研究生培养中提出的小课题研究概念，具体是指教育硕士专业学位研究生在整个学习过程中，在导师的指导下，结合具体课程模块的学习，并对照自身教育教学的现状和专业发展需求，确立具体的、迫切需要解决的、有价值的小的研究课题，遵循教育科研的规范，采用多种适切的科学方法，自己独立或在他人的帮助下分析与解决问题，从而发现教育现象之间本质联系与规律的认识活动[5]。小课题研究的"小"是相对于硕士研究生学位论文的研究而言的，它没有严格的字数、周期、流程等限制，贯穿于在职教育硕士研究生学习的全过程，研究的问题紧密结合在职教育硕士研究生的教育教学实践，具体、真实且富有价值，能够充分地将学与用、知与行、校内学习与校外实践结合起来，实现教育硕士研究生研究能力、反思能力以及教学智慧的提升。具体而言，在职教育硕士研究生培养中的小课题研究具有如下特点。

（1）小，即微小。研究的范围小，问题具体，时间短，学员容易把控。

（2）实，即实在。研究重实践，讲实用。首先，研究选题"务实"，虽然选题始自在职教育硕士课程，但最终确立的研究课题主要立足于在职教育硕士研究生实际教育教学工作中迫切需要澄清或解决的问题。其次，研究过程"扎实"，围绕研究课题，把相关理论的学习、个人与同伴的实践经验以及实证调查研究充分结合起来，把理念更新与日常教育教学行为的跟进结合起来，注重把理解的知识做出来，把做出来的说出来。最后，研究成果"实用"，研究是为了释疑解惑，改进日常的教育教学行为，提升教学智慧和专业境界。

（3）活，即灵活。首先，选题灵活，注重个人或小组的实际需求或兴趣，至于不同的学员间及与以往的选题间是否存在重复，则不甚重要。其次，研究规定宽松，针对特定的课题的性质，导师对其研究手段与研究方法、研究周期与成果呈现等有不同的要求，其他则没有过多的限定。再次，成果的表现形式灵活，可以是书面成果，如调查研究报告、课例研究报告、案例分析报告、小论文教学反思、教学设计等，也可以是录像带、光盘、教具等产品式成果，具体视小课题研究的性质而定。最后，研究课题与在职教育硕士课程相结合，研究周期短，成果显现快。

三、小课题研究的实施策略

上海师范大学在职教育硕士研究生培养模式的创新实验目前仍在实践探索之中，以下笔者以英语学科组采用的小课题研究策略为例，对其实施策略要点进行分析。

（一）以教师自身教育教学实践需求为导向的选题策略

为了把教育硕士课程的理论学习与教师教育教学实践改进紧密结合起来，我们的小课题研究在选题上通常采取如下策略。

1. 在理论与个人实践的比照中，针对自己的弱项进行研究。教育硕士课程为学员提供了了解、消化与吸收相关领域的理论与经验范型的机会，从而为他们反思自身的教育教学实践以及专业发展现状提供了依据，使他们能够深刻地意识到自身的强项与弱项。导师团可以趁势引导学员在自己的薄弱之处选题，通过研究，克服弱项，增强学员自身的实践能力。例如，在"教学技能"模块的学习中，首先，导师向学员讲解教学技能的构成与具体内容，并要求学员通过自学研读 James M.Cooper 的《课堂教学技能》等书，对教学技能形成基本认识；其次，以教学技能的基本构成为理论框架，引导教师思考、讨论、总结与归纳当前英语课程与教学改革对教师课堂教学技能的具体要求；再次，引导教师对照当前英语课堂教学技能的具体要求，反思自身在各项教学技能上的优势与不足，找准那些对提高教学质量至关重要、自己又相对薄弱的教学技能，确立小课题进行研究。

2. 在对不同课程内容的学习中，找准自己最感兴趣的点进行研究。在职教育硕士研究生在对不同课程内容的学习中，由于平时的思考和关注点不同，总有些知识点会激发起他们强烈的探究兴趣。此时，导师就可以顺势引导他们在自己的兴趣点上确立选题。例如，在关于"学生知识"模块的学习中，首先，导师借助"思考单"引导学员思考与交流个人对当前任教学段学生的感性认识，把每个人的认识进行汇总、归纳，作为交流结果发给大家；其次，通过导师讲解以及指导学员搜集、整理与分析相关文献，让学员对当下各个学段学生的特点形成理性认识；最后，引导学员提出自己最感兴趣、迫切想要继续深入了解的方面，以此作为小课题选题进行深入研究。结果发现，英语学科组的教师对当下初中生的课余生活是如何度过的尤为感兴趣，这一课题为他们提供了重新认识自己的学生、重新认识自己的学生观的机会，是十分有价值的。

3. 在导师的诊断指导中，针对自己存在的问题进行研究。对于那些不明确自己的弱项，也没有明显的研究兴趣点的学员，导师会通过与他们的交流以及实际观摩其教育教学等，对其进行专业诊断，使之明确自己教育教学中存在的问题，然后引导其选择一个当前优先需要解决的问题进行研究。例如，在"课堂观察"模块的学习中，导师从学员们实际观课与评课的行为中发现，他们对课堂的观察比较笼统，缺乏必要的课堂观察技能，因此评起课来显得相对空泛。针对此问题，导师要求每个学员在观课中首先要明确自己的观察点与观察维度。如何确定每个人的观察点呢？导师引导大家反思自己的英语课堂教学，思考自己最想学习与提高的课堂教学知识与技能等。最后，小组成员分别确立了各自的观察点，如"教师的口头指令语""师生互动""教学活动的设计""教师对学生的评价性语言"等。

上述三种选题策略不是孤立的，在具体选题指导中，总是需要同时使用它们。

（二）以扎根实践的行动研究为主的操作策略

行动研究是指教育实际工作者基于解决实际问题的需要，个人或团体或与专家合作，在自然、真实的教育环境中，按照一定的操作程序，综合运用多种研究方法与技术，以解决教育实际问题为首要目标的一种研究模式。行动研究以提高行动质量、改进实际工作、解决实践问题为首要目标；强调教学行为与科学研究相结合，在行动中研究，在研究中行动；强调在自然、真实、动态的工作情境中开展研究等。这种研究模式最能体现在职教育硕士研究生培养中小课题研究策略的理念与目标，即帮助教师成为能够解决自身教育教学问题的专业人员。扎根学员工作实践的行动研究在具体操作中可采取如下策略。

1.师生合作"打磨"研究计划。研究计划是研究行动的蓝图和指南。小课题研究的研究计划比较简单，要求学员说明研究课题、研究目标、内容与方法、研究具体实施步骤以及预期研究成果等。如果是个人承担的小课题研究，往往由学员个人先制订初步的研究计划，然后在导师的引领下，小组成员——交流自己的研究计划，导师和其他组员提出修改意见与建议，由学员个人进行修改、完善，直至通过为止。如果是小组承担的小课题研究，则由学员轮流担任小组长并作为执笔人，在综合小组成员的意见后，撰写出初步的研究计划，经过导师的指导和充分的小组协商后，进行修改、完善。与个人的小课题研究不同的是，小组承担的小课题研究必须明确各个成员的研究职责与具体分工。针对学员在研究计划制订中存在的共性问题，导师会适时地开展专题讲座，给学员必要的理论知识。

2.学员扎根实践，开展行动研究。在职教育硕士生的特点是边工作边学习，且平时以工作为主。他们在硕士学习期间的小课题研究主要是扎根于自身教育教学实践的行动研究。以"课堂管理"学习中，学员确立的"初中生课堂问题行为的表现与应对"小课题研究为例，第一，学员在相关理论的指导以及导师的引领与同伴的帮助下，编制调查问卷与访谈提纲；第二，对任教学校初中生的课堂问题行为进行问卷调查，并访谈任教学校的有关同事；第三，结合自己平时的观察与调查结果，总结任职学校初中生问题行为的主要表现和已经采取的应对举措，明确自己今后针对学生的各类问题行为意欲采取的应对措施；第四，要求学员在实际课堂教学管理中应用相关措施并进行反思，不断调整课堂教学管理行为；第五，要求学员针对实践应用成效，撰写题为《初中生课堂问题行为的表现与应对》的研究报告。

总之，小课题研究以促进理论与实践的结合，并最终有效改进实践为目的，鼓励在职教育硕士研究生在日常的工作实践中聚焦小课题，进行计划—实施—观察—反思与改进的不断循环，直至问题的解决。也就是说，教师必须把获得的新知识与新理念落实在行动上，通过行动来检验、评估与调整原有认识，再次在实践中应用，再次调整与改进……通过这一周而复始的过程，促进理念与行为的统一。

3.组内定期面对面交流与研讨。后现代主义的知识观认为，每个人的头脑中均存在着知识，通过人与人之间以及人与物之间的交流、互动，可以起到知识共享以及对个体认知的纠错补偏的作用。教育硕士研究生培养中的小课题研究，不管是个体的研究还是群体的研究，从研究计划的制订、研究方法的选择到研究计划的实施与调整等均要在导师团的引领下，充分听取与吸收小组成员的有益观点，不断修正与优化研究计划与行动，最终实现预期的研究目标。在小课题研究实施的过程中，师生每周定期会面一次，会面的地点有时在高校，有时在基地学校，有时在各个学员的任职学校，面对面交流课题实施的进展、课题实施中的困惑与难题等。在导师的引领下，针对每个学员课题实施中存在的问题，师生各抒己见，畅所欲言，进行智慧的交流与碰撞，力求使学员明确下一步的行动方向与具体策略。

4.组间定期进行成果汇报与交流。为展示各个学员的小课题研究成果，同时也促进组与组之间的成果分享与学员的共同提高，上海师范大学在职教育硕士研究生培养创新实验小组基本上每月开展一次各个学科的成员共同参与的学习与研究成果汇报与交流活动，极大地鼓舞了学员学习与研究的积极性。

四、小课题研究的实施成效与反思

小课题研究在在职教育硕士研究生培养中已经显现出阶段性成效，在以下几个方面尤为突出。

（一）激发了学员学习的积极性和主动性

在职教育硕士生作为"在职教师"的特点，决定了他们内在的学习需求大多以解决实际工作中的问题，提高实际工作的绩效为目的。小课题研究正是基于规定的培养课程，针对学员实际工作中存在的迫切需要解决的问题展开学习、研究与实践，在完成相应课程学习的同时，又达到了提升教师教育教学质量的目的。因此，学员参与研究与理论学习的热情空前高涨，他们独立设计小课题研究的初步方案，把小课题研究与实际的教育教学工作结合起来，积极参与小组研讨和大组交流，在解决问题的过程中感受到理论知识的重要性，学起理论知识来如饥似渴。

（二）促进了学员理论学习与工作实践的密切结合

现行的在职教育硕士研究生培养模式往往是硕士生利用寒暑假集中在高校进行理论学习，平时在任职学校从事教育教学工作。除非有些学员能够在工作中自觉地进行理论的应用，否则校内的学习与校外的工作基本处于割裂的状态。贯穿于硕士学位课程学习中的小课题研究，使学员聚焦教育教学工作中迫切需要解决的问题，把在校的理论学习应用到校外的工作中去，通过实践、反思、再实践、再反思这一循环往复的过程，在问题的不断解决中，实现了理论学习与实践应用的统一、知与行的统一。

（三）夯实了学员的教育科学研究素养

在职教育硕士专业学位研究生教育是规范、系统的学位学历教育，需达到研究生培养的相应要求[6]。因此，教育科学研究素养（包括研究意识、研究知识与研究能力等）培养是在职教育硕士研究生培养的重要目标之一。新一轮基础教育课程改革也旗帜鲜明地提出，中小学教师要成为研究者，不断探索与总结适合校情生情的课程与教育教学方法，促进每一位学生素质的全面发展。来自两个领域的共同要求使得对在职教育硕士研究生教育科学研究素养的培养必须做深做实。

教育硕士研究生培养中的小课题研究让学员在"做课题"中激发自己学习与掌握教育科研知识的愿望，通过"做课题"，不断把相关知识转化为技能。久而久之，教师的问题意识不断提升，运用研究方法的技能日益熟练，提炼研究成果的能力不断提高。研究日益成为他们的一种习惯、一种本领，以及日常工作的一部分。

（四）唤醒了学员作为教育知识发现者的意识

传统上，教师一直被视为教育知识的使用者，而非知识的发现者。然而，我们在学员开展的小课题研究中发现，学员关注或感兴趣的问题往往是个人化的，是个体教育教学工作中遇到的迫切需要解决的问题，显得多样、具体而细微。在解决这些问题方面，往往难以找到直接可以效仿的做法，学员必须针对自己的工作实际，运用有关理论知识和其他可以借鉴的实践经验等，寻求解决具体问题的具体办法。在这一过程中，学员会发现他人没有提出的技巧或策略等，由此产生新的知识，虽然这些知识显得不是那么系统。但这一过程的意义是巨大的，它增强了学员的专业自信，学员作为知识发现者的意识开始觉醒。

当然，要使小课题研究在当前在职教育硕士研究生培养中发挥更大的功效，需要对现行培养模式进行一系列的变革，如在课程学习时间的安排上，需要平时的集中学习，需要建立由教育学专家与学科教育专家组成的导师组等。在现行在职教育硕士研究生培养模式下，小课题研究给予我们的启示在于：第一，以课程作业为抓手，要求学员把校内的理论学习和个人的工作实践结合起来，找准并尝试解决教育教学实践中迫切需要解决的问题。为此，指导教师要花功夫对每个学员进行作业选题指导、研究过程指导以及提交成果的指导等。第二，改变课堂教学方式，更多地采用案例分析、微格教学以及参与式研讨等，努力把理论与学员的实践结合起来，把导师的专业引领、同伴间的互助合作以及个人的积极思考结合起来，提高课堂教学的质量。

参考文献

［1］沈兰、郑润洲编：《变革的见证——顾泠沅与青浦教学实验30年》，上海教育出版社2008年版。

［2］鱼霞、毛亚庆：《论有效的教师培训》，《教师教育研究》2004年第1期。

［3］王洁、顾泠沅著：《行动教育：教师在职学习的范式革新》，华东师范大学出版社2007年版，第16页。

［4］王存宝：《微型课题，教育研究的"快乐便桥"》，《中国教育报》2005年8月16日。

［5］《微型课题》，http://baike.baidu.com/view/5311305.htm.

［6］张慧、王洪松：《对我国开展教育硕士专业学位试点工作的认识与思考》，《山东教育科研》1999年第9期。

（本文选自《学位与研究生教育》2013年第12期）

全日制教育硕士研究生实践能力培养的问题与策略

赵蒙成

（苏州大学）

 摘要

　　指出全日制教育硕士研究生实践能力培养遭遇的诸多困难并分析了原因：对实践能力的目标定位存在偏差；学科本位的课程体系与实践能力的培养不相适应；学位论文写作沿袭学术性论文的模式；实习基地的建设得不到有关单位的支持等。为有效落实全日制教育硕士研究生的实践教学提出了相应对策：应把全日制教育硕士研究生的实践教学界定为有理论深度的实践；努力构建能力本位的课程体系；学位论文写作应指向解决实际的教育问题；还应致力于建设全日制教育硕士研究生的联合培养体。

关键词

全日制教育硕士；专业学位；研究生；实践能力；能力本位

　　全日制教育硕士专业学位研究生教育旨在培养高于本科师范毕业生的、优质的中小学教师，应用性是其应有内涵。然而，在当前的培养过程中，全日制教育硕士研究生普遍存在着实践能力不足的严重问题。导致这种缺陷的原因既包括理论上对培养目标、实践能力等认识不清，也包括操作中遭遇的种种困难，比如实习基地建设中遇到的障碍。探讨提高全日制教育硕士研究生实践能力的策略，也应当从这些维度去展开。

一、全日制教育硕士研究生实践能力的目标定位

　　作为一种专业学位研究生教育，全日制教育硕士研究生教育的培养目标定位于培养教学专家，理应重视实践环节，全日制教育硕士专业学位设置的目的"主要是为基础教育培养具有扎实的理论基础、拥有较强的现代教育观念、具备较高的理论素养与较强的实践能力、高水平的中小学骨干教师。教育硕士的培养侧重于应用，以解决教育教学和管理中存在的实际问题为目的"[1]。2009 年 3 月，教育部出台了《关于做好全日制硕士专业学位研究生培养工作的若干意见》，特别明确提出了对培养过程中实践环节的要求："专业实践是重要的教学环节，充分的、高质量的专业实践是专业学位教育的重要保证。专业学

位研究生在学期间，必须保证不少于半年的实践教学，可采用集中实践与分段实践相结合的方式；应届本科毕业生的实践教学时间原则上不少于 1 年。"由此可见，全日制教育硕士研究生的培养目标似乎是明确的，然而，在实际培养过程中，各培养单位的做法五花八门，有的做法偏离了培养教育硕士研究生实践能力的初衷。究其原因，一个重要的因素是对何为教育硕士研究生的实践能力的理解不一致，或者存在偏差。什么是教育硕士研究生的实践能力？在教育硕士研究生的培养中，其实践教学与本科师范生的实践教学有什么不同？只有回答了这些问题，才能为教育硕士研究生实践能力的培养提供理论基石。

传统上认为理论与实践是分离的。在日常语境中，理论被认为属于认知范畴，理论知识是抽象的、概括的，是对客观世界的正确反映，具有普适性，能够指导实践；实践更多地具有操作的意蕴，是"做"或"行动"，是在理论指导下对客观世界的利用与改造。实践中思考与认知的成分往往被轻视了。这种理解是现代知识观的观点，在知、行分离的基础上定义理论知识，把知识和创造、应用知识的实践情境割裂开来，在某种程度上消解了知识的价值和意义，表现出静止、僵化、形而上学的缺陷。从后现代知识观的角度看，知识并非是对客观事物本质的揭示，而是人们对所选择的认识对象的特征及其联系的一种猜测、假设或一种暂时的认识策略，具有文化性、境域性和价值性等特征[2]。知识不仅仅是认识的结果，它还表征了某种社会关系，代表了一种社会行动能力，知识不仅仅是社会实践的指南，实际上，它本身就是社会实践能力。

后现代知识观体现了一种关系思维，消解了理论知识与实践活动的二元对立。以此观照，全日制教育硕士研究生的实践教学不等同于纯粹的教学技能的训练。教育硕士专业学位培养的是教学专家或教学领域的领导者，他们不仅要具备高超的教学能力与教学艺术，更要具备较扎实的理论知识与较强的理论反思能力，因此，教育硕士的培养在强调应用性的同时，也要对理论知识的基础性作用给予足够的重视，要着眼于学生未来长期的、自主的学习与可持续发展，为他们成长为对教育有自己的见解与坚持、在教育教学活动中有自己的灵魂和思想的专家型教师奠定深厚的基础。有的培养单位硬性规定理论课与实践教学的比例，比如 5∶5 或 6∶4 等，虽然目的是把实践教学落到实处，然而，这仍然是把理论知识与实践截然分离的观念，对实践教学的理解不够全面。全日制教育硕士研究生的培养应采取一种弥散式的模式，理论知识的教学应渗透实践的元素，而实践教学同样应浸润着理论知识的血液。在这种模式中，理论不应是缥缈的宏大理论，而应是与教育实践能够有机联系的中观或微观理论。实践教学不是对教学流程、规范的机械掌握与简单模仿，不是对具体教育教学策略的复制——在本科师范生的实习中常常这样做。全日制教育硕士研究生的实践教学应具有理论性、研究性、创新性，对实践活动应有分析、研究和反思，是有理论深度的实践，对理论知识的运用与教育教学的操作具有一定的创新性，是在合法地、边缘性地参与实际教育教学活动的过程中，增进自己对教育的个性化解释，积累对教育制度与文化的体验，提高教育的行动力，并通过反思获得个性化的教育知识与教育智慧，强化对教育理论知识的理解，努力把理论知识与实践活动融会贯通。这种实践教学将大大有利于学生在未来的教育生涯中不断地提升工作质量，体验成功，从而不断完善自己并走向自身的自由和解放。当然，教育硕士研究生的实践教学并不排斥对教学流程的掌握和运用，教育硕士研究生实践教学的目标应是有层次的，本文只是强调不能停留在这一低端的层面，其重点应指向对教育实践的理解与解释，以及对实践活动的提升和反思。

二、能力本位的课程设计与案例教学

课程设置是具体体现培养目标的载体，依据教育硕士的培养目标，全日制教育硕士研究生的课程设置应突出实践类课程，以实际应用为导向，以提高教师的综合素养和应用知识的能力为核心。然而，当前全日制教育硕士研究生的课程设置不能满足发展学生实际教学能力的需要，主要表现在如下两个方面。

第一，实践类课程没有得到足够重视，而且理论课程与实践课程处于分裂状态。教育硕士专业学位教育指导委员会制定的《全日制教育硕士专业学位研究生指导性培养方案》（以下简称《方案》）规定，全日制教育硕士研究生的课程在结构上分为学位基础课程（6门课程共 12 个学分）、专业必修课程（4 门课程共 10 个学分）、专业选修课程（不少于3 门课程，不少于 6 个学分）、实践教学（原则上不少于 1 年，共 8 学分）四个模块，即"6＋4＋3＋X"的课程结构，"12＋10＋6＋8"的学分分布。从学分分布看，全日制教育硕士研究生的课程设置虽然增设了实践教学模块，但实践教学的学分只占所要求的最低学分要求（36 个学分）的 22.2%，理论性课程仍相对居多。学位基础课程和专业必修课程共计达 22 个学分，占最低学分要求（36 个学分）的 61.1%。可见，实践类课程在全日制教育硕士研究生的课程体系中仍处于边缘位置，常常被认为是理论课程的辅助，为理论知识的运用提供一个阵地，其独立的教育价值没有得到强调。实际上，教师所拥有的知识既包括外显知识，也包括内隐知识。其中，内隐知识作为提升教师教育智慧的主要因子，在促使理论与实践发生关联的过程中发挥着重要的媒介作用，它源于教师的经验和反思，是一种无意识、直觉的"实践知识"，由"现场的实验"来推动和检验[3]。对于全日制教育硕士研究生而言，内隐知识的获得只能通过实践类课程的教学，实践类课程的价值是独立的，不依附于理论性课程。另外，在当前全日制教育硕士研究生的培养过程中，实践教学通常以教育实习为主要形式，而且教育实习基本上安排在理论课程学习结束后进行，与理论课程是分离的，教育见习、微格教学等其他实践教学形式的应用并不普遍。理论性课程遵循的是学科知识的逻辑，学生在理论课程的学习中习得的是教育理论知识，而非教育教学实践的规则和逻辑。

第二，沿用传统的课程体系，对实践类课程的设置与开发不够系统、精细。《方案》所规定的全日制教育硕士研究生的课程体系与学术型硕士研究生的课程体系基本是一致的，虽然对实践教学有所强化，但课程体系的基本框架并没有实质性革新，仍然是基于学

科本位。在实际操作中，一些学校也努力探索在课程中强化实践成分的途径，然而，这类改革是在原有框架中的修修补补，课程体系遵循的仍然是学科课程的逻辑，体现的是知识本位而非能力本位。受原有课程体系的掣肘，课程设置在总体上仍然对隐性知识或实践性知识不可替代的价值认识不足，否定实践是知识独立的来源，从而把能力培养视作理论知识学习的附庸，把实践教学置于理论课程的学习之后。再者，由于课程的总体设置遵循的是学科显性知识的逻辑，实践教学模块的组织失去了逻辑根基，导致不同类型的实践课程形式缺少内在联系，杂乱无章，没有层次，不够具体、精细，严重制约了实践教学的实效。

为了优化全日制教育硕士研究生的课程结构，首先应增加实践类课程的比重，确认内隐知识不可或缺的重要性。实践教学不仅仅是发展学生实际教学能力的平台，而且是学生获得隐性知识的主要路径，应较大幅度地增加实践类课程的学分。还应指出，全日制教育硕士研究生实践类课程的教学不仅仅是"做"，而且还是"从做中学"，应注重反思，这是与本科师范生实习的重要区别。"全日制教育硕士的课程开发要拓展和强化'行动中的反思'，使学生通过'反思实践'来澄清、验证和发展'行动中的知识'。一方面，从加强教育专业课程自身内在整合着手，将教育理论的原理、规律、方法、技术融合到教育中，加强教育专业课与学科专业课间的实质整合，促使教育专业知识有效地转化为指导学科教学实践的学科专业知识。另一方面，增设反思性实践课，并贯穿于全日制教育硕士课程体系的始终，让学生接触较真实的工作情境，通过行动反思发现不好教或无法教的东西，持续不断地锤炼学生的反思能力，提升实践在教育硕士教育中的重要性，改善以往课程体系中理论课和实践课脱节的现象，实现内容上的实质融合。"[4]

其次，全日制教育硕士研究生的课程设置应以能力培养为逻辑，重新构建课程体系。学科本位的课程体系在本质上与教育硕士专业学位的职业性、应用性培养目标不相适应，教育硕士研究生的实践教学要想取得理想的效果，就必须彻底改革课程体系的学科逻辑，构建能力本位的课程体系。南京师范大学在这方面进行了有益的探索。该校把全日制教育硕士研究生的课程分为四个模块：第一模块是核心课程，诸如教育原理、中外教育史等，这类课程要学生掌握必要的教育学原理知识，但并非单纯讲授知识，而是着眼于让学生运用理论知识去解读、阐释教育活动，既促进学生对理论知识的掌握，又为他们能力的形成提供必要的理论基础。第二模块是案例课程，主要包括课程论、教学论系列的课程。区别于传统的课程论或教学论从理论出发的模式，这一模块的课程以案例为出发点和载体，通过对真实案例的剖析，一方面促使学生从教育事件出发建构合适的理论，另一方面学生能够更深刻地理解教育事件，体验案例中所蕴含的原理与规则，从而形成灵活运用知识、依据具体情境处理问题的能力。第三模块是微型课程，该类课程的目标是培养学生解决教育实践中具体问题的能力，旨在发展学生解决教育教学中基本问题或细节问题的操作能力，比如如何导入新课、如何给学生写评语、如何板书、如何制作课件，等等。第四模块是专业课程，即学生未来从教要教授课程的学科知识。这类课程并不直接指向某种能力的培养，而是为能力的养成奠定学科的本体知识基础。该课程体系的构建逻辑、对课程类型的划分标准是以能力培养为出发点和核心的，它跳出了学科课程的范畴，转而以能力培养为抓手，既不把理论课程与实践课程机械地分离，又不把理论课程视作实践课程必需的、先在的基础，而是把理论课程与实践课程有机整合成一个整体，课程体系具有系统性和层次性，对能力的培养层级化、精细化，这大大有利于提高实践教学的效果。

课程设置的实践性要在教学过程中由理念转变为现实，案例教学被认为是适合实践性教学的形式。案例教学是把教育教学事件以视频或文本的形式呈现给学生，引导学生进行反思、讨论。它在课堂教学的组织形式下较好地把理论与实践整合在一起，改变了单纯讲授理论知识的传统教学方式，满足了实践性教学的需要。必须强调，全日制教育硕士研究生的案例教学与本科师范生的案例教学是有区别的，其重点不是对教学过程的感知、对具体教学策略在形式上的模仿，而是要结合所学的教育理论知识对案例进行有理论深度的研讨，分析案例的特征，找出案例的不足或成功之处，结合特定的教学情境设计可行的改进策略。可以说，全日制教育硕士研究生的案例教学是一种临床诊断性的教学，主旨在于促使学生体察案例所内含的原理，形成灵活应对实际问题的能力。基于此，在建设案例库时，案例需保持教育事件的完整性与复杂性；可以是成功的教学案例，也可以是存在诸多不足的教育事件。案例可以取材于现成的材料，更要重视来源于中小学课堂教学中原生态的事件；教师要负责案例库的建设，也可以发动学生参与，参考学生对于教学事件的观点。另外，案例教学本身也可以作为案例，对这类案例的反思与研讨能够促进案例教学自身的完善，这是当前的案例教学所缺失的部分。

三、指向教育实际问题解决的论文写作

全日制教育硕士研究生学位论文写作也应体现应用型、实践性的要求。全日制教育硕士研究生的学位论文选题应来源于教育活动中发生的实际问题，其目的不是让学生去发展或构建新的理论，而是促使学生创造性地解决实际教育问题，达到对教育事件深层次的解释、把握以及对教育理论知识深刻的理解并内化于心，形成对教育活动的个性化认知。教育硕士学位论文写作比较适切的方法包括案例研究、行动研究、叙事研究以及文献分析等方法，应提倡选题范围合适、理论创新要求不高、学生能够驾驭的论文研究。然而，当前全日制教育硕士研究生的学位论文写作存在四个明显的误区：第一，过于学术化。选题脱离具体的教育实践活动，局限于教育理论的范畴，与实际的教育问题没有直接联系。比如，"论杜威教学理论的生活哲学基础""当代西方教育管理理论发展的新趋势"等，这类选题对发展学生的实践能力帮助不大。第二，盲目排斥理论。与前一种误区相反，一些选题严格定位于教育实践层面，对研究中的理论思辨持一种绝对的排斥态度。例如，"对《荷塘月色》一课的说课解析""初中历史教材的谬误之处指辨"等，这类选题过于狭窄，局限于教育活动中的细节问题，理论成分过于稀薄，往往会流于实际工作的经验总结。一些人甚至在强调教育硕士专业学位应用性的旗号下主张取消学位论文写作，这就把教育硕

士研究生等同于加强版的本科师范生了，实质上把教育实践活动与教育理论知识割裂、对立起来，是对教育硕士专业学位应用性片面的、肤浅的理解，也是对论文写作能否具有实践意蕴的误解。第三，过于学科化。一些选题严格针对各个学科的知识问题，去除了教育理论的成分。比如，"太平天国起义的史实考辨""英语短剧翻译中的文体问题研究"等，这类选题关注的是各门学科知识的问题，而不是这些知识的教育教学问题。第四，过于"科学"化。一些教育硕士学位论文研究所使用的方法与学术型教育学硕士学位论文没有区别，一味强调严谨科学，比如要采用一些相当复杂的统计分析技术等。这种做法没有顾及教育硕士研究生自身的特点，导致学生难以驾驭过于复杂、困难的研究方法，而且这种研究对实际教育问题的解决很难有实质性的帮助。

全日制教育硕士研究生的学位论文写作之所以存在上述突出问题，指导教师队伍的素质不适应是一个重要原因。很多高校没有一支专门的专业学位研究生指导教师队伍，能指导学术型研究生的教师自然具备指导教育硕士研究生的资格，而许多导师对教育硕士专业学位的应用性不甚了然，把教育硕士研究生等同于教育学硕士生来培养。有研究者调查发现，教育硕士研究生对导师的理论学术水平大都认可，但对相当一部分导师在学科教学或教育管理的实践指导能力方面评价较低，认为导师实践指导能力较欠缺及没有实践指导能力的研究生占了调查样本的25%。另外，在教育硕士研究生的导师队伍中，有45%的导师目前没有主持基础教育的教研、教改课题，在对本学科最前沿的教学教改信息的掌握方面，有13%的导师只是偶尔关注、了解不多，有2%的导师从不关注[5]。导师对实践性课题关注不够，不屑顾及本专业实践领域的问题、理论与技能，对操作性的、微观层面的问题把握不到位，直接导致他们对教育硕士研究生的指导还是基于指导学术型教育学研究生的范式，这是导致全日制教育硕士研究生学位论文写作实践性不足的关键因素之一。

为了解决导师队伍实践指导能力不足的问题，一些高校对全日制教育硕士研究生实行"双导师制"，高校教师是教育硕士研究生的学术指导教师，同时积极聘请中小学的优秀教师或教育管理部门的管理者作为教育硕士研究生的实践导师，力图弥补高校导师实践指导能力欠缺的缺憾。然而，双导师制在实际的运作过程中遭遇诸多困难。校外导师由于本职工作繁忙，常常没有足够的时间与精力来指导研究生，甚至对研究生的指导流于形式；由于基层培养单位财力不足，高校聘请校外导师通常不付给报酬，或者付给的报酬不多，仅仅给予他们一种荣誉，这也导致校外导师缺乏主动性，而且高校也无权对校外导师进行监督管理；一些校外导师有丰富的教学或管理经验，但理论知识欠缺，对指导研究生也没有经验，无法利用自己的实践经验来帮助研究生的论文写作，而高校对聘请校外导师常常缺少严格、科学的遴选标准与程序；校外导师与校内导师的交流、沟通也不总是畅通的，二者的合作有时也出现问题。另外，如果校外导师的工作地点或居住地距离高校较远，也会影响他们与教育硕士研究生常态化的交流。可以说，校外导师应聘的目的往往是得到高校的一个荣誉称号，而由于缺少遴选机制、激励机制、监督机制，高校对校外导师往往疏于管理或无力管理，校外导师对教育硕士研究生的指导只能出于自觉，这常常导致双导师制流于形式，名不副实。

要使双导师制能够发挥实效，首先，应建立有力的激励机制。在给予校外导师荣誉称号的同时，高校应付给他们合理的报酬，这不仅可以增加他们的收入，提高他们的积极性，而且是对他们劳动的尊重。这可能需要调整全日制教育硕士研究生的收费标准。目前基层单位在教育硕士研究生的培养上收益偏低，在培养成本不断上涨的情况下，收费并没有相应提高，而且学校还要分掉相当部分的收益，导致基层单位没有财力向校外导师支付报酬。其次，应建立科学的遴选机制。只有既具有丰富的教育实践经验，同时又具备较强科研能力的优秀中小学教师才能胜任教育硕士研究生的指导工作，比如中小学的学科带头人、特级教师等。应强调指出，是否具备一定的教育科研能力是遴选校外导师的关键标准，个别特级教师或学科带头人对于应试颇有心得，善于辅导学生解题、押题，教育科研能力却不强。另外，各级教研员以及具备教育科研能力的教育行政部门的管理人员也是合适的人选，校外导师的遴选应重点针对这些群体，并建立科学的遴选标准体系，制定选聘的合理程序。当前一些高校在遴选校外导师时没有必要的考核程序，而且往往聘请具有行政职务的人士作为教育硕士研究生的校外导师，把导师的头衔当作一种礼物到处奉送。毋庸讳言，拥有行政职务的人士掌握着许多资源，但他们并不一定具备指导研究生的必要能力。高校的这种做法使聘请校外导师的目的发生了异化，对全日制教育硕士研究生实践能力的培养没有实质性益处。再次，应建立科学的评价与管理机制。现在高校对校外导师缺少必要的评价与约束。为了发挥他们的作用，双方有必要在平等协商的基础上制定校外导师的工作章程，明确他们的权利、义务与责任，同时为他们提供必要的服务，加强校内导师与校外导师的交流和合作。还应该建立退出机制，让缺乏指导能力或责任心不强的校外导师及时退出。最后，应与有关单位建立协作机制。指导研究生并非校外导师法定的工作，高校应与有关单位建立密切的协作关系，为校外导师的指导提供必要的条件，例如，减轻这些教师的教学负担，把担任校外导师作为中小学优秀教师评选的一项考核标准，在课题立项或评奖时，向担任校外导师的中小学教师倾斜，高校在各类研究生招生时考虑向校外导师所在的单位倾斜，等等。

四、联合培养体与实习基地的建设

实习对于培养研究生的教学技能和职业道德、职业适应能力以及专业实践能力具有不可替代的作用，因此受到了普遍重视。然而，全日制教育硕士研究生的实习遇到了不少困难，其中一个关键的难题是难以找到合适的实习单位。许多实习单位对接纳实习生积极性不高，对高校的实习安排不主动配合，对实习活动也存在一些误解：或者担心实习会扰乱本校正常的教学秩序，或者把实习生当作熟练教师使用，而不给予必要的指导。基层培养单位在寻找实习基地时没有得到政府管理部门制度化的支持，常常是通过同学、朋友、校友、老乡等私人关系来求得实习单位的支持与合作，个人感情的因素往往左右了实习单位的态度，导致实习基地的建设难以常态化。

要建设有效的实习基地，首先应转变观念，以"共同体"的理念来指导实习基地的建设，努力构建全日制教育硕士研究生的联合培养体。高校与中小学虽不存在上下级的隶属关系，其联系与合作也不应该过于随意，不能完全没有规则可循。在教育硕士研究生的培养中，高校、中小学、政府的教育管理部门以及其他相关单位应组织起来，围绕培养优秀的教育硕士研究生而整合成"共同体"性质的联合培养体。共同体是一个区别于正式的社会组织的概念，德国社会学家和哲学家斐迪南·滕尼斯（Ferdinand Tonnies）指出，"共同体"表示任何基于协作关系的有机组织形式，它强调人与人之间的亲密关系，共同的精神意识及对共同体的归属感、认同感[6]。"学习共同体"是共同体的一个子概念，也是当代教育学的重要概念。有学者认为，学习共同体是指一个由学习者及其助学者（包括教师、专家、辅导者等）共同构成的团体，他们彼此之间经常在学习过程中进行沟通、交流，分享各种学习资源，共同完成一定的学习任务，因而在成员之间形成了相互影响、相互促进的人际联系[7]。从"共同体"的角度看，全日制教育硕士研究生的培养显然不应该由高校独自承担，而应该由高校与中小学以及其他相关单位组成的共同体一起完成。在这些机构共同组成的联合培养体中，各方的地位是平等的，均须尽到自己的责任，同时也应得到相应的利益。参与各方还应有畅通的交流，亲密的情感关系应得到重视。当然，作为一种松散的组织，联合培养体不能仅靠情感来维系，也应该具备必要的结构与规则。只有关涉全日制教育硕士研究生培养的各方都参与进来，才能形成联合培养体。

构建联合培养体的关键是调动中小学的积极性，应把实习基地的建设与中小学自身的发展结合起来。当前，中小学作为高校教育硕士研究生的实习基地，并没有得到实实在在的利益，往往认为是在为高校尽额外的义务。联合培养体的核心是高校与中小学结成利益共同体，让中小学能够获得期望的利益，使之成为共同体中的利益攸关方。一些基层培养单位向学校申请一笔专项经费，用于资助签约的实习基地，这一措施对激发中小学的热情有一定的作用，然而，并非所有的高校都能够拨出专项经费，而且专项经费并不是固定的教育经费支出项目，可能不稳定、不经常。因此，仅仅依靠经费支持不能使中小学成为全日制教育硕士研究生实践教学的热情参与者。除此之外，在实习制度的设计方面应突破现有的模式，使全日制教育硕士研究生的实习融入中小学的日常工作之中，成为中小学日常工作的一部分。例如，实习生的学位论文选题可以与中小学教师正在做的课题结合起来，成为中小学教育科研课题的组成部分；实习生可以兼做中小学班级的副班主任，协助班主任承担一些日常学生管理工作；实习生也可以帮中小学教师批改一定量的学生作业，这样既可以减少中小学教师的工作负担，又有利于实习生获得对中小学教学工作的感性认识。当然，实习生在带班教师的指导下独立上课也是必要的，在师资比较缺乏的情况下，实习生的顶岗实习也能够解决学校在师资方面的困难。高校还可以帮助中小学制订学校的发展规划，提供校本培训的服务，在各类教师培训以及学历教育的招生中对实习基地的中小学实行优惠，等等。高校还应进行深入的调查，真正了解中小学需要哪些帮助，并共同协商如何通过教育硕士研究生的实习来提供他们需要的帮助。总之，高校只有采取切实的措施，使接纳全日制教育硕士研究生的实习成为对中小学有益的事，才能使中小学成为联合培养体中一个积极的参与者。

全日制教育硕士研究生的培养是一个系统工程，需要多方合作才能取得理想的效果，尤其是在实践教学方面，高校需要其他单位的支持、合作，特别需要政府的大力支持。当前，高校在全日制教育硕士研究生的实习上遭遇诸多困难，一个重要的原因就是缺少政府相关政策与制度的支持，教育硕士研究生的培养被视作高校自己的事。因此，构建联合培养体，"顶层设计"是不可或缺的要素。政府应发挥整合各方力量的作用，颁布必要的政策，制定合理的制度，设计详细的章程，把中小学参与教育硕士研究生的培养作为对其考核的指标之一，或作为评奖的重要依据，并给予经费支持，这势必会促使中小学重视对全日制教育硕士研究生培养工作的参与，实习基地的长效化就会水到渠成，联合培养体的建设就能够获得必需的推动力。

在联合培养体的建设中，高校对自身的角色也要有正确的定位。高校与中小学的地位是平等的，高校既不能高高在上，一味要求中小学为自己提供服务，也不能为了维持实习基地的运转而向中小学提供自己力不能及的服务。同时，高校在全日制教育硕士研究生的培养中负主要责任，应负责总体规划，在各项事务中要起到发起、促进、维持、评价等作用。一些人对全日制教育硕士专业学位的应用性存在误解，提出要把教育硕士研究生的培养主要放在中小学，其实中小学是无法承担这一重任的。在联合培养体中，中小学应是参与者，但不是领导者；高校是毋庸置疑的主要培养单位，是"平等中的首席"。作为首席，高校还应行使管理与监督的权利。如果中小学在教育硕士研究生的实习中得到了明显的利益，那么他们也有责任与高校一起做好全日制教育硕士研究生的实习工作，把各项实践教学措施落到实处。高校应督促实习基地完成他们分内的工作，评价其工作质量并给予反馈，这是联合培养体健康运作的必要手段。

参考文献

[1] 曲海红：《全日制教育硕士研究生培养目标的定位思考》，《中国电力教育》2011年第 35 期。

[2] 石中英著：《知识转型与教育改革》，教育科学出版社 2001 年版。

[3] Schon, D. *Educating the Reflective Practitioner: Toward a New Design for Teaching and Learning in the Professions*. San Francisco: Jossey-Bass, 1987: 141.

[4] 杜志强、董方：《职业实践导向的全日制教育硕士课程开发》，《教育与职业》2011 年第 26 期。

[5] 王明道：《全日制教育硕士导师队伍的调查分析与建设途径》，《学位与研究生教育》2011 年第 12 期。

［6］胡鸿保、姜振华:《从"社区"的语词历程看一个社会学概念内涵的演化》,《学术论坛》2002 年第 5 期。

［7］张建伟:《论基于网络的学习共同体》,《教育技术研究》2000 年第 2 期。

（本文选自《学位与研究生教育》2013 年第 11 期）

在职教育硕士双导师的建设机制探析

 摘要

　　"双导师制"已成为中国高等教育大力推进在职教育硕士研究生教育的重要举措，其内在的功能优势和外在的现实阻力使得探讨在职教育硕士"双导师制"的建设显得势在必行。推行"双导师制"的关键机制主要有三：一是"双导师"的遴选机制，它是"双导师制"顺利实施的前提，其主要功能在于为在职教育硕士研究生教育提供充分的师资条件；二是"双导师"的教学机制，它是"双导师制"顺利实施的根本，其主要功能在于使双导师能够展开有效教学；三是"双导师"的管理机制，它是"双导师制"顺利实施的保障，其主要功能在于通过对导师的考评与激励来促进导师自身素质的不断提升和在职教育硕士研究生培养质量的不断提升。

关键词

　　实施"双导师制"已成为国家提升高等教育质量的重要举措，本文从双导师制自身的内在功能优势与阻碍其功能优势发挥的现实不利因素两方面来论述在职教育硕士双导师制建设的必要性，并在此基础上从建设机制的角度探讨在职教育硕士双导师制的建设路径，以期为我国高等教育的"双导师"建设提供启示。

一、双导师制建设的必要性
（一）双导师制的功能优势
　　双导师制的功能优势主要表现为：校内导师具有丰富的科研经验，校外导师具有大量的基础教育实践经验，两位导师共同指导，交流情况，相互配合，有助于充分发挥研究生培养的导向功能，有助于充分发挥研究生培养的整合功能。对在职教育硕士研究生的培养采取双导师制，这种做法有利于校内的理论导师和校外的实践导师进行交流与沟通，从而有助于确定在职教育硕士研究生的职业定位，进而有助于双导师协同设计在职教育硕士研究生的培养方案和实施方案，并最终有利于发挥在职教育硕士研究生培养的导向功能。在

134 ｜ 教育专业学位研究生教育的理论研究 ｜

双导师制的框架下，校内导师可以在研究生入学时就对他们的研究方向给予引导和确定，倾注更多精力进行在职教育硕士研究生的培养工作，以便更好地对在职教育硕士研究生的课程与教学进行改革；校外导师的主要任务在于让在职教育硕士研究生获得丰富的教学实践经验，使其能够在专业理论与专业实践之间建立一个更加有效的连接，从而将专业实践经验提升到普遍的理论高度，让普遍的专业理论获得丰富具体的专业实践经验支持。

双导师制的实施有助于在职硕士研究生对教育实践经验和教育理论进行整合，进而有助于在职教育硕士研究生的教育实践经验理论化和教育理论实践化。双导师制使校内导师和校外导师分工明确、各司其职。校内导师主要负责研究生日常的教育理论学习和学位论文指导等工作；校外导师则主要负责研究生实践创新能力的培养和学位论文实践部分的指导等工作。双导师都是在职教育硕士研究生科研活动的具体指导者、支持者和参与者，并通过协同创新来有效提升在职教育硕士研究生的实践能力和科研学术水平。校内导师侧重于拓宽在职教育硕士研究生的知识面，开放其思维，培养其学术科研能力；校外导师可以进入在职教育硕士研究生的课堂教学实践，针对其中存在的问题给予中肯指导，帮助学生成为一名更有经验的中小学高级专职教师，这就使得在职教育硕士研究生在得到理论指导的同时，其实践能力亦得到进一步提升，进而为成为专家型实践教师夯实了基础。

（二）当前双导师制存在的问题

双导师制虽然在理论上具有传统单一导师制所不可比拟的功能优势，但实践中的诸多问题却使得双导师制难以发挥自身的功能优势。

第一，在双导师制度的建设上，很多高校没有健全的双导师遴选制度，进而导致在职教育硕士研究生导师数量不足，导致导师队伍的整体水平不高，有些院校的校外实践导师只是徒有虚名，没有切实地指导在职教育硕士研究生。

第二，在校内导师的指导上，很多高校的在职教育硕士研究生的培养方式与学术型教育学硕士研究生的培养方式并无明显区别，有些教师甚至将学术型研究生的培养模式硬套在在职教育硕士研究生身上，没有在授课、论文指导等培养环节突出在职教育硕士应具备的"应用性"与"实践性"，进而使在职教育硕士研究生难以成为高级专门实践型人才。此外，有些教师片面地认为学术型硕士生源质量更好，可以多加培养以便其提前攻博继续为我所用，从而忽视了对在职教育硕士研究生的培养。

第三，在校外导师确定的时间早晚上，很多在职教育硕士研究生的校外实践导师确定的较晚，没有在开学初就确定或全部确定双导师的人选，从而使在职教育硕士研究生难以及时选择适合自己的校外实践导师，进而使在职教育硕士研究生难以在实际工作中得到权威人士的有效指导。

第四，在校外导师的指导上，很多校外导师在实践教学中出现"放风筝"现象，校内导师与校外导师缺少沟通交流，对校外导师不甚熟悉，对学生的实践情况了解不足，从而导致在职教育硕士研究生的理论学习与实践训练不能同时进行，进而造成了在职教育硕士研究生的理论学习与实践经验相脱节。[1]

二、双导师制的建设机制

双导师制的功能优势以及双导师制现存的各种问题使得推进双导师制建设势在必行。推进双导师制建设的关键环节在于双导师的遴选，在于双导师的教学，在于双导师的考评与激励。只有三种机制相互协同，共同作用于双导师的建设，才能使其不断完善与提高。

（一）双导师的遴选机制

双导师制顺利实施的基本前提在于完善双导师的遴选，从而保障在职教育硕士研究生的导师质量。因此，应从双导师的遴选方面完善在职教育硕士的双导师机制。

第一，应当充分了解校内学术导师和校外中小学优秀教师资源状况，遴选具有丰富科研指导能力的导师作为在职教育硕士的校内导师，遴选具有丰富教学实践经验的基础教育一线教师作为在职教育硕士的校外导师。被选上的导师必须具备的基本条件是：校内导师要有良好的学术能力，凡具有学术型研究生导师资格的教师，都具有在职教育硕士研究生导师资格；校外导师要有丰富的中小学教学实践经验，应具备副高级以上的专业职称，至少应包含中小学课程专家、中小学教学专家、中小学管理专家、教育技术实验与研究专家、现代教育理论与方法研究专家、中小学教学实践与改革专家等。[2]遴选工作应由在职教育硕士研究生所在的高校负责完成，必须对校外导师进行资格认证，约定校内导师和校外导师的权利和义务。

第二，应积极探索在职教育硕士研究生优秀导师的引进机制，通过聘用等多种形式灵活有效地将立志于教育硕士专业学位研究生教育的优秀中小学教师和管理者吸收到高校在职教育硕士研究生的导师队伍中来，逐步提高中小学专职教师和管理者担任在职教育硕士研究生导师的比例，使来自基础教育实践领域具有丰富教育教学经验的高层次专业教师和管理者承担在职教育硕士课程教学的比例高于三分之一。只有这样，才能培养出能够满足基础教育实践需要的具有较高专业能力和职业素养，能够创造性地从事实际基础教育工作的高层次应用型专门人才。在这方面，欧美发达国家的专业学位研究生教育起步较早，积累了大量的成功经验：二战后，美国的专业学位迅速发展成为美国高等教育体系的重要组成部分，英国则已形成了较为完善的专业学位教育体系，法国的高等教育直接划分为大学教育和工程师教育。

（二）双导师的教学机制

双导师制顺利实施的根本在于理顺双导师的教学机制，使校内外导师在教学中产生协同效应，进而促使在职教育硕士研究生的培养质量大面积提高。为此，应在课程设置、教学方式和毕业论文指导方面切合在职教育硕士研究生的个体特点和基础教育领域的行业特点。

1.在职教育硕士研究生的课程设置

在职教育硕士研究生教育在课程设置上应打破以学科知识为主的设计思想，应面向在职教育硕士实际工作的需要，侧重应用性，突出教师职业技能的培养，强化可操作性，坚持职业性和理论性并重的原则，以适应在职教育硕士研究生提高职业层次、谋求创新和可持续发展的需要。为此，校内理论导师应做好吸收新知识、新概念、新理论的准备；校外导师则应做好吸收新思想、新方法的准备，根据社会发展的需要，做出课程设置上的调整，随时吸纳新理念与新实践，设置应用性、实践性、边缘性和跨越性的课程体系，与时俱进，培养创新型在职教育硕士研究生。此外，由于在职教育硕士在单位中担任一定的职务，工作往往比较忙碌，这使得在职教育硕士的学习时间难以像全日制学术研究生那样充足。鉴于此，在职教育硕士的课程安排应科学合理，讲授内容要简明扼要，不能大而不全，授课时间应采取集中与分散相结合的灵活形式。导师应积极帮助在职教育硕士研究生实现从"师"到"生"的角色转换，使他们处理好工作和学习的关系，并鼓励在职教育硕士研究生用更多的时间自学。

2. 在职教育硕士研究生的教学方式

传统导师制以直接授课为主，形式较为死板，有些教师甚至几年如一日地用同一个教案对在职硕士研究生进行课堂教学，这种照本宣科的授课方式阻碍了在职教育硕士研究生思维能力的创新和理论水平的有效提升。在"双导师"机制中，校内理论导师应尽量避免出现授课方式不灵活、教学内容一成不变的弊端，应采取多种授课方式相结合的形式对在职硕士研究生进行理论指导。例如，采取"讨论式"的教学方法，使在职教育硕士研究生积极参与到课堂讨论中来，通过资料的收集及课堂的讨论来加强对所学知识的理解与应用；采用多媒体网络进行远程教学，使教学地点不拘泥于教室，使在职教育硕士研究生可以在空闲时间、在任意地点完成校内理论导师进行的教学活动。总之，应采取更加灵活多样的授课时间和地点，以保证在职教育硕士研究生能够进行充分的自主选择，这符合并尊重在职教育硕士研究生进行成人学习的特点，因而可以有效调动在职教育硕士研究生的自主性与能动性。对在职教育硕士研究生采取灵活多样的授课方式，并不意味着教学的随意性，恰恰相反，校外实践导师应严格按规定学时对在职教育硕士研究生进行教学，对研究生进行有针对性的实践指导。绝对杜绝校外导师因为其自身事务的繁忙而对在职教育硕士研究生"放鸽子"。校外实践导师应针对在职教育硕士研究生教学工作中的困难和疑惑进行有效实践指导，使其能够将所学到的教学理论知识运用到实际教学工作中去，进而使在职教育硕士研究生的教师职业生涯得到升华。

3. 在职教育硕士研究生的毕业论文指导

与学术硕士学位研究生的学位论文不同，在职教育硕士研究生的学位论文属于专业学位论文，应强化应用取向，其选题必须来源于基础教育实践或工作中的现实问题，有明确的教育实践意义和应用价值。这就要求校内外导师密切配合，与研究生共同协商与建构具有一定应用价值的新问题，并将问题转化为在职教育硕士研究生毕业论文研究的主题。

在职教育硕士研究生的学位论文可以采取灵活多样的形式，这就要求校内外导师应根据研究生研究的问题来确立研究问题的表达形式，这些形式主要包括调研报告、规划设计、产品开发、案例分析、项目管理、文学艺术作品等。此外，选择学位论文表达形式的重要依据在于该种表达形式是否有利于考查学生综合运用理论、方法和技术解决实际问题的能力。总之，校内外导师应根据在职教育硕士研究生所研究的问题以及教育行业所要求的专业能力来选择利于其问题和能力表达的形式。

在职教育硕士研究生的专业学位论文答辩形式应多种多样，在答辩成员中，基础教育领域具有专业技术职务，特别是高级专业技术职务的专家型教师应占据主导性地位，其意见应成为衡量在职教育硕士研究生专业学位论文质量的最重要依据。这就要求校内导师应该放弃传统经验所带来的历史成见，将自身原本拥有的主导权自觉让位于校外导师，从而使专业行业实践标准而不是专业学术标准成为引导和衡量在职教育硕士研究生专业学位论文的终极标准。

（三）双导师的管理机制

双导师的管理机制主要体现在对双导师的考评和激励上，二者的根本目的在于以评促建，即在对双导师进行真实考评的基础上对双导师实施有效激励，进而达到促进双导师自身发展，促进在职教育硕士研究生培养质量不断提升的目的。

1. 双导师的考评机制

考评双导师的重点工作主要有三方面：第一，对在职教育硕士生的导师资格进行复查、认定，复查与认定的对象不仅包括在岗招生的所有在职教育硕士研究生导师，而且包括在职教育硕士研究生导师的申请者，进而使真正具有指导能力的专业人才有更多的机会进入在职教育硕士生导师队伍。与此同时，让定期审核不通过的校内外导师暂时停止招生，以打破以往的导师终身制模式。第二，建立和完善在职教育硕士研究生导师队伍数据库，包括校内学术型研究生导师数据库和校外实践型研究生导师数据库。一方面，应依据在职教育硕士研究生的规模和导师的流动情况来加强导师数据库建设；另一方面，应依据导师数据库和中小学职业市场变化来确定在职教育研究生的招生规模。第三，建立和完善在职教育硕士研究生校内外导师的三级考核机制，使在职教育硕士研究生导师的"岗前考核""学期考核""聘期考核"相互配合，形成考评校内外导师的合力，以确保在职教育硕士研究生导师的质量与规模。考评双导师应遵循三个基本原则：① 客观性原则，主要是指对双导师的考评要在内容、方法和态度三个方面做到客观公正，使考评的结果能够反映导师的真实情况；② 整体性原则，主要是指对双导师的考评既要全面系统，又要主次分明，应围绕在职教育硕士研究生的培育形成一个全方位的考评体系，力争做到面面俱到，与此同时，考评体系应突出重点，能够抓住关键因素和主要矛盾，从而做到主次分明；③ 指导性原则，主要是指对双导师的考评应遵循"以评促建"的原则，对双导师的考评应为双导师自身素质的提高服务，为提升指导在职教育硕士研究生的教育质量服务。

2. 导师的激励机制

真正推动导师不断进行自我发展和在职教育硕士研究生培养质量不断提高的，不是考评，而是考评背后的奖惩。为此，要使校内外导师在工作时间上得到保障，在待遇上劳有所得，在学术上获得尊重；要和校外实践导师所在的中小学制定有效的监管制度，明确双方的责任和权益等，具体约定校外实践导师的课酬、论文指导费、津贴标准，以增强双导师的责任意识，使其意识到自己是研究生培养的第一责任人，进而使其能够从思想品德、学术研究、教学能力等方面加强对研究生的管理与教育。

激励机制能否顺利实施，导师起到决定性作用。因此，高校应在现有基础上，进一步加强双导师队伍的建设，充分发挥双导师的积极性、主动性和创造性。同时，还必须注重提升校外实践导师的地位，充分发挥其能动性。要在观念上重视校外实践导师，对校外实践导师和校内理论导师在管理和待遇上力争做到公平合理。加强对校外实践导师的管理和激励，每年进行一次绩效考核，对优秀的校外实践导师进行奖励并开展经验交流，对不能履行职责的导师予以解聘。通过激励与考核来促进双导师更新知识，把握学科前沿，不断提升创新意识。总之，无论是校内理论导师还是校外实践导师，都必须明确自己的职责，都必须具备高度的责任心和使命感，对在职教育硕士研究生培养的各个环节负责。[3]

参考文献

［1］孙洪锋、曹娜：《论"双导师制"运行中的问题及对策——以全日制专业学位研究生为例》，《学理论》2012 年第 18 期。

［2］梁其健：《教育硕士专业学位师资队伍应具备的整体结构——兼论教育专业硕士与学科硕士培养标准的异同》，《华中师范大学学报（人文社会科学版）》2003 年第 2 期。

［3］杜静、丁忠：《应用型研究生培养实践中的双导师制探索》，《高等农业教育》2011 年第 6 期。

（本文选自《国家教育行政学院学报》2013 年第 7 期）

关于教育博士（Ed.D.）培养方案的构想

马健生　滕　珺

（北京师范大学）

摘要

　　Ed.D. 是专业式教育博士（Professional Doctorate in Education）的缩写，是教育领域中的一种高级专业学位，旨在培养教育领域"研究型的专业人员"。该学位兼具实践性和高水平理论运用的两大特征，这两大特征要求教育博士的培养目标必须以实务为基本取向，努力培养学生丰富的理论底蕴、广阔的实践视野、独立的研究能力和扎实的专业技能。为保证这一目标的达成，教育博士的培养制度需要具备一定的灵活性，课程设置必须以实践问题为中心，开展有价值的"问题研讨课程"，同时采用互动、参与的教学方式，充分调动学生的积极性，发挥学生的实践智慧。

关键词

　　教育博士；专业学位；培养方案

　　Ed.D. 是专业式教育博士（Professional Doctorate in Education）的缩写，是教育领域中的一种高级专业学位。自 1921 年哈佛大学设置第一个教育博士专业学位点以来，教育博士经历了 80 余年的发展历史。在这 80 多年的发展历史中，各国均不断修正、完善自身的培养方案，以形成符合本国国情的培养系统。中国教育博士专业学位的设置问题已提上日程，我们有必要适时地思考并设计符合中国国情、具有中国特色的教育博士培养方案。

一、教育博士（Ed.D.）专业学位的设置

　　1996 年，国务院学位委员会第 14 次会议审议通过了《关于设置和试办教育硕士专业学位的报告》，这使我国教育学科硕士学位体系中既有理论研究的学术学位，也有面向实践的专业学位。但随着我国社会经济的高速发展，教育博士专业学位的设置问题已迫在眉睫。

　　首先，开设教育博士是由教育事业的双重性决定的。教育既是一个学术领域，也是一个实践领域。实践问题的解决有赖于理论的指导，而理论研究的发展也需要实践活动的推动，因此发展教育理论和发展教育实践这两种差异性的需要同时存在。我国目前在学术性

教育博士学位体系培养了大量理论研究人才，推动了教育理论的发展。但是，单一的学术性学位并不能满足教育实践发展的需求，为了推动教育事业本身的发展，必须加强对实践活动的研究。

其次，当前国家对优质教育的需求日益凸现，基础教育课程改革也轰轰烈烈地进行，这些教育现实要求我们的教师、教育管理和决策者具有较强的理论、专业知识和实践技能，而这些理论、专业知识和实践技能并非与生俱来的，需要通过系统、规范的训练才能获得。我国现有的学位体系在教育学专业人才的培养方面仍然不足，且不说缺乏为高校教师、高校教育管理者和教育行政管理部门的工作人员开设的专业学位，即便是为中小学一线教师和管理人员开设的专业学位，也仅仅只是停留在硕士阶段，远远不能满足时代发展的需求。

再次，从教育实践工作者个体而言，社会的激烈竞争、实践领域日新月异的变化都要求教育领域的工作者必须不断更新自己的知识体系，提高自己的实践技能，接受更高层次的教育，否则有可能面临着生存危机。而到目前为止，除了教育硕士之外，我国还没有专门为教育实践工作者提供的高层次专业学位。教育硕士也只是面向中小学的一线教师和管理人员，即便是获得教育硕士学位的中小学一线教师和管理人员，也需要适合自身职业发展的更高的平台。

最后，从世界发达国家学位制度的历史演进来看，大多数国家都设置了两种博士学位：一类是研究性或者说是学术性博士学位，为人类知识积累做出原创性贡献的人才；另一类是专业性博士学位，旨在通过高水平的专业训练，使学生在掌握专业知识的基础上，运用理论指导，掌握恰当方法，解决并反思实践工作中的问题，使其具备从事某种专门职业工作的能力。目前，我国仅有单一的学术性学位即教育学博士，许多原本应该由教育博士所承担的工作也不得不在教育学博士的名义下开展。这样既不利于维护学位的质量，也不能突出专业学位的特色。正所谓"名不正，言不顺"，只有为教育实践工作者提供一个名正言顺的专业学位，分门别类地培养不同类型和规格的人才，才能保证博士培养的质量。

与此同时，我国教育博士专业学位具备相当的可行性，我们有广泛的生源基础，有丰富的教育博士和教育硕士的培养经验，还有各校积极热情的参与，可以说我国已具备开设教育专业博士学位的基本条件。而现在我们所需思考的是如何设计符合中国国情、具有中国特色的教育博士培养方案，以保证教育博士的培养质量。

二、教育博士（Ed.D.）专业学位的特点

要设计合理的培养方案，首先要把握教育博士专业学位的特点，这是培养方案设计工作的出发点。教育博士是一种实践性的学位，它以教育工作中所遇到的实际问题为出发点，始终围绕实际问题，通过广泛、系统、规范的学习和研究，培养学生的研究技术，提高他们对实践的评估和反省能力，以提高教育实践工作的绩效。该学位以培养"研究型专

业人员"为目标，以实务为基本取向，强调为高级专业职责做好广泛的准备。与传统的哲学博士和教育硕士相比，教育博士专业学位具有以下特点。

（一）实践性

实践性是专业学位有别于学术学位最为突出的特点，教育博士与哲学博士最大的区别在于：教育博士是一种专业学位，要求学生通过系统规范的学习，运用所学知识解决教育领域的实际问题，该学位证明学生具有高级的专业能力；而哲学博士则是一种学术学位，要求学生必须进行原创性的研究，为人类知识的积累做出贡献，该学位证明学生具有较好的学术潜质和研究能力。这也就要求教育博士在培养的过程中必须始终关注教育工作中的实际问题。从培养目标的设置上看，教育博士最终应该落在用所学的知识解决教育领域中的实际问题，提高教育工作实效；从培养目标的遴选上看，教育博士应更关注申请者的教育实践工作经历，无论是一线的教学经历，还是教育行政管理的经历；从课程设置和学位论文的选题上看，教育博士也始终围绕着教育工作中的实际问题开展学习、研究。可以说，实践性是教育博士专业学位最大的特点，同时也决定了教育博士培养方案的方方面面。

（二）高水平的理论运用

尽管教育博士专业学位非常强调实践性，但这并不意味着该学位不重视学生的理论水平。恰恰相反，教育博士专业学位尤为重视学生理论素养的培养，教育博士不要求学生在理论方面有原创性的贡献，但却要求学生具有高水平的理论运用能力，也就是说，能很好地利用已掌握的理论知识思考并解决教育实践工作中所面临的问题。然而要很好地运用理论来解决实际问题，除了要掌握相关的理论知识外，还需要培养学生良好的研究素养，包括敏锐的问题意识、客观理性的态度、不断反思的习惯、系统规范的研究方法，等等，这些与哲学博士的培养是相通的。[1]

三、教育博士（Ed.D.）的培养目标

教育博士专业学位的性质决定了教育博士的培养目标必须以实务为基本取向，以丰富的理论底蕴、广阔的实践视野、独立的研究能力和扎实的专业技能为基础，打造"研究型"的专业教育实践工作者。这一点在世界各国教育博士培养的经验中已得到了证实。哈佛大学教育研究生院的网页上是这样界定教育博士的培养目标："同其他院校相同，哈佛大学哲学博士注重培养'专业化的研究人员'（professional researchers），主要是高校教师及研究人员；而教育博士培养'研究型的专业人员'（researching professionals），主要是教育领域的管理者和政策制定者。"[2] 英国伦敦大学强调，"教育博士是为那些有工作经验的教育及其相关领域的在职人员提供的一种研究学位。该学位有助于扩展在职人员对他们职业的理解，培养他们的研究技术，并提高他们对实践的评估和反省能力。教育博士项目的目标是既满足博士学位严格及需要创新的要求，也通过研究促进职业的发展"[3]。由此可见，丰富的理论底蕴、广阔的实践视野、独立的研究能力和扎实的专业技能是世界各国

对教育博士的共同要求。因此，我国教育博士的具体培养目标至少应包括以下几个方面：

（1）掌握坚实的教育学基础理论和系统的各专业知识；

（2）具备从事教育实践工作所要求的专业技能；

（3）具备较强的问题反思意识和独立的问题研究能力；

（4）运用现有理论，解决教育实践过程中所遇到的问题，提高教育实践的水平。

四、教育博士（Ed.D.）的培养制度

由于教育博士旨在培养"研究型的专业人员"，具有很强的实践性，因此教育博士指向的是有过或者正在从事教育实践工作的人员，而相当一部分的学员很可能必须采用在职的方式学习，而修学年限也很可能因为每个学生的实际情况不同而不同。这就要求教育博士必须有相较于哲学博士更为灵活的培养制度，才能满足不同学生的需求，才能真正保质保量地完成培养目标。

（一）培养对象

培养对象可根据教育实践工作的性质划分为以下五个目标群体：

1. 教育行政部门的管理人员

2. 高校教育管理人员

3. 高校学科教学法教学人员

4. 中小学教育管理人员

5. 中小学教育骨干教师

（二）入学条件

申请人可由以下两种途径申请攻读教育博士专业学位：

途径 A

1. 获得硕士学位（包括教育硕士）

2. 有 3 年以上教育及相关领域全职工作经验

3. 在报考院校所认可的核心期刊发表 1 篇以上论文

4. 通过外语水平考试

途径 B

1. 教育学硕士或其他专业硕士应届毕业生

2. 1 年以上教育及相关领域兼职工作经验证明

3. 在报考院校所认可的核心期刊发表 2 篇以上论文

4. 通过外语水平考试

（三）修学年限

实行学分制，修满 16 学分方可申请中期考核。修业年限为 3—5 年，采用弹性学制，论文不能正常开题和答辩的在读教育博士可适当延长学制，但原则上不超过 7 年。

（四）培养方式

学习方式采用半脱产的方式进行，第一学年脱产学习，第二学年开始，每学期面授一个半月。以教育实践问题为主，重点培养独立运用教育理论解决实际问题的能力。教育博士的培养工作采取导师负责制，建议组建以导师为首的博士生指导小组，充分发挥集体指导的优势。

（五）培养计划

培养计划共包括教学单元、问题研究和学位论文三个部分。

1. 教学单元

入学第一学年学习相关教育理论知识、研究方法和专业技能。

2. 问题研究

深入教育实践工作一线，运用所学知识分析某教育机构或某教育实践问题，于中期考核前提交一份 10 000 字的问题研究报告。

3. 学位论文

中期考核通过后，学生应从实际问题出发，选择合适的研究问题。学位论文形式不限，可以是政策分析或机构研究的论文，也可以是教学设计或作品展示（如艺术教育专业），视各专业情况而定，只需获得学术委员会的通过即可。如果学位论文是教学设计或作品展示，须附上该设计或作品的原理说明。

（六）考核方式

对教育博士生实行平时考核、中期考核和毕业考核三种方式进行。

1. 平时考核

主要为第一学年各专业课、选修课及外语课成绩及日常行为规范的考核，考核承担者为教育学院和各相关学院。

2. 中期考核

主要为学位论文开题报告的考核，考核承担者为导师和博士生指导小组。

3. 毕业考核

主要为毕业论文答辩，考核承担者为导师、论文答辩委员会及学校学位委员会。为了保证论文质量，采取校内外专家结合的匿名评审制，并对通过答辩的论文实行公示。

五、教育博士（Ed.D.）的课程设置

课程设置是每个培养方案中最为重要的环节，由于教育博士兼具实践性和高水平的理论运用能力两大特点，其课程设置也需相应地满足这两大特点的需求。首先是实践性，它包括两方面的要求：一是专业知识和技能，二是运用专业理论解决实际问题。前者需要根据不同专业的要求开设相应的专业基础课程，后者则需要在本专业领域内开展实际的问题研究，在"真刀真枪"的操练过程中真正提高学生运用理论指导、分析和解决问题的能力。其次是理论运用能力的培养，这与哲学博士大同小异。理论运用能力的培养也包括两

个部分：一是理论素养，二是方法技能。前者主要培养学生客观、科学的研究态度，质疑的精神和反思的意识，后者主要培养学生基本的研究技术。当然，为了扩展学生的知识面，使其有助于实际问题的解决，各专业也可开设相应的选修课程。因此，教育博士的课程设置可以分为以下四个部分：专业基础、研究方法、问题研讨和扩展选修。具体课程设置如下。

专业	专业基础	研究方法	问题研讨	扩展选修
教育行政管理	教育基本理论前沿讲座 教育管理学前沿讲座 教育政策分析	社会科学研究方法论 社会科学研究方法及技能 统计分析（选修）	教育行政管理问题论坛	视各专业要求和个人情况而定。
高等教育管理	高等教育管理与评估 国外名校的发展历史与现状 高等教育政策与法规分析		高校管理问题论坛	
中小学教育管理	基础教育管理与评估 国外名校的发展历史与现状 基础教育政策与法规分析		中小学管理问题论坛	
高校学科教学	高等教育名家名著选读 课程设计与教学 各专业课程发展历史与现状		高校学科教学问题论坛	
中小学学科教学	基础教育名家名著选读 课程设计与教学 各专业课程发展历史与现状		中小学教学问题论坛	

其中，"问题研讨"是教育博士培养最具特色的一块，学生将各自在实践工作中所遇到的问题带入课堂，通过集体研讨的方式，提出解决问题的可行方案，然后回到实践工作中检验该方案的实施效果，并对此进行评估和反思。因此，"问题研讨"有别于其他课程，该课程的课堂不局限于教室之中，而是在教育实践的一线，教室只是为学生定期交流、报告提供场所。此外，还需说明的一点是，课程可以采用模块的方式进行组合，我们这里所给出的课程名称只是一些大的模块，每个大模块下还可分别设置若干小模块课程。学生根据自身学习需要，选择相应的课程模块，进而组成自己的学习计划，同时保证教育模式培养制度的灵活性。

六、教育博士（Ed.D.）的教学方式

最后，谈一谈教育博士的教学方式。教育博士专业学位的实践性决定了教育博士多以教育工作中的实践问题为模块开展教学工作，无论是专业基础课，还是问题研讨课，甚或是研究方法课，都必须围绕着教育工作中的实践问题而展开。我们知道，纯粹的理论可以抛开现实条件的限制，在一个真空的理想条件下进行逻辑的推演。而实践问题，特别是需要运用理论来解决的实践问题是无法脱离现实的，同样的实践问题在不同的时空、不同的

条件、不同的利益环境下会有不同的表现形式，这也就使得教育博士对实践问题的研究很难用单一的模式来开展。事实上，处于不同情境、有着不同经历的学生对所研究的问题会有不同的看法和不同的解决方案，这些看法和解决方案都是真正的实践智慧，是教育博士培养目标的重要组成部分，而学生们丰富的实践背景恰恰为这一目标的实现提供了可能。因此，只有采用互动的教学方式，充分地调动他们的积极性，使他们参与其中，与大家分享自己的教育工作经历，才能实现良好的教学效果。为此，笔者认为教育博士应采用以讨论为主，讲授为辅，深入实践甚至是蹲点研究的教学方式。

参考文献

［1］有关教育博士与哲学博士、教育硕士的具体区别，请参见作者在《论我国教育博士（Ed.D.）专业学位设置的迫切性和可行性》中的详细论述。

［2］http://www.gse.harvard.edu/doctorate/edd.

［3］http://www.onacuk.com（2007-9-5）.

（本文选自《教师教育研究》2007年第6期）

教育博士的培养指向：专业性向度与实践性向度

（南京邮电大学；南京师范大学）

 摘要

认为在教育博士的培养中应注重专业性向度与实践性向度。在落实教育博士培养指向时，遇到了与教育学博士培养模式趋同的现实困境，教育博士合法性也受到质疑。指出只有通过改进制度设计，实行双导师制和集体导师制，促进教育博士的培养回归田野，才能最终实现教育博士的发展价值与社会价值。

关键词

教育博士；专业学位；专业性；实践性

2010 年，我国 15 所高校开始招收教育博士专业学位（Ed.D.）研究生；2014 年，首届学生毕业，各培养单位完成了一个周期的教育博士培养过程。作为区别于学术学位或者科学学位的专业学位，教育博士学位的基本性质是什么？它存在的合法性何在？此时回答这些问题似乎应该游刃有余，但事实上，关于教育博士存在价值的争论依然存在，教育博士的培养过程仍不能完全消除人们对其合法性的质疑，还需要从理念上对教育博士的培养目标进一步予以澄清，在实践中对培养工作不断地予以改进。

一、教育博士的培养指向

（一）专业性向度

2002 年年初，国务院学位委员会、教育部联合下发了《关于加强和改进专业学位教育工作的若干意见》，明确提出："专业学位，或称职业学位，是相对于学术性学位而言的学位类型，培养适应社会特定职业或岗位的实际工作需要的应用型高层次专门人才。专业学位与相应的学术性学位处于同一层次，培养规格各有侧重。"[1]也就是说，教育博士与教育学博士处于同一层次，只是培养的侧重点不同。美国大学教育学院的院长认为教育博士具有独特的优势："传授教与学的知识，分析数据及把研究与实践相连，能够应用所学来改善教育教学的领导技能。"[2]前两个优势对应着教育博士培养的"专业性向度"，即培养适应学校教育教学、教育管理等职业或岗位的实际工作需要的应用型研究能力。国务

院学位委员会颁布的《教育博士专业学位设置方案》明确规定，"教育博士专业学位教育的培养目标是造就教育、教学和教育管理领域的复合型、职业型的高级专门人才"[3]，也倾向于这一向度。"从社会学的角度，人们把社会职业分为一般性职业和专业，专业也称专业性职业或专门化职业。专业性职业是指这类职业的从业者要经过专门教育或训练，拥有较高深和独特的专门知识与技能，具有不可替代性。"[4]将"职业"作为"专业"的解释，难免会引起人们的疑虑，似乎有矮化教育博士学术能力，降低培养标准，将教育博士培养等同于教师职业教育与培训的嫌疑，这主要源于人们对"职业"的传统认识以及长期占统治地位的"学术知识优于专业知识"的观念，隐含着应用型人才不需要学术水平的成见，这一认识已不符合目前人才标准多样化的大趋势。随着教育领域专业化程度的提升，理解课程目标、掌握现代教育测量方法、依靠数据进行管理、评估相关教育政策，对教育教学管理者的专业程度提出了很高的要求。据统计，"自20世纪80年代以来，美国大学校长80%由博士学位拥有者担任，其中以教育学科的博士居多，占总数的43%"[5]。教育管理者"职业化"已经成为专业性和专家化的代名词。何况专业性与学术性从来就不是非此即彼的排他关系，专业性本身建立在一定学术性或科学性的基础上，教育博士教育并不排斥学术研究，而是侧重于应用研究，目标是培养"研究型专业人员"。强调专业性，是为了"形成整合大学与工作场所的新的知识生产体系，并建立大学、学生及其工作场所的新的连接，从而打造出一种完全不同于哲学博士的培养体系"[6]。

（二）实践性向度

实践性向度主要是指培养教育博士应用所学来改善教育教学的领导技能。"教育博士（Ed.D.）教育的核心培养目标在于为教育实践领域造就高层次的、具有实践研究和实践反思能力的'专家型'专业工作者，'实践性'是其主要价值取向。"[7]"Ph.D. 教育的宗旨在于为高校和科学研究机构输送具有从事原创性学术研究能力的教学和科研人员，'学术性'是它的主要价值取向。"[8]实践性是教育博士区别于教育学博士最为本质的特点。国外"教育博士面向的是一个特定的群体，即具有一定工作经验，且大部分处于职业发展中期并担任一定领导职务的教育工作者，他们有自己特定的需求、优势和局限性"[9]。我国教育博士生来源基本类似，据笔者统计，南京大学2010级和2011级的15名教育博士生全部是高校有一定行政职务的管理人员，南京师范大学2010级、2011级的18名教育博士生中，7名来自中学或者小学，包括4位中小学校长，3位中小学特级教师和高级教师，其余11位是普通院校和高职高专院校有一定行政职务的管理人员。可见"教育博士是面向教育从业者的学位，所以培养中关注的重点应该是教育实践中的实际教学和管理"[10]。充分发挥教育博士生来自一线，长期从事教育、教学、管理工作积累的经验优势，支持他们围绕教育工作中的实际问题开展研习，通过系统规范的学习，促使他们发现问题、分析问题，更重要的是鼓励他们提出解决问题的设想，建构模型，最终付诸教育实践。还要特别注意突破教育博士培养的局限性。因为教育博士生是在职学习，他们在校系统学习的时间较短，所以在课程设置、培养方式、学生评价、论文指导等方面要注意对学生实践能力考核的衔接与贯通，重点是对所学内容的应用。

二、培养指向的现实困境与制度危机

（一）现实困境

教育博士教育的现实困境首先源自培养目标和项目体系设计的缺陷。"无论什么形式的博士教育，原创性研究必须作为博士学位的核心要素。但原创又有两重维度：一是发现新知识，二是对已有知识进行创造性的应用。研究型博士学位侧重于前者，而专业博士学位重于后者。"[11]但目前尚未形成独立的适合教育博士生的培养模式。教育博士生培养多采取第一学期集中授课，和教育学博士生一起学习外语、公共政治课等，专业基础课和专业课则视情况，或者和教育学博士生并课，或者以专题的形式开设。并课或分开授课并不是关键，重要的是授课的方法与内容有没有针对性，比如"量化研究方法"和"质性研究方法"对教育博士生而言是最重要的课程，可在不少高校，授课教师、教材、课件甚至课堂组织与教育学博士生课程并无任何区别，这样的教学方式如何使教育博士具备更强的实践研究能力呢？二年级以后，教育博士生除了一年数次的学术交流活动（教育博士生论坛、开题答辩观摩等），主要培养形式是参与导师组织的学术沙龙。总体而言，目前的教育内容和创新不足以支撑教育博士的专业性。教育博士生们交流的内容除了少量的工作现状和教育发展研究之外，更多的是如何通过英语课程考试，如何发表论文，如何写作毕业论文之类的话题。他们对自己的培养设计只能服从于毕业要求和学术水平的通用考核标准。由于年龄与职业发展的压力，教育博士生对学术的追求体现在更加注重论文发表等显性指标上，他们很难将治学的重心置于应用能力培养上，而对于实践创新，则因其成果难以考核，更是被搁置一边。

教育博士生学习与工作的两难是造成培养困境的另一个重要原因。作为担任一定职务的在职人员，花一个学期以上的时间集中学习课程，意味着非本地生源的高校中层管理者和中小学校长必须脱岗半年以上。高校已经形成了在职脱产进修的机制，进修人员不一定被免职，而基础教育主管部门在教育博士生学习课程阶段一般都免去博士生校长的职务，将其行政关系挂靠到教育局，让他们担任教研员。如果教育博士生本来在当地最好的中小学任职，一年以后被改派至其他中小学或长期担任教研员，意味着攻读博士学位在短期内反而影响了职业发展，这为教育博士的未来发展增加了很多不确定性，这也使得中小学教育管理者在教育博士中所占比例很低，背离了这一项目开展的初衷。以南京大学和南京师范大学为例，两校 2010 级、2011 级的教育博士研究生来自中小学的分别占 21% 和 18%。此外，为了减少读博与工作的冲突，人们会选择所在城市或相邻地区的教育博士项目，生源的多样化因此受到影响。因为备考、上课和工作等都要兼顾，本市或附近的教育博士生多不选择集中住宿，即使在集中上课期间，他们也经常奔波在上学、回家和上班的路上，经常是人在课堂中，心却在课堂外。

（二）培养过程中的合法性危机

博士学位意味着学位获得者在某个知识领域中专业性、创造性和知识深度达到了较高的程度，与职业能力没有必然的联系。而"专业学位"恰恰更关注职业能力，这确实挑战了人们对于"学位"的传统认知。因此整个社会、教育专家甚至教育博士的培养单位也并未真正将专业学位和学术学位放到同等地位，即使在教育博士学位已经发展百年的美国和专业学位历史悠久的英国，"在学术界有相当部分学者仍然质疑专业博士学位的合法性"[12]。人们自觉不自觉地会将一些不相关的现象都归结为教育博士培养要求低，比如，教育博士项目收费高意味着会降低毕业标准，有职务的教育博士生来读书是为了镀金……这些没有经过调查的推测或多或少会影响教育博士项目的声誉，但更关键的是，如果人才培养中的"专业性"问题解决不了，无法提升教育博士的培养质量，那才是教育博士项目所面临的真正危机。目前，教育博士生培养多依托各高校原有的教育学博士培养单位，没有独立的师资队伍，教育博士特有的专业性要求又怎样从教育学博士培养模式中分离出来呢？导师们是否愿意并有时间去了解中小学校长和大学不同部门管理者的实际工作需要？学校又是如何去鉴定教育博士的职业能力，特别是职业发展能力的？试点的15所高校是否已经具备培养教育博士的基本条件？由于传统观念和现有教育评价机制，博士生的学术水平是衡量各高校博士生培养质量的关键指标，显然注重专业性和实践性的教育博士项目并不能为学校和教师带来显著的学术声誉；同时指导众多研究生、自身工作非常繁忙的导师们也没有办法投入更多精力在教育博士生的"专业性"培养方面；高校在鉴定教育博士生的职业能力方面没有资质、制度和条件。因此即使是试点高校，也很难证明自身已经具备充分的培养条件。

三、路径选择与价值追寻

教育博士项目是促进教育与现实生活结合，培养高级专业教育管理者的重要途径，它的品牌和品质来自教育主管部门、高校、教师、学生等各方面的科学设计和全力维护。

（一）教育博士培养的路径选择

改变教育博士与教育学博士趋同的培养模式，应该从制度建设着手，构建贯穿教育博士生入学选拔到毕业全过程的、凸显专业性与实践性的培养和评价标准。

1. 应侧重对教育博士生职业发展能力的考查。学生入学考试时，一些高校将科研与业绩作为专业方向课成绩计入总分，这是一种合理的取向。但科研基本等于论文加项目，业绩评定也缺乏可行性标准，将"中小学特级教师"之类称号纳入业绩标准，又与高校报考人员资格无法对应。因此，还需合理设置业绩项目，增加业绩的比重，进一步完善专业能力考核办法。教育博士生入学后，高校应对他们的阶段性考核与累加考核进行设计，用多个实践项目叠加计算学分的形式完整实现教育博士生的全程培养，"要把'撑竿跳'变成'跨栏跑'，不能让学生到临近毕业时望'杆'兴叹，而要把最终的质量目标要求分解为一个个质量环节要求，并为他们每一次'跨栏'提供支持与动力，从而形成全程质量保障体系"[13]，帮助教育博士生以项目为平台，合作进行实践与研究，在实践项目研究中成长。其中一些效果好的平台项目，例如教育博士生论坛，可以采取多个培养单位与生源单位联合举办的形式，发挥项目聚焦实践的特色。教育博士生的毕业标准目前还是发表小论文加毕业论文答辩，一些学者建议可以采取多篇实践研究论文相加的形式，这也是对全程培养质量的检测。采取多篇论文相加或一篇毕业论文作为毕业标准只是形式不同，核心问题是毕业论文应充分体现学生的研究取向、研究设计与方法均指向实践，立足解决问题，而不是停留在对学理的论述上。

2. 改革目前导与学的机制，实行双导师制和集体导师制。创造条件建立与完善双导师制，聘请教育领域内外有学术背景的高层管理人员指导学生实践研究。导师可以根据学生工作情况提出论文选题建议，并参与论文指导。教育博士生所在单位如果有达到一定要求的教师和管理者，可以被教育博士培养单位聘作兼职导师，让他们参与合作指导本单位的教育博士研究生，这将有助于增强教育博士项目的实践性。当然，实现这一构想还存在着很多认识与操作层面的难题，比如兼职博导的学历和职称要求，如果导师标准不降低，很多中小学可能就没有符合条件的导师；如果放宽要求、标准过低，也会引起人们对教育博士项目更多的诟病。"集体导师制"是培养单位具有教育博士生指导资格的导师组成指导小组（或称团队），负责指导教育博士生。因为教育博士生面向实践，解决实践中的问题可能涉及管理学、心理学、教育学、社会学等众多领域，集体指导有利于综合各知识领域和多种研究方法，对学生进行综合能力训练。但集体指导也可能存在着责、权、利不清，"共管等于不管"的风险。因此，实现上述构想需要科学、清晰的顶层设计，更需要制度保障，在试点中不断改进和完善。

3. 教育博士生的培养可以考虑引进"社会资质"，通过第三方专业评价考核教育博士的专业性，使之摆脱合法性危机。正如舒曼提出的"以大学为背景而设立的博士学位在本质上和程序上都必然以学术为根基"[14]。教育博士项目不能仅是大学的"自弹自唱"，社会认可或者社会评价才能推动大学以实践为导向改革人才培养模式。"影响力强大的美国全国教育管理政策委员会于1989年提出了把Ed.D.学位作为中层教育管理岗位从业证书条件的建议，这个建议对许多高校的研究生项目产生很大影响。"[15]教育博士从业证书的颁发单位应该是行业标准协会，而不是各级教育主管部门或大学自身，这样可以对大学学位质量给出评价的客观标准。如同以国家英语四、六级考试评价大学英语教学，虽然不是完美的，却是标准和有效的。

4. 设计回归"田野"的教育博士生培养模式。田野研究要求研究者深入研究现场，教育博士生都来自学校，就处在教育的"田野"之中，这是教育博士生开展学术研究的资源和优势。在可以妥善处理"工学"矛盾的情况下，教育博士生也不必局限于自己的工作单位，进入其他"田野"，可以解决"化熟为生"的困难，进一步丰富情境体验，强化对各种教育问题的分析、解决能力。而这种进入，首先应当是学校课程模块的组成部分，以多样化的专业实践课程给学生提供更多的选择可能。论文阶段是学生真正回归"田野"的时候，教师应加大对学生的指导力度，例如，每个月学生都应通过书面汇报形式与导师在线交流研究工作进展，导师给予必要的建议和督促，这一阶段如果能够实现双导师或导师团队的集体指导，会对学生工作和学习起到更大的推动作用。

（二）教育博士项目的价值追寻

教育博士项目的价值何在？从价值类型看，教育博士项目首先是教育博士自身的发展价值，核心体现是教育博士在教育、教学和教育管理方面专业能力的发展。"评价教育博士项目，主要看它是否使得学生变得更灵活，对现状更有批判性，更能引起社会变化，而不仅仅是深化知识本身或仅仅培养学生进行社会资本的再生产。"[2]这是从价值层面对教育博士培养专业性向度和实践性向度的认可。我国教育博士培养时间不长，还不能从已毕业教育博士的职业发展来证明项目的价值，目前探讨的仍然是这一项目的预期价值。但是，国外对教育博士项目发展的相关调查显示："有或无高级学位的有管理能力的学校领导优于有高级学位但无专业能力的学校领导，可见能力重于学位。学习、好奇心、智力探索都值得努力，最终评价教育博士的教育质量还是要看学生的事业成就如何，这是教育博士项目价值的核心所在。"[2]也就是说，教育博士可能因为获得博士学位，实现个人资本增值，但归根结底是通过学习获得的专业性与实践性能力提升了个人价值。可预期的改变有：教育博士宏观认识水平与政策分析能力的提高；运用科学方法进行实践研究能力的提升；教育和管理专业素养的提升等。

教育博士项目绝不仅仅局限于增加个人价值，它的社会价值的实现最终体现在能否推动学校教育管理水平的全面提升。目前，我国每年300名的教育博士生培养计划还很难担当起这一重任，但是不断增加的社会需求、高等教育多样化发展的趋势、教育博士项目的内在潜力、各级教育管理人员强烈的学习愿望，都在推动着我国教育博士项目的发展。预计在未来几年中，教育博士的培养数量与占比将会有较大幅度提升，以解决有经验的教育实践人才缺乏的困难。规模固然可以影响教育博士项目的成效，但质量是发展之本，教育博士发展的立足点或者社会价值的关键点始终是它的培养指向：实践性与专业性。

参考文献

［1］国务院学位委员会、教育部：《关于加强和改进专业学位教育工作的若干意见》，http://www.cdgdc.edu.cn/xwyyjsjyxx/xwbl/zcfg/zywjy263556.shtml。

［2］李云鹏：《美国对教育博士基本问题的争论》，《比较教育研究》2013年第8期。

［3］国务院学位委员会：《教育博士专业学位设置方案》，http://www.cdgdc.edu.cn/xwyyjsjyxx/gjjl/sz-fa/jybs/。

［4］曹晔：《该还职业教育的本来面目了》，《中国教育报》2014年6月9日第6版。

［5］马健生、滕珺：《论我国教育博士专业学位设置的迫切性和可行性》，《学位与研究生教育》2007年第8期。

［6］Maxwell, T.（2003）. From first to second generation professional doctorate. *Studies in*

Higher Education,（3），279-291.

［7］邓涛、孔凡琴：《美国教育博士（Ed.D.）专业学位教育的问题与改革论争》，《比较教育研究》2009 年第 4 期。

［8］邓涛：《国外教育专业博士教育的成效与问题》，《学位与研究生教育》2009 年第 8 期。

［9］袁锐锷、凌朝霞：《关于澳大利亚若干大学教育博士培养工作的思考》，《比较教育研究》2006 年第 9 期。

［10］Powell, A. G. The Uncertain Profession. Cambridge: Harvard University Press, 1980: 143.

［11］李云鹏：《哈佛大学"教育领导博士"学位的创设及启示》，《比较教育研究》2011 年第 5 期。

［12］邓光平：《英国专业博士学位设置的政策分析》，《中国高教研究》2005 年第 11 期。

［13］俞水、周飞、储召生等：《基础研究创新人才从何而来——中国科大研究生培养创新采访纪实》，《中国教育报》2014 年 2 月 28 日第 1 版。

［14］Shulman, L. S.（2006）. Reclaiming education's doctorates: a critique and a proposal. *Educational Researcher*, 35（3），25-32.

［15］张济州：《美国教育博士培养的实践、问题与挑战》，《高等教育研究》2009 年第 3 期。

（本文选自《学位与研究生教育》2014 年第 11 期）

教育博士的发展定位与培养：场域理论视角

李成明　　王晓阳

（清华大学）

 摘要

从场域理论视角看，教育博士应该如何发展定位与培养呢？文章首先阐释场域理论及高等教育场域。其次，从哲学逻辑、权力逻辑和行动逻辑三个方面揭示教育博士专业学位的内在逻辑性。最后，就我国现实的教育博士发展定位与培养提出一些思考与建议。

关键词

教育博士；场域；发展定位；培养

专业学位教育是研究生教育的重要组成部分，是培养应用型、复合型高层次人才的重要途径，也是研究生教育在人才培养目标、规格、模式方面的重要突破。属于职业领域的教育博士专业学位进入强调学术研究的高等教育领域，不仅使职业个体可以获得较高的学位文凭，而且是职业领域挑战学术领域的象征，重新规定了一种学位文凭获得的标准。知识生产模式转型成为专业学位研究生教育思想与培养模式发生根本改变的关键影响因素，而专业学位研究生教育也随着教育思想研究与实践的发展而发生变化。本文从场域理论视角讨论作为一个职业领域的教育博士研究生教育的内在逻辑，以及这种内在逻辑对我国教育博士培养的启示与借鉴。

一、场域理论与高等教育场域

场域理论是社会学思想体系的主要理论之一，它起源于 19 世纪中叶的物理学概念。法国社会学家皮埃尔·布迪厄（Pierre Bourdieu）认为，一个社会被分割成许多不同的场域，在这些不同的场域（已经结构化了的一些场所）进行一些为了实现特定目标的竞争。他认为，"世界是由诸多相对独立的小世界构成，这些小世界都有自身的逻辑性和必然的客观关系性空间"[1]，场域就是由这些小世界构成的。资本与惯习是场域理论的两个重要概念。布迪厄的资本概念与经济学的资本概念不一样，他把资本视为社会资源被群体占有的权力，可分为三种：经济资本、文化资本和社会资本。惯习是一个开放的性情倾向系

统，随着经验和场域的发展而变，在这些经验和发展的影响下不断地强化和调整自己的结构，具有稳定持久性，但不是永远不变的。[1] 如何分析与研究一个场域呢？布迪厄认为从场域角度研究，至少要涉及三个相互关联的纬度：① 确定与其他场域相对的场域位置；② 场域内部的各分支场域的客观关系结构；③ 场域内部行动者的惯习。

刘生全认为，"教育场域是指在教育者、受教育者以及其他教育参与者之间所形成的一种以知识的生产、传承、传播和消费为依托，以人的发展、形成和提升为旨归的客观关系网络。"[2] 教育场域不是一个孤立和静止的概念，而是相对于经济场域、政治场域等其他场域而产生的场域概念，作为一个较大的场域，教育场域具有较强的概念再生能力，能够分解出不同的具体的教育场域概念，比如高等教育场域、职业教育场域、基础教育场域等，并由此体现场域的相对性和层次性。每一个场域都会有一个象征性产品，这个象征性产品是场域的核心，教育领域是一个大的场域，高等教育领域作为其一个分支场域，也可以说是强调高深学问研究的学术场域。本文主要研究高等教育场域中的教育博士，因此，教育博士就是高等教育场域的核心象征产品。

结合布迪厄场域理论来分析，我国高等教育场域具有三个典型特点，即独立且相对依赖性、关系性和竞争性。首先，高等教育场域作为教育领域的一个分支，受到政治、经济、职业等其他场域的影响。我国教育行政部门掌管着教育领域的制度、资源和政策产品等重要权力，场域的行动规则严重依赖于政治场域，然而高等教育场域又具有自身的规则、常规与逻辑，因此，高等教育场域既独立运行，又相对依赖于较大的政治场域与母体教育场域。其次，我国的高等教育场域是由一系列客观关系构成的，其内部也是各种力量通过较量和斗争而形成的关系网络。高等教育场域的权力中轴是文化权力，其在高等教育场域内表征为文化资本。高等教育场域内部的关系结构基本是通过文化知识而构建成的，如该场域内不同主体（教育者、受教育者、管理者、家长）之间发生互动，以及互动展开的途径与过程都与文化知识密切相联。最后，高等教育场域内外充满竞争，各种冲突、矛盾和斗争不断酝酿和演变。在高等教育场域内部，为了占有更多的文化资本，掌握更大的文化权力，占据更高的场域位置，不同的竞争主体总是处于持续的争夺和较量中，比如高等教育场域内部各大学、院系、教育者、受教育者和管理者等都为自己的利益而展开竞争。在高等教育场域外部，整个社会系统的不同场域，如政治场域、经济场域、职业场域等不同主体之间也存在冲突与竞争。一个场域不断受到关联场域的挑战与威胁，该场域为了避免被吞没的外部威胁，就会与之相竞争或者妥协。

二、教育博士的内在逻辑：学术场域与职业场域

在美国，自教育博士学位诞生之日起就一直存在争议。这种争论始终与哲学博士学位的区别问题联系在一起。哲学博士是学术性学位，以理论研究为导向，培养科学研究人员；而教育博士是专业性学位，以实践为导向，培养专业人员。乍一看，对两种学位的区分一目了然，实则不然[3]。在我国，教育博士学位刚刚产生不久，无论是相关领域的学

生、教师还是学校管理人员对此的认识都还比较模糊，也缺乏实践经验。常常听到的一种私下说法就是，哲学博士才是真正的博士学位，而教育博士是提供给学校高级管理人员或教育部门官员的山寨博士学位，因为他们无须也没有那个能力从事真正的学术研究。此番话语，反映了教育博士在身份认同上的尴尬地位[4]。研究者与实践者、理论与实践、自由教育与专业教育、研究取向与实践取向，诸如这些日常中的辩论，能够真正地揭示彼此之间的显著差异吗？有人一定怀疑教育者创造出来的这种差异。为什么会有这样的一些争论呢？为什么要给从业者一个学位？为什么教育者坚持两种学位，并且一个优于另一个？本杰明（Benjamin）认为教育博士遮掩了学术团体创造并使社会分类合法化的权力，以及这两个学位之间的冲突掩饰了其他领域对高等教育领域目标的挑战[5]。因此，我们应该研究深层次下的权力与差异的辩证关系，当然，这个研究不是把它作为现实政策和权力的反映，而是反映某一特定阶段支配社会分类的冲突与斗争。比如，职业领域的个体或团体试图控制文化领域（高等教育领域），而文化领域又强调对其他领域的主导。

（一）哲学的逻辑——高等教育目标

哲学博士与教育博士两种学位的争论反映了高等教育的目的，其实要追溯到赫尔钦斯和杜威的高等教育思想。前者认为普通教育是至高无上的、主要的，因为用训练心灵来处理社会问题；后者认为经验学习使学生能够更好地解决问题，知识源于生活。若给予教育博士优先权，大学就应该为个体具备充分的工作经验做好准备；若给予哲学博士优先权，大学的目的就是产生知识，并理解世界。无论关于高等教育目标的冲突如何，研究还是实践，知识还是社会运用，这种区别已经建立并合法化。为什么这种区别是必需的呢？教育者设置这种区别的支点是什么呢？本杰明运用布迪厄的场域理论研究了这两种学位之间的差异问题。他认为高等教育目标领域的冲突是整个社会系统中的政治冲突的一部分。这些冲突的发生不仅是在高等教育领域，同时也发生在职业领域。高等教育领域自身正经历着其他领域的挑战，尤其是职业领域，这种矛盾与冲突也反映了两种学位的争论。[5]

（二）权力的逻辑——权力与学位标准

布迪厄把社会对象区别于其他对象，并尽力去赢得对其他对象的控制，实现这一权力的途径就是创造出区别。区别是一种权力功能，通过区别使其具有合法的权力。这种区别在教育领域内代表了特定的权力，不仅是通过学位和毕业证书确定社会分层，而且是担当排列社会等级阶层的任务。教育机构创造的区别实际上是主导物质世界的一种象征。布迪厄把这种权力区别为一种文化资本，因为区别能够产生利润，当然这不是经济上的利润。

对高等教育领域的挑战也是通过创造区别来实现其冲突和斗争的。高等教育领域与其他领域的关系是不断变化的，其场域本身面临着其他领域的挑战，特别是职业领域，通过创造或建立合法的学位来区别、来反对传统高等教育的目的。因此，学位的区别是一种权力再分配的功能，一种通过创造这种区别使其合法的功能。布迪厄的理论认为社会某场域区别于其他领域，并尽力去赢得对其他领域的控制权，就是通过它们创造的区别来实现的[6]。高等教育领域面临职业领域的挑战，通过创设教育博士学位并使其合法化，目的是策略性地吸收职业领域的某些方面，从而避免被其他领域完全吞没的威胁。这或许就是为什么，高等教育领域强调在博士教育中创设注重实践的教育博士的目的。

属于职业领域的专业学位进入强调学术研究的高教领域，不仅使职业个体可以获得较高的学位文凭，而且是职业领域挑战学术领域的象征，重新规定了一种学位文凭获得的标准。作为制定文凭获得标准的学术授予团体，传统大学拥有这种权限，但是现在的大学受到来自职业领域职业资格认证标准制定者的挑战，这种挑战力量强迫它企图控制这种功能。[7]专业学位的设置在某种程度上反映了职业领域对传统大学学术功能的挑战。传统的大学教育不能满足社会的需求，获取博士文凭日益成为个体追求职业高层次社会地位的象征，因此，为满足职业领域市场需求的专业学位教育逐渐发展起来。

（三）行动的逻辑——惯习的作用

惯习是一个开放的性情倾向系统，具有持久稳定性，但不是永远不变的，会随着经验和场域的发展而改变，或者不断地被强化，或者会调整自己的结构。惯习作为场域内所有参与者互相影响的一种发展倾向，深深地植根于各个不同的场域，并规定了个体的实践。因此，研究某个场域的现实实践问题，可以追溯到某个场域的惯习。虽然教育博士的创设是职业领域挑战高等教育领域的重大标志，但是在教育博士的发展定位与培养上，高等教育领域仍然具有优先权与主导权，而在现实的教育博士培养实践中，高等教育领域的某些方面的惯习会影响教育博士的发展定位与培养，下面围绕几个具体方面阐释。

1. 以自身利益为主的行动逻辑

哲学博士与教育博士的区别，比如理论与实践等，都是学术领域与职业领域共同创造出来的，是自身面临挑战或者外部挑战，以权力区分的结果。区别作为阶层权力关系的竞争结果，是出于自身的逻辑对对方的一种否认。因此，在教育博士发展定位上，如果从高等教育领域利益出发，重视理论与知识是符合自身利益的，首先考虑的是教育博士的学术性，这也是在现实的教育博士培养过程中经常听到的，教育博士学位肯定是达到博士学位的学术性水平，否则就是对高深学问的亵渎。工作机会是教育领域与职业领域的一个冲突点，职业领域，尤其是商业和工业，希望用其自身的标准来选择毕业生。职业领域企图占用教育的价值，当教育领域试图给职业领域一个位置的时候，比如，通过协会团体建立达到工业和商业标准的课程或者教育大纲（职业学校）。如果从职业领域的利益出发，首先考虑的是雇主的需求，用人单位需要能够解决实际问题的人才，他们不仅要有高深的理论知识，而且要有在复杂环境中解决问题的技巧与经历，为企业或者用人单位创造实实在在的效益。虽然教育博士学位已经确立，但是在教育博士发展定位与培养上，需要遵守这种由不同领域冲突产生的产品的差异性，这正是我们在教育博士培养过程中亟待解决的现实问题。

2. 教育者的行动逻辑

虽然教育博士是受职业领域挑战而设立的，但是在教育博士的培养上，高等教育领域仍然具有优先权与主导权。高等教育领域仍然可以支配对教育博士的培养权，教育博士的培养是由原来的哲学博士的导师来实施的，因为现实中还没有形成教育博士专业导师队伍。那么，哲学博士的导师队伍的行动惯习就会深深地影响教育博士的培养实践。例如，哲学博士在高等教育分支领域比教育博士更值钱，因为他是之前的学位研究者，高等教育机构认为他比实践者更有价值。因此，在高等教育领域，理论重于实践是不轻易改变的，哲学博士的导师仍然具有培养哲学博士的思维与行动，在他们的思维中，不会把高等教育领域转变成一个非学术领域的工作间，相反，职业领域则会有另外一种思维模式。

3. 知识的行动逻辑

学生通过文化知识的学习而实现与教师及管理者的互动，教师也是通过文化知识的传授和学术指导而和学生互相联系的，教育管理者也是通过对学生文化知识的评价，对教师课堂教学的管理及学术科研评价等活动形式来实现互动的。从根本上看，高等教育场域内部的相关教育制度和教育活动也都是通过知识而完成的。自从学位诞生以后，无论是传授知识还是增长知识，知识始终是大学的基石，是学位的指向，大学成为知识的主要生产者。然而，20 世纪末以来，随着经济的迅速发展，知识的性质发生了根本性的变化。

1994 年，迈克·吉本斯（Michael Gibbons）等人撰著的《新的知识生产模式——当代社会科学与研究的动力》一书，把知识生产划分"模式 1"和"模式 2"。模式 1 是以单一学科为基础，纯科学的研究，称之为传统的知识生产方式，在较宽的学术背景中形成和解决问题，把新知识的生产视为创新，知识生产与应用相分离。模式 2 是在应用语境下通过跨学科、跨部门合作完成的研究，知识生产的主体、场所和组织机构都呈现异质化的特点，称之为新知识生产模式。知识生产范式的改变，更强调知识的效用与知识生产的情境化，使得科研呈现出越来越明显的情境依赖性，研究问题的选择、研究的宗旨、研究成果的传播都受到应用情境的影响与制约。作为职业领域的专业学位教育，对受教育者来讲，不管其是否拥有相关职业经验，在接受专业学位教育期间都要去从事职业实践，将职业实践经验与专业知识学习结合起来。基于知识生产模式的转型，专业学位教育要转变为侧重在职业实践中培养专业人才。和传统的学术学位不同，专业学位论文的研究问题往往来自于实践的应用语境，并致力于增进应用性的知识。当前在英国、美国、澳大利亚兴起的专业学位所授予的对象就是满足知识生产模式 2 的知识生产工作者。专业学位的崛起体现了新的知识主体（拥有研究技能的专业人士）、新的知识（与实践情境紧密结合的新的知识形式）和新的知识生产情境（工作场所与实践领域）三者的结合[8]。

三、对教育博士发展定位与培养的启示

（一）哲学逻辑是明确的，行动逻辑是模糊的

重视研究还是实践，追求高深知识还是知识的应用，这些矛盾与冲突在高等教育和职业两个领域表现得尤为突出。从学术和职业两个场域看，教育博士的发展定位和培养有什么区别呢？在定位上，学术场域坚守赫尔钦斯的普通教育学哲学观，职业场域奉行杜威的学习源于生活的实践思想，从两者的哲学逻辑上看，高等教育的目标是很明确的。然而，从行动逻辑看，教育博士的发展定位实践是现实模糊的，究其原因主要是因为学术和职业

两个领域都有以自身利益为出发点的惯习，表现在发展定位上，就是出于自身的逻辑对对方的一种不认可。教育博士发展定位与培养的场域比较见表1。

表 1　教育博士发展定位与培养的场域比较

	学术场域	职业场域	
定位	学术目标（赫尔钦斯哲学）	职业目标（杜威思想）	哲学逻辑
	知识理论	职业实践	行动逻辑
培养	哲学导师	无	教育者的行动逻辑
	知识生产模式 1	知识生产模式 2	知识的行动逻辑

（二）建立倾向职业场域的行动逻辑

1.课程结构要具有职业导向性与多学科跨度

教育博士研究生培养方案的设置必须针对"职业性"特点量体裁衣，根据学生的知识结构与职业背景，以加强培养过程中的实践性，实现整个培养过程的科学设计。在专业学位研究生教育的课程教学中，要考虑多学科思维与多学科理论知识的习得，课程内容要注重学生操作性和综合素质的培养。模式2的知识生产具有天然的跨学科性质，学科综合化应成为研究生课程改革的重要价值取向，不仅在课程结构中保障跨学科课程的比重，而且应设置来源于企业的实践项目，以问题解决导向促进学生跨学科思维的养成与训练。

2.学习环境要向职业场域转移

知识生产主体和场所的社会分布异质化状态作为知识生产范式转型的一个显著特点，为教育博士的培养提供新的启示与思考。知识生产场所和从业者范围的扩大，要求大学从封闭状态走向开放状态，从学科规范和过程控制转向跨学科互动和职业导向，从重视理论研究转向重视应用情境下实际问题的解决。专业学位研究生学习要深入到职业领域，进入一线企业或机构，在工作场所培养具体的问题解决能力，从而形成一种多元、开放的学习环境。体现在培养专业学位研究生导师制度上，要形成导师小组，不仅仅是由校内的不同导师构成，也需要校内导师与校外专家共同组成。通过导师小组的多元信息通道，构建学术领域与职业领域的信息桥梁，实现专业学位知识体系与职业资格标准的有序衔接。

3.学术场域与职业场域要建立共同评价机制

我国研究生的课程教学评价坚持的是一种学科内部的学术性评价，知识质量的评价完全是知识共同体内部的事情。评价标准过于侧重学生的学业成绩，将是否发表学术论文及发表的质量作为主要指标，缺乏考虑引入应用性评价标准的理念。知识范式的改变，知识生产主体和场所的异质性特点，以及对研究成果社会价值的较高要求，迫使我们改变原有的学术性导向的评价方式，吸纳高校外部的利益相关者参与到评价过程中。评价内容要从单一的理论知识考核扩展到知识应用能力、实践问题解决能力，以及跨学科的综合思维能力等方面。评价主体要从单一的学科领域内的专家扩展到职业领域的需求方、职业资格标准的制定者，以及社会中的相关利益相关者。评价过程要从单一的课程考试的终结性评价扩展到教学的过程性评价，加强教学过程中的实践性评价比重。

（三）教育博士：学术场域与职业场域的太极

在研究学术场域与职场领域之间的紧张关系或矛盾冲突时，可以运用折中妥协的方式，依托我国古代道家的太极图，建立一种理论模型（如图1所示）。阴影部分代表阴，白色部分代表阳，阴和阳看起来是相对的，但是它总在一个系统里面保持平衡，黑白两个圆点为阴中有阳、阳中有阴，寓意其中一个不能离开另一个独立生存，太极被看作是矛盾对立方在宇宙中完美平衡的结合。也就是用太极中的阴和阳设计出学术场域与职业场域的平衡关系图，阴代表职业场域，阳代表学术场域，哲学思想与目标、教育者、知识、实践、理论、行动惯习六个要素为环形，学术场域与职业场域在教育博士的发展定位与培养中寻求一种和谐的平衡关系。

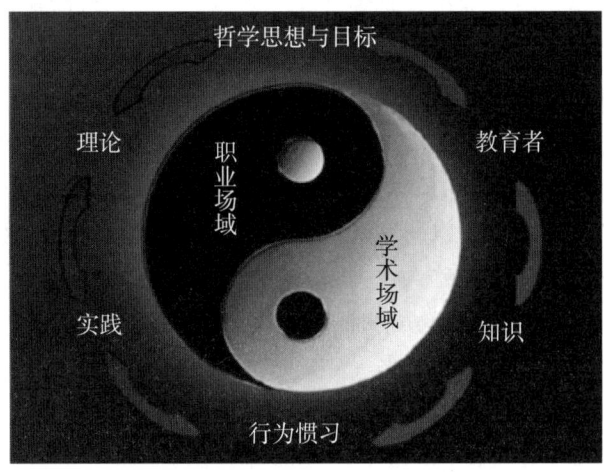

图1　学术场域与职业场域平衡关系示意图

参考文献

［1］［法］皮埃尔·布迪厄、［美］华康德著，李猛、李康译：《实践与反思——反思社会学导引》，中央编译出版社1998年版，第134、178页。

［2］刘生全：《论教育场域》，《北京大学教育评论》2006年第1期。

［3］王霁云、顾建民、严文蕃：《美国教育博士与教育哲学博士之争的缘起与发展》，《大学教育科学》2012年第3期。

［4］徐岚：《教育博士作为专业学位的身份再审思》，《研究生教育研究》2013年第1期。

［5］Benjamin, B. Degree of Distinction: The Ed.D. or the Ph.D. in education. A paper for Annual Meeting of the Association for the Study of Higher Education, Sacramento, California, November 21-24, 2002.

［6］Bourdieu, P. Distinction: A Social Critique of the Judgment of Taste.（translated by Richard Nice）. Cambridge, MA: Harvard University Press, 1984: 6.

［7］Agnew, B.（1999）. Universities Have Opposed NIH Plan to Grant Ph.D's; Scientists Block NIH Plans to Grant Ph.D's Science（June 11）, 17-43.

［8］陈洪捷:《知识生产模式的转变与博士质量危机》,《高等教育研究》2010 年第 1 期。

（本文选自《研究生教育研究》2015 年第 1 期）

我国教育博士专业学位研究生培养状况调查研究

马爱民　　李永刚

（华东师范大学）

 **摘要**

　　为及时了解我国教育博士培养现状，本研究运用问卷调查法对全国 15 所试点高校的教育博士生展开全面调查，并对教育博士指导教师进行了半结构访谈。结果发现：不同教师、学生对于教育博士培养目标的认可与解读存在差异，专业训练实践性较为薄弱，导师指导学术化。因此，进一步明确教育博士培养目标规格、创新实践培养模式、探索多导师制对于保障教育博士培养质量就显得尤为重要。

关键词

　　教育博士；实践训练；培养质量；课程教学

　　教育博士作为一种专业学位，具有十分鲜明的职业性特征，其目标是要培养教育领域的高层次应用型专门人才。为积极优化我国学位与研究生教育结构，2008 年，国务院学位委员会第 26 次会议上通过了《教育博士专业学位设置方案》，决定在我国设置教育博士专业学位，开展教育博士专业学位教育工作，并于 2009 年确定在北京大学、清华大学、北京师范大学和华东师范大学等 15 所研究生培养单位开展教育博士专业学位教育试点工作。

　　2010 年，各试点高校开始正式招生。截止到 2012 年，在校生总计已经达到 503 人（数据由各试点高校提供）。但我国教育博士目前还只是处于起步阶段，虽然早在 2000 年开始，北京大学、华中科技大学等高校展开过相关的试验，但是培养定位、培养模式、质量监控和培养管理等诸方面都不太完善。

　　针对教育博士的学术研究，国外研究主要集中于教育博士研究性和实践性的关系，除了有大量的文献集中于教育博士与哲学博士两种博士学位的比较。[1] 研究者们对两种学位的去留也持有不同看法，有的提出应取消其中一种学位（通常为教育博士），而更多的建议是增加二者的区分度[2]，还有的研究者如李·S.舒曼和克里斯·M.戈尔德等人提出设立新型的专业实践博士学位 P.P.D[3]。此外，麦克斯威尔等人则参照吉本斯提出的知识生产模式，将教育博士划分为两代，强调教育博士知识研究的情境性、应用性。[4] 反观国内关于教育博士的研究，目前主要集中于对国外教育博士培养实践的经验介绍，以及不同国别教育博士培养的比较研究，对于本国教育博士培养的现实状况与存在问题则鲜有探究。基于此，本研究通过对 15 所教育博士培养试点单位的学生展开问卷调查，并辅之以部分教育博士生导师的访谈，结合国外培养经验发现和诊断我国教育博士培养过程中可能存在的问题，从而为教育博士试点培养工作的改进提供事实依据和政策建议。

一、研究方法

（一）研究设计

基于以上分析，课题组设计了"教育博士培养质量"测量表，主要分为三部分：一是基本信息，二是教育博士培养过程，三是开放问题。其中培养过程包括培养目标、课程教学、导师指导和专业实践等几个方面。问卷是单项选择题、多项选择题与开放题目相结合的形式；问卷共设计了 47 个题项，其中主观感受题有 26 个；主观感受题主要采用李克特五级量表计分，由"5"到"1"分别表示"很满意""较满意""一般""不太满意""很不满意"。

（二）资料收集方法

研究于 2012 年 7 月到 9 月间，采用面向所有试点培养单位的全面调查方法，共发放问卷 243 份，回收有效问卷 198 份，其中纸质问卷为 127 份，网络问卷为 57 份。出于样本选取及问卷回答的有效性，剔除掉 2012 级新生问卷（入学时间较短），有效问卷共计 184 份，有效率达到 75.7%，有效样本数占 2010 级与 2011 级在校生总体的 56%，因此样本选择具有一定的代表性。样本基本信息见表 1。

表 1 样本基本信息和特征

样本基本特征	比例（%）		
性别	男（65%）		女（35%）
年级	2010 级（38%）		2011 级（62%）
年龄结构	26—30（3%）； 31—35（21%）； 36—40（37%）； 41—50（39%）		
工作年限	少于 5 年（5.3%）； 6—10 年（20.8%）； 11—15 年（22.9%）； 16—20 年（31%）； 21—25 年（16.3%）； 26 年以上（3.7%）		
工作单位所在地	直辖市（12.5%）； 省会城市（26.6%）； 地级市（46.2%）； 县级市（9.2%）； 乡镇（5.4%）		
职业	高校行政人员（55.4%）； 高校专任教师（11.4%）； 中小学行政人员（9.2%）； 中小学专任教师（11.4%）； 教研人员（2.2%）； 教育行政管理人员（3.3%）； 其他（7%）		
职务	副厅（局）级以上（2%）； 正处级（19%）； 副处级（28%）； 正科级（17%）； 副科级及以下（9%）； 无（25%）		
职称	正高级（7%）； 副高级（52%）； 中级（36%）； 初级（1%）； 无（4%）		

访谈调查方面，根据调研的可行性，在 15 所试点高校中，共选取了 4 所试点单位的 8 位教育博士生导师作为访谈对象，包括综合类和师范类两种类型的大学，其中有 1 位院长和 2 位副院长，6 位男教授和 2 位女教授。

（三）数据分析方法

问卷数据的整理与分析采用 SPSS17.0，经过检验，问卷的克隆巴赫系数为 0.762，表明问卷具有较好的结构一致性。

二、研究结果与发现

（一）不同主体对培养目标理解存在差异

培养目标的实现要经过从文本描述到行动实施的一个过程，其中包含的一个重要中间环节，就是教育博士培养活动相关者对培养目标的文本理解和意义解读。实际情形是不同主体会从自身处境出发，对培养目标做出不同的判断。其中最为重要的两个相关利益主体当属教育博士生和指导教师，因此，在学生层面，研究共设计了两类题项，一是"您所在院校的教育博士培养目标与您期望的一致程度"，直接考察培养目标设计与定位的合理性；二是通过考查学生读教育博士学位的动机，从侧面反映学生的实际需求和读博动因；教师层面则以访谈的形式，深入了解指导教师对教育博士培养目标的认知和理解。

1. 教育博士培养目标认可程度

数据统计结果来看，教育博士生对培养目标的认可度比较高（均值 $M = 3.93$，标准差 $SD = 0.725$），其中有 111 人认为教育博士的培养目标与自己的预期比较一致，占比为 60.3%，认为"非常一致"的有 34 人，占到总数的 18.5%，二者占到总数的 78.8%。但是来自不同单位所在地的学生在培养目标与预期符合度上具有差异，卡方检验也发现学生的工作单位所在地与培养目标满意度之间有关（卡方值 $\chi^2 = 5.207$，$p < 0.05$）。数据统计发现，工作单位所在地为直辖市的学生认为培养目标与预期"非常一致"的比例为 30%，省会城市为 20%，地级市为 12%，县级市为 18%，因此，工作所在地为直辖市与省会城市的学生更为认同现在教育博士的培养目标，这可能是由于大城市对工作能力和职业要求更高，从而在客观上刺激了教育博士学生对专业知识和能力提高的需求。另外，学生的年龄对培养目标的满意度也具有显著影响。方差分析显示，31—35 岁的均值为 3.66，36—40 岁的均值为 3.99，41—50 岁的均值为 4.03，年龄越大，学生越趋向于认同教育博士的培养目标（$F = 3.734$，$p < 0.05$），这反映出年龄越小，学生对教育博士有着更多的需求与预期。

2. 教育博士生读博动机分析

学生攻读教育博士的动机方面，调查数据显示，"提高专业知识理论水平""提高科研素养和能力""提高职业实践能力"的选择人数明显高于其他选项，是学生选择攻读教育博士最主要的动因。三项的选择人数分别为 162、158、149，占到总数的比例依次为 88%、86%、81%。此外，职务、职称的晋升需要也是学生选择的一个重要考虑因素，选择占总数的比例为 55%。从中可以看出，理论知识、科学研究和专业实践是构成学生选择攻读教育博士学位的三个核心要素，这也与教育博士的培养目标与取向具有较大契合度。但是，不同年龄段的学生在因"提高专业知识理论水平"而读博上具有差异，描述性统计分析表明，随着年龄的增加，就读的学生越发注重自身专业理论知识水平的提高。通过偏相关分析，控制变量"专业技术职务"，也证明二者之间具有正相关（偏相关系数 $r = 0.206$，$p < 0.01$）。此外，不同技术职称的学生在"职务、职称晋升需要"的读博动机上也存在显著差异。调研数据统计显示，正高、副高和中级职称的选择人数分别为 1、25 和 34 人，各占同级别总数的比例依次为 8%、26% 和 52%，表明专业技术职务越低的学生越关切攻读教育博士学位对职务、职称的晋升的帮助，二者之间呈负相关（偏相关系数 $r = 0.167$，$p < 0.05$）。

3. 教育博士生导师对培养目标的认知解读

教师层面，调研通过访谈多位教育博士生导师发现，虽然大部分教师都认同教育博士是要培养"研究型的专业人员"的目标，但是对内涵于其中的学术和实践的取向与侧重却有不同的认知，或者说是对教育博士中的学术和实践成分侧重有不同见解。例如，有的教育博士生导师认为教育博士必须具备一定的"学术含量"，而实践主要体现为理论对教育现象的解释，"你不能就搞一个经验总结或是问题原因澄清对策，我觉得那肯定不行，我们教育博士肯定要有理论思考要求，没有理论思考，实践问题他也说不清楚……怎么对那些习以为常的管理事务有一种比较好的理论思考"（H 大学，教师 CZ）；而有的教育博士生导师则认为教育博士的培养要侧重专业性和实践性，"不是要在理论上推广到那里去，而是要解决你的学校、工作当中的实践问题，提出可操作性的建议、对策"（N 大学，教师 ZX）。

（二）专业训练的实践性较为薄弱

1. 课程与教学

教育博士的实践性不应单向度地理解为对学术知识、研究成果的应用，还包括学生对教育实践批判和解释能力的培养，能从教育学视角出发，对根植于现实的问题做出专业性的判断和决定[5]，因此教育博士的培养体系应超越传统的知识—应用导向模式，将实践能力融合进培养过程中。研究设计了课程实用性和教学实践性两类题项作为专业实践训练的观测值，其中课程实用性通过李克特量表方式计分，分值越高表示课程实用性越强；教学实践性以实践教学方法和教学实践、实习的运用情况为依据进行分析。

统计结果显示，与课程的基础性和前沿性相比较，课程的实用性分值明显偏低（均值 $M = 4.06$，标准差 $SD = 0.894$），感到满意的有 135 人，仅占总数的 73%，而课程基础性和前沿性的比例则分别达到 86%、83%。这一方面是由于当前教育博士课程设置的逻辑起点是学科与专业化，而非职业实际需求，另一方面，课程内容的设计和安排主要是由学术型教师主导，内容架构更多是以学术化的理论逻辑为基础，因此，这势必会造成课程内容与工作实践应用的脱节。在教育博士教学方法运用上，调查发现，使用最多的分别是讲授与研讨相结合的教学法、案例教学法、讲授法、研讨法，其比例依次为 85%、81%、78%、

66%。现场观摩法使用相对较少，选择人数为82，仅占被调查总数的45%。如图1所示，其中案例教学法和现场观摩法可以视作实践教学方法，而在对学生最喜欢的教学方法的调查中，排名前三的依次是讲授与研讨法、案例教学法和研讨法，基本与目前最常采用的教学方法吻合，并没有包括现场教学法，这也从侧面说明学生实践能力的培养不应简单化处理，而应将研究、理论与专业实际有机结合起来，深化教育实践的认识和能力的培养。

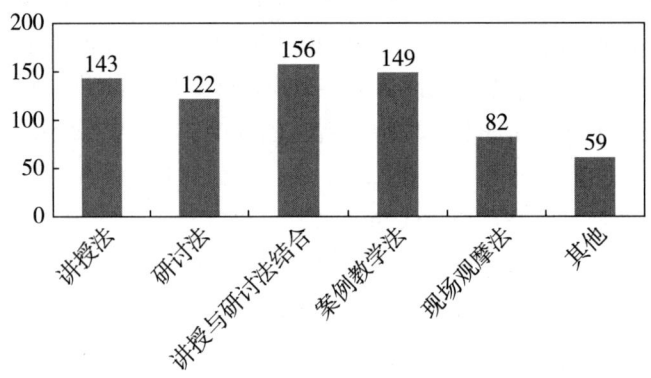

图1　教育博士采用的教学方法

2. 专业实践训练

教育博士实践能力的训练对培养目标的实现有着重要的作用，它不仅包括职业实践能力，而且包括专业研究能力。这也是教育博士作为"博士"的应有之义，不过与学术博士侧重基础性研究能力的训练不同，教育博士主要针对的是面向实际问题的应用研究能力。以参与科研课题和论文发表作为监测教育博士生科研训练的两个指标，统计数据显示，有66人参与了导师的课题，占调查总数的36%，而没有参与过导师课题的达到118人，占比为64%；关于在读期间学术论文的发表，数据统计发现，没有发表论文的有73人，占总数的40%，而发表过1篇以上的人为111人，占调查总数的60%。因此，从统计数字表征来看，学生得到了较好的科研训练，但是这种科研训练主要是在传统学术范式主导下进行的，对于学生应用研究能力提高的效用还有待进一步考证。

关于学生的职业实践能力训练，调研发现，目前试点单位的教学实践环节主要以实地或境外考察的形式为主，方式较为单一，且开展频次较少，根本无法满足学生的巨大需求。在对"您对教育博士培养中最不满意的是"的回答中，排名第一的是实践能力训练，选择人数达到102，占总数的55%，也佐证了教育博士实践训练不足这一论断。在开放性题项回答中，许多学生也建议"加大提高实践能力的课程"，"更多地采用案例教学法"，此外应"增加实地调研、考察的机会"，由此凸显出目前教育博士培养体系中实践训练环节的薄弱，需要积极开发教育博士实践训练课程和方式，努力提高学生的职业实践能力。

（三）导师指导偏向学术化

1. 教育博士师生联系紧密程度

导师指导是教育博士培养的重要一环，其指导频次、指导方式和指导有效性是衡量导师指导状况的三个重要维度。数据统计显示，教育博士生与导师之间联系较为密切（均值 $M = 3.99$，标准差 $SD = 0.810$），表示与导师密切联系的学生有 50 人，占总数的 27%，与导师经常联系的有 90 人，占比为 49%，二者共计 140 人，占总数的 76%，表明教育博士导师对学生有较好的指导（如图 2 所示）。但是由于教育博士在职学习的特殊性，除了一般性的指导外，导师课题参与可能是维系师生联系的重要方式，方差分析也证明了这一点（$F = 16.803$，$p < 0.01$）。参与导师课题的学生，师生之间的联系平均值为 4.3，要明显高于未参与导师课题的学生（均值 $M = 3.81$，标准差 $SD = 0.826$）。

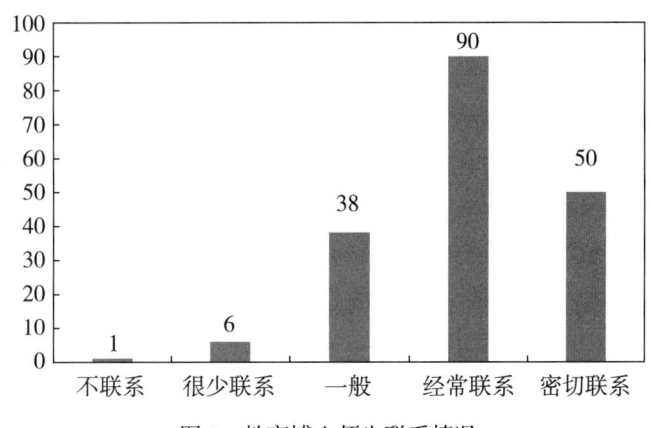

图 2　教育博士师生联系情况

2. 教育博士师生联系情况

由于教育博士为非全日制培养，其教学主要集中在假期、周末，时间较为分散，而且在读学生主要来自地方县市（占调查总数的 60.8%），因此与导师接触机会较少。调研也发现，导师主要是通过学生在校学习期间对学生进行当面指导。统计数据显示，选择当面交流的人数达到 171，占总数的 93%；其次通过邮件交流的有 127 人，约占总数的 69%；通过电话交流进行指导的为 86 人，占比为 47%；通过网络交流的只有 51 人，只占调查总数的 28%。除教育博士的学习方式制约了导师指导学生的方式外，学生工作单位所在地也对导师的指导方式产生影响。统计结果表明，直辖市与省会城市的学生接受的指导方式多样化，导师对学生的指导更为多元和及时。除了由于试点单位在直辖市或省会城市带来的地理便利，使学生能更多地接受导师的当面指导外，在电话交流与网络交流指导方式的使用中，直辖市、省会城市的学生要明显高于地级市、县级市的学生。卡方检验也验证了这一情形（"当面交流"卡方值 $\chi^2 = 10.853$，$p < 0.05$；"电话交流"卡方值 $\chi^2 = 23.85$，$p < 0.01$；"网络交流"卡方值 $\chi^2 = 23.90$，$p < 0.01$）（如表 2 所示）。

表 2　不同工作单位所在地与指导方式交叉表

交流方式	直辖市		省会		地级市		县级市		乡镇		sig.
	0	1	0	1	0	1	0	1	0	1	
当面	0	22	0	46	2	7	3	14	0	10	0.028
电话	0	8	0	28	28	34	8	8	1	8	0.000
网络	0	6	0	13	27	26	11	4	6	2	0.000
total	0	36	0	87	57	137	22	26	7	20	

注：0 代表未使用，1 代表使用。

3. 教育博士导师指导有效性

导师指导对学生发展的影响是多方面的，研究设计了道德修养、治学态度、学术兴趣、专业知识、专业实践、科研能力和职业发展 7 个因子作为导师指导有效性的检测指标。数据统计显示，学生对导师在这 7 个方面指导的满意度都很高，按照满意度（包括很满意和较满意）高低降序排列，其中最高的前三项分别是治学态度、学术兴趣和道德修养，选择满意的人数和占总数的比例分别为 180、174、170 和 98%、95%、92%；余下的依次是专业知识、科研能力、专业实践和职业发展，选择人数分别 167、166、154 和 150，占总数的比例依次为 91%、90%、84% 和 82%。如图 3 所示，从中可以看出，教育博士导师对学生帮助最大的是学术素养和品格，其次为理论知识与科学研究，最后是实践能力。相形之下，学生在专业实践和职业发展促进方面对指导满意度的评价较低，说明导师的指导偏向于学术化，专业、实践和职业的指导相对薄弱。

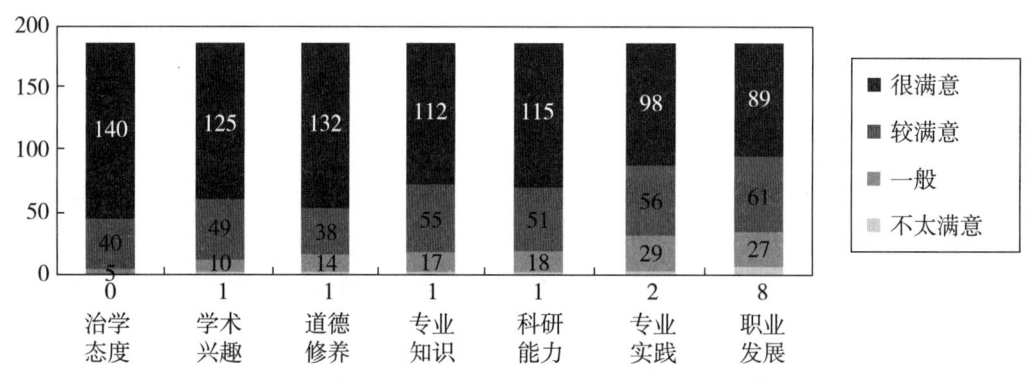

图 3　学生对指导内容满意度评价

在具体内容指导有效性评价的基础上，研究设计了题项"您对导师指导的总体满意度"，数据统计显示教育博士生对导师的满意度评价很高（均值 $M=4.47$，标准差 $SD=0.709$），其中对导师指导表示很满意的有 109 人，占调查总数的 59%。通过回归分析，结果显示导师对"治学态度""科研能力"的指导和师生间联系程度三项对导师总体满意度的拟合优度达到 62.8%。如表 3 所示，这从另一个方面可以看出，目前在教育博士培养过程中，不仅是导师指导偏向于学术化，而且在学生的认知中，虽然对导师在职业实践指导方面不太满意，但是更深层次上倾向于认同学术型的指导方式，除了师生间的联系紧密度外，科研态度和能力的发展是影响评价导师的重要方面，这与学术型博士导师对学生内容的指导相比，并没有显著差别。

表3　导师指导总体满意度的回归分析

自变量	非标准回归系数（B）	标准系数	t 值	sig.
常量（constant）	−0.306			
学生与导师联系程度	0.285	0.326	5.751	0.000
对导师指导科研能力发展的满意度	0.279	0.270	2.937	0.004
对导师指导治学态度发展的满意度	0.308	0.212	2.462	0.015

三、政策建议

（一）明确教育博士生培养规格，细化培养目标的标准与内涵

调研过程中发现，虽然国务院学位委员会审议通过的《教育博士专业学位设置方案》对教育博士培养目标和规格做出了明确的规定，但是在实践培养过程中，各主体对于培养目标的理解和认知却有差异，对教育博士培养的实际需求也各有不同，主要表现在理论与实践成分在教育博士培养中的比例和功能作用的定位。因此，一方面，管理部门应进一步明晰培养目标的内涵、要义，做好、做细相关规定的解释与说明工作，有效指导试点单位的培养实践；另一方面，试点单位应根据国务院学位委员会和教育部相关文件的精神，结合培养对象的特点与需求，设定明确、清晰、具体的培养目标，包括教育博士培养的职业面向，以及相应具备的知识、能力和素养的水准与结构，从而为整个培养体系奠定指向性清晰、明确的目标。

（二）突出培养环节的专业性，强化教育博士生的实践能力

首先在教育博士生招考环节上，协调好培养单位与招生单位的关系，扩大培养单位的招生自主权，从报考学生的特征与需求出发，降低外语考试难度，注重工作实践能力和研究潜质的考察；其次提高课程的实用性，在注重专业理论知识教学和引导运用理论解释现实的同时，开发探究性、现实问题解决型的专题课程，创新教学组织形式，通过组建学生小组，针对现实问题展开合作研究[6]，综合运用讲授与研讨结合法、案例教学法和实地调研法等多种教学方法；再次，通过各种方式提高学生的科研能力，有效运用课题参与的形式，训练学生的研究能力并借此密切师生间的联系，加强指导学生学术论文的研究、写作和发表，扩大学生参与相关学术讲座和学术会议的机会等；最后，创新教学方式，改革教学实践课程，大力加强学生职业实践能力的培养，尝试与学生所在单位或相关教学实习基地合作，展开行动研究。

（三）探索双导师和小组导师制，加强对学生专业能力的指导

调研中发现，目前主要实行的仍是一对一的学术型导师制，教育博士生导师的指导方式和指导内容与学术型博士基本没有差异，这虽然在提高学生理论知识和科研能力方面成

效显著，但是对专业发展和职业实践能力的指导明显不足，受到许多学生的质疑，因此接下来在学生指导中，应适当考虑配备实践型导师，探索实行双导师或小组导师制，在集体导师制下尝试引入来自实践领域的专家[7]，加强对学生专业实践能力发展的设计和指导。在指导方式和频次上，一方面，应有效运用课题参与的方式，加深师生的合作与联系；另一方面，应充分利用电子、网络媒介等技术手段，加强师生之间的联系和指导。在指导内容上，要从教育博士的特点和学生实际需求出发，启发学生运用研究的视角切入教育实际现象，深入分析实践背后运作的机理，指导学生创新性地解释和破解职业实际遇到的问题。

参考文献

［1］Anderson, D.G.（1983）. Differentiation of the Ed.D. and Ph.D. in education. *Journal of Teacher Education*, 34（3）, 55-58.

［2］Evans, R.（2007）. Existing practice is not the template. *Educational Researcher*, 36（9）, 556.

［3］［5］Shulman, L.S.（2006）. Reclaiming education's doctorates: a critique and a proposal. *Educational Researcher*, 35（3）, 25-32.

［4］Maxwell, T.（2003）. From first to second generation professional doctorate. *Studies in Higher Education*, 28（3）, 279-291.

［6］Taylor, A.（2007）. Learning to become researching professionals: the case of the doctorate of education. *International Journal of Teaching and Learning in Higher Education*, 19（2）, 156.

［7］李广平、饶从满：《美、澳、英三国教育博士的培养目标与培养过程研究》，《学位与研究生教育》2010 年第 9 期。

（本文选自《国家教育行政学院学报》2015 年第 3 期）

第五编　质量保障与评估

教育硕士专业学位研究生质量评估方案初探

朱建伟　　左显兰

（浙江师范大学）

摘要

　　教育硕士专业学位研究生培养质量是教育硕士专业研究生教育的生命线。本文在探讨教育硕士专业学位研究生培养质量标准的基础上给出了教育硕士专业学位研究生个体质量评估方案。

关键词

　　教育硕士；培养质量；评估方案

　　质量是管理理论中的专门术语，人们常说"产品质量是企业的生命线"，教育作为一个特殊的产业，它的产品是人才。从这个意义上说，教育硕士专业学位研究生培养质量就是教育硕士专业研究生教育的生命线。为贯彻落实《中国教育改革和发展纲要》，加快基础教育师资队伍和管理队伍建设，从 1997 年开始在我国设置并试办教育硕士专业学位。教育硕士专业学位教育渠道的开通，对中小学教师队伍建设，特别是培养 21 世纪中小学教育管理专家与学科教育专家、中小学骨干教师具有特殊的意义，是我国实施科教兴国和可持续发展战略，实现跨世纪宏伟目标的必然要求，是全国实施素质教育的要求，同时也是我国学位与研究生教育改革的重要举措。教育硕士专业研究生教育在我国刚刚起步，发展很快，但质量问题应引起我们高度的重视。我们所培养的教育硕士研究生的质量不仅会影响教育硕士专业学位这块牌子，还会影响到我国基础教育的改革与发展，因此必须对教育硕士研究生的质量进行严格的评估、监控。

一、教育硕士专业学位研究生质量评估的目的和意义

　　研究生个体质量的评估是学位与研究生教育质量评估的重点，教育硕士研究生个体质量的评估也应是教育硕士专业学位教育质量评估的重点。因为无论何种层次的教育，教育质量的高低都体现在其教育对象——学生的身上。教育硕士专业学位授予工作和培养工作的质量如何，最主要的依据还是教育硕士研究生的质量，缺乏教育硕士研究生质量评估的基础，整个质量评估都会落空。我们的培养条件、师资水平、教学状况、管理水平等都最

终体现在我们的教育对象——教育硕士研究生的质量上。

教育硕士研究生的质量评估其目的大体有以下几点：（1）通过评估了解整个教育硕士研究生的情况，并对他们起激励、导向和督促作用，对评估不合格者，暂缓授予学位。（2）通过评估，了解教育硕士研究生教育教学质量、管理水平、教育目标的到达程度，培养方案的落实情况，肯定成绩，找出问题，从而不断地改进教育硕士研究生教育，提高培养质量。（3）通过评估，领导部门找出一些带共性的问题，提出改革意见，加强宏观调控。（4）教育硕士研究生大部分时间是在原单位在职兼读，通过全面评价，加强学位授予点与用人单位的联系、沟通，收集反馈意见，改进教学工作，创建一个学位授予点与用人单位共同培养人才的良好的开放的教育系统。

二、教育硕士专业学位研究生培养质量标准

在国务院学位办〔1996〕25号《关于开展教育专业硕士学位试点工作的通知》中，对教育硕士专业学位的性质和培养目标作了明确规定："教育硕士专业学位是具有特定教育职业背景的专业性学位，主要培养面向基础教育教学和管理工作的高层次人才。教育硕士与现行的教育学硕士在学位上处于同一层次，但规格不同，各有侧重。该学位获得者应有良好的职业道德，既要掌握某门学科坚实的基础理论和系统的专业知识，又要懂得现代教育基本理论和学科教学或教育管理的理论及方法，具有运用所学理论和方法解决学科教学或教育管理实践中存在的实际问题的能力，能比较熟悉地阅读本专业的外文资料。"

教育硕士专业学位的设置，打破了教育领域纯学术型的研究生培养模式，直接面向基础教育发展的实际需要培养应用型人才。因此，教育硕士研究生培养质量标准体现在以下几个方面。

（一）科研型和实用型结合

教育硕士应在学习过程中，将教育基本理论、学科教学和教育管理的基本理论与自身的教育教学和管理实际结合起来，对以往工作中的问题进行分析，找出解决办法；对规律性的东西进行总结和提炼，丰富教育教学或管理理论；对好的实际经验加以总结推广，扩大经验成果的覆盖面。

（二）复合型

教育硕士专业学位其所学的课程既是"教育"的，又是某一"专业"的。这类研究生的培养是跨学科的、多学科的，其本身就体现了跨学科、多学科的交融与渗透的发展趋势。教育硕士专业学位的培养目标是要使学位获得者具有复合型的知识结构和能力结构，既要掌握教育基本理论、学科教学或教育管理的理论和方法，又要掌握某门学科系统的专业知识和坚实的理论基础，能够运用所学理论与知识解决教学和管理中的实际问题。

（三）开拓型

教育硕士研究生应该成为各地区、各学校实施素质教育的排头兵，成为具有较新教育观念、锐意进取、善于攻关的改革者，能够自觉地运用所学的理论，来指导教学或管理工

作，在学科教学或学校管理中取得新的进展，做出示范。

三、教育硕士专业学位研究生质量评估的指标体系和权重

教育硕士研究生个体质量评估	A1 课程学习（33分）	B1 学分比（20分）。B2 各科成绩加权平均分（13分）。
	A2 科研能力（12分）	B3 收集资料的能力（6分）。B4 科研项目（3分）。B5 论文或获奖（3分）。
	A3 学位论文（22分）	B6 论文选题（5分）。B7 基础理论和专门知识在论文中的体现（5分）。B8 作者的学风在论文中的体现（5分）。B9 论文水平（7分）。
	A4 社会评价（33分）	B10 思想道德素质（8分）。B11 自学状况（7分）。B12 业务素质提高状况（9分）。B13 工作实绩（9分）。

四、教育硕士专业学位研究生质量评估细则

（一）本方案是参照教育硕士专业研究生教育有关文件资料设计的。

（二）对评价方式和方法的说明

因为教育硕士研究生的培养方式有脱产、半脱产、在职兼读多种。大多采用的是脱产学习一年，修满课程学分，然后回原单位进行在职兼读，并结合本职工作撰写学位论文。由于学员的学习主要分两阶段，在两种环境中进行，且大部分学习、实践工作在原单位进行，这就给我们的教学管理工作以及评价工作提出了新的要求，需要学位授予点和用人单位经常联系，密切配合，做好评价、管理工作。所以，我们的评价也主要分在学位授予点脱产学习和回原单位在职兼读两部分，采用校评价和社会评价两种形式，其中又注意到他人评价和自我评价相结合，静态评价和动态评价相结合。

（三）对指标体系和权重分配的说明

教育硕士研究生多为单位骨干，他们有多年丰富的教学和管理实际经验，他们的理论水平和科研能力需要进一步加强。教育硕士只有在课程学习阶段打下坚实的理论基础，才能灵活地运用所学理论指导实际工作，从事具有实用价值的课题研究。教育硕士的理论学习不是为了纯学术研究，而是为了运用科学的理论来指导实际工作，解决实际问题，提高业务水平。同时，还要用所学理论进行教育科学研究，提高科研水平。课程学习、科研能力和学位论文、社会实践这三者同等重要，它们的权重基本相等。科研能力考查指对教育硕士三年学习期间的科研考查，既包括对脱产学习期间的科研考查，又包括对回原单位进行的科研考查。因为有些科研项目本身要较长时间内研究的，所以单独列为一项，在社会评价中就不再列了。学位论文本应包含在科研能力中，考虑到它是授予教育硕士学位必不可少的一部分，所以也单独列为一项。科研能力中我们把收集资料的能力作为一项指标，是根据识经济时代对人才的要求提出来的，科研型的教师和管理人员，就应该具有使用现代化信息手段的能力。科研选题强调结合本职工作，分析和解决实际问题，有别于现行教育学硕士研究生。

（四）对社会评价的说明

教育硕士研究生大多是带着问题和课题来读书的，学习之后要有进步，能解决实际问题，业务素质要有所提高，工作做出实绩。评价以业务素质提高状况、工作实绩作为两项重要的指标。教育硕士研究生在职兼读期间担任教师和学员双重身份，工作和学习要同时兼顾，所以自学状况也作为一项指标。学员思想道德素质无法在短期脱产学习期间考核，只有通过日常工作中的实际表现来考核，所以也放在社会评价这一块。

一级指标	二级指标	指标等级标准内涵	等级和给分区间	实际得分	测评方法
课程学习	学分	学位课、专业课达到规定的学分，选修课超过规定10学分。	优（13.6—17）		查阅学籍档案
		学位课、专业课达到规定的学分，选修课超过规定5学分。	良（9.1—13.5）		
		学位课、专业课、选修课都刚好达到规定的学分。	中（7.8—9）		
		学位课、专业课、选修课其中有一门没达到规定的学分，差一学分扣2分，扣完为止。	差（0—7.7）		
	各科学习成绩	各科学习成绩均在80分以上。	优（10.4—13）		
		各科学习成绩加权平均70—79分。	良（9.1—10.3）		
		各科学习成绩加权平均60—69分。	中（7.8—9）		
		各科学习成绩加权平均59分以下。	差（5—7.7）		
科研能力	收集资料的能力	1. 能熟练地使用电脑查询资料。2. 会使用各种各样的检索工具。3. 能熟练地阅读本专业的外文资料。4. 会设计实验方案或制作调查问卷。	优（4.8—6）		
		能做到1、2、4条者。	良（4.2—4.7）		
		能做到2、4条者。	中（3.6—4.1）		
		不及中等者。	差（2—3.5）		
	科研项目	承担省级课题并为课题负责人或参与国家级课题。	优（2.4—3）		
		承担市级课题并为课题负责人或参与省级课题。	良（2.1—2.3）		
		承担县级课题并为课题负责人或参与市级课题。	中（1.8—2）		
		不及中等者。	差（0.8—1.7）		
	论文或获奖	在省级以上刊物上发表文章或获省级以上奖励。	优（2.4—3）		
		在市级刊物上发表文章或获市级奖励。	良（2.1—2.3）		
		在县级刊物上发表文章或获校级以上奖励。	中（1.8—2）		
		不及中等者。	差（0.8—1.7）		

一级指标	二级指标	指标等级标准内涵	等级和给分区间	实际得分	测评方法
学位论文	论文选题	1. 论文选题密切联系实际，结合本职工作。2. 对学科教学或管理中的问题进行分析。3. 对问题进行研究提出解决办法。	优（4—5）		
		能基本做到以上三条者。	良（3.5—3.9）		
		能做到1、2条者。	中（3—3.4）		
		不及中等者。	差（1—2.9）		
	基础理论和专门知识的体现	1. 论文体现相关学科知识面广。2. 基础理论知识宽厚。3. 本学科专业知识系统、深入。	优（4—5）		
		能基本体现以上三条者。	良（3.5—3.9）		
		能体现2、3条者。	中（3—3.4）		
		不及中等者。	差（1—2.9）		
	作者学风的体现	1. 有严谨的科学态度，引用他人成果有注释。2. 论据可靠充分。3. 论文主要为自己独立完成。4. 论文逻辑体系严密、表达清楚、图表规范。	优（4—5）		
		能体现以上1、3、4条者。	良（3.5—3.9）		
		能体现1、3、4条中任意两条者。	中（3—3.4）		
		不及中等者。	差（1—2.9）		
	论文水平	论文具有前瞻性，提出了更佳的更具有发展性的理论，能够在今后的工作中，联系实际方案，解决实际问题，论文发表。	优（5.6—7）		
		论文具有前瞻性，提出了较佳的较具有发展性的理论，能够在今后的工作中，联系实际方案，解决实际问题。	良（4.9—5.5）		
		1. 对工作中实践性的东西加以推广，扩大经验成果的覆盖面。2. 对工作中规律性的东西加以总结，丰富和深化了某方面的理论，做到其中任意一条者。	中（4.2—4.8）		
		不及中等者。	差（2—4.1）		
社会评价	思想道德素质	1. 坚持四项基本原则。2. 有良好的思想作风和工作作风。3. 优良的职业道德。4. 有较强的事业心。	优（7.2—9）		
		以上几点做得较好者。	良（6.3—7.1）		
		以上几点做得一般者。	中（5.4—6.2）		
		以上几点做得不好者。	差（3—5.3）		

一级指标	二级指标	指标等级标准内涵	等级和给分区间	实际得分	测评方法
社会评价	业务素质提高状况	1. 知识面扩宽。2. 表达能力和综合分析能力加强。3. 课堂教学能力或管理能力提高。4. 组织协调能力和人际关系能力加强。	优（7.2—9）		
		能基本做到以上四条者。	良（6.3—7.1）		
		能做到1、3条和2、4中任意一条者。	中（5.4—6.2）		
		不及中等者。	差（3—5.3）		
	自学状况	1. 有自学的兴趣、热情和坚持自学的习惯。2. 能处理好自学和工作的关系。3. 自学课程的合理性和先进性。4. 有读书笔记。	优（5.6—7）		
		能基本做到以上四条者。	良（4.9—5.5）		
		能做到1、2、3条者。	中（4.2—4.8）		
		不及中等者。	差（2—4.1）		
	工作成绩	1. 回原单位进行了教学和管理方面的改革，并取得一定成效。2. 解决了教学和管理某些方面的问题，并在同事中加以推广。3. 为学校提出了富有建设性的意见或建议。	优（7.2—9）		
		1. 回原单位进行了教学和管理方面的改革，并初见成效。2. 能基本做到以上2、3条。	良（6.3—7.1）		
		只能基本做到以上2、3条者。	中（5.4—6.2）		
		不及中等者。	差（3—5.3）		

（五）对评价过程和阶段的说明

学员学习是一个动态的过程，主要分两阶段进行，质量评估工作也应分阶段进行。如收集资料的能力采用现场考核的办法，就应安排在学员集中授课阶段将要结束的时候进行。学位论文评估就应放在论文答辩期间，委托论文答辩委员会进行。本方案评估的时间段只限定在学员学习的全过程，不包括毕业之后的社会评价。

（六）量化计算方法说明

由于评价是分阶段进行的，且各阶段各项末级指标的评委也不尽相同，所以计算得分时，应先计算各阶段各项末级指标的平均值，然后将各项末级指标的平均值相加，求得总分，公式为：

$$S = \sum_{i=1}^{n} B_i \qquad ①$$

$$B_i = \frac{1}{k} \sum_{j=1}^{k} B_{ij} \qquad ②$$

将 ② 式代入 ① 式：$S = \sum_{i=1}^{n} \frac{1}{k} \sum_{j=1}^{k} B_{ij}$

注：B_i 表示第 i 末级指标的平均值；n 表示末级指标总数；i 表示末级指标序数；j 表示评委序数；k 表示评委人数；B_{ij} 表示第 i 项末级指标得分；B_{ij} 表示评委 j 对第 i 项末级指标给分。

参考文献

［1］教育硕士专业学位专家指导小组秘书处：《教育硕士专业学位工作资料汇编》，1999 年。

［2］梁桂芝、左庆润主编：《学位与研究生教育评估的理论与实践》，辽宁大学出版社 1991 年版。

［3］吴家国主编，中国学位与研究生教育学会师范类工作委员会编：《面向 21 世纪培养高质量的研究生》，北京师范大学出版社 1998 年版。

［4］仇国芳：《工程硕士培养质量标准与评价体系》，《学位与研究生教育》2000 年第 2 期。

（本文选自《黑龙江高教研究》2002 年第 1 期）

重视教师职业特色，保证教育硕士专业学位教育质量

何艳茹

（华南师范大学）

教育硕士（EDM）是1997年开始设置的专业学位，现全国共有29个培养单位，设置专业方向14个。截止到2001年4月，共招收攻读教育硕士学位学员7 457个，其中2000年招生3 778人，2001年计划招生8 700人。从2000—2001年，连续两年报名人数超过万人。现教育硕士不仅以每年较高的增长率呈规模化发展，而且培养质量逐年提高，社会影响与认可程度越来越大。教育硕士已走上了健康发展的轨道。

回顾短短四年多的办学历程，教育硕士发展到今天，是很不容易的。在设置与试办教育硕士的过程中，遇到了一些急需解决的问题。一是由于教育硕士起步较晚，社会方面面，从中小学教师到中小学校，从培养单位及普通高师院校的教师到各级教育行政主管部门的领导，也包括一些社会知名专家、学者，对教育硕士了解甚少。有的提出"已经有了教育学硕士，还搞什么教育硕士，无必要"；有的对教育硕士教育的招生办法、培养方式表示忧虑，甚至怀疑，担心质量得不到保证。二是传统教育因素的影响颇深。传统教育因素有的属于观念层面，有的属于操作层面，如关于学位与研究生教育的传统观念，关于学位与研究生教育的质量标准，传统的培养方式、教学模式，等等。这些传统的东西对教育硕士的影响并不全是消极的，有相当一些是有价值的，可以借鉴与移植。但由于教育硕士专业学位性质及培养目标的特点，要求对现行的传统东西进行变革是合乎规律的。问题是，一些传统东西，尤其是学术型（研究型）学位与研究生教育的定势常常自觉不自觉地影响教育硕士的特色体现。这在高校教师身上表现得更为突出。如何克服这些定势的影响，充分体现教育硕士的职业性、实务性及高层次性，成了教育硕士专业学位教育指导委员会与培养单位要认真对待的问题。三是教育硕士教育的基础建设准备不够充分，尤其是课程建设与教师队伍的建设更为突出。教育学科虽然是普通高校教师的优势学科，基础相对较好，但长期以来，在教育学科群中，学科教学方面的课程建设、师资队伍建设存在一定问题，如学校不够重视，学科教学方面的课程内容较为陈旧，不能很好反映基础教育的改革与发展，学科水平有待提高。在教育硕士的培养方案中，从课程计划上看，学科教学方面的课程占的比重较大，且攻读学科教学专业方向的学员占的比重较大。教育硕士的课程建设任务重，时间要求紧。更为突出的是，在普通高师院校从事教育学科研究与教学工作的教师不仅自身对教育硕士不了解，对教育硕士特有的培养过程与教学模式存在不适应问题，而且在数量上严重不足，这直接影响到教育硕士的培养质量及教育硕士的规模化发

展。上述问题若不及时、有效地加以解决，不仅影响到教育硕士的办学质量、社会形象及其存在和发展的价值，也会影响培养单位的办学效益，最终阻碍其健康发展。客观地讲，教育硕士专业学位教育指导委员会与培养单位从开始试办就感到压力大、历史责任重，由此也增强了改革意识与动力，促使我们进一步解放思想，大胆探索，积极实践。可以说，经过几年的实践探索，我们遵循高层次人才的培养规律，已初步探索出适合我国国情，较为规范，能成批培养合格的、应用型高层次教育硕士研究生的教育模式。我们的主要做法与体会有以下几个方面。

一、明确教育硕士专业学位的性质，对其培养目标进行准确定位，制定能充分体现教师职业性与切实保证硕士学位研究生质量的培养方案

教育的发展，基点在于时代精神的把握和新教育观念的确立。先进的、科学的教育观念在教育硕士专业学位工作中发挥着导向、调控作用。几年的实践探索，使我们认识到，教育硕士专业学位教育工作在教育观念上必须实现从学术型培养向应用型培养转变，从个别指导向集体指导转变，从传统教学方式向现代教学方式转变，从政府管理向政府管理和学校管理相结合转变。教育硕士在观念上的转变，集中到一点就是"建平台，亮品牌"。用现代教育观引导教育硕士专业学位工作就是建立一个为中国基础教育服务的大平台，通过教育硕士教育为我国培养一大批21世纪高素质的新型教师，满足社会与教育发展对高学位应用型人才的需求。对此，本指导委员会及培养单位认为，应使教育硕士教育成为普通高师院校在学位研究生教育层次上为基础教育服务的重要办学领域，其办学目的不是培养纯理论型高级教育人才，不是培养教育学科的理论研究者，而是高素质的中小学教师与教育教学管理人才。教师作为一种专门的职业，像医生与律师一样，具有特定的职业资格要求，具有不可替代性。从事教师职业的人必须具有专门的知识与技能。与此同时，我国基础教育改革与发展需要一大批高素质、高层次的中小学教师与管理人才，使其在基础教育战线上，在具体的教育教学与管理岗位上发挥骨干作用、辐射作用。社会发展与经济发展也为我国逐步提高中小学教师职业资格标准，进一步优化我国中小学教师队伍的学历学位结构提供了条件。

在教育硕士性质定位与培养目标的定位上，方方面面要达成共识虽是十分必要的，但却是相当不容易做到的，从试办教育硕士到今天，一直存在争议。

为了确保其特色、质量，教育硕士专业学位教育指导委员会下大力气抓了培养方案的研制工作。通过培养方案制定，统一思想。我们采取了专业学位教育指导委员会指导、培养单位专家共同研制、专业学位教育指导委员会审定、培养单位试行，边试行，边研讨，再修订，再审定的工作模式，从而较好地保证了培养方案的水平与特色。我们总结并确定的教育硕士课程设计的基本思路是：本着少而精，体现宽、新、实的精神，加强基础，注重实践，拓展新知，体现现代教育新观念与改革的新进展。为了充分体现教育硕士的职业性、实务性、应用性与高层次性，在设计课程结构中，我们注意处理好以下几对关系：

① 教育类课程与专业类课程的关系；② 理论课程学习与科学研究、社会实践的关系；③ 统一要求与差异发展的关系；④ 相对稳定与局部调整的关系。在课程设计的先进理念指导下，目前试行的课程计划较好地体现了基础性、实践性、选择性及先进性。

在基础性方面，我们防止以"应用性"为由，降低课程标准的倾向，注意夯实基础知识，使教育硕士有足够量的现代教育理论素养，培养他们的现代教育意识、理论意识和理论思维。

在实践性方面，不仅课程内容尽可能联系我国中小学教育教学管理与改革实践，更重要的是将教育硕士研究生原有的教育教学管理实践作为课程资源加以充分开发利用，引导他们将教育实际问题转化为一个科学研究问题；将个人带有经验色彩的感性认识上升到具有普遍适用性的理性认识水平。

在先进性方面，强调课程内容的先进性、相关学科的交叉性和综合性，尽可能吸收国内外先进教育思想、理论和方法、新成果，使学员能接触了解教育学科和专业的最新理论、方法和技术，了解基础教育改革与发展的最新成果。

在选择性方面，扩大研究生选课自由度，重视跨学科的课程设置，使研究生具有宽广的职业专业视角与自身发展空间。由于培养单位的共同努力，教育硕士专业学位教育基本形成了适应现阶段发展和教育硕士培养工作需要的、主管部门与培养单位认可的、具有一定权威性的课程结构体系，在课程建设方面也取得了可喜的成果。

二、努力探索并实施有助于教育硕士研究生综合素质得以全面发展的教学策略与教学方式

教育硕士培养目标类型、规格上的特殊性，以及 21 世纪的基础教育改革与发展对中小学骨干教师与管理人才的综合素质的要求是较高的。教育硕士的学员群体又是一个特殊的群体：他们受过高等教育，具有教育、教学经验；在学习目的上，他们既关注学习理论，并对自己的教育、教学、管理经验进行理性的反思和总结，更关注寻求解决中小学教育、教学、管理实践问题的更先进、更有效的思路和方法；在课程学习的内容上，更具有主动性、批判性，并具有将理论和实践进行较好整合的能力。这一切要求我们必须讲究教学策略，必须建立符合教育硕士专业学位教育特色的教学模式。各培养单位在这方面进行了一些创造性的工作。一是确定不同培养阶段的教育目标。在入学的第一年，教育目标侧重教育基础理论和学科发展前沿知识与理论的学习，使教育硕士学员具有教育学科理论水平和专业水平，具有较高的教育改革意识。学习过程强调理论指导、实验改革和研究探索。培养他们运用理论分析、解决教育教学实际问题的能力。从第二学年开始，将理论与实践结合，指导教育硕士学员结合基础教育、教学管理实际，进行学位论文撰写。为了充分体现教育硕士培养目标的特殊性，专业学位教育指导委员会总结并制定了一个教育硕士学位论文标准。强调选题的针对性与实践性，强调综合运用理论解决实际问题的能力与水平。二是在教学策略与方法上，更加关注教育硕士学员的参与、互动、研讨和案例分析。我们较

为重视将基础教育科学研究贯穿在整个培养过程中，强调理论学习与基础教育教学、管理工作的结合，与教育改革和发展的实践相结合。通过课堂系统讲授，使学员形成较完整的教育科学理论素养。我们强调研讨、案例分析、互动，其目的在于提高学员运用理论解决问题的能力。通过学位论文撰写对学员进行教育科研方法的训练，提高其教育科研能力，使之成为我国基础教育改革发展的积极参与者、实践者。为探索教育硕士的教学模式，本指导委员会将教学作为重要科研课题，组织教学论、课程论专家、教师研制采集优秀的教学案例，探索并总结案例教学的规律。在案例教学中，均以问题为中心，强调师生共同参与。与此同时，我们充分利用学校内外的教育资源、校园文化、学术氛围，如引导学员参加各种形式的学术讲座，参与培养学校教师的基础教育方面的科学研究，组织他们到教育实践基地参加实践活动与改革实验，采用多样化的教学形式和先进的教学方法，促进教学方式和学员学习方式的变革，努力提高教育硕士教育的现代化水平。

三、适应教育硕士专业学位教育事业发展与工作需要，加强师资队伍建设

教育硕士学位教育的特色与呈规模化发展，向培养单位的师资队伍建设提出了新的目标要求。这方面培养单位存在不少问题，尤其是在课程教学中，"以教师为中心""以理论为中心""以课堂讲授为中心"的现象仍然较为突出。为从根本上扭转这种局面，专业学位教育指导委员会与培养单位做了大量工作。首先，明确培养单位教育硕士师资建设的指导思想与目标；其次，采取具体的措施和办法，加速师资队伍的建设。我们清楚地意识到，要建立一支高水平的师资队伍，必须调整现有师资队伍的结构，优化导师队伍，必须按教育硕士学位教育的要求提高教师自身的素质。采取的主要措施和办法有以下两方面。

（一）按教育硕士培养工作要求组建专门的导师队伍

目前，普通高师院校教师队伍结构基本适应学校办学任务的需要，其导师队伍更适应传统的学术型学位与研究生教育的需要。但教育硕士培养工作对教师的智能结构提出了新的要求，为此，普通高师院校对教育硕士导师的聘任条件做出了专门规定，即在具备高校教师的一般要求的同时，还要具有现代教育思想和观念，要熟悉基础教育教学与管理现状，要了解基础教育改革与发展的趋势，要具有从事基础教育教学管理改革与试验的能力与较高水平等。鉴于培养单位在学科教育方面的师资不足，一些学校将相关学科一批有志从事基础教育教学与管理研究，又有中等教育教学或管理工作经历的教师充实到教育硕士培养的师资队伍中。此外，各培养单位均聘任了一些具有较高教育学科理论素养与中等教育教学或管理能力、具有高超的教学艺术与水平的优秀中学教师作为兼职教师，加入到教育硕士教育的导师队伍中来。这样不仅能发挥他们的作用，还有利于高校教师与基层第一线教师紧密结合，有利于丰富和增强高校教师的实践经验。

（二）积极创造条件，加强高校教师的培训工作

我们认为，教师教育是普通高师院校主要的办学领域和任务。长期在普通高师院校工作的教师，无论是教育学科教师还是专业教师，在高师院校重视为基础教育服务的氛围

中，通过高校教育思想观念的研讨，绝大多数教师具有一定现代教育思想与观念，对基础教育有所了解，他们还有较高的科学研究能力与水平，具有指导研究生的经验。只要正确引导，给他们创造条件，从适位学术型培养工作转向应用型培养工作不是不可逾越的鸿沟。关键是他们要学习，要调整。教育硕士专业学位教育指导委员会组织了各专业方向的教师教学研讨会；培养单位组织教师到其他学校考察学习，组织基础教育教学战线的优秀教师到高校做报告；等等。这些措施和办法大大加快了导师队伍的建设步伐，满足了教育硕士培养工作的需要。与此同时，教育硕士专业学位教育指导委员会正在研制对培养单位进行师资队伍评估的指标体系与办法，并尽快开展评估工作。相信这些措施会很快见到成效。

（本文选自《学位与研究生教育》2002 年第 1 期）

教育硕士质量保证与培养资源供给

傅维利

（辽宁师范大学）

 **摘要**

　　培养资源不足和调控不力已经成为影响教育硕士培养质量主要的问题。教育硕士培养对教育资源有着特殊的要求，我国在教育硕士培养资源方面仍面临着大量的现实问题。系统地建设和整合好教育资源条件，不仅是试点学校未来建设和发展的重点，也应是评估老的试点学校和确定新的试点学校的重要指标。

　　与国际潮流一致，专业学位以其鲜明的职业性、应用性在我国受到了广泛的欢迎和关注。教育硕士专业学位的培养工作顺应这一潮流，近些年也得到了长足的发展：培养单位到 2003 年已有 40 多个，年招生规模接近 1 万人。在笔者看来，教育硕士培养质量的保证力量主要来自两个主要方面：其一，培养资源的总的供给和调控水平；其二，培养过程的总体设计和调控、监管水平。这些年不少专家和试点单位在优化培养过程方面已做了许多研究和探索工作，但对培养资源问题却没有给予足够的关注。而据笔者对多所试点学校的观察，培养资源不足和调控不力已经成为影响培养质量的主要问题之一。

一、保证教育质量的四种基本培养资源

　　要想深入分析教育质量与培养资源的供给关系，就不能回避对教育质量概念的界定。在笔者看来，所谓的教育质量就是培养目标的最终达成水平。从评价的角度看，它既涉及完成目标体系中的哪些分维度，又涉及在每个分维度上的实际达成水平。因此，教育资源是一个相对的概念，它是一种为实现特定教育目标，保证教育过程顺利实施的特定的人力、物力支持系统。也就是说，不同的教育目标和培养过程，应以不同的培养资源体系作为基础和支撑。从专业学位硕士培养目标的一般特点和教育实施的一般规律看，下列四类培养资源是达成目标、顺利完成教育过程不可或缺的。

（一）教师资源

　　教师资源是保证教育质量最重要的资源。教育过程与其他生产过程有所不同：在多数其他生产过程中，劳动者与劳动工具是互相分离的，生产过程对劳动工具的依赖性很强（如运输能力不仅与司机素质的好坏有关，更与车辆的功率、性能有直接关系），而在教育过程中，劳动者与劳动工具是融为一体的。教师如果没有知识、能力和良好的个性，也

就失去了实施教育的基本手段和工具。正因为如此，古今中外，凡成功的教育家都把教师资源看成是关乎教育成效和教育质量高低的最重要的资源。

（二）课程资源

课程资源圈定了学生学习的基本内容和专业技能的基本发展方向，决定了学生未来掌握知识、技能的内在品质和适用程度，如是对还是错，是先进的还是落后的，是使用率高还是低，是适合面广还是窄，等等。因此，课程资源对教育质量的影响是广泛而深刻的。

（三）设施与环境资源

设施资源是保证课程和其他教育活动顺利实施的物质性资源。它一般包括校园及周边地区综合环境资源、教学场所资源、教学及实验实习设备资源、信息供给资源（如图书馆和信息网络终端设施）及生活条件资源，等等。设施与环境资源条件是短缺还是充足，是低劣还是优质，不仅会影响教与学的质量，还会直接影响某些教学环节的顺利实现。比如，没有电子计算机，教育硕士就无法学习课件的制作。

（四）实践资源

专业学位硕士与学术型硕士虽然在学位层次上是同等的，但在培养规格上，却有着明显的不同。专业学位硕士有着鲜明的职业性和应用性特点。如果说学术型（或学科型）硕士主要是解决理论问题，那么专业学位硕士主要是解决相关职业领域中的应用性问题。

鉴于培养规格的这一明确要求，专业学位硕士的培养过程对学生的实践资源有着更高的要求。没有充分并符合专业培养方向要求的实践资源，学生解决应用问题的技术和能力就很难获得有效的成长。

从我国的具体情况看，实践资源可分为两大类：一类是教师和学员在以往的实践中已经形成的经验、技能和解决实践问题的能力。这类资源虽然是在以往实践中逐步形成的，但在师生、生生间的相互交流和交往中，完全能成为不同个体可以吸纳的新鲜资源，促成学员在不同方向和层次上的成长。另一类是为学生增长新的实践经验和能力提供的机会和条件。它一般包括隶属于学校的专业实验室、实验学校、实验车间或实验工厂，与学校有良好关系的稳定的社会性实践基地，在职攻读专业学位学员所在的工作单位，等等。

当然，在教育过程中，各类教育资源并不是孤立存在的，而是相互制约和相互影响的。比如，只有在好的教师的有效使用下，教育设施资源才能发挥最大的作用，并得以有效的保护。从宏观上讲，优质的教育过程实际上是管理者根据教育目标和运行反馈信息动态优化和整合各类教育资源的过程。教育资源条件应是考察专业学位硕士培养质量好坏的基准条件和基础性评价标准。

二、教育硕士培养对教育资源的特殊要求

专业学位硕士与学术型（或学科型）硕士有个明确的区别，这就是它鲜明的职业性和应用性特征。教育硕士也不例外，与教育学硕士的培养相比较，其培养过程对教育资源有如下特殊要求。

其一，要求指导和授课教师，不仅在教育学科（包括心理学）和相关学科（如语文学科教育硕士指导教师应在语言文学方面）有较好的学术造诣，而且在参与和指导中小学教育与教学改革方面有比较丰富的实践经验。

其二，对案例性课程资源有特别的需求。这是因为，教育是一个极其复杂的现象，在不同的环境条件下，面对不同的教师和学生，通常会有不同的解决问题的方案。因而，人们往往需要在很高的层次上（接近于哲学层次上）才能对教育的规律进行比较准确的概括（例如，教育与经济的关系是相互制约和相互影响的关系）。教育学这种特性，使理论研究很难切中具体的教育实际问题。为了弥补教育学本身的这种缺陷，我们在培养教育硕士的过程中，必须寻找到一种从理论达到实践的最佳路线。而实践证明，案例型课程资源是搭起从理论过渡到实践的桥梁的最重要的资源条件之一。这是因为，教育者要想能够比较熟练地将先进的教育理念和教育理论应用于教育实践，就必须学习如何对具体教育情境中的教育问题做出比较准确的判断，并提出有针对性的解决方案。而案例课程可以为学生进行这一方面的训练提供学习的资源和条件。因此，案例型课程资源不仅应成为教育硕士，而且应是大多数专业学位硕士和专业学位博士培养过程中不可或缺的重要教育资源。

其三，要求培养学校具有丰富的教育实践资源。教育硕士的入学条件之所以要求学员至少有三年的中小学教学的实践经验，就是看重在学员身上已经形成的实践资源。认识和利用好这类资源对保证教育质量是至关重要的。高质量的教育硕士培养过程还要求培养学校有稳定的实践教室（如我们在一些教育硕士试点学校看到的有单向观察玻璃和录像设备的课堂教学实习教室和课件制作工作室）和实习学校，并通过系统的教学计划安排，使学员所在学校能真正成为学员将理论用于解决实际问题的重要实践基地。

三、我国现实教育硕士培养过程在资源供给方面面临的主要问题及其解决的对策

按照上面的理论框架，我国在教育硕士培养资源方面仍面临着大量的现实问题。这些问题不解决，培养质量确实令人担忧。

（一）教师资源的短缺问题相当严重

在教师资源方面，指导力量短缺和招生数量增长过快的矛盾已经彰显出来。而相当数量的指导教师缺乏参与中小学教育教学改革的实际经验的问题就更加尖锐，并且，已经成为影响教育硕士培养质量的主要资源性障碍之一。据一些相关调查提供的信息，不少学员都提出，在不少试点学校都出现过用不熟悉中小学教育改革和发展情况，缺乏解决实际教育问题经验的教师来充任教育硕士的导师。要想解决这个问题，笔者提出三种对策。

其一，进一步增加试点学校，并适度根据不同学校教育学科的实际发展水平，控制不同学校在不同方向上的招生规模。据笔者的典型案例分析，一所教育科学学院或教育学院有 50 名专职教师，并且在课程与教学论硕士授权点上有较强的实力和充足的师资，教育管理专业方向年招生规模宜控制在 50 名之内，而学科教育方向宜控制在 150 人左右。这样以 50 个试点单位为计算基数，全国年招生规模以控制在 1 万人左右为宜。

其二，对指导教师进行以提高参与中小学教育教学实践能力为主要内容的专项培训，而且将这一任务作为提高教育硕士质量的长远大计来抓。其措施包括：要求教育硕士指导教师每年必须有不少于两周的时间到中小学参与教育改革工作；承担中小学教育、教学改革的项目；每两年必须提交至少一篇相应的研究论文等。等条件逐渐成熟后，应将是否具备中小学教育教学改革的实践经验作为遴选教育硕士指导教师的基本条件之一。

其三，将有教育实践经验的教师与缺乏教育实践经验的教师组成一个导师组，优化教师的整体指导资源，提升整个导师组对实践问题的指导能力。

（二）案例型课程资源短缺的问题相当突出

从 1996 年全国教育硕士培养工作起步开始，教育硕士专业学位专家指导委员会就开始着手进行案例型课程资源的开发建设工作，并于 2004 年年底出版了第一种案例型教材。但这种建设速度与教育硕士培养工作实际需要相比较，毕竟还有不小的差距。比较理想的状态是：教育硕士各专业培养方向至少应有 1/3 的必修课使用案例型教材；应有一半以上的课程使用案例教学法。为了加快这一进程，建议专家指导委员会进一步抓好相关必修学科案例教材的编定；每年组织一次案例教学研讨会；每两年评选一次优秀案例教学课。

（三）实践资源开发利用工作远远不能适应高质量培养工作的需要

据笔者对许多试点学校教育和指导过程的观察，许多授课和指导教师都习惯采用类似于培养学术型硕士的教学方法，不善于利用和整合学员身上已存在的实践资源。不是针对实际问题进行探讨和交流的理论传授，仍是当前教育硕士培养工作的主流方式。这大大制约了应用型人才培养目标的实现。善于利用学员自身的实践资源必须成为今后指导教师追求的重要的教学改革目标。要想达到上述目标，既需要试点学校的引导和培训，也需要相应部门的检查和评估。

另外，据笔者掌握的不完全的资料，专门用于培养教育硕士的教学实习教室和实习学校，在许多学校还没有建立；一些学校对学员在所在学校进行相应的教育、教学改革还没有明确的要求和计划安排。这些都需要在今后的改革和发展中逐步完善。

通过上述分析，我们可以得出这样的结论：充分与良好的教育资源虽然未必导致良好的教育质量，但是它是形成良好教育质量不可缺少的前提条件。没有优质的教育资源，必定没有高水平的教育质量。因此，系统地建设和整合好教育资源条件（包括优质课程资源的远程网络共享），不仅是试点学校未来建设和发展的重点，也应是评估老的试点学校和确定新的试点学校的重点。

（本文选自《学位与研究生教育》2005 年第 5 期）

十年来我国教育硕士学术成效的调查研究

张天雪　　刘冬仙

（浙江师范大学）

　摘要

　　本文对 9 所院校已毕业的教育硕士进行实证调查，分析了我国教育硕士专业学位设置十年来，毕业生在总体学术水平、问题能力、理论运用能力、方法能力和学术规范驾驭能力等方面的学术成效。结果表明：被调查的教育硕士的总体学术成效是明显的，学术影响力也正在形成之中；同时也存在招生与毕业流向中的精英取向、专业能力欠缺、理论运用薄弱等问题。

　关键词

　　教育硕士；学术成效；调查研究

　　自 1996 年国务院学位办批准设立教育硕士专业学位以来，从 1997 年至今，我国已分三批批准了 49 所不同类型的高校招收教育硕士，至 2005 年，共培养教育硕士 16 693 人。[1]教育硕士专业学位的设置对于提升广大中小学教师的学历水平和学术涵养，衔接高等教育与基础教育，促进教育领域理论与实践的多元融合，探索教师专业发展路径起到了相当大的促进作用。2007 年，教育部又开展了"教育硕士专业学位教学水平合格评估"。值此之际，对已经毕业的教育硕士展开规模性的调查，以教育硕士培养方案中的目标要求为依据，判定教育硕士的学术成效和专业发展水平就显得十分必要。

一、研究目的与假设

　　通过对现存教育硕士研究文献的梳理，基本上可以分为三大类：理论探讨、政策建议、问题归纳。检索 1996 年至 2007 年 5 月间的学术期刊网，共有学术文献 179 篇，研究的问题多集中于课程设置、培养目标定位等方面，也有些文献述及了教育硕士培养质量问题，但仍是理论思辨多于实证调查，政策建议多于事实分析，现象描述重于理性判断。为此，本研究拟对已毕业的教育硕士进行追踪，并结合国务院学位办对教育硕士培养目标的定位和要求，编制"教育硕士学术成效调查问卷"，对部分高校培养的教育硕士进行问卷调查，判定当前我国教育硕士的总体学术成效，反思 10 年来我国教育硕士培养质量，为

今后教育硕士的培养提供数据参考和事实依据。本研究的目的是：（1）了解教育硕士的总体学术成效。通过自编的"教育硕士学术成效调查问卷"，对9所不同类型高校已毕业的教育硕士进行问卷调查，通过探索性因素分析得出教育硕士学术成效发展的若干维度，对这些维度进行总体描述，得出教育硕士学术成效的总体概况；（2）了解不同类型学校之间教育硕士学术成效在总体上及维度上的差异状况。通过对部属、省属两类高校之间的教育硕士调查数据的t检验，来判断这些学校教育硕士学术成效的各个因素方面的总体差异；（3）了解不同年份毕业的教育硕士学术成效之间的差异。结合教师专业发展的周期理论，对不同年份培养的教育硕士学术成效进行t检验，特别是1999年以后培养的教育硕士（结合他们的教龄因素），以此来分析各届教育硕士之间的学术成效诸维度之间的差异水平及具体表现；（4）间接性地分析教育硕士个体的背景变量与教育硕士学术成效诸维度之间的差异性关系。通过对被调查者所呈现的自然状况，如所在学校、所在区域、年龄与性别等因素之间的t检验，来分析不同因素对教育硕士学术成效的影响。

从研究假设上看，我们认为教育硕士的学术成效在10年间是发生了巨大变化的，各培养单位对教育硕士的目标定位、课程设置、培养方式、质量追踪都在完善之中，教育硕士总体学术水平处于上升趋势；不同学校之间，教育硕士培养在具体方式上、生源质量上自然存在着很多差异，但在总体学术成效上不应有明显的差距；教育硕士的诸多自然状况与其学术水平是有很大相关性的，作为教师继续教育有机构成的教育硕士培养，其定势化的自然因素对其学术成效影响是十分明显的。

二、问卷的编制与施测

目前国内对于研究生学术成效进行研究的问卷还不多见[①]，仅有的研究问卷多是针对在读研究生的，主要是关于在读教育硕士的学术态度、专业需求和学习质量的问卷，除学习质量部分问题可以参考外，其他很多问题需要重新构造。为此，我们自编了"教育硕士学术成效调查问卷"。本问卷的编制依据有四：一是国务院学位办关于教育硕士培养目标所规定的教育硕士在学术方面的具体要求。二是教育硕士自身发展中呈现出的学术倾向。笔者已经担任了近十年的教育硕士指导教师工作，还有多年教育硕士管理经验，故对近些年教育硕士在学术方面的行为特征具有观察性结论，通过这些结论对教育硕士经常呈现出的学术倾向进行问题构造，完成教育硕士学术成效的基本选题项。三是依据组织行为学中个体影响力的圈际理论来看教育硕士学术成效实现的程度。我们认为，教育硕士的学术成效可以从两个方面考察：一个是其个体所认可的自身学术成绩，另一个就是这种学术成效对周围人群和组织的影响力，二者相互倚成，共同构成了教育硕士的学术成效。四是依据一般量表的编制方式，特别是根据李克特量表法在问卷主体部分进行了四点式量表设计，

[①] 在中国知网（CNKI）的中国期刊全文数据库中可检索的74篇文章中，只有7篇调查研究类文章，但都是针对在读教育硕士的，有的是借用了其他学习问卷改编而成。

对这些问题进行正反向题目交叉混排，最终在统计时进行正向计分，得出教育硕士学术成效的总分及平均分。

　　问卷编制结束后，我们首先在浙江师范大学56名已经毕业的教育硕士中进行试测，同时对问卷通过德尔菲法进行了三次专家效度的检验，还随机对被试进行了电话访问，对其中不太明确的题目和伦理性有缺陷的题目进行了修正，最后对于试测结果进行探索性因素分析，去掉了一些效度不高的选择项，合并了若干题目，形成了最终的"教育硕士学术成效调查问卷"，完整的问卷结构如图1所示。

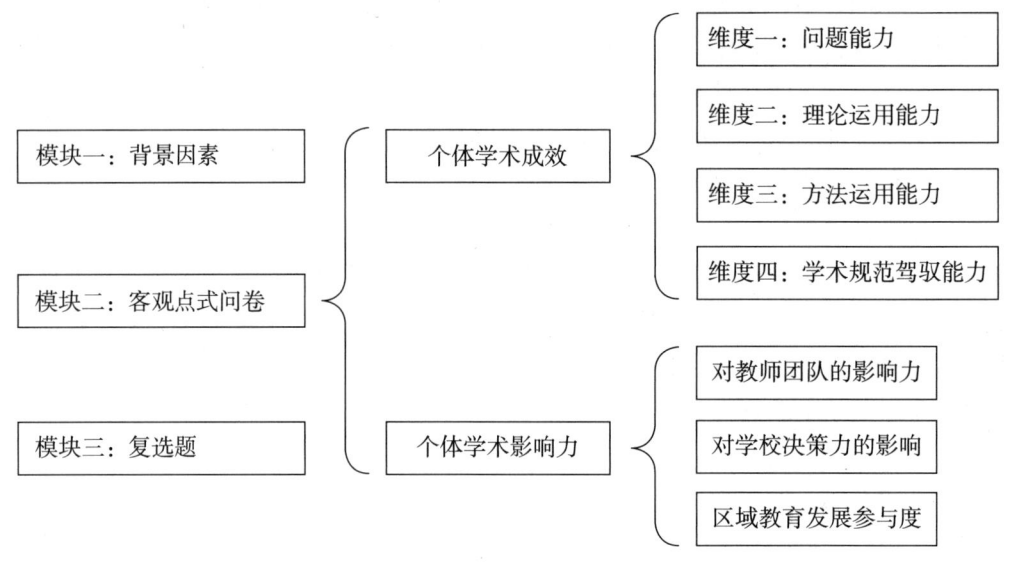

图1　教育硕士学术成效问卷结构图

　　如图1所示，教育硕士的学术成效可以从四个维度加以描述，即问题能力、理论运用能力、方法运用能力和学术规范驾驭能力。这里除了培养目标中规定的"对教育外文文献的驾驭能力"没有体现外，其他诸因素都体现于上述问卷结构之中。另外，教育硕士的学术成效从其实现方式上看，可以依次从内及外，从小至大分为对所在教师团队的影响力、对学校组织决策力的影响和对区域教育发展参与程度（影响程度）三个层次。

　　据此，我们依据便捷性、区域性和层次性三个问卷发放原则对教育硕士进行了抽样调查，分别对部属院校、省属院校两个层次，对东部院校、中部院校和西部院校进行了施测。依据大体接近于千分之十的抽样比率，在北京师范大学、华东师范大学、华中师范大学、东北师范大学、浙江师范大学、江西师范大学、广西师范大学、陕西师范大学、西北师范大学9所师范院校进行了便捷性抽样，通过各种方式发放问卷1 343份，回收993份，有效问卷910份，回收率和有效率分别为73.93%和91.64%。有效问卷分布状况为部属院校443份，省属院校467份，东部院校426份，中部院校187份，西部院校297

份，比例与发放问卷大体平衡。总体问卷样本有效，在对问卷进行统计处理以后，运用SPSS12.0进行了问卷分析，得出了若干基本结论。

三、研究结论与说明

对 910 份有效问卷进行了数据分类处理，首先依据被试的自然情况来分析这些数据所代表的教育学意义，比如性别意义、教龄意义、职务与职称变化意义等；其次对教育硕士的总体学术成效依据其对客观标准问题的回答计分来看其总分和平均分，分析其总体学术成效水平和分别在问题能力、理论运用能力、方法运用能力和学术规范驾驭能力方面的成效；再次通过对教育硕士学术成效影响力的统计，看其在对教师团队、学校决策和区域教育发展三个层次上的影响幅度；最后通过不同类别、不同区域和不同自然因素方面的差异分析来看几者之间的差异显著性水平。

（一）自然情况背后的教育学意义

在总计 910 名被试中，男教师为 628 人，女教师为 282 人，比例分别为 69% 和 31%。从教龄上看，16 年以上教龄的人数最多，有 403 人，占总有效人数的 44.28%；其次是11—15 年教龄的，有 391 人，占总数的 42.96%；6—10 年教龄的只有 116 人。这说明我们培养的教育硕士已经不再是处于入职时期的教师，其专业发展水平已经进入了反思创新期，已经是教坛上的专业人才了，同时经过了教育硕士阶段的训练，可以说更加成熟自信并为日后的发展提供了更好的平台。教育硕士学位制度已经成为教师教育制度重建中学术制度建设的重要一环。[2]

从任教地区看，毕业的教育硕士目前大多任职于城市学校，在 910 名被试中，有 728人在城市工作，占总数的 80%，这说明目前农村教师人力资源还有相当大的提升空间和提升必要。同时，这些毕业生有 710 人工作生活在经济发达地区，占了总数的 78%，而在经济不发达和欠发达地区生活工作的教育硕士只有 200 人，占总数的 22%，这说明我们日后在培养教育硕士时，在制定相关政策时，要争取多向薄弱学校和边缘地区培养和输送优质教师，以提升区域地区的教育竞争力，避免教育上的"马太效应"的产生①。在目前已经毕业的教育硕士中，任职于重点学校和普通学校的比例大体还是相当的，分别为 54.9% 和 45.1%，但若再考虑重点学校与普通学校实际数量的多寡，若以此比例计算的话，就可见普通学校教育硕士比例还是相当地低，还需要给予政策倾斜和扶持。

通过对教育硕士学业前后职务与职称变化的分析（见图 2），也在一定程度上说明了其学术成效的社会认可度。教育硕士职务上最显性的变化是由教师提任学校校长的人数最多，其中相当一部分担任了学校的校长，还有少数教育硕士在教育系统内进行了纵向流动，进入了教育行政部门。这些变化说明了教育硕士学位的系统接受度，说明其在职务上

---

① 教育部从 2006 年起实施了"农村学校教育硕士师资培养计划"，这将极大缓解农村教师培训难的问题，对于提升农村教师素质，增强农村教师从业积极性将会有很大帮助。

是向上流动的，并且随着这种职务的上升，在教育系统内的影响力也在扩大，说明教育硕士学位的社会价值性是非常大的。再对这些升迁的教育硕士进行专业考察，其近六成是教育管理专业毕业的，这也与原初的专业定位和培养定位是相吻合的。

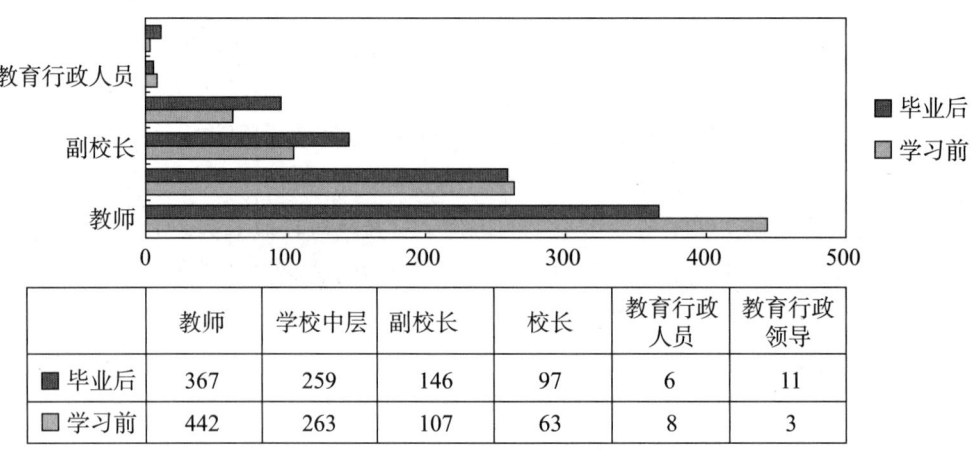

	教师	学校中层	副校长	校长	教育行政人员	教育行政领导
■ 毕业后	367	259	146	97	6	11
■ 学习前	442	263	107	63	8	3

图 2　教育硕士学业前后职务变化趋势图

在关于教育硕士专业职称变化的图 3 中，可以看出，初、中级职称大幅度减少，高级职称则上升最快。这种变化一是教龄增长导致的自然晋升，二是专业发展日益成熟，专业水平特别是教育科研水平带来的职称变化。这在一定程度上也说明教育硕士学业成效是显著的，总体是处于上升阶段的，并且上升幅度还是比较大的。

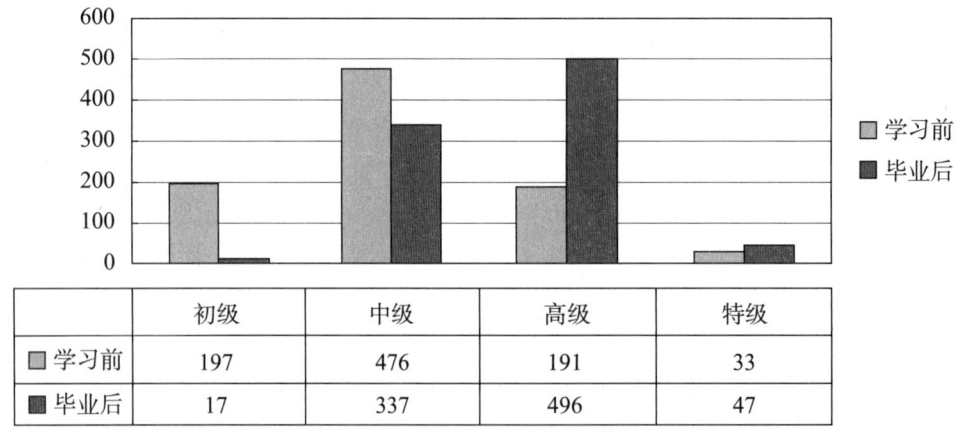

	初级	中级	高级	特级
■ 学习前	197	476	191	33
■ 毕业后	17	337	496	47

图 3　教育硕士学业前后职称变化情况

另外从自然情况中，我们还离析出了两项变化指标：教育硕士继续升学指标和教育硕士区域间的流动情况。在 910 名被试中，继续升学的人数达到了 89 名，而尝试继续升学的则达到了 243 人，比例高达 9.78% 和 26.7%。在我国没有教育博士的前提下，这些教育硕士显然是进入了普通博士学位系统。这尽管是一种可喜的成绩，但这并不是原初教育硕士的培养目标，这部分继续升学的教育硕士主要集中在部属院校。而由农村地区流向城市地区的，由普通学校流向重点学校的，由中西部地区流向东部地区的教育硕士比例也分别达到了 12.45%、23.1% 和 9.8%，这在一定程度上说明了教育硕士的学术社会认可度。但也有一种隐忧，就是薄弱学校（地区）培养人才的流失问题相当严重，教育硕士流动对流出地学校发展造成了很大影响，这也是这些学校阻碍教师攻读教育硕士的原因之一。其中，英语专业教育硕士流动性最大，专业社会认可度也最大。以浙江师范大学为例，其英语专业毕业的 146 名教育硕士中，就有 23 名流入了杭州等地的名牌中小学。

（二）教育硕士的总体学术成效分析

从表 1 可知，在最高分为 4 分的计分标准下，教育硕士对自身的学术成效评价一般都较高（3.26 分）。在各个子维度中，学术规范驾驭能力平均分最高（3.74 分），方法运用能力其次（3.36 分），其余依次是理论运用能力（3.33 分）、问题能力（3.22 分）。从这样的分布上看，教育硕士学术最大的成效在于其对学术规范的认知及掌握，已经从一名普通的教师成长为具有初步科研意识的研究型教师了。方法运用等也有较大程度的提升，尽管问题能力排在最后，但总体分值也不低。这样的结果同样告诉我们，教育硕士的实质性科研能力弱于形式性科研能力，今后要特别强化教育硕士的问题能力和理论运用能力的培养。

表 1　教育硕士总体学术成效及各维度得分示意表

项目	总体学术评价	问题能力	理论运用能力	方法运用能力	学术规范驾驭能力
平均数	3.26	3.22	3.33	3.36	3.74
标准差	0.55	0.39	0.38	0.42	0.37

在影响教育硕士学术成效的成因上，导师的作用排在第一位，其余依次是其他任课教师、非读硕士期间的人；读书最集中的时间是读硕士学位期间，其次是读硕士学位之前，最后是硕士学位毕业后；在学术上联系最多的人是读硕士期间的老师和同学，其次是自己工作中的同事，最后是其他专家。这样的结果表明，导师在教育硕士学术生涯中的位置是相当重要的，一个负责的导师对教育硕士成长起的是高屋建瓴的作用，不但能够给予方向和目标的引导，更能帮助其方法与态度的养成。教育硕士在读期间是其读书最集中的时段，这对其理论水平的提升会起到不可估量的作用，但如何把这种力量持续下去，成为一种"阅读习惯"，是需要在日后教育中加以重视的。通过调查，我们发现对教育硕士影响比较大的学位课程类别依次是：问题研讨或讲座、方法类、原理类、学科教学类等。可见，我们在开设课程时，要针对教育硕士工作与学习的特点，多开设问题类课程，以核心加拓展的方式进行研究性学习，这样可能对教育硕士学业的提升会有更大的帮助。对教育硕士研究方法的训练也是须臾不可少的，方法是其解决问题的桥梁，是其获得结论的工具。对自身学术影响力辐射度的回答上，被试认为自己的学术影响力主要体现在对周围教

师的影响上（3.32），其次是学校决策层面的影响（2.94），最后才是能对区域教育发展的影响（2.17）。这与组织行为学的一般原理是相吻合的，如何发挥教育硕士在教师团队中的先进性作用，如何把教育硕士的学术成效贡献于学校发展和区域教育可持续发展，也是在日后政策决策中应加以顾及的，这样可以在最大程度上发挥教育成效，节约教育成本，实现教育硕士培养效能的提高。

（三）教育硕士学术成效的显著性检验

根据对教育硕士性别、教龄、学习年届、攻读学校差异、地区差异六个独立样本的 t 检验（见表 2），教育硕士在问题能力和学术规范驾驭能力上存在着性别和年届差异，在总体学术成效评价、问题能力、理论运用和方法运用能力上存在着攻读学校差异、年届差异、教龄差异和职称差异，在总体学术能力和理论运用能力上存在着区域差异。

表 2　教育硕士自然情况项总体学术评价及各维度 t 检验表

项目	总体学术评价	问题能力	理论运用能力	方法运用能力	学术规范驾驭能力
性别	0.17	2.80*	1.30	0.52	2.83*
教龄	0.95	3.30*	0.17	0.29	1.15
学习年届	2.83*	2.77*	2.55*	3.01*	2.00
攻读学校	2.69*	2.57*	2.91*	2.59*	1.79
地区差异	1.98*	1.18	2.31*	1.23	1.08
职称	−3.346*	−2.503*	−2.294*	−1.972*	−0.97

据此分析，教育硕士在问题能力上的差异最为显著，根据标准分进行分析，得出如下结论：（1）已经毕业的教育硕士在总体学术评价上，部属院校的学生明显优于省属院校的学生，其中北京师范大学教育硕士总体学术评价得分最高，东中部地区的毕业生优于西部地区的毕业生，中高级职称以上的教育硕士明显优于中教一级及以下的教育硕士。（2）学生问题能力方面，男性优于女性；11—15 年教龄的教师优于 6—10 年教龄和 16 年以上教龄的教师；2004 年以前毕业（教育硕士总体扩招前）的教育硕士优于 2004 年以后毕业的教育硕士；中高级以上职称教育硕士的问题能力明显优于中教一级及以下的教育硕士。但在区域变量上，问题能力项差异不显著，从平均得分看，中西部地区还略微高于东部地区，其解决实际问题的欲望似乎更强烈一些。（3）在理论掌握与运用能力上，同样出现了与总体学术水平相似的结论，不同的是理论运用能力上，华中师范大学的教育硕士平均得分最高，其他结论同（1）。（4）在方法运用能力上，2001 年以后毕业的教育硕士更注重方法的多元性，诸如调查法、质性研究法、个案研究、实验研究、行动研究等都已经得到了学生的认知，明显优于前期培养的教育硕士，这说明方法能力随着培养单位经验的积累和方式的变换，日渐成熟；同时，方法能力存在学校之间的差异，如北京师范大学、浙江师范大学、江西师范大学等学校培养的教育硕士在这方面具有一定优势。（5）学术规范驾

驭能力的差异最不显著，除性别差异外，其他因素均不存在显著性差异，性别差异主要体现在学生对学术道德规范、知识产权问题认可和参考文献的规范程度上，女性明显要强于男性。

根据教育硕士的职称、职务和任职学校三个独立因素，我们对教育硕士的学术影响力进行了独立样本 t 检验，在这些因素上基本存在着比较明显的差异（见表3）。

表3　教育硕士学术影响力 t 检验

项目	总体影响力	对教师团队	对学校决策	区域教育参与
职称	−4.90*	−4.02*	−4.54*	−2.68
职务	6.52*	1.50*	8.98*	6.86*
所任职学校	2.11*	3.10**	0.76	0.89

教育硕士学术成效影响力随着职称、职务及所任教地区的变化呈现出了一定的差异。主要体现为教育硕士在总体影响力上，职务因素的作用最大，随着职务的升迁，教育硕士对周围教师和学校决策力及参与区域教育的程度都呈现扩张态势。同样，职称因素上的差异也非常明显，高级职称人员对所在教师团队和学校决策力及参与区域教育活动能力明显强于初、中级职称的教育硕士，这不但是其专业化程度提升的表现，也是其学术成效实现的表征。从教育硕士所在学校来看，其总体影响力、对教师团队的影响力方面，重点学校明显要强于普通学校，但在对学校决策力的影响及对区域教育活动的参与度方面，重点学校和普通学校没有明显差异。

四、问题的综合分析

通过对上述问题的综合检视，我们可以得出如下结论。

（1）与大部分国内研究一致，近十年来，教育硕士培养工作取得了巨大成绩，教育硕士专业学位以其鲜明的职业性、应用性受到基础教育工作者的广泛关注和热烈欢迎，社会对其性质、培养目标、社会功能以及发展前景的认识也日益清晰，这些都使它获得了长足的发展。[3]

（2）教育硕士招生与培养及毕业后的流动方向方面，还存在着"城市中心取向""重点学校取向""发达地区情结""男性中心主义"的痕迹。教育硕士多来自于城镇中小学、经济发达地区和重点中小学，这与学校教师总体素质、学校领导的重视程度、上级对学校师资培养的重视程度是密不可分的。除英语教育专业外，很多教育硕士都是男性教师，这与实际工作中的男女教师比例是不吻合的，特别是教育管理专业的男性比例更高，而教育硕士的学术成效基本不存在性别差异，所以强化教育硕士培养中"异地求学对教育硕士婚姻家庭的干预研究"是十分必要的。

（3）教育硕士作为专业学位，其培养对象已经具有相当的实践教学经验，其专业发展已有一定基础，对其应进行不同于一般教师入职教育的特殊专业训练，这个训练就是强化教育硕士的问题意识，激发教育硕士反思教育的问题欲望，培养他们的问题能力，形成他们的问题习惯，这是专业发展的首要原则。根据研究，我们认为尤其要强化对女性教师、年轻教师和低职称教师的训练，同时合理区分培养单位理论性与基础教育实用性的关系，区分普通硕士与专业学位的教育硕士课程设置、导师安排和教学模式选取上的差异。

（4）教育硕士作为学术性学位，同样要强化其基本理论意识，避免单纯的"经验主义至上论"，强化教育硕士的理论思维水平、逻辑抽象能力同样是十分重要的，而这种培养是高校的强项，开展普通硕士与教育硕士之间的互动学习，开展地方院校与国内外名校的合作培养等方式都是路径与模式的探索①，同时强化教育硕士的阅读水平、文献检索能力等也是必不可少的。教育硕士是我国培养高层次教师队伍的一种制度，它表明了我国专业教育的一种进步，也揭示了教师培养不仅是一种学术训练，而且是一种专业训练，因而可以有机地把专业教育和学术教育结合起来。

（5）国内学者调查研究证明，教育硕士在教育专业能力上收获不大[4]，这在我们的调查中也得到了印证，教育硕士在方法能力上提升很快，但真正熟练掌握且运用却很薄弱。深入思考其中的原因，这与长期以来我国的师范教育和教师培训中一直比较忽视教育专业能力培训有很大的关系，也与教育科学研究重理论思辨、轻方法运用是相关的，培养教育硕士的方法能力就是提升其教育能力的重要体现，这在日后的培养中尤其要给予关注。

（6）教育硕士学术规范能力认知度比较高，但教育硕士学术成果中有违学术伦理和学术规范的现象相当严重，特别是在其毕业论文中，此类状况有恶化的趋势。培养单位的质量监测必须给予预警安排，使学术规范问题成为一种制度安排。

（7）教育硕士学术成效发挥还因循了长期以来的"官本位"和"身份本位"的旧习，如何让更多的教育硕士发挥出所学、所思，使其有所为、有所大为，不但是学术成效的重要激励机制，可以提升教育硕士的自我效能感，同时也是民主办学和构建和谐教育的必要主张之一。

参考文献

［1］张秀荣：《我国教育硕士专业学位概况》，《中国教师》2006年第4期。

［2］［3］朱旭东：《教育硕士与教师教育的学术制度建设》，《中国教师》2006年第4期。

［4］徐富明、黄文锋、冯小立：《教师攻读教育硕士专业学位的学习成效及其相关因素的研究》，《辽宁教育研究》2004年第8期。

（本文选自《高等教育研究》2007年第8期）

---

① 比如浙江师范大学每年暑期就选派优秀教育硕士学员赴北京师范大学学习；而首都师范大学与澳大利亚弗林德斯大学（Flinders University）联合培养教育硕士等都是一种尝试。

我国教育硕士专业学位标准的宏观指标体系构建

林 杰 朴雪涛

（沈阳师范大学）

 **摘要**

　　教育硕士专业学位研究生教育对我国基础教育教学改革与发展起着重要作用，然而教育硕士专业学位标准的现实"缺位"却影响着其功能的发挥。本文在简要分析学位标准重要性的基础上，提出构建教育硕士专业学位标准应坚持的三个原则，并以此为逻辑起点，初步构建了教育硕士专业学位标准的三维宏观指标体系，包括课程学习考核维度、学术水平考核维度和职业道德考核维度。

关键词

　　教育硕士；学位标准；宏观指标体系

　　为适应我国基础教育教学改革与发展的实际需要，1996 年国务院学位委员会决定设置教育硕士专业学位，相关高校于 1997 年招收了第一届教育硕士专业学位研究生。学位是评价一个人学术水平或能力的重要尺度，是高等教育质量和水平外显的基本形式，也是社会对人才进行评价的客观参照。学位授予建立在系统的科学训练和严格考核的基础之上。获得学位，不仅是国家给予获得者的一种荣誉和鼓励，更是获得者学习成绩和学术水平的客观标志。[1]而学位标准是学位的核心，它直接决定着学位的质量和水准。教育硕士专业学位标准是衡量教育硕士专业学位水平的基本标尺，是评估教育硕士培养质量的重要依据，也是开展教育硕士教育与教师职业资格认证的重要基础。[2]迄今为止，教育硕士专业学位研究生教育为我国基础教育教学改革与发展提供了大量的师资和管理人才，取得了瞩目的成就。然而，我国教育硕士专业学位标准的先天"缺位"却制约着教育硕士专业学位研究生教育质量的进一步提高，制约着其在我国基础教育教学改革与发展中作用的发挥。因而，研究与制定科学合理系统的教育硕士专业学位标准已迫在眉睫。

一、教育硕士专业学位标准"缺位"及影响

　　我国教育硕士专业学位研究生教育从建立至今已有 16 年的历史，目前已由"试办阶段"发展到"全面开展阶段"，并在教育教学方面积累了丰富的经验。然而，我国教育硕

士专业学位标准一直处于"缺位"状态，由此导致了这一类别教育的一系列问题。

（一）教育硕士专业学位标准"缺位"

我国学界关于学位的相关研究开展较晚，而有关学位标准等的制定也起步很晚。1980年2月12日，第五届全国人民代表大会常务委员会通过的《中华人民共和国学位条例》（以下简称《学位条例》）规定，研究生通过硕士学位的课程考试和论文答辩，成绩合格且"在本门学科上掌握坚实的基础理论和系统的专门知识；具有从事科学研究工作或独立担负专门技术工作的能力"，即可授予硕士学位。这从某种意义上来说是针对学术型硕士的学位标准。虽然在次年出台的《中华人民共和国学位条例暂行实施办法》（以下简称《条例实施办法》）对具体实施办法有相对具体的描述，以后也经过数次修订，但原则及描述并没有本质上的变化。

教育硕士专业研究生教育在我国兴办的时间不长，但又是我国高等教育引进西方教育模式的一个成功案例。1996年4月13日，国务院学位委员会第十四次会议审议通过的《关于设置和试办教育硕士专业学位的报告》（以下简称《试办报告》）是我国开展教育硕士专业学位研究生教育的政策性文件。该报告对在我国开展教育硕士专业学位研究生教育的目的和教育硕士专业学位的基本属性、招生对象、修业年限和课程学习等都有明确规定。然而，对该学位获得者应具有的能力或素质却表述为"具有良好的职业道德，要掌握某门学科坚实的基础理论和系统的专门知识，同时还要懂教育的基本理论和学科教学或教育管理的方法；具有运用所学理论和方法解决学科教学或管理实践中实际问题的能力；能比较熟练地阅读本专业的外文资料"。也就是说，教育硕士专业学位研究生达到以上要求即可授予硕士学位，这也相当于教育硕士专业研究生的学位标准。

《学位条例》是我国开展学位授予工作的最高法律准绳，《试办报告》中确立的学位标准就是以此为基础而制订的。通过比较以上两种关于"学位标准"的规定很容易发现，《试办报告》中所说的教育硕士专业学位的"学位标准"与《学位条例》中所说的"学位标准"没有实质性的变化，只是针对教育硕士的培养目标增加了一些对实践能力的具体要求。研究发现，无论"条例"还是"报告"，其中关于"学位标准"的表述更多的是原则性和描述性的，都不具有实际的可操作性，而各培养单位也只能在这种原则性规定的基础上稍作扩充（不过目前为止，没有培养单位出台明确具体且具有可操作性的学位标准），以对教育硕士研究生学位资格进行考查和授予。因此可以毫不夸张地说，我国开展教育硕士专业学位研究生教育是在没有"学位标准"的状况下进行的，学位标准的现实"缺位"对我国教育硕士专业学位研究生教育造成了一些不良影响。

（二）教育硕士专业学位标准"缺位"造成的影响

教育硕士专业学位标准的现实"缺位"导致了学位标准本应具有的指导性、引导性、参考性等作用不能正常发挥。

首先，教育硕士专业学位标准的"缺位"，导致学位标准难以发挥对培养单位开展工作的指导性作用。学位标准是学位质量的内核，是培养单位培养工作的指向和纲领。我国在开展教育硕士专业学位研究生教育方面历史较短，相关培养工作的经验积累不多，对各级培养单位而言更是一个相对较新的领域，尤其是在学位的授予上更是没有现成的模式和标准可作参考。因此，培养单位只能依据国家的相关规定制订一些不具操作性的学位授予资格要求，但在实际工作中，培养单位的经验却在某种程度上成了学位标准的指导，这是一种本末倒置的怪象。

其次，教育硕士专业学位标准的"缺位"，导致学位标准难以发挥对学生学习积极性和主动性的引导性作用。学位标准不只是培养单位工作的风向标，也对学生学习的积极性和主动性具有一定的引导性作用。教育硕士专业学位研究生教育主要面向基础教育领域的教师和管理人员，获得硕士学位不仅可以改善基础教育教师及相关管理人员的学历结构，提高他们的学历层次和业务素质，也是提高教师和管理人员待遇的重要参考指标。因此，学生对硕士学位具有内在和外在的双重追求，但学位标准的"缺位"导致学生学习没有一个参考的标准，从而增加了学习的盲目性，进而影响学习的积极性和主动性。

再次，教育硕士专业学位标准的"缺位"，导致学位标准难以对社会或用人单位评价学生能力发挥参考性作用。学位是社会或用人单位对人才进行评价的一个重要依据，而作为学位内核的学位标准决定着这种参考的价值。但目前学位标准缺乏可操作性和相关描述的模糊性，却不能为社会或用人单位提供对人才质量和水平进行评价的有参考价值的标准和依据。

最后，教育硕士专业学位标准的"缺位"，导致我国的学位与其他国家的学位缺乏可比性。经济全球化带来了高等教育的国际化，学位作为衡量教育水平的重要标准也必然被纳入高等教育国际化之中。高等教育国际化最明显的标志就是竞争，而竞争无非就是比较，但由于缺乏可操作性的标准，我国学位很难与他国学位进行比较，也不利于其他国家了解我国的学位，由此，必然使我国学位在国际竞争中处于劣势。具体而言，教育硕士专业学位标准的"缺位"制约着我国教育硕士专业学位研究生教育质量的进一步提高，也制约着其在我国基础教育教学改革与发展中的作用的进一步发挥。

二、构建教育硕士专业学位标准的基本原则

构建符合教育规律和社会发展需求的教育硕士专业学位标准需坚持实践性与学术性相结合、地域性与国际性相结合以及传统性与发展性相结合等基本原则。

（一）实践性与学术性相结合的原则

构建教育硕士专业学位标准需坚持实践性与学术性相结合的原则。教育硕士专业学位研究生教育有其自身独特的发展倾向，具有与学术型的教育学硕士不同的培养目标，这种培养目标在开设教育硕士专业学位研究生教育之初就已经确定，即"为我国基础教育教学培养高层次、高素质的教师和教育管理人才"[3]，也就是说，教育硕士专业学位研究生教育相较于学术型的教育学硕士更倾向于职业性、实践性和专业性。有人据此提出，教育硕士专业学位研究生教育注重实践性，因而对其学术性可放低标准或不做要求，这显然是不

合理的。教育硕士专业学位研究生教育虽然面向基础教育领域的一线教师和管理人员，但不能因此而放低或放弃对其学术的要求，学术水平是基础教育教学改革与发展顺利进行不可缺少的重要保障。再者，专业学位研究生教育与非专业学位研究生教育只是类型的不同，而非层次的不同，因而，不能降低或放弃对教育硕士专业学位研究生的学术性要求。由于我国在开展专业学位研究生教育方面缺乏经验，以致在实践过程中出现了"专业学位授予的学术化"[4]现象，这显然是不合理的。其结果，与学术型硕士也没有了本质差别。因此，在构建教育硕士专业学位标准时，要坚持实践性与学术性相结合的基本原则，只有这样，教育硕士专业学位研究生教育才能在我国基础教育教学改革与发展过程中发挥更大的推动作用。

（二）地域性与国际性相结合的原则

构建教育硕士专业学位标准需坚持地域性与国际性相结合的原则。《试办报告》对教育硕士专业学位研究生教育的招收对象已经做了明确规定，即"教育硕士专业学位招收对象为大学本科毕业，具有三年以上第一线教学经历的基础教育的专任教师和管理人员"。在教育硕士专业学位研究生培养的实践中，虽有脱产学习和在职学习等多种形式，但"三年以上第一线教学经历"的规定基本限制了教育硕士专业学位的招收对象在省域内，实际情况也是如此，教育硕士专业学位研究生教育具有明显的地域性。但是，当今的教育是开放的教育，尤其在高等教育国际化迅猛发展之际，教育硕士专业学位研究生教育也必然要自觉不自觉地迎合或适应这股国际化浪潮。缺乏国际视野的教育硕士专业学位研究生教育必然会因短视而难以走得更远，也必然会因缺乏国际视野而影响其国际竞争力。因此，"学位标准应该考虑到一个国家的国际地位和国力，考虑本国学位与他国同等学位的水准上下、质量高低，使之具有一定的竞争优势"[5]。并且，学位标准以国际为导向，也有利于我国学位与其他国家学位互认，从而有利于我国学位参与国际竞争。因而，教育硕士专业学位标准的构建必须坚持地域性与国际性相结合的基本原则。

（三）传统性与发展性相结合的原则

构建教育硕士专业学位标准需坚持传统性与发展性相结合的原则。我国具有思想道德教育的优良传统，在新时期的国际化背景下，思想道德教育依然具有重要的时代价值，在教育硕士专业学位研究生教育过程中，必须重视对其进行职业道德教育。教育硕士专业学位研究生教育面向基础教育教学一线的教师和管理人员，他们的职业修养与职业道德在教育教学过程中具有重要的示范作用，是决定基础教育质量的关键因素之一。然而，当今的社会是一个开放、发展的社会，当今的教育是国际化的教育，时代的发展、科技的进步、文化的繁荣以及经济全球化的迅猛发展等都要求教育硕士专业学位研究生教育做出相应的回应和变革。因此，在开展教育硕士专业学位研究生教育过程中，我们也应重视学生职业道德和思想品德教育，但不能限于此而故步自封，而应用扬弃的眼光来看待新时期的新现象和外来文化，坚持根本而借鉴优秀，以使我国的教育硕士专业学位研究生教育既能够坚持我国的固有传统，又能顺应时代潮流，成为时代的弄潮儿，从而为我国基础教育的繁荣与发展提供更好的智力支持。因而，构建教育硕士专业学位标准要坚持传统性与发展性相结合的基本原则。

三、教育硕士专业学位标准的宏观指标体系

教育硕士专业学位标准的构建是一个宏大的系统工程，需先建立起教育硕士专业学位标准的宏观指标体系。这一体系是一个由课程学习考核维度、学术水平考核维度和职业道德考核维度相结合的三维指标体系。

（一）课程学习考核维度——理论与实践并重的课程考核

课程学习是实现教育教学目标的基本途径，对于教育硕士专业学位研究生教育而言，同样如此。这里所说的课程考核维度包括理论课和实践课两个层面。教育硕士专业学位研究生教育虽然面向的是具有一定教育教学或管理经验的一线教师或管理人员（开展稍晚的全日制教育硕士亦有理论学习与提高的问题），但是，他们所掌握的教育基本理论知识的系统性和深度与教育教学或管理方面的"高层次专门人才"的培养目标仍有一定差距。这就要求系统开设公共学位课、专业必修课、学位基础课、选修课以及专题讲座等课程来提高他们的理论水平，完善他们的理论系统，并将这些课程的学习成绩与学位直接挂钩，作为学位授予的重要参考维度。以教育管理专业为例，要求学生在专业必修课方面必须学习"教育统计与评价""教育管理学""教育政策与法律"等课程，并达到一定的学分要求，在学位基础课、专业选修课等方面也要有具体明确的要求，并对这些课程的比例和构成有一个科学而合理的设计。教育硕士专业学位主要培养面向"基础教育及其管理工作需要的高层次人才"。这样，与学术性教育学硕士要求进行短暂实习不同的是，作为专业学位的教育硕士必须进行大量的实践教学或具体参与到基础教育教学管理的实践工作中，以增强其实践性，促进其更好地把握与理解所学的教育基本理论或管理理论，并将其实践成果与是否获得学位直接挂钩，作为学位授予的一个重要参考维度。理论课与实践课的时间安排以及设置比例等也都是需要进一步探讨的重要课题。笔者不赞同有关对在职教育硕士的实践问题可降低或者不做要求的观点。虽然在职教育硕士来自一线的教学或管理岗位，相对于全日制教育硕士而言有更丰富的实践经验，但其原有的实践经验或因缺少系统的理论指导而存在某些偏失，或是存在一个层次提高的问题，或是存在偏好转向的问题，而无论是哪种情况都需要进一步的实践和实习。不能因其为在职教育硕士而对实践环节放低要求或不做要求，也不能因其为全日制教育硕士就对理论课程放低要求或不做要求。因此，构建教育硕士专业学位标准必须考虑理论课和实践课两个维度，将它们作为学位授予的重要依据，只有这样，才能体现教育硕士专业学位的质量和水平。

（二）学术水平考核维度——多元化的"学术水平"考核

教育硕士专业学位研究生教育是一种高层次的教育，学位获得者要具有一定的学术能力，这是必然要求，也是本质要求。《学位条例》规定，硕士学位获得者需具有一定的学术水平，通过对此及其相关解释的分析，发现这里的学术水平一般特指学生的"学术能

力"，几乎等同于理论水平。加强对教育硕士专业学位获得者"学术能力"的要求是提高教育硕士专业学位研究生教育质量的重要举措，也是教育硕士专业学位研究生教育的应有之意。但用单纯的"学术能力"对教育硕士专业学位研究生的学术水平进行考核，既不符合设置和开展教育硕士专业学位研究生教育的目的，也不符合基础教育教学改革与发展的实际情况。因为，教育硕士专业学位研究生教育服务于我国基础教育教学的改革与发展，更多的是直接从事一线的教学或管理，其理论水平对提高实践工作效率和水平具有指导性作用，但不能不顾实际需要盲目要求理论水平。因而，如单纯以学位论文或传统的"学术水平"做硬性要求既不符合实际情况，也不利于教育硕士专业学位研究生教育的顺利开展，更体现不出与传统学术型教育学硕士的本质差别。笔者认为，对教育硕士专业学位研究生"学术水平"的考核或评价应采用多元化的方式或维度。这种多元化的"学术水平"考核或评价应包括学位论文、发明创造、教学设计、科研成果、实践项目、研究报告等（不过对于发明创造或教学设计等的认定与评价等细节问题还要作进一步研究和探讨）。例如，教育管理专业硕士研究生毕业之后更多的是从事基层学校的管理工作，而非理论研究工作，如果在读期间完成了相关的研究课题或实践项目，那么在学术考核层面就应该是合格的，就应该授予学位。当然，理论与实践之间是相互联系、相互促进、辩证统一的关系，不可单纯强调一方而偏废另一方。但具体到教育硕士专业学位研究生学术水平的考核上，还应坚持以实际需求为导向，建立多元化的"学术水平"考核模式才是合规律性与合目的性的统一。因此，通过多元化的"学术水平"考核来衡量是否授予学位，更能体现教育硕士专业学位研究生教育的真谛，也更具有现实意义。

（三）职业道德考核维度——基本职业道德考核

职业道德是对从业人员在特定职业活动过程中所应具备或遵循的符合自身职业特点的道德要求和行为规范。对基础教育教师和管理人员来说，职业道德在其职业活动中发挥着基础性的作用。思想品德教育历来在我国备受重视，是我国的优良传统之一设置与发展教育硕士专业学位是为促进基础教育教学改革与发展、培养高层次专门人才的重要举措，影响着我国未来教育的基本走向，这就决定了必须重视教育硕士专业学位研究生的职业道德教育，也表明职业道德层面的要求是教育硕士专业学位授予资格的应然条件之一。然而，无论是《学位条例》，还是《条例实施办法》，抑或是《教育硕士培养工作指导意见》，都有对学生思想品德方面的要求或表述，但较为笼统，难以把握和考查，这显然不利于我国基础教育教学改革与发展目标的实现，也不利于教育硕士专业学位研究生教育培养目标的实现。此外，目前在基础教育教学改革与发展过程中出现的教师或管理人员职业道德沦丧甚至是犯罪的客观现实也迫切要求对基础教育教师或管理人员进行职业道德教育，这就要求加强和提高对教育硕士专业学位研究生的职业道德教育。当然，本文的目的并不在于重构教育硕士专业学位研究生教育的职业道德体系，而是说，在公认的职业道德要求、标准或规范的框架下，要加强对教育硕士专业学位研究生进行更为具体和细化的职业道德教育与考核，并将考核结果作为考量是否授予学位的一个重要依据。

综上所述，课程学习考核维度、学术水平考核维度和职业道德考核维度三者共同构成了教育硕士专业学位标准的宏观指标体系。需要说明的是，课程学习、学术水平和职业道德三者之间并无孰重孰轻的问题，亦无主次之分，它们是一个有机的整体。在后续的研究中，笔者还将对以上三个维度的具体指标以及相关问题进行深入探究，以推动我国教育硕士专业学位标准的科学化和现代化。

参考文献

［1］中国大百科全书总编辑委员会《教育》编辑委员会、中国大百科全书出版社编辑部编：《中国大百科全书·教育》，中国大百科全书出版社 1985 年版，第 440 页。

［2］时花玲：《教育硕士专业学位研究生教学质量保证体系研究》，华东师范大学博士学位论文，2008。

［3］全国教育硕士专业学位教育指导委员会：《改革创新，推进教育硕士专业学位教育发展——庆祝教育硕士专业学位教育十周年》，《中国教育报》2007 年 12 月 15 日第 3 版。

［4］张建功、张振刚：《美国专业学位研究生教育的学位结构及启示》，《高等教育研究》2008 年第 7 期。

［5］毕家驹：《国家学位标准要与时俱进》，《高教发展与评估》2006 年第 6 期。

（本文选自《中国高等教育评估》2012 年第 1 期）

论教育博士专业学位研究生培养质量保障机制的建构

——基于"项目依托、团队合作、平台支撑"三位一体的视域

杨 青

（南京化工职业技术学院）

摘要

本文针对目前教育博士专业学位研究生培养质量面临的问题，从教育博士与哲学博士培养差异化的视角，提出了"项目依托是基础、团队合作是关键、平台支撑是保障"的三位一体构建教育博士专业学位研究生培养质量保障机制的思路。

关键词

教育博士；项目依托；团队合作；平台支撑；质量保障

为进一步调整和优化教育学科类型、结构和层次，培养教育实践领域复合型、职业型的高级专门人才，2008 年国务院学位委员会第二十六次会议审议通过《教育博士专业学位设置方案》（以下简称《设置方案》），并于 2010 年开始在北京大学等 15 所大学试点招生。然而，对于目前刚刚起步的教育博士专业学位教育，如何实现预期的培养目标，切实保障培养质量，就成为当前亟待解决的问题。因此，本文将试图建构符合我国国情的教育博士专业学位研究生培养质量保障机制，以期为高等学校培养教育博士、保障教育博士培养质量提供一定的参考与建议。

纵观各国教育博士发展现状，其相对于哲学博士有三个主要差异：封闭性与开放性差异，复合性与单科性差异，实务性与学术性差异。正是基于这些差异，使得教育博士与哲学博士在培养模式及提高培养质量保障机制上应有所侧重。其一，教育博士从"进口"与"出口"两个角度来看，具有封闭性，为提高教育实效，这就要求我们在培养过程中更加关注"项目"的选取；其二，教育博士的培养目标与课程体系设计具有复合性，我们知道，任何个体都有此局限性，这就要求我们在培养过程中更加关注"团队"的合作，其三，教育博士的研究方向与研究领域更具有实务性，这就要求我们在培养过程中更加关注"平台"的搭建。

一、项目依托是提高教育博士培养质量的基础

按照《设置方案》，教育博士专业学位尽管其培养目标是造就教育、教学和教育管理领域的复合型、职业型的高级专门人才，是一种培养人的活动；其招生对象是具有硕士学位、有 5 年以上教育及相关领域全职工作经历、具有相当成就的中小学教师和各级各类学校管理人员；其就业面向一般是原单位"委托培养"，一般不脱离实际工作，"哪里来哪里去"。因此，为了提高教育博士的培养质量，提高培养的针对性，从教育博士考试命题、入学及整个培养过程到毕业等相关设计都应该含有"项目"的要素。

依学界通说，项目是一个特殊的将被完成的有限任务，它是在一定时间内，满足一系列特定目标的多项相关工作的总称。"项目"的定义一般包含三层含义：第一，项目是一项有待完成的任务，且有特定的环境与要求；第二，在一定的组织机构内，利用有限人力、物力、财力等资源，在规定的时间内完成任务；第三，任务要满足一定性能、质量、数量、技术指标等要求。在教育博士入学考试命题设计上，各招生学校基本上采取哲学博士的命题模式，这种命题模式固然有其合理性，例如，有一个统一的标准，考核的是学生的专业基础或素养等，但它忽视我们潜在的教育对象和教育博士培养、教育目标的差异性。在入学考试命题上，可增加一些"开放性命题"，不定具体要求，鼓励应试者结合自身的教育经历或参与的"项目"进行答题。在整个教育博士四年的培养过程中，我们强调理论基础的同时，学生本人、导师、导师小组都应该有这样的共识：要以"项目"为引领、为抓手，这样才能达到提高培养质量的实效。博士论文选题也应来源于教育、教学和教育管理实践中具有重要现实意义和应用价值的关键问题和一些具体的有重要价值的实践"项目"；学位论文应具有较高的难度和创新性，反映学位申请人综合运用理论和科学方法探索与解决教育实践问题的能力，更重要的要把结合本职工作或自身参与的教育实践或教育工程"项目"作为重要参考，防止"纸上谈兵"，即论文应具有学术性与职业性、职业导向性及实践依赖性相统一等特征。

从本质上看，教育博士设置的目的是为了使高层次的教育研究更有效地服务专业发展，更有效地指导专业实践活动，为教育实践工作者提供一个反思性的实践活动、一个尝试运用理论来解决现实问题的机会，从这种意义上理解，教育博士专业学位本身就是一种"项目"。发起于 2007 年的"重塑教育博士卡内基行动"（the Carnegie Project on the Education Doctorate，PED）是一场全国性的变革行动，其主要成果有：提出了新的教育博士"项目"概念、六条工作原则、毕业生的四个基本特点及六个方面的能力要求，这都充分体现"项目依托"对提高教育博士培养质量的重要性，没有"项目依托"，教育博士培养犹如"无源之水、无本之木"。

结合现实，教育博士大都为在职学习形式，学生的大多数时间仍然在工作单位度过，为了鼓励这些专业人士把工作场所作为"研究场域"，有些国家，如澳大利亚把教育博士的毕业论文由专题论文变为系列论文"档案袋"的形式，以一个实际问题为一个"研究项目"，解决一个实际问题就增添了一篇论文，这种直接取消毕业论文的做法有待商榷，但

这种以"项目"为导向的研究模式却值得借鉴。

二、团队合作是提高教育博士培养质量的关键

提高人才培养质量，教学方法和学习方法非常关键。"设置方案"明确指出教育博士"课程教学要重视运用团队学习、专题研讨、现场研究、案例分析及教育调查等方法"。这些方法中的"团队学习"最重要，其真正具有方法论意义，其他方法只有运用这种"团队学习"方法，才更为有效。一般说来，团队学习具有两个特征或优势：一是团队目标一致；二是知识共享。一般认为，团队学习的影响因子包括三类，即组织水平变量、团队水平变量和个体水平变量。这三个影响因子直接决定团队合作的水平与效益。笔者在此所说的"团队学习"若改为"团队合作"，更能反映主体之间的相互关系。针对"团队合作"，主要应关注以下几点。从合作学习主体来看，这个"团队"主要来自三个方面：一是学生与学生结成团队，含校内校外、境内境外；二是学生与导师结成团队，含导师小组或校外实务导师；三是学生与其他合作学习主体或"合作伙伴"，即所有与教育博士"项目"相关的人员，即"利益相关者"。提高教育博士培养质量绝不是"单打独斗"，而是要"协同作战""合作博弈"和有序竞争，形成"学习共同体"，进行"群组学习"，形成"合作研究社群"，这个共同体、群组、社群的组织化程度、融合的广度和深度，在某种程度上决定了教育博士的培养水平、培养质量。近年来，美国的一些大学采用小组合作研究项目（group projects）的形式来取代毕业论文，即由3—4名学生一起工作，来审视与解决教育实际问题，他们在导师的指导下分工进行合作研究，最后形成一个代表集体研究成果的研究报告。研究报告经过审查合格后，进入答辩阶段，答辩采取集体答辩和个人答辩相结合的方式进行，笔者认为这种"团队合作"学习的模式值得借鉴。

从合作学习领域来看，这个"团队"主要来自四个方面：一是大学内部的合作，目前我们教育博士培养的主要依托单位是师范大学的教育学系（部）和综合性大学的教育学院或研究院，其培养方案往往都是参照哲学博士的培养制定。笔者认为，应该有一个更宽的视野，至少应该吸收学校其他相关院系的意见，如管理、经济、法学及其他相关学科等，特别是学校有举办兽医、临床医学、口腔医学和工程博士专业学位的院系；二是大学与大学的合作，教育博士培养对我们来说是个新事物，截至目前尚没有毕业生，但教育博士也是目前教育领域高层次人才培养的发展方向，各试点单位应相互合作，互通有无，要建立一种有效的机制。这个"全国首次教育博士论坛"就是一个很好的尝试，论坛主题鲜明，目标明确，相信这是一个好的开端，当然我们还要创新，形成大学与大学合作培养教育博士的良性循环；三是大学与实际教育单位的合作，这个实际教育单位包括学生委托培养单位、参与"项目"的单位以及进行其他教育实践的单位，大学深厚的理论和文化底蕴与实际教育单位丰富的实践和经验积淀，两者相互融通，相得益彰；四是境内大学与境外大学的合作，境外教育博士培养已有近百年的历史，在知识全球化的今天，教育国际化已成为必然的趋势和潮流，我们必须充分运用境内境外两种资源、两个市场，认真分析"本土资

源""中体西用",敢于"移植""嫁接""建构",按照"点"—"线"—"面"—"体"这样的逻辑路径勾画具有我国特色的教育博士培养模式。

三、平台支撑是提高教育博士培养质量的保障

平台泛指进行某项工作所需要的环境或条件,本文主要是指对提高教育博士培养质量起至关重要作用的课程。课程作为实现培养目标的重要环节,是保障和提高教育博士培养质量的关键,课程体系设计是重中之重,"专业性""实践性""复合性"应成为教育博士课程设置的逻辑起点。

在最近的改革中,教育博士的培养模式有朝向"混合课程 + 专业实践"的方向发展的趋势,设置方案明确指出,"教育博士专业学位课程体系应符合教育发展对专业化管理者和决策者、专家型教师及教育家培养的总体要求,课程内容要反映当代教育理论与实践的前沿水平;课程结构应体现综合性、专业性和实用性;课程学习采用模块课程和学分制"。由此可见,课程是教育博士重要的支撑平台,其应该按照理论是基础、实践为特色,按照"理实一体化"的贯彻始终的总体思路,按照"模块"设计,构筑教育博士职业成长的平台。该平台可分为基础平台、方向平台和拓展平台三个阶段。

其一,基础平台。该阶段主要是以夯实基础为主要目的,以理论学习为主要任务。特别是从目前我国教育博士的生源来看,有相当一部分缺乏系统的教育科学基础知识或学术素养,另外作为高层次人才培养一些必要的公共基础课程还是必需的。此阶段按照课程模块设计,应至少包含公共课程模块、教育理论模块、研究方法模块,这个阶段强调的是"共性",可以大班上课,甚至也可以与哲学博士合班上课。

其二,方向平台。目前,我国教育博士招生专业领域暂定为学校课程与教学、学生发展与教育、教育领导与管理三个领域,试点阶段每校招生专业领域不超过两个,这实际上就确定了我们教育博士的大的研究方向,很大程度上也大体确定了毕业论文选题方向。此阶段培养单位、导师或导师小组和教育博士本人应该就确定自己的研究方向或领域充分沟通交流,形成共识。一旦结合教育博士本人的工作实际确定了"方向",培养单位就应该牵头在该方向研讨设计较"个性化"的课程"菜单",同时特别要注意课程实施的实践转向。此阶段按照课程模块设计,应至少包含方向课程模块、专题研究模块、教育实践研究模块。

其三,拓展平台。教育博士现在的基本学制一般是四年,一般后两年鼓励拓展。此阶段要特别遵循以下原则:一是坚持与教育实践、教育工程、教育项目密切结合,理实一体化;二是坚持以培养教育领域领军人才,具有国际化视野为目标;三是坚持创新能力培养,特别是以解决重大实际问题能力为核心。此阶段按照课程模块设计,应至少包含选修课程模块、教育前沿模块、教育实践提升模块。

在此阶段,培养单位应寻求政府主管部门、相关协会学会、其他教育实体单位,甚至"域外"的支持,借助"外力"形成教育"合力",如安排高年级的博士生到政府相关

部门或相关单位（不是原工作单位）挂职，任局长、处长、主任助理、校（院）长助理等职位，在与原本职岗位相关的职位上，进一步增强职业适应性，拓宽视野，丰富实践阅历；也可安排在其他岗位，鼓励交叉、换位思考。若条件允许，鼓励学生"走出去"，学习"域外"经验。同时，要丰富选修课程设置，联合"利益相关方"，开设跨学科、跨领域，批判性和反思性的课程，培养学生的"跨界""求异"思维，适应教育博士培养"复合型"的要求。当然在此阶段，学生拓展的成绩集中体现在毕业论文写作的质量上。归根结底，这三大平台作用发挥的最后结晶或最重要的"物化"成果主要表现为毕业论文及教育博士本人在教育实践和教育工作方面的实绩，这应该是一个基本的价值取向。

参考文献

［1］国务院学位委员会：《教育博士专业学位设置方案》，2009 年。

［2］张淑林、彭莉君、古继宝：《工程博士专业学位研究生教育质量保障体系的建构》，《研究生教育研究》2012 年第 6 期。

［3］余国升：《高校设立教育博士专业学位探究》，《安徽师范大学学报（人文社会科学版）》2008 年第 4 期。

［4］李云鹏：《美国教育博士培养的近百年经验》，《中国高教研究》2013 年第 5 期。

［5］李广平、饶从满：《美、澳、英三国教育博士的培养目标与培养过程研究》，《学位与研究生教育》2010 年第 9 期。

［6］徐岚：《教育博士作为专业学位的身份再审思》，《研究生教育研究》2013 年第 1 期。

［7］李云鹏：《美国"重塑教育博士卡内基行动"及其启示》，《学位与研究生教育》2012 年第 6 期。

［8］程芳芳、罗生全：《我国教育博士课程设置的问题与思考》，《西南农业大学学报（社会科学版）》2012 年第 7 期。

（本文选自《中国成人教育》2013 年第 21 期）

第六编 招生与毕业设计

改进教育硕士招生制度刍议

王有亮　　张喜荣　　张键楠

教育硕士专业学位教育的发展已走过十个年头。十年来，教育硕士经历了从无到有，从小到大，从少到多等多方面可喜的变化，累计招生 5 万余人。但由于现行招生制度方面存在诸多不合理的因素，教育硕士专业学位教育还不能满足广大中小学教师提高专业化程度的需要，不能满足基础教育改革和发展的需要。

一、教育硕士在招生制度方面存在的主要问题

目前，教育硕士在招生制度方面存在的主要问题：一是报考条件太高，要求甚至比全日制学术型学位研究生的条件还高。这就将绝大部分教师，尤其是初中以下学校的教师，排除在教育硕士招考范围之外。现行教育硕士报考条件是要求获得学士学位且有三年以上基础教育工作经历。若无此学位要求，则需大学本科学历且有中学一级教师职务。按照《中华人民共和国教师法》的规定，幼儿园、小学、初中教师的合格学历分别为幼师、中师和大学专科毕业以上。这些年，尽管幼儿园、中小学教师的学历层次有了很大提高，但在初中以下学校中能够达到本科学历且具有学士学位的教师还是少数。而通过成人高考渠道接受成人本科教育，能拿到学位的也少之又少。一般情况下，一个专科毕业生等拿到本科毕业证，再评上中学一级教师，大约需要十年的时间。也就是说，这样的教师想要通过攻读教育硕士来提高自己的业务，那得在十年之后。这一规定无疑将绝大部分中小学教师排除在教育硕士招生范围之外。而这一部分教师应该说是最需要提高专业化水平的。二是考试科目不太合理，考试科目多，外语权重大，使骨干教师处于相对弱势地位，从而影响了社会对教育硕士的认同度。这既与教育硕士的培养目标不完全相符，也不符合我国教师的实际。三是招生方式单一，不利于人才选拔。现在教育硕士招生只有全国联考一种形式，考试分数成了能否攻读教育硕士的唯一指标。结果出现了真正的骨干教师、教学名师、学科带头人由于外语等方面的原因考不上教育硕士，而仅仅外语程度好、但学科教学很一般的人却能够顺利过关。考试成绩固然应该成为录取的重要标准，但作为以培养应用型人才为主的教育硕士专业学位，在重考试分数的同时，也应该将教师的工作业绩作为衡量能否攻读教育硕士的标尺。四是招生规定只有统一要求，没有充分注意到地区差异，特别是民族地区的特殊性。

210 ｜ 教育专业学位研究生教育的理论研究 ｜

二、改进教育硕士招生制度的建议

（一）适当放宽报考条件限制

招生对象的确定性。教育硕士的招生对象主要是在职中小学、幼儿园教师或其他中等学校文化基础课教师或管理人员，以及政府部门和研究部门中具有教师职务的教研员和管理人员。也就是说，初中、小学、幼儿园教师都属于教育硕士的招生对象。而这部分教师中的绝大多数只具有大专学历。而从教师任职资格来看，这部分教师符合法律规定的任职资格。这就出现了一个奇怪的现象，能够做一个合法的中小学、幼儿园教师，却不具备进一步攻读教育硕士的基本条件。可恰恰是中小学、幼儿园教师最需要通过教育硕士这个途径提高其专业化程度。因此，教育硕士招生中不应该把这大部分教师排除在外。

报考资格的一致性。专业学位以培养应用型高层次专门人才为主旨。而学术性学位是以培养从事学术研究的后备人才为主。"学术性学位与专业学位在培养目标定位、人才知识结构、人才能力素养等方面的要求是不一样的，是高层次人才培养的两个方面"[1]，"学术性学位是与学科领域紧密相连的，而专业学位与职业领域密切相关"。但在报考条件中，以培养从事科学研究的高级专门人才为主的学术性学位研究生尚且允许"获得国家承认的大专毕业学历后两年或两年以上，达到与大学本科毕业生同等学力"人员报考，而以培养应用型人才为主的教育硕士专业学位教育却规定只能本科毕业的学士学位获得者报考，不允许专科学历人员报考。这不仅与设置教育硕士专业学位的初衷不符，就是在逻辑上也讲不通。既然专科毕业生有资格报考学术性学位研究生，就应该同样有资格报考教育硕士专业学位研究生。

以中小学教师为招生对象的教育硕士，其报考条件不应该比高校教师在职攻读硕士学位的报考条件高。目前，我国招收高校教师在职攻读硕士学位的报考条件中，也只提"大学本科毕业"，而没有学位方面的要求。我们知道，高校教师在职攻读硕士学位，授予的学位是学术性学位。对高校教师在报考条件方面尚且不提学位要求，而以中小学教师为主要招生对象的教育硕士却提出学位方面的要求。这样就出现对从事基础教育的教师的学位要求要比对以从事学术研究为主的高校教师的要求更高的问题。这无论如何是不合理的。

现有的18种专业学位的报考条件也不尽一致。有的专业学位要求考生"国民教育序列大学本科毕业（一般应有学士学位）"，如法律硕士；而教育硕士要求"具有学士学位……只有国民教育序列大学本科学历、未获得学士学位者还需具有中学一级（或相当的）教师职务"。但也有一些专业学位将学历要求放宽到专科。这类专业学位有体育硕士、艺术硕士、农业推广硕士和兽医硕士等。最终拿到的学位层次是一样的，可进入的门槛却高低不同。

（二）重新设计考试科目

在现有各种专业学位中，考试科目和门数既有共同之处，也有不小的差异。大致有两种模式。其一，公共科目＋专业课。公共科目包括政治理论和外语，专业课则各不相同，1—3门不等。属于这种考试模式的专业学位有法律硕士、教育硕士、体育硕士、艺术硕士、公共卫生硕士、工商管理硕士、会计硕士、公共管理硕士等。其二，GCT＋专业课。GCT即硕士专业学位研究生入学资格考试（Graduate Candidate Test，简称GCT）。属于这种考试模式的专业学位有工程硕士、农业推广硕士、兽医硕士、风景园林硕士等。高校教师在职攻读硕士学位和中职教师在职攻读硕士学位的考试也采取这种模式。在第一种模式中，外语和部分专业基础课或专业综合采取全国联考的形式进行，专业课考试由各招生单位自行命题，考试同全国联考同时进行。政治理论由各招生单位自行组织，时间自行安排（一般都安排在复试中进行）。

所有专业学位，毫无例外，都将外语作为必考科目。其潜在的理论假设大概是，要想获得硕士学位，就必须精通一门外语。不通过外语考试，就不能进入硕士学位的大门。因此，外语真正成为了攻读硕士学位的敲门砖。外语果真那么重要吗？外语和学位究竟是个什么关系？没有了外语又会怎样？专业学位主要培养适应社会特定职业或岗位的实际工作需要的应用型高层次专门人才。研究生的考试很大程度上成为外语的较量，能不能考上研究生，不是看你的专业学得如何，而主要看你外语能不能过关。在每年专业学位录取分数排名中，除了总分及平均分排名外，就是外语最低分的排名了。

因此，建议在专业学位的入学考试中取消外语考试（有特殊需要的除外），或者也像政治理论一样放在复试时测试。因为从这些年教育硕士的考试情况来看，许多学校的骨干教师就是由于外语未达标而与教育硕士无缘。即使考外语，划一个25分或30分的分数线，其实也没有实际意义。外语已成为形同摆设、还限制了很多人深造机会的考试科目。

基于上述认识，教育硕士招生可以统一采用"GCT＋专业课"的考试模式或"教育理论综合＋专业综合"的考试模式。教育理论综合可以包括教育学、教育心理学、学科教学论，所有专业方向都考；专业综合主要考查考生所报考专业的基础知识和基本技能。这种考试模式既能考查考生的基本素质，又能考查考生的专业能力，既有统一要求，又能体现各种专业学位的特殊要求，还能大大降低考试成本，是一种较好的考试形式。

（三）为特别优秀骨干教师开通入读教育硕士的绿色通道

选拔人才的方式有多种，采取统一考试是最常用、最易于操作的一种。这种方式有着其他方式不可比拟的优点，如可以在总体上保证公平等。但统一考试也有不足，那就是不利于特殊人才的选拔。因此，为了能够真正选拔出优秀人才，在统一考试的基础上，采用多种辅助形式还是非常必要的。事实上，我们这些年来无论是普通高考招生还是研究生招生，都在统一考试的基础上采用了其他灵活的办法选拔人才。如高校普通招生在统考的同时，允许部分高校自主招生；还实行保送生制度，符合国家规定条件的特别优秀的学生可以不参加统一高考，直接免试入学。在普通硕士研究生招生中，也形成了统考、联考、单考、推荐免试加复试等多种途径，选拔创新人才的研究生招生机制。推荐免试是经教育部确定的部分高校按规定推荐本校优秀应届本科毕业生，确认其免初试资格，由招生单位进行复试的选拔方式。推免比例按学校类型不同而有所差别，设立研究生院的高校可按应届本科生数的15%推荐，"211工程"建设高校可按应届毕业生数的5%推荐，其他高校可按 2% 推荐，其中初次开展推免工作的高校可按 1% 推荐。推免生工作是研究生招生制度改革的重要内容，是提高研究生选拔质量、培养拔尖创新人才的重要保证。这些措施既遵循了研究生招生规律，不拘一格选拔优秀人才，也确保了公平公正。

在普通高校招生和普通研究生招生中采用的这些有利于人才选拔的办法为教育硕士专业学位改革提供了宝贵的经验，可为特别优秀的骨干教师开辟一条绿色通道。比如，可以规定省级优秀教师或劳动模范可以免试或降分录取；长期工作在艰苦地区的为当地教育撑起一片天、做出特殊贡献的教师免试或降分录取；某一学科的带头人或获得某一级别教学科研奖励的教师可以免试或降分录取；也可以在总体上规定录取这类人员的比例不得超过当年本校录取人数的 5% 或 10%。这不仅不会影响教育硕士招生的公平公正，相反，还会非常有利于真正选拔有发展潜力的优秀骨干教师加入到教育硕士行列中来，提高教育硕士在基础教育领域的声誉，扩大教育硕士的社会影响，从而有利于教育硕士专业学位教育的可持续发展。

（四）在教育硕士招生工作中要充分注意地区差异，特别是民族地区的特殊性

教育硕士专业学位教育是面向全国实施的一项旨在提高基础教育师资水平，促进教师专业化的重要措施。我国是一个多民族国家，贯彻党和国家的民族政策也应成为教育硕士专业学位教育工作遵循的基本政策，促进民族地区基础教育发展，提高民族地区基础教育教师的专业化水平也应成为教育硕士专业学位教育必须履行的义务。然而，在现行的教育硕士招生政策中，除对西部院校的录取分数要求有所降低之外，基本没有体现出对民族地区特殊性的考虑。比如，用本民族语言授课的教师如何报考教育硕士的问题，少数民族教师用本民族语言答卷的问题，等等。因此，应充分考虑民族地区，特别是民族自治地区的特殊性，在教育硕士专业学位教育中切实贯彻执行国家的民族政策，让教育硕士在民族地区基础教育发展中也能发挥应有作用。具体建议是：允许少数民族考生使用本民族语言文字答卷；对少数民族考生单独划线；赋予少数民族地区相关高校一定的招生自主权，充分发挥这些高校在本地区民族基础教育发展中的作用。

参考文献

［1］黄宝印：《我国专业学位教育发展的回顾与思考（下）》,《学位与研究生教育》2007 年第 7 期。

（本文选自《中国高等教育》2008 年第 8 期）

教育硕士学位论文选题的调查研究

——以 J 省 N 大学 2007 年入学部分教育硕士研究生为例

何善亮

（南京师范大学）

摘要

　　为克服教育硕士专业学位研究生学位论文选题难的困境，研究者以 J 省 N 大学 2007 年入学部分教育硕士研究生为样本，就其学位论文选题问题进行开放式问卷调查。研究发现，教育硕士专业学位论文选题多集中于学生学习与自身教学领域，研究目的旨在改善自身教育教学实践，具有一定的专业学位特点。进一步分析表明，论文选题也存在一些问题，课程研究意识相对缺乏，文献综述方法比较陌生，对研究结果期望不高，科研创新动力不足。研究启发我们，要提升教育硕士专业学位的论文质量，还必须在课程顺序（培养计划）设置、选题意识培养、选题方法指导等方面下大功夫。

关键词

教育硕士；学位论文；选题；调查；建议

　　1996 年 4 月，国务院学位委员会第十四次会议审议批准在我国设置并试办教育硕士专业学位，并从 1997 年开始招收第一批教育硕士研究生。通过十余年的努力和摸索，我国教育硕士专业学位教育取得了长足进展，得到了用人单位和社会各界的好评。实践已经证明，专业硕士学位教育是一条源于实践、深化理论、创新发展、应用提高的有效的高层次人才培养之路。在专业学位地位越来越高，教育硕士专业学位研究生数量越来越多，教育博士专业学位研究生已经开始招生的形势下，就教育硕士学位论文选题问题进行调查研究，无疑具有重要的现实意义。

一、问题的提出

　　学位论文是学位授予制度的产物，是相关研究人员为获得不同级别学位候选资格、专业资格或其他授奖提出的研究成果或研究结论的书面报告。在我国，学位论文是作者从事科学研究，取得创造性成果或有了新的见解，并依此为内容撰写而成，作为提出申请授予相应学位时评审用的学术论文。作为一种专业学位，教育硕士学位论文也理所当然的是申请教育硕士专业学位的人员所撰写的、具有较高学术价值的学术论文。

一般而言，完成一篇学位论文或某一课题研究大都要经过五个阶段：确定研究问题，拟定研究计划，从事先导研究以完善研究计划，从事正式研究，撰写研究报告。研究课题的不同，使五大阶段的操作方法也不尽一致，它们有时也会发生重叠或者次序上的换位。但无论如何，科学研究的起点是研究问题，而介入研究课题界定过程的想象和洞见，往往比任何其他因素都更能决定某一研究的最终价值，是研究者走向专业技能成熟的重要步骤[1]。然而，研究什么问题？为什么研究这一问题？怎么研究这一问题？如何确定一个合适的论文题目？这些看上去似乎并不困难的问题，却使许多研究生及其指导老师陷入了实实在在的困境[2]。更为突出的是，教育硕士专业学位研究生的数量比学术型学位研究生要多，而指导教师的专业针对性则相对薄弱，因此，在学位论文的选题及其明确化、具体化上显得更为困难。为了把握和解决这一实际问题，研究者以 J 省 N 大学 2007 级入学的部分教育硕士为样本，对他们的学位论文选题内容及范围、旨趣及原因、相关研究之把握及研究结果之期望等进行了开放式问卷调查。

二、研究方法与过程

本研究旨在通过对教育硕士专业学位论文选题意向的了解与分析，全面把握教育硕士专业研究生学位论文的选题旨趣，正确引导教育硕士专业学位研究生的论文选题，提高教育硕士的培养质量。为此，研究者主要采用问卷调查研究方法，通过问卷调查从大样本中搜集相关资料，对教育硕士学位论文的选题意向（包括选题内容及范围、旨趣及原因、相关研究之把握及研究结果之期望等问题）做出比较客观的分析。

在问卷设计上，本研究问卷选用一组开放性问题（另有被调查者的个人信息，如性别、从教学科、教龄、职称、来自学校等）；研究者不在问卷上做答题范围的限制，鼓励答题者充分发挥思考的主动性，自行填写问题的答案，既突破自己的研究选题困难，同时也达到本研究了解被调查者关于学位论文选题的真实态度与想法的研究目的。本研究问卷的 4 个问题如下：

1. 我 / 你的研究问题和（或）研究兴趣是什么？

2. 为什么我 / 你对这个问题感兴趣？我 / 你的价值观和信念是什么？

3. 对于这个问题，人们知道了什么？我 / 你已明确了多少？（回答：比较明确、基本明确、不太明确、一点都不明确，并具体展开）

4. 通过这个问题研究，我 / 你期望能发现什么？

作为问卷调查研究的补充，个别访谈调查有助于进一步获取相关研究资料。为了使访谈更加富有成效，研究者采用了半标准（半结构）型的访谈方法，即研究者将有关问题（上述 4 个问题中把"我"字改为"你"字）交给被访问者，然后与被访问者就上述问题进行自由交谈，并在访谈中就某一问题进行深度追问。

三、研究结果与分析

研究者是在给教育硕士专业学位研究生讲授"教育科研方法"这门课程的过程中，开展这一研究的。在完成"如何选题"这一部分内容的教学任务后，研究者利用课堂时间（约30分钟）实施了这一问卷调查，并在课后对个别教育硕士进行了跟踪访谈。调查对象的学科专业分布比较广泛，有思想政治教育、历史教育、地理教育、数学教育、物理教育、化学教育、生物教育、体育教育等专业方向；有的来自城市学校，也有来自农村学校的老师；职业学校老师所占比例为6.8%；男女教师比例1∶1.16；教龄多集中在5—10年，并以中级职称教师为主。调查期间，研究者共发放问卷242份，实际回收236份，其中有效问卷231份，占发放问卷总数的95.5%。调查结果分析如下。

（一）教育硕士学位论文的选题内容

从回收的问卷看，教育硕士感兴趣的研究问题范围非常广泛，涉及的研究面比较宽。例如，在保证学生有良好应试成绩的前提下，如何培养学生的科学素养？如何让学生能够高效轻松地学习？如何提高女生的学科学习成绩？如何提高学生解决问题的能力？学生与教师的信任危机是如何产生的？教师的粗暴与冷漠对学生的发展有多大的影响？理科高考中的实验探究问题；学生作业布置方式研究；学生的错题反思研究；高中生不同知识掌握策略研究；各种教学模式的内涵与操作、选择；高一年级新生学习适应性研究；文理分班后文科班的理科课程教学研究；学科教师的教学能力发展研究；学科教师课堂掌控能力的提高；科学概念转变的教学研究；如何开展有效的科学探究实验？高中理科教学中的 STS 教育的渗透研究；信息技术在教学中的合理应用研究；学生学习迁移能力发展研究；学习优秀与学习困难学生学习方式比较研究；合作学习的操作方式研究；有效复习策略与模式研究；习题教学研究；教育科研促进教师专业发展研究；高等学校自主招生学科试题比较研究；学生学习评价研究；教学促进学校文化建设研究；理科设计实验教学研究；××学科 ×× 单元教学研究；学生学科元认知能力发展研究；学生自我效能感培养研究；×× 科学家成长史及其教育意义研究；学生学习"高原现象"研究；学生对教师信任危机研究；学生具体学科厌学情绪研究……

如果将他们感兴趣的问题按照"课程建设""教师教学""学生学习""效果评价""教学管理""教师专业发展""其他"等加以分类，可以得到如下比例（见表1）。从表中容易看出，教育硕士的选题（意向）主要集中在学生学习和自身教学上，对学生的学习给予了普遍的关注，但对课程问题、评价问题、师生关系问题、教学管理问题的研究意识相对不足。

表 1 教育硕士学位论文选题类型

问题类别	选择数量	所占比例
课程建设	10	4.3%

问题类别	选择数量	所占比例
教师教学	69	29.9%
学生学习	81	35.1%
教学评价	28	12.1%
教学管理	10	4.3%
师生关系	8	3.5%
教师专业发展	11	4.8%
其他问题	14	6.1%

（二）教育硕士学位论文的选题缘由

对于"为什么我／你对这个问题感兴趣？我／你的价值观和信念是什么？"的问题，教育硕士研究生的回答也内涵丰富，并值得人们思考。例如，一些研究生的选题直接源于个人的亲身教学实践，如"今天的作业怎么布置？""为什么一些题目全班皆错？""为什么有些题目学生一错再错？""理科教材中有许多 STS 的问题，高考试卷中也常出现这一类问题，而学生在解决 STS 这类问题时常不能与学生学习过的知识联系起来，为什么？"（研究问题的实践维度）另一些研究生则完全源于教师的个人使命感、责任感和同情心，源于教师对学生负责、对社会负责的教育事业心进行选题（研究问题的公共维度），关注教师的"有效教学"和学生的"有效学习""全面发展"。比较而言，大多数研究生（57%的比例）更为关注自己所从事的具体学科教学问题（例如理科教学的"实验"学科特色），所关注的问题更富有学科味道（例如"理科"实验特色、品德教育、历史教育特色等），保证了研究问题的学科维度。当然，也有个别研究生认为，人是一个有机体，应该从学生的生命角度对课程与教学问题进行整体关照，所选择的问题具有跨（或者说"非"）学科的特征，关心学生可持续学习能力的培养，却失去了自己的具体学科依托，因而显得没有根基。

表 2 是从"理论与实践维度""个人与公共维度""学科专业与教育思考"三个维度对"为什么我／你对这个问题感兴趣？我／你的价值观和信念是什么？"回答的简单分类。这一分类当然不很严格，有需要进一步讨论的地方，因为有些问题既是个人的，也是公共的（从私己的到公共的更好）[3]，既是理论的，也是实践的。尽管如此，我们还是根据被调查者关于选题原因叙述的先后顺序（认为是重要性顺序），将选题原因进行了分类。从表 2 中数据可以大致地看出，教育硕士研究生的选题主要还是以"实践的、事业的、教育的"为主（多），"理论的、个人的、纯学科的"较少。毕竟，唯有问题与自己的实际工作相关，有实际意义，而且又是自己所从事的教育教学实际工作，才可以投入更多的时间和精力来开展研究。随后的个人访谈研究也印证了这一分析。

表2　教育硕士学位论文选题缘由

维度	类别	选择数量	所占比例
理论与实践维度	源于理论探索	39	16.9%
	源于实践需要	192	83.1%
个人与公共维度	源于个人兴趣	61	26.4%
	源于教育事业	170	73.6%
学科专业与教育问题维度	偏于学科专业	79	34.2%
	偏于教育问题	152	65.8%

（三）教育硕士对学位论文选题相关成果的明确程度

与前两个问题回答的丰富性相反，教育硕士对于"对于这个问题，人们知道了什么？我已明确了多少？"的回答则十分简单。一些教育硕士在问卷上干脆就写上"不清楚，似乎可以查找的资料不多；不清楚，还没有上网查；人们应该知道的很多，本人还需要进一步学习……"。对于打算研究的问题比较明确、比较了解的比例非常低（见表3）。因此可以想象，没有对相关研究领域的现有研究成果进行系统的梳理和分析，没有以质疑现有研究成果结论为基础，很难避免重复研究、无意义的研究，也很难防止选择无法回答的问题，更找不到前沿性问题。

表3　教育硕士对学位论文选题相关成果的明确程度

对学位论文选题相关成果的明确 / 了解程度	选择数量	所占比例
比较明确	23	10.0%
基本明确	43	18.6%
不太明确	145	62.8%
一点都不明确	20	8.6%

与博士的培养层次不同，（教育）硕士研究生进校时并没有明确的问题意识，只是在别人问起"你准备研究什么？"的时候才思考这个问题，因而在对学位论文选题相关成果的明确 / 了解程度上不能尽如人意。事实上，如果考虑到教育硕士的学习计划安排与课程设置顺序（"教育研究方法"课程才谈及"如何选题"），如果注意到他们还没有真正开始做学位论文，因而也就不知道如何进行"文献回顾""文献综述"等，出现上述情况也在情理之中。当然，它也从另一侧面说明，我们本科阶段"教育研究方法"课程开设的效果还有值得改进的地方，在职教师教育科研能力的规范化也有待进一步加强。正如一些研究者所指出的，学位论文的参考文献收集不足，资料陈旧，必然导致学位论文研究的结果不能突出当前的新观点、新技术和新思想，学位论文创新性不强，空无一物，这一点需要引起我们的注意。它也警示我们，教育硕士专业学位论文的参考文献应针对论文的研究选题

收集相关的新文章、新著作，以了解该选题的最新研究进展。而教育硕士研究生更要培养自身的问题意识，养成基于问题研究的文献查阅和积累学习方式，建立关键词主题下的文献电子管理档案，将摘录的思想、观点和研究情况以专门的文件进行管理，并标注文献的来源，以便于论文撰写时进行引用，提高研究的起点。

（四）教育硕士对自身学位论文选题的研究期望

"通过这个问题的研究，我期望能发现什么？"这是研究者对研究结果的期望问题。在答卷中，教育硕士研究生对自身研究结果的期望不高，亦即对"教师即研究者"观点的认同度不够。例如，一些研究生期望能够"了解人们的已有研究，看看别人是如何研究这一问题，并得出怎样的研究结果"。也有一些研究生期望能够比较清楚地解决自己提出的问题，例如，"让学生从题海中走出来，总结出一定的中考、高考命题规律，让学生能轻松自如地对付考试，考出一个好成绩"。有少数研究生期望在了解人们已有研究的基础上有所创新，"在理论上，从教育学、心理学及学科教学理论方面来探查学生学习策略；在实践方面，从教学设计、上课、作业等方面提高学生的反思能力和学习监控能力，最终提高学生的学习成绩，真正减轻学生学习负担"。针对"中学一线教师被高、中考压得喘不过气来，对教育科研（甚至对教育）爱不起来，没有时间思考，久而久之也就不会思考，不习惯于思考，自己的头脑也就变成了别人思想的跑马场"的现实状况，个别研究生还希望能够找出帮助一线教师学会教育科研的方法，以提高教师开展教育科研的热情，同时将理论和实践得到的成果写成文章，与更多的老师共同分享。

表4　教育硕士对自身学位论文选题研究期望

期望变化	对研究结果的期望水平/层次	选择数量	所占比例
↓	理论上有较大的创新	12	5.2%
	在解决问题（改善实践）的某一方面有适当的理论创新	43	18.6%
	解决研究者自己所提出的具体待解决问题	152	65.8%
	了解别人对于研究者所关注问题的研究成果	24	10.4%

为使教育硕士研究生对自己研究结果的期望有一个科学、合理的定位，笔者将教育硕士的研究结果期望分成"了解别人对于研究者所关注问题的研究成果、解决研究者自己所提出的具体问题、在解决问题（改善实践）的某一方面有适当的理论创新、理论上有较大的创新"等4个水平（层次）（见表4）。当然，第1水平（层次）是最为基本的，因为任何一个研究都需要进行"文献研究（综述）"；而理论上有较大的创新不仅需要更深、更全面的理论修养，也需要大量的时间和精力，这是教育硕士阶段学习难以保证的。理想的情况是，教育硕士学位论文都应该达到（或者说应该定位于）研究结果期望的第3个水平（层次）——在解决问题（改善实践）的某一方面有适当理论创新，从而提升学生学习效

果和自身教育教学能力，这是教育硕士专业学位设置的初衷，也是教育硕士通过努力能够达到的水平。但实际上，教育硕士对自身学位论文选题研究的期望水平还是相对偏低，需要引起人们的重视并逐步地改进。

四、研究结论与建议

通过对所选研究对象学位论文选题意向的问卷调查和个别访谈，可以得出如下结论：教育硕士专业学位研究生在学位论文选题上存在一定困难，缺乏在教育教学实践困惑与文献阅读批判思考的结合中提炼有价值的研究问题的能力；他们的研究意识相对薄弱，选题视野不够宽广，选题能力亟待培养。为了解决这一问题，同时也为了提高教育硕士的培养质量和进一步彰显教育硕士专业学位特点，笔者提出如下建议。

（一）调整部分课程开设顺序，提升教育科学研究的规范性

从过去的经验看，教育硕士的选题过程一般都安排在他们学习了教育学原理、教育心理学等课程之后，这当然有其合理性。但是，如果考虑到教育硕士在入学考试中已经考查了教育学、心理学的基础理论知识，加之这一群体在原来的工作单位也大多属于教学骨干，富有比较强的教学实践能力，所面临的或者说缺乏的主要是开展教育科学研究的能力，所以，我们更应当鼓励学生在进入研究生学习的初始阶段（至少是第二学期初）就开始参与学术活动和研究。再者，选题阶段应该有充足的时间，因为长时间的酝酿、思考和讨论可以避免选题的诸多"陷阱"，减少"起点错误、死胡同、过高目标、宏大论题、高风险低产出"等选题失误，查找资料的时间也更为宽裕。因此，笔者认为，作为各个方向教育硕士必选的、对于提高教育硕士的研究能力有着重要意义的公共课"教育科研方法"，其开课时间可以（也应该）提前至教育硕士第一学期集中学习时段，至迟也不能迟于第二学期开设，要加强教育硕士研究生的研究规范训练。当然，如果能充分利用教育硕士脱产集中学习阶段大家聚在一起的机会，就彼此的选题意向进行讨论，将会有更多的思维碰撞和收获。这一想法在笔者对教育硕士的个别访谈中得到了肯定。

（二）重视选题的研究与指导，使选题更具有研究者的个人性

为使教育硕士研究生的选题更具有科学性，教育硕士教学与管理部门应加强选题的研究与指导。为此，采用"征集教育教学问题—培养问题意识—导读主流文献—分析研究动向—缩小关注视野—拟出备选题目（若干个）—研究生个人选题—分析可行条件—确定具体题目—在教师指导下开题"的选题和开题流程，不仅有助于教育教学前沿问题的把握和选择，同时也关注了研究者（教育硕士研究生）的个人需要[4]、学习背景和研究志趣，使研究更具有研究者的"个人性"，从而也使研究者（教育硕士研究生）能够对选题研究有所"寄托"，并具有更多的"求知热情"和"心灵兴趣"。而"当我们向自己的求知热情屈服以后，我们就希望自己变得更能令自己满足并承担了一项义务，即用我们的热情以我们建立的标准来教育自己。"[5]这或许是教育硕士专业学位设置的最为理想的境界。

（三）注重所选问题与研究性教学结合，彰显专业学位的实践应用性

在教育硕士培养过程中，一直有两种观点：一种观点认为，教育硕士既然是硕士层次的教育，对其学术理论能力的培养才是最重要的，应当走学术型人才培养的道路，培养从事学术研究的能力；另一种则认为，教育硕士都来自基础教育第一线，具有丰富的实践经验、成熟的工作能力等，将来还要回到实践工作中去，因此，应当以应用型人才的培养为主，进一步提升和培养其在基础教育领域进行实践的能力。实际上，这种观念也影响了教师的行为，直接体现在了培养工作中。因此，我们需要辩证地处理在学术型人才和应用型人才培养上的矛盾，把培养能够"实施学校或者县乡教学研究或者教学改革的研究者、能够进行学校或者县乡教育管理及改革的管理者、未来的教育实践第一线具有较高教学水平和教育研究能力的教育专家"作为教育硕士培养的基本目标，以进一步促进教师的专业化发展。为此，我们需要从选题、开题、论文答辩等环节给学历硕士提出了同样的高要求，以使教育硕士利用撰写学位论文的机会获得完整的科研经验和规范的科研训练。

另一方面，对于教育硕士而言，学位论文的写作可以把教学能力的培养和科学研究能力的培养有机地结合起来，因而在研究生教育质量评价中更具有特殊性。[6]因此，在教育硕士完成自己的选题以后，可以不急于进入学位论文的撰写环节，而应该结合他们自己的学位论文选题，进行一年半的研究性专题教学实践，确保学位论文能够尽可能引用研究性教学实践中出现的案例和取得的数据，使学位论文的撰写过程成为运用所学理论解决实际问题的过程，成为通过教学实践印证相关理论假设，得到具有一定推广意义的教育教学理论、方法和经验的过程。这样做也是重视教育硕士专业学位特色的体现和要求。毕竟，教育硕士研究生都是教学一线的骨干教师，具有多年的教学实践经验。在教育硕士培养过程中，我们需要重视和珍惜教育硕士丰富的教学实践经验，将其作为一种宝贵的教育科学研究资源，充分加以发掘、利用。也正因为如此，教育硕士研究生学位论文的选题应该真正结合自己的教育教学实践，从实践中寻找一些"小、实、新"的研究问题，以保证研究问题的选择具有理论意义、应用价值、迫切性、可行性及符合研究者的主客观条件[7]，并彰显教育硕士专业学位的实践依赖性[8]。

（四）紧密联系研究者学科教学背景，确保研究选题的"学科性＋教育性"

好的选题不仅是课题研究成功的基础，也是教育硕士成长的阶梯。教育硕士专业学位选题与高校一般性科研课题的选定有相同之处，更有其特殊性。这种特殊性主要体现在：其一，一定要从基础教育实际出发，围绕基础教育实际需要选题。因此，在选题之前，教育硕士研究生要深入基础教育课程改革实际，认真研究基础教育实践中广大中小学教育工作者关注和困惑的问题。其二，一定要从教育硕士研究生的工作和学习实际出发，围绕教育硕士研究生的知识结构、科研水平和工作特点选题。既要考虑通过课题促进他们发展，又要切合教育硕士研究生的实际情况，使他们能够胜任课题研究工作。

在操作层面，怎样的选题才能够既促进他们发展和研究水平的提高，又契合教育硕士研究生的实际呢？维果茨基的"最近发展区"理论为我们回答这一问题提供了合理的思

路。鉴于教育硕士的学术背景（本科学习经历），绝大多数学生选修的是具体学科（例如中文、数学、英语、政治、物理等）专业，他们从事的教学工作也是基础教育阶段的相应学科课程的教学工作，因此，选题更应该体现课程与教学的具体学科特色，例如语言习得研究、概念教学研究、规律教学研究、问题解决教学研究、实验教学研究等，真正把学科专业与教育教学理论有机地结合起来，既不是"泛教育"的，也不是"纯学科"的，确保研究的"学科性"与'教育性'的平衡。唯有如此的问题及研究，才是他们感兴趣和有价值的，也是他们能够完成和胜任的。

参考文献

［1］［美］梅雷迪斯·D.高尔等著，许庆豫等译：《教育研究方法导论》，江苏教育出版社1995年版，第40—41页。

［2］陆有铨：《从学位论文看基础教育研究中的若干问题》，《教育学报》2008年第4期。

［3］吴康宁：《教育研究应研究什么样的问题——兼谈"真"问题的判断标准》，《教育研究》2002年第11期。

［4］江玲、石宜君：《论中小学教育研究目的的人文取向》，《华东师范大学学报（教育科学版）》2009年第2期。

［5］［英］迈克尔·波兰尼著，许泽民译：《个人知识——迈向后哲学批判》，贵州人民出版社2000年版，第267页。

［6］杨启亮：《偏失与合适：教育硕士专业学位的论文选题》，《学位与研究生教育》2005年第8期。

［7］袁方主编：《社会研究方法教程》，北京大学出版社1997年版，第118—119页。

［8］别敦荣、赵映川、闫建璋：《专业学位概念释义及其定位》，《高等教育研究》2009年第6期。

（本文选自《教育科学》2010年第4期）

论教育硕士招生与培养的改革

彭振威

（辽宁师范大学）

 摘要

我国的教育硕士招生与培养工作已经有了近 20 年的历史，虽然取得了不少成绩，但仍有许多亟待解决的问题。这些问题主要有：学生专业背景不强的问题日益突出；实践性培养资源短缺的状况急需改善；毕业生研究能力提升的问题没有得到根本性的解决。解决的对策是：加大专业硕士招生改革的力度，将教育硕士教育管理专业由考试制改为申请考核制；教育资源的培育和培养过程的设计要始终围绕着学生研究型实践能力的提升；实施更为灵活而严格的学制和学分管理办法。

 关键词

教育硕士；招生；培养；问题；改革对策

我国的教育硕士的招生始于 1996 年，经过近 20 年时间的试点和发展，教育硕士的招生和培养工作已经取得了不少的成绩，但随着时代的发展，教育硕士的招生和培养工作仍面临一些长期没有解决的老问题和诸多新的问题。本文重点以其中的教育管理专业为例，提出其面临的主要问题，并尝试着提出今后改革的基本对策。

一、招生和培养工作面临的主要问题

（一）学生专业背景不强的问题日益突出

一般认为，专业硕士最早始于 20 世纪中期。第二次世界大战后，世界各国的工业和科技高速发展，出现了教育、工程、医学、管理、法律、商业、农业科技等一批专业性很强的职业。为了适应这些专业性很强的职业对高水平人才的渴求，美国率先开始了以培养高层次应用型人才为主旨的专业硕士的招生和培养工作，专业硕士随之迅速发展到欧洲，并在全世界普遍推行。据统计，20 世纪 90 年代以后，专业硕士发展速度明显地高于学术型硕士的发展。以美国为例，到了 20 世纪 90 年代，在所授予的所有的硕士学位中，专业学位的数量已经超过一半。从这时起，全世界在专业学位的目标、质量要求、办学模式等

方面逐渐达成共识：

（1）专业学位是职业性的，因此，学生必须是具备相应的职业背景，即有工作经验。

（2）培养目标是有一定理论基础、科研能力而解决实践问题能力突出的高级人才。

（3）以在职学习为主，学制灵活，学制2—4年。

（4）一般采用与社会相应职业部门联合培养。

（5）论文以应用性研究为主。

但令人遗憾的是，近些年，我国教育硕士在招生中对生源职业背景的要求有所减低。主要表现为：一方面，在全日制两年制教育硕士的招生条件中，一些专业方向，如学前教育、小学教育等已经取消对考生实践经历的要求。另一方面，从招生实践上看，教育硕士教育管理专业中具有教育管理方面的经历的考生的比例也逐渐降低。据笔者对我国一所第一批教育硕士试点单位2005—2010年教育管理专业学生职业背景的统计，真正从事过教育管理工作的学员还不到三分之一。

这种状况给专业硕士培养带来许多不利的影响。以教育管理专业为例，许多校长反映不少不具备从事管理工作潜质和经验的教师即使学习了这个专业，也难以走到相应的教育管理岗位上；培养单位也感到，在实施案例教学、安排学生进行管理实践和选择管理方面的毕业论文等诸多方面，得不到学员动机和经验的响应和支持。

笔者认为造成这种状况有两方面的原因：一方面，从一开始，相关各方对专业硕士培养目标的认识就存在误区，没有坚定不移地突出其应用性特征，按照培养学术型硕士的方式培养专业硕士的现象仍然十分普遍。在这种认识和实践背景下，逐渐放松对考生实践经历的要求在所难免。另一方面，人们对教育管理专业的特殊性认识不充分，误认为有了教育方面的经验，就一定有教育管理方面的经验。实际上，教育管理专业是管理特征更具主导地位的专业。

（二）实践性培养资源短缺的状况急需改善

有专家指出，"教育资源是一种为实现特定教育目标，保证教育过程顺利实施的特定的人力、物力支持系统。不同的教育目标和培养过程，应以不同的培养资源体系作为基础和支撑。"[1]从目前的情况看，在各种培养资源中，实践性培养资源短缺的问题仍然十分突出，这大大影响了教育硕士培养高层次应用型人才这一核心目标的实现。其表现为以下几方面。

第一，在教师资源方面，具有中小学教育特别是管理方面实践经验的教师短缺的问题仍然十分突出。特别是近些年新补充的高校教师虽然大多具有博士学位，但普遍缺乏教育实践经验，特别是教育管理方面的经验。这进一步加剧了称职的教育硕士指导教师短缺的局面。许多学员也反映，在指导应用性研究和毕业论文方面，经常出现导师指导缺位或移位现象。

第二，案例型课程资源建设和实施问题仍需进一步改善。教育硕士培养目标决定了其培养过程对案例性课程资源有特别的需求。根据傅维利等人的研究，人的实践能力是由实践动机、一般实践能力、专项实践能力和情境实践能力所构成，其中情境实践能力是解决具体复杂问题的高级实践能力。它是在真实问题情境中，实践主体迅速判断主客体匹配关系、周边资源支持状态，迅速做出决策并付诸行动的过程。由于案例教学强调展示真实问题和具体情境，强调学生做出分析和讨论，并提出解决问题的具体对策，因此它是一种十分贴近真实问题，有利于培养学生情境实践能力要素的教学方式。这种教学方式如果能在教育硕士培养中得到大面积推广，无疑十分有利于学生解决真实教育问题能力的大幅度提高。实践已经反复证明，案例教学为人们完成从理论过渡到实践提供了非常有效的途径。

但从近 20 年建设情况看，针对教育硕士的案例型教材虽在不断地增长，但仍然没有占据主导的地位。即使在一些有了案例性教材的课程中，相当数量的教师仍然按照讲授的方法处理教学过程，案例教学的目标难以达成。

第三，相关教学设施和实践基地的建设速度缓慢。

世界专业硕士发展历程和我国近些年的硕士招生政策均表明，专业硕士将逐渐取代学术型硕士，处于硕士培养的主流地位，但许多高校对这一发展态度的认识并不到位。从教育设施的配置情况看，针对教育硕士实践性、应用性强这一特点而专门配置见习教室和情境模拟试验中心的情况还不多见。许多学员反映其使用的学习设施与学术型学生没有多大区别。这是一个方面。

另一个方面，教育实践基地的建设十分缓慢。不少学校认为，考取了教育硕士的学生已经有了不少的实践经验，对于这些学生来说最为重要的是提高系统的理论修养。其实这种观点是片面的。不要说近些年招收的全日制两年学制的教育硕士学员多数没有实践经验，即使有了三年以上教育经验的学员，其经验也有很大的局限性。因而，建设具有典型教育价值和鲜明时代特征的实践基地并建立相应的运行制度刻不容缓。

（三）毕业生研究能力提升的问题没有得到根本性的解决

从学位制度设计的初衷看，学术性硕士学位与专业硕士学位应具有同等学力水平和价值，区别在于攻读学术性学位的研究生重在掌握解决理论问题的能力和技术，而攻读专业学位的研究生重在掌握解决实际问题的能力和技术。也就是说，专业硕士的研究成果，可以看成理论成果向实践领域的延伸，他们着重研究如何解决具体的技术问题或在具体环境中向实践者提供解决问题的具体策略。

但两者也有共同的地方，即不论是取得学术性学位还是取得专业学位的毕业生，都应掌握科学或者规范的研究方法，并形成以研究者的心态，使用系统、科学的方法去解决问题的研究取向和工作取向。

但从近 20 年教育硕士的培养实践看，全面提高教育硕士研究态度和研究能力的问题没有从根本上得到解决。造成这种情况主要有两个方面的原因。

从学员方面看，学习是为了获得学历证明还是为了提升能力的学习目的观没有从根本上得到改变。学员中混日子、混学历的人不在少数，他们对提高自身研究能力的要求并不强烈。

从培养方面看，一是多数指导教师只有研究理论问题的经历，对指导指向实践问题的论文缺乏经验和自信。二是课程结构中的研究方法类课程比例过低，针对性不强。三是对毕业论文的开题及研究和写作过程的要求不严格，不少毕业生没有通过研究和撰写论文切实得到研究态度和研究方法方面的锻炼。

二、解决上述问题的改革对策

（一）加大专业硕士招生改革力度，建议将教育硕士教育管理专业由考试制改为申请考核制

前面已经分析过了，教育硕士教育管理专业培养目标具有明确的管理实践取向，因而招收具有一定年限教育管理实践经验的学生是提高培养质量不可或缺的重要前提。但根据笔者的调查，具有这样条件的考生，大多年龄较大，换句话说，不达到一定的年龄，一个大学毕业生很难走到管理岗位上。这使得教育管理专业的考生始终面临两难的尴尬处境，即年龄小的时候，精力旺盛，外语好，考试能力强，但没有管理的经历和需求；当有了管理经验和针对性学习需求时，外语已经遗忘很多，考试能力也大大降低。

为了解决这个问题，真正体现专业硕士的培养宗旨，并借鉴国外硕士、博士招生的一贯做法，笔者建议，教育硕士教育管理专业率先施行申请考核制。

具体办法是：具有全日制本科毕业证书并具有三年以上教育管理工作经历（由地方教育行政管理部门开具任职证明）的人，可向相应的办学高校提出入学申请，高校在当年教育硕士教育管理专业的招生名额中划出一定的额度接纳经严格公正的考核和面试后合格的申请者。

余下招生额度仍按原来的考试办法通过联考向全国招生，但对考生教育实践经历的要求改为：至少有三年以上教育实践经历，其中管理方面的经历不少于一年。

笔者还建议，在审核考试制逐步成熟后，应逐年加大经申请考核录取的学生的限额比例。

（二）教育资源的培育和培养过程的设计要始终围绕着学生研究型实践能力的提升

这里包含着两个明确的含义，一是教育资源培育和培养过程的设计要始终指向实践问题；二是这种培育和设计要促成学生以研究的态度和方式解决实践问题。为此，笔者建议要从以下几方面着手。

第一，要招聘和培育专门培养教育硕士的指导教师。教育硕士的培养目标具有强烈的指向实践问题的鲜明特征，这使得一些具备指导学术性硕士的教师无法胜任对教育硕士的指导。因此，招聘和培育专门培养教育硕士的指导教师必然会成为教育硕士指导教师队伍建设的必然选择。

从国外的经验看，教育硕士的指导教师可分两类，一类是专职型教育硕士指导教师，他们通常是学校专门为培养实践性很强的教育硕士而单独招聘的。这些教师不仅具有较高的学历，而且在教育管理岗位上都有较长时间的工作经历和成功的管理业绩。另一类是同

时具有学术性和专业性指导教师资格的指导教师。对这一类教师，学校一般都制定了严格的筛选和准入条件，要求他们必须有教育管理方面的经历和研究教育实践问题的经验。这与我们目前的学术型硕士指导教师自然成为专业硕士指导教师的现状形成鲜明的对照。

要走出上述困境，一方面要尽快启动单独招聘教育硕士指导教师的工作，另一方面要加大对现有指导教师的筛选淘汰和培养提升工作。这些工作包括：有计划地进行以提高指导教师教育教学实践能力为主要内容的专项培训；创造条件，让缺乏实践经历的教师研究和参与中小学的教育与教学改革工作。今后没有一线教育实践经历和相应研究经历的教师原则上不应再担任教育硕士指导教师。对于有实践经验的指导教师，也应向他们提出继续参与中小学教育改革和研究工作的要求，鼓励他们和学员一起共同承担中小学教育、教学改革的项目，并撰写相关的研究论文等。

第二，要把案例教学落实到实处。案例教学对培养教育硕士的价值前面已经充分论述，今后改革和发展的主要任务是落实。笔者认为，比较理想的状态是：教育硕士各专业培养方向应有至少一半以上的课程使用的是案例型教材；应有三分之二以上的课程主要使用的是案例教学法。

案例教学要搞好，选择案例是关键。成功的案例教学要求所选择的案例不仅具备分析和思考的内在价值，而且是学生容易感知到的富有时代气息的真实问题。教学实践也证明，这样的案例不仅有利于调动学生思考和解决问题的积极性，而且能为学生解决实践问题提供了可以借鉴的方法和路径。

同时，还要鼓励和培训教师善于利用学生身上已有的实践经验。教育硕士的入学条件之所以要求学员至少有三年的中小学教学的实践经验，就是看重在学员身上已经形成的实践资源。认识和利用好这类资源对保证教育质量是至关重要的，如开展专题性经验交流，实施理论与个体实践经验的对照与反思。

第三，要强化研究方法类课程和研究性实践。从近十几年的实践看，教育科学研究方法虽然已经是教育硕士研究生的必修课，但比例仍然偏少。更为重要的是，这些研究方法的课程多以讲授的方式实施，学生很难在研究实践中得到真实的训练。因此，在今后的课程改革中，要加大教育研究方法类课程的比重，并且在培养过程中要设置"用至少一种研究方法研究一个实际问题""跟踪研究一个教育实际问题"的"过关"要求，以切实在学生亲历的研究实践中，推动学生研究态度的提升和研究能力的增长。

（三）实施更为灵活而严格的学制和学分管理办法

所谓灵活，就是要切实考虑学生在职这一实际情况，给以教育硕士更长时间的学制安排和更为灵活的学分制管理办法。根据目前实践情况看，在职教育硕士的学制最长可延至6年。在这6年期间，学生可以自主选择自己认为合适的时间修习学分和撰写毕业论文。

所谓严格，就是对学生修习学分的过程和毕业论文的质量要有更为严格的过程管理和质量要求。对于不能坚持课程学习的学员一律不计学分；对于毕业论文选题不合格或论文没有坚实的研究过程做基础的一律不予通过。

实践证明，严格的毕业论文匿名外审制度对提高学生毕业论文的质量确有帮助，今后应将这一制度普及开来，并由教育硕士专业学位教育指导委员会制定一个评价标准和实施方案。

参考文献

［1］傅维利:《教育硕士质量保证与培养资源供给》,《学位与研究生教育》2005 年第 5 期。

（本文选自《教育科学》2014 年第 2 期）

教育博士学位论文的形式与质量标准

李云鹏

（山东女子学院）

 **摘要**

教育博士学位论文的形式与质量标准体现了其学位属性和价值取向。教育博士学位论文的形式越来越多样化，"档案袋"和"课题研究设计"等实践性强的毕业考核项目正在越来越多地取代传统的学位论文，质量标准也日渐明晰化，与哲学博士明显区别开，更加充分地体现出其作为专业博士学位的属性和特色。

关键词

教育博士；学位论文；形式；质量标准

教育博士（Ed.D.）学位作为博士的一种研究性专业学位，有所有博士学位的共性，也有教育博士的个性，而作为博士学位核心要素的教育博士学位论文的形式与质量标准充分体现了其独特的属性和价值取向。

一、教育博士学位论文的价值取向

教育博士是作为与哲学博士相对应的专业博士学位而设立的，因此正确认识教育博士与哲学博士之间的关系，准确把握教育博士的属性与价值取向，是必须首先解决的问题。按学位类型分类来说，教育博士是一种专业博士学位，它应该具有专业博士学位所具有的属性，在学位结构上发挥自己的独特功能。美国专门职业认证协会（the Association of Specialized and Professional Accreditors，ASPA）指出，所有专业博士学位的共同点包括：与学位目的相适应的专业实践水平；利用与专业相关的已有研究，对专业发展做出知识贡献；表现出对其他专业人员工作与贡献的理解和支持，具有跨学科进行合作的能力；展示出高水平的交际、批判性思维和问题解决能力；具有发现和解决实践问题的能力。[1]大多数专业博士学位要求进行具有实际目的的独创性研究，促进来自专业实践领域的博士研究生把自己的专业实践纳入到多学科情境中进行重新审视，目的是培养"研究型专业人员"。"对于独创性的要求，专业博士学位的兴起对传统哲学博士学位所要求的'学术原创性'观念提出了挑战，由于专业博士学位的研究以专业实践为中心，'原创性贡献'可能出现在理论的应用方式或专业的实践性质等方面，这可能会导致'专业独创性'概念取代'学术原创性概念'。"[2]据此，专业实践性是教育博士学位的基本属性，而提升专业实践是教育博士教育的核心价值取向。

教育博士学位论文选题主要选自教育实践第一线或具体岗位的实践工作，必须在实践中进行较长时间的现场行动研究。"哲学博士学位论文更多选择教育史或教育哲学方面的研究，而教育博士学位论文更可能是一个教育问题的实践性研究，往往是考察一个学校系统或某种课程类型。"[3]在研究方法方面，哲学博士学位论文倾向于实验性或准实验性的研究，使用多变量统计，具有更大的普遍性，更聚焦于某些诸如教育心理学的领域。而教育博士学位论文包含更多描述性的研究，比如调查访谈。在研究对象方面，大多数教育博士学位论文关注当地的公立学校和教育机构，研究对象倾向于学生和教师，而哲学博士学位论文更关注国内及国际教育的发展，经常使用大学生作为其他人群的代表。教育博士教育避免了哲学博士教育普遍存在的重理论轻实践、研究领域狭窄、解决现实问题不力等诸多缺陷。教育博士教育聚焦于实践，目的重在提升实践能力而不是认知水平；在价值取向方面，从纯学术好奇心驱使转向职业利益导向，显然其社会适应性更强。归根结底，教育博士教育的核心是引导高级专业人员发展实践领域的新知识，而非进行严格设计的理论研究。例如，美国伊利诺伊大学要求哲学博士学位论文对学科知识的发展做出原创性贡献，而要求教育博士学位论文把学术知识与专业实践问题紧密联系起来。

尽管许多大学的教育学院设置了教育博士学位，但长期以来在学位论文的形式与质量标准方面倾向于模仿哲学博士，实行单一的理论性强的学位论文的毕业考核形式，审核方式和评价标准也非常相似，而对专业性和实践性重视不够，这成为教育博士教育的一个顽症。为此，教育博士学位的培养机构不断对教育博士学位论文的形式与评价标准进行修正与变革。

二、教育博士学位论文的形式

一般而言，教育博士学位论文不要求高深学术和理论的原创性，但要密切结合实践中的具体问题，体现出运用理论来发现和解决实际问题的能力。而且随着学生群体结构多样性趋势的增强，需要教育博士学位论文的形式也越来越多样化：① 较哲学博士更为简短的学位论文，但学术水平不能降低；② 多个研究项目的有机组合；③ 一系列能够证明水平能力的组合材料；④ 已经公开发表的研究成果。[4]大多数教育博士教育机构虽然坚持学位论文，但其实践取向越来越明显，而在澳大利亚，教育博士教育毕业设计的形式变革最大，"档案袋"（portfolio）和"课题研究设计"（the matic research project）等实践性强的毕业考核项目越来越多地取代了传统的学位论文。

美国佛罗里达州州立大学教育领导与政策项目同时设置了教育博士与哲学博士两种学位类型，对于两种不同学位类型的要求在学位论文方面比较充分地体现了差异性。教育博士学位论文主要聚焦于高等教育中的行政、管理、治理或其他应用性问题；哲学博士学位论文要求含有原创性理论研究，需要对增长知识做出重要贡献，表明学生具备更强的进行学术研究和理论发展的能力。犹他州州立大学的教育博士教育要求学生通过在当地教育机构进行实习获得实践经验，倡导教育博士研究生在实践中进行应用研究，要求论文立足于实际问题，聚焦于提高实践能力这一目标。圣路易斯大学要求教育博士研究生成功处理一个教育实践问题，并且提交一篇与哲学博士同等学术水平的学位论文。哈佛大学 2010 年新设的教育领导博士（Ed.L.D.）项目把博士研究生的毕业考核与工作实践整合起来，废除传统的学位论文要求，改为长达 1 年的住校顶岗实习，要求学生充分利用他们从课程学习中获得的理论知识，检验其教育变革理论，培养学生评估和整合所学到的理论知识以解决实际问题的创造性能力，测试他们在领导实践变革中表现出来的领导才能。

美国发起于 2007 年的"重塑教育博士卡内基行动"（the Carnegie Project on the Education Doctorate，CPED）创新了教育博士教育的毕业考核形式，从传统上高度依赖理论文献，转向强调解决相关实际问题。教育博士学位论文的起点不再是学术内容而是教育部门，不再是理论问题而是实践难题，以帮助学生在项目培养过程中及项目之后能在专业实践中表现出众。"重塑教育博士卡内基行动"强调教育博士学位论文是对一个实践问题的全面深入的反思性研究，要求教育博士研究生有能力进行系统的调查研究，致力于解决学校教育持续面对的某些重大问题。

美国范德堡大学皮博迪学院（Peabody College）变革后的教育博士教育的毕业考核项目更直接地联系实践，以符合 21 世纪学校领导所面临的期望和要求。教育博士教育的第三年，博士研究生进行实践性强的毕业考核项目，嵌入一个小组计划进行独立的研究和分析活动，聚焦于一个实践性问题，并从一个全国性的顾问团那里获得建议。毕业考核项目展示给学生一系列产生于外部实践者与政策制定者的实践问题，通过教师的建议和评价，选择最终的论文选题。论文要求以管理咨询报告的形式，实践取向，严格分析，便于阅读。通过毕业考核项目，使学生获得分析能力、专业理解、情境知识和团队技能的提升，并将这些能力应用于工作实践，在学校组织中改善学生的业绩，提升问责和资料收集能力，构建更加有效果和有效率的治理结构。[5]

皮博迪学院的教育博士教育还创设了学生进步报告制度，即分多次收集个人的进步报告状况，以确定群组每个成员的努力程度和贡献大小，包括进展报告、中期报告、草案报告、毕业设计报告与展示、最后的学位论文。最后的学位论文大约 75 页，包括 9 个部分：问题的确定、问题背景的分析、研究发现、对关键分析的讨论、建议、实施策略、结论、附录、参考文献。这种详尽的操作性强的培养过程对学生的发展和培养质量的保障发挥了重要作用，这也正是过程性评价和制度化培养的具体体现，成为高强度质量保障体系的重要组成部分。

美国南康涅狄格州立大学要求教育博士研究生与论文指导委员会紧密合作。按照论文指导委员会认可的研究计划，学生收集资料和数据，准备第三学年下学期的开题报告。论文要严格符合学术规范，主要对提出的问题和研究方法进行陈述，可以是应用性研究，也可以是实验、准实验或非实验研究。研究方法可以是质性的，也可以是量化的或二者兼备。强调论文必须对某一研究领域做出原创性贡献。开题报告结构包括三个章节：导言、问题陈述、选题意义；文献综述；研究方法。开题报告通过后，学生成为博士资格候选人，撰写博士论文，第四学年下学期，可以进行答辩。答辩结果分四种：无条件通过、通过但需要小的修改、通过但需要大的修改、不通过。中间的两种情况，答辩导师不签字，给出修改的最后期限，对修改的论文满意后才签字。[6]

将"档案袋"引入毕业考核是教育博士教育变革的一个显著变化。"档案袋"包括一系列具有不同特点的课程作业，这些作业可以不围绕一个共同的主题，最后不需要提交一篇正式的论文，但要提交一篇简短的课程论文，从而显示博士研究生的研究意识和知识储备。"档案袋"包括一系列研究成果，允许不同形式的论文，可以满足教育博士研究生在就读期间更换工作。"档案袋"记载了候选人如何处理研究与实践之间的联系以及研究是如何通过实践得到检验的。"档案袋"适应了教育博士研究生在职学习的特点，包括更多的小组协作工作，主要分析他人收集的数据，而不是像哲学博士研究生那样生成自己的数据和假设检验。一组教育博士研究生从不同的角度分析一个问题，每人撰写问题的某一个方面的论文，当这些论文汇集在一起，就能够提供解决一个实际问题的全面方案。

澳大利亚新英格兰大学和爱迪考文大学以博士研究生的多篇研究论文（需要达到发表水平）构成的"档案袋"来代替学位论文。也有的学校既要求学生提供能够充分显示学员研究能力的"档案袋"，又要求有1篇博士学位论文，但博士学位论文字数要求相对少一些。澳大利亚西悉尼大学要求的"档案袋"包括6篇研究性论文，其中必须有4篇公开发表。

从"学位论文"转向"档案袋"，回应了教育博士研究生的要求。传统的博士学位论文的读者局限于学科内或学科群内的学术组织和个人，而"档案袋"的读者人群更为广泛，除学术人员外，还有实践者、产业组织和社会机构等。"档案袋"是一个有组织的、旨在促进学生学术和专业的发展，并提供一个评估学生进步的基础性材料，代表学生在课程、自主学习、研究、实习和其他高级学习活动中的目标、计划和完成的深度及范围的评价工具。"档案袋"连接了学位候选人的研究与实践，把研究如何促进实践作为论文的一部分。"档案袋"既提供自我反思的工具和一个博士研究生的教育经验，又全面记录了学生通向学术和专业目标的学习经历和持续的进步。"档案袋"评价方法在美国教育学科专业学位研究生教育的变革实践中得到推广，并受到越来越多大学的青睐。"档案袋"已经成为创造性评价文科学术质量的主要方式，它为教育博士研究生在专业生活内对感兴趣的问题进行探索提供了充分的空间。[7]

为了更加突出教育博士教育的实践性特色，澳大利亚一些大学还创造性地推出教育博士学位论文的替代样式——"课题研究设计"，使用应用性较强、篇幅相对较小的课题研究设计作为学生展现研究水平的载体。相对于传统的教育博士学位论文来说，"课题研究设计"的特色之处在于：研究内容更具有实践性和应用性；"化整为零"以满足专业实践人员在职学习、兼顾工作的需要。此种做法代表了教育博士教育改革的一种方向，且在教育博士教育变革中得到推广和应用。群体小组研究取代个体研究，成为吸引教育领导者和实践者的一个显著优势。

应该说，这些侧重于实践的毕业考核，其难度一点也不低于哲学博士学位论文，但这恰好是教育实践领域急需的，是来自专业实践领域教育博士学生相对于哲学博士学生的优势所在，也正是设立教育博士学位的原初目的，同时也构成了教育博士教育的特色与优势。

三、教育博士学位论文的质量标准

教育博士与哲学博士在学位论文形式、价值取向与评价标准上的趋同成为人们指责教育博士的原因之一。为此，有人主张教育博士教育应该放弃撰写学位论文的要求。皮博迪学院的墨菲（Joseph Murphy）教授等人认为，教育博士博士研究生不应该固守传统哲学博士教育所要求撰写学术性学位论文的规定，而应该积极采用实证性或案例性这样实践取向的学位论文设计，以此来保证教育博士教育始终依循其专业学位的属性，密切理论研究与教育实践的联系。而有人则坚决反对，认为学位论文仍然是评价教育博士教育质量的核心指标，而且其学术严格性必须符合博士学位的标准，否则有流向"二等学位"的危险。[8]对于博士论文的性质，美国研究生院理事会（Council of Graduate Schools，CGS）强调指出，博士论文是学位获得者学术工作的开端，而不是其巅峰。博士学位论文只是一种学术训练的手段，目的是体现撰写论文的博士培养目标。据此类推，教育管理领域的教育博士研究生应能证明他们有能力恰当地运用研究、理论和知识来解决教育政策和实践中产生的问题。教育博士学位论文代表一种经验，通过这种经验，学生证明他们能够达到这种目标。就此而言，学位论文只是证明学生具备独立学术研究能力的手段，而非教育的最终目的。

教育博士学位论文的目的是促使博士研究生致力于一个与自己的专业目标及专长相关的实践问题的研究，聚焦于更加地方性的应用性问题。研究的应用性本质是教育博士学位论文的关键性特征，是与哲学博士学位论文的不同之处。教育博士学位论文要求学位候选人更直接地进入与学校教育实践工作者相关的真实问题，而传统的哲学博士学位论文经常与教育实践工作者面对的真实问题关系不大。

美国国家科学基金会（the National Science Foundation，NSF）认定教育博士的学术严格性和社会地位等同于哲学博士，具有学术性与职业性、职业导向性及实践依赖性相统一等特征。教育博士在类型上属于研究性专业博士学位。教育博士学位论文一般导向政策制定和具体行动。这意味着，所生成的研究结论必须有助于解决所提出的问题或以更有意义的方式重新审视问题，使其有助于实践行动。由此可见，教育博士是与哲学博士并列的以培养专业教育实践型从业人员的学位。

按照美国研究生院理事会对博士学位的分类标准，教育博士与哲学博士一样，都属于研究型学位，"研究"也是评价教育博士教育质量的一个重要维度，只不过这种"研究"

是专业实践取向，而非学术理论取向。教育博士学位论文强调实践意义，强调研究成果的应用性，即教育博士学位论文的研究与专业实践紧密相关，面向特定专业领域。教育博士学位论文的评价程序与哲学博士基本一致，只是教育博士的导师组由学术型大学教师和实践型专业人员共同组成，学位论文评审专家的组成也吸纳相关实践领域内的校外专家参加。

四、结语

本文所论教育博士学位论文形式与质量标准的变化既是教育博士教育内外部规律共同作用的结果，更是向教育博士学位本质的回归，这是教育博士安身立命和良性发展的根本所在。

教育博士教育的目的主要是使教育研究有效地服务于学校变革与教育专业实践发展，为教育实践工作者提供一个尝试运用理论和综合能力来解决现实问题、提升专业实践能力的机会。因此，教育博士教育必须紧紧围绕教育实践工作者在工作实践中面临的亟待解决的现实问题展开。教育博士项目必须在课程设置、教学模式、毕业考核、质量评价方面进行合理的设计，才能使教育博士真正成为一种既具有等同于哲学博士的学术水平，又具有独特价值的学位类型。其中，学位论文具有牵一发而动全身的关键作用，我们有必要在教育博士学位论文的价值取向、形式和质量标准方面制定规范可行的指导性政策文件，可惜的是，我国在这方面的理论研究还非常缺乏。本文对国外教育博士学位论文形式与质量标准的研究，可以作为我国可资借鉴的重要参考资源。

必须指出，博士学位论文只是博士研究生教育的一个环节，尽管非常重要，但只是育人活动的一种手段而已。无论教育博士学位论文如何变革，独立完成学位论文并通过由外审同行专家的审核，对实践性知识做出原创性贡献或对理论性知识进行原创性应用，仍然是大多数机构授予教育博士学位的基本要求，体现了所有博士研究生教育必须始终坚持培养创新型人才的理念。我国新兴的教育博士教育也必须清晰地认识到，教育博士教育最重要的"成果"不是学位论文，而是学生自身的全面素质，尤其是专业实践能力的发展，是培育出具有高度批判性和创造性的研究型专业实践人才。

参考文献

［1］Association of Specialized and Professional Accreditors Statement on Professional Doctorates. 2012-2-20. http://www.aspa-usa.org/sites/default/.../ASPA-Statement-Professional-Docs.pdf.

［2］骆四铭著：《中国学位制度：问题与对策》，华中科技大学出版社 2007 年版。

［3］John Ashton. Other Doctorates, in Everett Walters（Ed.），*Graduate Education Today*. Washington, DC: American Council on Education, 1965: 66.

［4］Tom Bourner, et al.（2001）. Professional Doctorates in England. *Studies in Higher*

Education,（1），76-77.

［5］Claire Smrekar, Kristin McGraner.（2009）. Peabody College Ed.D. Capstone. *Peabody Journal of Education*, 84, 48-60.

［6］2012-2-20. http://www.southernct.ed Policy Guidelines for Doctoral Educationu/grad/ uploads/text Widget/wysiwyg/documents/EdD_policy_guidelines_and_forms_Sept_20061_2_.pdf.

［7］Tom Maxwell. Defining the（research）Professional Doctorate: Can the notion of the creative arts portfolio contribute? Refereed paper prepared for AARE Mini-conference entitled 'Doctoral Studies in Education and the Creative and Performing Arts', Newcastle, 2-4 October, 2003.

［8］Ray Waddle. To Ed.D. or not? 2011-11-20. http://peabody.vanderbilt.edu/x6843.xml/.

（本文选自《比较教育研究》2013 年第 3 期）

制度视域下我国教育博士招生工作研究

张晓煜

（南京大学）

 摘要

我国教育博士专业学位教育试点已达四年，现有招生制度存在招生规模偏小、招生领域和招生范围偏窄、招考方式不利于选拔实践性人才等问题，在一定程度上影响和制约了我国教育博士专业学位教育的进一步发展。现有教育博士招生工作急需制度变迁，要扩大招生规模，拓宽服务面向；改革招考形式，逐步推行申请—考核制；扩大试点学校范围。

关键词

制度；教育博士；招生制度；制度变迁

教育专业学位是以教育领域内具有一定实践经验的教师和教育管理人员为招生对象，培养具有较强的专业能力和职业素养、能够创造性地从事实际工作的高层次应用型专门人才的一种高级专业学位。它既体现了教育专业性和职业性的特征，又满足了社会发展对教育领域复合型、职业型高级专门人才的多元化需求。教育博士是教育领域专业学位培养体系的最高层次，英文简称 Ed.D.（Professional Doctorate in Education）。本文从制度学视角对我国教育博士专业学位招生工作现状做一审视和分析。

一、教育博士专业学位教育的发展历程

教育博士专业学位 1921 年由哈佛大学首设，在近百年的发展历程中，美国教育博士教育经历了快速发展、调整稳定和改革重塑阶段。到 2005 年，美国已经有 250 所高等教育机构授予教育领域的博士学位，其中至少有 180 所机构授予教育博士学位[1]。美国教育博士项目设置众多，涵盖早期教育、中小学教育、高等教育、成人教育、特殊教育等专业领域和方向。招生规模也比较大，2005 年，全美共授予教育博士 3 033 个[2]。美国教育理事会（America Council on Education）于 2007 年对美国高校校长进行了第六次大规模调查，在被调查的校长中，拥有教育博士学位的占 20.7%[3]。而在社区学院高级管理者中，54% 是教育博士[4]。可见教育博士已成为美国教育管理岗位的重要资格之一。

在教育博士教育历经近百年的发展与壮大后，为适应我国经济社会和教育事业发展的需要，"培养和造就教育战线从事中小学教育教学和各级各类学校教育管理工作的高层次、职业化的专门人才"，2008 年 12 月，国务院学位委员会第 26 次会议批准设置我国教育博士专业学位，北京大学等 15 所试点高校从 2010 年开始招生。

15 所试点院校均为"211"重点院校，其中有 8 所属于"985 工程"高校。各校 2014 年的招生计划，多的 20 人，少的 4 人。在目前开设的教育领导与管理、学生发展与教育、学校课程与教学三个专业中，北京大学、清华大学、华南师范大学只招收教育领导与管理一个专业，其他学校招收其中两个专业。招生对象一般为"具有相当成就的中小学教师和各级各类学校管理人员"，部分学校教育领导与管理专业只招收高校中高层管理人员，所有学校均不招收教育行政机关工作人员。除厦门大学今年采用申请—考核制入学、陕西师范大学对"特别优秀"者可采用材料审核加面试方式录取外，其他学校全部采用"初试＋复试"的形式招生。复试一般采用面试形式，部分学校需进行外语能力测试。

二、我国教育博士招生的制度障碍

在我国经济和社会发展对专业人才的培养类型和内涵的要求日益多样化的趋势下，开办教育博士教育可谓是水到渠成，正当其时。由教育博士专业学位教育的发展历程可知，它的产生有其政治、经济、历史背景，同时教育理念的发展演变、大学职能的转变、高等教育大众化的推进及大学在知识生产中地位的变化也影响、决定着它的发展与兴衰。面对这些复杂多变的影响因素，一个科学合理的制度才能对这一在我国出现的新生事物的茁壮成长起到强有力的支撑作用。

教育博士的招生制度包括招生计划、对象、标准、方法、程序等要素，是确保我国教育博士招生工作规范有序运行的依据和保障。当前，各试点学校招生工作主要依据《教育博士专业学位设置方案》《关于开展教育博士专业学位教育试点工作的通知》中的统一规定，并参照学术型博士的有关要求和程序进行，这些并非"量体裁衣"的模糊化规定显然不完全适合教育博士的培养要求，实施过程中则面临种种困境。

（一）招生规模

我国教育博士招生没有单独分配招生名额，招生计划是从试点学校学术性博士的计划中划拨，同时规定在试点期内要严格控制培养院校招生规模，每校招生不得超过 20 人。该招生制度既限制了招生规模的扩大，也在一定程度上影响了试点院校的积极性。我国是教育人口大国，2012 年，全国共有 52 万多所各级各类学校，有 1 460 多万专任教师和数以百万计的各级教育管理人员，中小学专任教师中拥有硕士学位的有 165 168 人，全年新增教育硕士 13 143 人（在职人员）[5]，加之各级各类学校中的管理人员，具备攻读教育博士专业学位基本条件的生源非常充足。现有制度下，招生规模与社会需求矛盾突出，远不能满足我国教育发展的要求。

（二）招生领域和招生范围

目前，我国教育硕士的招生领域有 18 个，主要面向中小学教师、管理人员及教育行政机关相关人员。教育博士的招生对象是具有相当成就的中小学教师和各级各类学校管理人员。从招生对象上看，二者联系紧密，教育博士在一定程度上可以说是教育硕士的延续与提升，只是具有更高的层次和培养要求。而教育博士目前只有 3 个招生领域，相对偏少，不利于与教育硕士培养工作的衔接，也不能满足教育实际的需要。此外，由于教育博士学位是教育实践人员能够获得的终极学位，目前不招收教育行政机关工作人员，将迫使有志于攻读博士学位的教育行政人员报考教育学博士或其他专业的博士，这也不符合专业学位教育的目的。

（三）招生形式

教育博士招生工作在教育部统一指导和要求下进行，各校基本都采取了与学术型博士基本一致的招生形式，即初试与复试相结合，初试为笔试，一般占较大比重，考试科目为外语和两门专业课程，个别学校的英语试卷与学术型博士是一张试卷。报考教育博士的考生多为教学和管理一线工作多年的教师和管理人员，具有较为丰富的教育实践能力和教育管理经验，却不一定适应需要死记硬背、理论深度很深的笔试内容，往往因为笔试成绩较低而无缘复试，更有一些实践经验相当丰富的考生因英语成绩不合格而多次被拒之门外。有些善于理论考试而实践能力较弱的考生往往因笔试成绩优异而被录取，但他们也许更适合报考学术型博士。通过这种招考形式录取的学生也与教育博士生源的目标定位相悖。

基于同一学科授予两种学位的事实，各国教育博士教育在发展过程中因与学术型博士的趋同性而受到质疑和非议，也曾面临"合法化危机"。虽然我国试点期内，一些制度是从确保培养质量上考虑，但目前较少的招生计划、较窄的招生面向及与学术型博士并无差异的招录形式，既限制了办学规模的扩大，无法体现规模效益，不利于进校后与学术型博士的分类培养，同时也不能凸显教育博士培养的实践性特征，极易导致在培养过程中出现与学术型博士趋同性严重的现象。这显然违背了教育博士设立的初衷。教育博士的设立符合我国教育发展的需要，丰富了我国教育领域研究生教育的类型，为广大教育实践人员提供了更高层次进修和提高的机会，理应得到较快的发展，但现有招生制度中的一些制度常规和程序成为制约我国教育博士教育进一步发展的障碍。

三、我国教育博士招生制度的变迁策略

制度变迁是新制度主义的重要理论，指创新主体为实现一定的目标而进行的制度重新安排或制度结构的重新调整，它是制度的替代、转换、交易与创新的过程[6]。制度变迁实质就是一个绩效更高的制度取代一个绩效较低的制度的过程[7]。科学、合理的招生制度是影响培养质量的基础环节，更是关键环节。我国现有的教育博士招生制度亟须变迁。诺斯认为制度变迁方案的主要来源有三种：第一种来自于其他组织活动类似相关的制度安排；第二种来自于已有的社会科学研究所取得的成果；第三种来自于局部改革、探索所取

得的固有经验[8]。我国教育博士工作试点四年来，试点学校和研究学者在吸取、借鉴国外经验的基础上，结合本国国情对教育博士招生、培养等方面进行了许多的研究和探索，为我国教育博士招生制度的变迁创造了条件，为建立更加有利于科学选才，有利于自主办学，有利于教育公平，有利于社会需求的招生制度奠定了良好的基础。

（一）扩大招生规模，拓宽服务面向

国外的教育博士多由教育学院自主招生，有的学校招生规模很大，如宾夕法尼亚大学 2013 年招收教育博士 77 人，教育学博士则只有 16 人[9]；致力于对教育博士教育进行再改造和重新设计的南加利福尼亚大学罗西耶教育学院则招生 219 人[10]。在招生领域和方向方面，有些学校可以提供数十个招生项目。如在哥伦比亚大学教师学院 9 个系中，有 48 个方向授予教育博士学位，而单纯授予教育学博士学位的只有 24 个[11]。国外的教育博士招生对象范围广，一般为教育及相关领域从业者、政府教育行政部门人员、对教育感兴趣的其他领域的专业人员等，通常不限制跨学科、跨领域人员报考。

"坚持教育家办学。培养造就一批热爱教育、熟悉教育规律、拥有系统教育理论和丰富实践经验的教育家。"[12]这是我国教育改革与发展、实现教育强国之梦所面临的一个重要问题。教育家必然出自于大批优秀教师和校长群体之中，而教育博士教育正是培养这些杰出教师和管理者的重要渠道之一。为此我国教育博士招生应该单列计划，扩大招生规模，由各举办学校根据自身教育资源和师资状况自主申报计划，报教育部审核批准。随着教育博士培养的逐渐成熟，应相应增加专业设置，开放基础学科招生领域以满足社会需求，扩大招生范围，逐步放开对教育行政机关人员的报考限制，努力实现生源多样化、结构合理化。同时教育博士教育只有规模化发展，才能在提高我国教育职业专业化水平、推动各级各类学校校长的任职资格标准的制订、促进我国教育职业资格制度的改进和完善等方面发挥更加积极的作用。

（二）改革招考形式，逐步推行申请—考核制

应改革传统的考试选才方式，扩大学校招生的自主性和灵活性。一些学校已经在招考形式上进行了有益的改革和尝试。如为降低英语成绩所占比重，南京大学复试加试专业外语与汉语互译，成绩与初试外语的成绩共同计入外语总分，各占 50%；东北师范大学初试外语划合格线，但不计入总分；有些学校重视复试环节，重点考察考生实践经验及实践能力、科研经验及能力、分析和解决实际问题的能力、专业发展潜质等；一些学校提高导师和导师组的自主权，复试时需提交拟选择的教育博士论文的研究选题及相关研究计划；陕西师范大学对获得国家级荣誉称号者、正高职称中小学教师、获得省部级表彰并在基础教育领域有重要影响者、获得省部级以上教学科研奖励者，通过面试考察方式予以录取。

从 2003 年起，我国多所高校对学术型博士招生形式进行由以考试为基础的选拔制度，向以素质、能力为基础的申请和审核相结合的选拔制度逐渐过渡的改革和探索。不管是借鉴国际经验，还是从改善国内教育博士生招生效果的角度出发，教育博士招生实行申请—考核制，都是大势所趋。我们欣喜地看到，"为深化教育博士招生制度改革，提高教

育博士培养质量，更好地选拔具有扎实专业功底和创新潜质的生源"，厦门大学成为"第一个吃螃蟹"的高校，从 2014 年起，教育博士不再实行"初试＋复试"的招考方式，试行"申请—考核制"。主要程序为申请人提交申请材料；专家组根据申请人提供的材料进行评审，并按一定差额比例提出入围考核建议名单，经教育学院招生领导小组复审后确定并公示；考核方式为由考核专家组进行面试，面试过程以电子文档方式全程录音；考核结果按百分制评分，最后根据导师组意见和考核结果综合评价、择优录取。

国外教育博士招生一般采用申请制入学，不进行入学考试，没有统一标准，各校自主选拔。主要考察申请者的教育背景、学术水平、工作经历、研究兴趣、职业发展等情况，以决定是否录取。可以看出厦门大学的改革既充分借鉴了国外教育博士申请制招生的经验，又具有本土特色。申请—考核制取消传统的入学考试形式并不等于降低标准，而是更加全面的考核，有利于进行更合理的生源评价，有针对性地选拔人才，更好地体现教育博士专业学位教育实践性的特点。

（三）扩大试点学校范围

我国教育博士试点工作已开展了四年，积累了一定的办学经验，可以适度扩大试点学校范围。目前，全国共有 57 所大学招收教育硕士，其中有 11 所已是教育博士试点单位。在余下的 46 所学校中，具有教育学博士授予权的有 15 所（其中有 11 所学校是教育学博士学位一级学科授权点）[13]。这些学校都具有丰富的学术型博士培养经验，在培养教育硕士过程中，不断探索职业型人才培养的规律，努力创造实践型人才培养条件，也为提升专业学位教育规格和层次打下了良好基础。国家可根据各校的教育资源、教研水平、办学特色，并结合区域经济、文化、科技和教育发展状况进行合理布局，优先从这些学校中遴选、新增教育博士试点单位，进一步优化和完善教育博士办学的布局结构。

参考文献

　　［1］李云鹏：《美国教育博士培养的近百年经验》，《中国高教研究》2013 年第 5 期。

　　［2］李广平、饶从满：《美、澳、英三国教育博士的培养目标与培养过程研究》，《学位与研究生教育》2010 年第 9 期。

　　［3］http://ctmirror.org/sites/default/files/documents/ACP%20report.pdf.

　　［4］李云鹏：《美国对教育博士基本问题的争论》，《比较教育研究》2013 年第 8 期。

　　［5］根据教育部网站《2012 年教育统计数据》的有关数据统计、分析。

　　［6］王孙禺主编：《高等教育组织与管理》，高等教育出版社 2008 年版，第 96 页。

　　［7］姚作为、王国庆：《制度供给理论述评——经典理论演变与国内研究进展》，《财经理论与实践》2005 年第 1 期。

　　［8］［美］R. 科斯、［美］A. 阿尔钦、［美］D. 诺斯等著：《财产权利与制度变迁》，上海三联书店、上海人民出版社 1994 年版，第 271—274 页。

　　［9］http://www.gse.upenn.edu/admissions_financial/classprofile.

〔10〕http://rossier.usc.edu/programs/doctoral/edd-ed-leadership/students/.

〔11〕文东茅、阎凤桥:《美国"教育博士"(Ed.D.)的培养及其启示》,《国家教育行政学院学报》2004年第3期。

〔12〕《国家教育事业发展第十二个五年规划》。

〔13〕根据教育硕士招生学校名单,从各校网站查阅。

(本文选自《江苏高教》2014年第5期)

美国教育博士学位论文改革：
理论探索与实践样态

邓 涛

（东北师范大学）

 **摘要**

　　分析了美国教育博士学位论文改革的动因，介绍了近年来美国一些大学改革传统教育博士学位论文形式，推出"行动研究博士论文""小组合作研究博士论文""论文包"等新的替代形式的实践探索。认为美国高校对教育博士学位论文的改革促进了教育博士专业学位教育特色化发展，同时也为其他国家的相关改革提供了借鉴。

关键词

　　美国；教育博士；学位论文改革；理论探索；实践样态

　　近年来，针对教育学科的两种博士学位——教育博士（Ed.D.）学位与教育学博士（Ph.D.）学位趋同的问题，美国开始大刀阔斧地对教育博士专业学位教育进行改革。其中，最引人注目的是对教育博士学位论文（以下简称"教育博士论文"）进行重新设计，以区别于教育学专业哲学博士的学位论文（以下简称"哲学博士论文"）。教育博士论文应当发挥哪些基本功能？教育博士论文改革究竟应该遵循什么样的理性逻辑？教育博士论文有哪些创新形式？如何看待美国的教育博士论文改革？探讨这些问题，一方面有助于正确认识教育博士教育及教育博士论文的基本属性；另一方面也有助于借鉴美国经验，不断改进我国的教育博士学位论文，以推动我国的教育博士专业学位研究生教育办出特色和水平。

一、改革的直接动因：教育博士论文与哲学博士论文趋同

（一）趋同的现状

　　美国的教育博士学位自产生以来，一直存在着与哲学博士学位趋同的问题，尤其是两者在学位论文方面的趋同表现得较为明显。1993 年，一项针对美国 407 篇教育学科博士学位论文的调查研究表明，无论是哲学博士论文还是教育博士论文，98% 的论文仍在进行以发展学术为旨趣的定量或定性研究，而鲜有开展基于实践场所的问题解决研究，这说

明在功能上，教育博士论文与哲学博士论文并无差异[1]。2008 年，美国有研究者对随机抽取的 200 篇教育博士论文进行研究时发现，教育博士论文不仅在题目、研究意图、研究方法等方面与哲学博士论文非常相似，而且在呈现形式上也如此。通常情况下，平均 190 页左右的教育博士论文被编排为"五章样式"（five-chapter format），其开头是研究问题及文献综述，接下来是研究结果的具体呈现与分析，结尾是从定量或定性研究的具体发现中概括出的一般化研究结论以及由此提出的理论与实践研究的未来方向[2]。在美国，更多的研究都得出了类似的结论：教育博士论文总体上遵循了传统的社会科学研究模式，浓厚的"纯研究"色彩使之与哲学博士论文并无二致。

（二）趋同的弊端及其成因

教育博士论文与哲学博士论文趋同招致了广泛的批评和责难。2006 年，舒尔曼（Shulman）等人在对教育博士的毕业去向进行调查的基础上，对教育博士论文提出了质问。该调查发现，美国的教育学科每年大约授予 6 500 个博士学位，其中有近三分之二的博士学位获得者的工作去向主要是基础教育一线，而不是在大学从事学术研究工作。既然如此，为什么在美国每年仍有至少 2 000 位教育博士生在做学术性很强的毕业论文？这种论文能否解决实践问题[3]？一些学者则直截了当地指出，教育博士论文与哲学博士论文趋同性的存在不仅导致了教育博士难以发展成为一种成熟的、特色化的独立学位，同时也给哲学博士教育的健康发展带来了消极影响。这些质疑和发难激起了人们对教育博士论文的反思。有研究者认为，造成教育博士论文学术色彩过浓的原因不仅在于官方的认同与要求，也在于传统论文的惯性使然。长期以来，教育博士及其导师对传统的学术性论文情有独钟，这一方面因为他们对这种论文的研究套路颇为熟悉和认同，另一方面因为他们认为只有做这种论文，才能真正赢得"名望"[4]。因此，要改革教育博士论文，就必须首先破除传统的思想观念的束缚，重新定位教育博士论文的形式与功能。

二、教育博士论文改革的理论探索

（一）关于教育博士论文改革的论争

针对教育博士论文与哲学博士论文趋同及其如何解决的问题，美国学界产生了激烈的论争。一派主张取消教育博士教育的学位论文要求，而另外一派则坚决反对。范德比大学教授麦菲（Murthy）等人认为，教育博士生无须撰写学术性很强的论文，可以运用实践性较强的替代性方式来置换它，以确保教育博士论文的选题、研究过程和结果等都与教育实践保持密切的联系。而反对者则认为，取消学位论文实际上就意味着降低了教育博士教育的质量标准和"含金量"，并批评这样做有大学迎合学生的庸俗化教育行为之嫌，因此他们主张，从博士学位的"严肃性"出发，教育博士生仍需要撰写符合严格学术标准的学位论文，以便充分展示自己的研究能力和成果[5]。

（二）教育博士论文革新的理性逻辑

随着论争的深入，阿切班德（Archbald）等学者试图超越非此即彼的思维方式，提出了教育博士论文改革应当建立在"传统博士教育与专业学位教育之间维系平衡"的合理前提之上，以使教育博士论文既能以"货真价实"来赢得社会认可，又能充分地展示出自己的特色[2]。基于这样的前提假设，一个新的教育博士论文改革的理论框架开始显现。该理论框架认为，教育博士论文的替代形式可以不拘一格，但无论哪一种形式，都应当具备四个特质。

其一，发展功效（developmental efficacy）。哲学博士论文之所以受到高度认可，就在于它借助导师精心的指导、博士生密集的"科研学徒"训练以及一整套规范化学术仪式来促进学术工作者的社会化，最终使博士生能够成为具有研究意识和独立研究能力的学者。在这个方面，教育博士论文也应当与哲学博士论文一样，对教育实践工作者进行严格的科研训练，以促进他们成为反思型、研究型的教育专业工作者[2]。

其二，群体受益（community benefit）。哲学博士论文的旨趣与结果体现在两个方面。一方面，在导师的指导下，博士生应当独立完成一篇符合学术评价标准的学位论文，从而展示博士生的科研动手能力以及对某个领域的系统知识、前沿动态等的把握情况。可见，哲学博士论文的结果之一是使博士生本人从中受益。另一方面，由于哲学博士论文一直强调"探索未知，生产新的学术知识，增加知识总量"的旨趣，从而使其借助于原创性的研究成果、丰富的文献资料以及科学的研究方法论等惠及较大的学术群体。正因如此，哲学博士论文以实质意义与价值赢得了学界赞同。对于教育博士论文而言，革新后的替代方式也应当使教育博士本人和更大范围的群体受益。不同之处在于教育博士论文的受益群体不应仅局限在学术群体范围内，而应重点转向实践群体。因此，教育博士的培养机构、同伴、工作单位及所在社区、服务对象等都应成为教育博士论文的受益对象[2]。

其三，知识管理（intellectual stewardship）。作为高等教育的终点，任何类型的博士生教育都要在知识管理方面体现出自己的价值。2006年，卡内基基金会在一篇名为《展望未来的博士生教育》的报告中强调指出，哲学博士教育应当注重培养学科"管家"（stewards），他们将通过创造性地生产知识、批判性地保存有价值的观点，以及通过写作、教学、应用等手段来为知识传承做出贡献[6]。而对于教育博士教育而言，虽然其主要目标是为了造就"实践专家"，以促进教育改善，但作为一种高级学位教育，它与哲学博士教育也有着共同的使命，即两者都应注重发展博士生的研究意识与能力、反思的态度、学术好奇心以及写作和口头表达方面的高级技能，以确保他们未来能够开展批判性思考、独立研究以及推广知识等活动。假如以牺牲这些为代价来革新教育博士论文，则有可能使其沦为狭隘的"工作培训"，必然会损害教育博士教育的声誉及其所培养的"博士"的符号价值。

其四，独特的形式（distinctive form）。尽管学术色彩浓厚的"五章式"哲学博士论文广为接受，但从教育博士论文的宗旨来看，模仿这种形式可能会限制其功能的发挥以及特色的展示。因此，教育博士生论文改革的一个主题是探寻独特的形式[2]。不过，论文形式创新只是一个方面，更为重要的是教育博士论文必须具有自己独特的功能，即它既保持博士教育的发展功效、群体受益以及知识管理等本色，又体现出不同于哲学博士论文的作用。如果教育博士论文改革背离这些要求，那么质疑甚至取消教育博士的呼声就不会停止。

三、教育博士论文改革的实践样态

在进行理论探索的同时，美国很多大学着手改革传统的、"纯研究"式的教育博士论文，新的教育博士论文替代形式不断问世。其中，具有典型意义的教育博士论文改革实践样态大致如下。

（一）"行动研究"博士论文（action research dissertations）

所谓的行动研究，强调研究问题来源于实践场所，研究过程结合实际工作情境，研究成果能够解决实践问题。近年来，行动研究被引入教育博士的教学模式与毕业论文改革之中。相比较传统的教育博士论文而言，行动研究虽然仍要求学生做论文，但其目的和功能都已经发生了变化。

以美国亚利桑那州立大学（Arizona State University）的教育博士项目为例，该校近年来开始重新设计具有教育博士特色的教学模式和毕业论文，选择了"行动研究论文"（an action research dissertation）作为教育博士论文的替代样式，其假设是它能更好地促使教育博士生关注教育实践问题及其解决；更适合用来检测教育博士生的教育管理素质发展情况。有学者评价说，这是教育博士论文中的新成员[7]。

那么，行动研究论文究竟新在何处？亚利桑那州立大学副教授德比·赞布（Debby Zambo）对该校 2009 年 5 月、2010 年 5 月毕业的博士生的 29 篇行动研究论文所进行的实证研究表明，此类毕业论文在研究问题来源、研究目的、研究过程和研究结果等方面都体现出鲜明的实践特色。其基本样态如表 1 所示。

表 1　亚利桑那州立大学教育博士项目的行动研究论文基本样态

各章顺序及名称	主要内容	要求与特点
第一章：教育管理背景与本研究的目的	教育现实问题与挑战；（教育博士生）解决问题的使命、责任与角色等	问题必须是来源于工作场所的"真问题"；在识别问题后要能正确定位问题，并简要陈述行动研究的方案。
第二章：文献回顾	精选和解释作为理论研究工具的文献资料	研究应当有理论的指导；文献必须是支撑性的，即有助于理解所研究的问题、设计问题解决策略和检测行动结果。
第三章：研究方法	研究实施地点和时间；参与者及其角色界定；行动研究计划的详细描述；资料收集工具	要求研究必须在工作场所中展开，运用调查、访谈等方法获取"第一手资料"；论文写作采取叙述的手法，展示教育博士生作为研究者、教育领导者、变革代言人的亲力亲为的研究历程。
第四章：分析与结果	研究的分析方法与过程等	
第五章：研究发现	概括呈现从研究资料中得出的结论等	研究结果不是发展新理论或得出普适性结论，而是追求当地的教育改进。

各章顺序及名称	主要内容	要求与特点
第六章：结论	总结本研究的收获（包括个性和专业层面的）、经验与教训；本研究对实践与未来研究的启示	展示作为教育"实践专家"（stewards of practice）应当具备的专业知识、能力和专业情意的发展情况；体现教育博士论文的发展功效和实践改善价值。

上述个案研究显示，行动研究论文在多个方面体现出积极作用。从教育博士生的角度来看，行动研究不仅培养了教育博士生关注教育实践问题、理性分析问题成因以及勇于挑战现状的品质，也发展了他们的实践能力，同时鼓励他们用公正、平等等价值观念去思考和解决教育领域中的问题。这些都契合了"重塑教育博士卡内基项目"（the Carnegie Project on the Education Doctorate，CPED）的旨趣与要求，即利用特色化的教学方式和毕业论文，造就具有良好的"思考习惯"（habits of heart）、"动手习惯"（habits of hand）和"心智习惯"（habits of mind）的教育实践专家[8]。目前，尽管行动研究论文是否就是有效的教育博士论文替代形式以及能否推广等仍处于争论和探索之中，但一些学者对此却充满肯定和希望。

（二）"小组合作研究"博士论文（group dissertations）

作为传统教育博士论文的替代形式之一，"小组合作研究"博士论文近年来在美国大学中较为流行。顾名思义，"小组合作研究"博士论文是指若干名参与教育博士项目的学生根据自己的兴趣、工作经验和专业方向组成论文小组，小组成员围绕同一主题分工展开研究，最终在各自的研究成果基础上形成一个"小组合作研究"博士论文整体。

为什么要用"小组合作研究"博士论文来替代传统博士论文？一方面，传统的博士论文被批评是一种"马拉松"式的个人孤独探究，这既不利于学生之间的资源与知识分享、观点碰撞，也不利于学生之间的相互情感支持，致使有的教育博士生的论文拖延时间过长或由于"耐力不足"而中途放弃博士论文写作[9]。另一方面，传统的博士论文在研究内容上主要聚焦于某个微观问题的深入探究，它对于解决实践场所的复杂教育问题很难奏效。为了解决这些弊端，"重塑教育博士卡内基项目"提出改革教育博士论文的要求，即在毕业环节，教育博士生不仅要探讨实践领域的真实问题，而且要进行小组合作研究，从而既产生有意义的小组合作研究成果，也能确保所有教育博士生按时获得学位（time to degree），由此"小组合作研究"博士论文应运而生。

那么，小组合作研究论文是如何实施、如何答辩的？以美国肯塔基大学（University of Kentucky）的教育博士项目为例，该大学要求小组合作研究按照四种模式之一来具体展开：①元分析模式（meta-analytic model），即研究小组中的每个成员分别从不同的视角来对同一个教育问题展开研究；②多案例研究模式（multiple case study model），即小组成员通过合作，利用2个、3个或更多的案例来研究同一个教育问题；③评价模式（evaluation model），即针对同一教育问题，不同的成员运用不同的研究样本来进行研究；④依次反复研究模式（subsequent replication model），即围绕某一个教育问题，合作研究小组在同一研究样本中，依照一定的次序，展开多次研究[10]。小组合作研究论文通常包括三章内容：第一章是小组合作撰写的集体研究报告，主要是交代研究的文献综述、资料收集以及研究的技术路线等；第二章是作为集体研究报告组成部分的个人研究报告和可供交流或发表的论文；第三章是个人撰写的关于博士教育经历和未来职业生涯规划的学术论文[10]。

小组合作研究论文的实施效果如何？一项针对肯塔基大学教育博士项目小组合作研究论文改革的研究表明，教育博士们非常欢迎这种新型博士论文，因为它使得每个人的研究工作量比以往有所减轻，研究工作进展更为顺利，同时也使每个人更有信心按时完成论文[10]。一些学者评论说，小组合作研究论文不仅从形式上改变了教育博士生论文效仿哲学博士论文的做法，而且从功能上来看，它有助于发展教育博士生的合作意识与能力，以解决教育领域的复杂问题；同时它通过多人合作研究达到对教育问题的广泛而又深入的研究，从而使研究成果能够富有成效地解决教育场所的实际问题（详见表2）。当然，相关研究也显示，小组合作论文在实施中也面临着不少困难和疑问，例如，论文选题如何同时满足"客户"和研究小组中每一位成员的研究需要与兴趣？多人合作研究如何分工并确保关联性？由于合作小组的学生一起进入毕业论文写作阶段，导致指导工作量太大、太集中的问题如何解决？因此，关于小组合作论文的探索仍在继续。

表2 肯塔基大学"小组合作研究"博士论文与传统博士论文的比较

	传统博士论文	"小组合作研究"博士论文
研究目的	填补教育学术研究的空白	解决教育工作场所中的实际问题
研究问题	学术导向	实践／"顾客"导向
研究路径	研读文献—发现学术空白—确定研究问题—展开研究工作	研究者与实践场所的工作人员共同诊断教育问题—确定研究主题—查阅文献—展开研究工作
完成方式	学生独立完成	研究小组及每一位成员在合作与分工中完成
指导方式	导师对博士生"一对一"指导	导师对论文小组"一对多"指导
论文形式	一般为五章式	由集体研究报告、个人研究报告、个人收获与未来职业生涯规划论文三部分组成
受益群体	学术群体	教育实践群体和学术群体
论文审核	由论文委员会负责审核	由论文委员会、大学教授、实践专家和"顾客"共同负责审核
论文答辩与评价	博士生独自展示与答辩，独立接受评价	先进行集体答辩，然后再进行个人答辩。博士生同时接受集体评价（占个人总成绩的40%）和个体评价（占个人总成绩的60%）[11]
论文功能	追求"深度"，但宽度不足，对研究对象的预期影响较小	对同一问题进行多视角、多样本、多层面、多次反复研究，对研究对象的预期影响较大

（三）论文包（thesis-as-portfolio）

在美国近年来的教育博士论文改革中，论文包也被认为是一种替代传统论文的合适形式。所谓的论文包，就是把单个教育博士生在博士教育期间所取得的系列化的、各种形式的研究成果收集起来，形成一个研究成果集，以展示研究者已经开展了具有博士水平的研究。

之所以倡导论文包这种新形式，原因之一在于受到了其他学科的启发。在创意艺术中，艺术家或研究者通常根据艺术表现目的或观众需要，创建一个作品集（portfolio），以便利用既相互独立又相互关联的系列化作品来呈现主题鲜明、丰富多样的艺术表现内容，同时也全面地展现自己的艺术造诣和修养。而在医学领域也有类似做法。舒尔曼曾提出，在博士生教育终端评价方面，教育博士教育应当学习医学领域的做法，在内容上关注博士生知识、能力等多个方面的发展，在形式上并不依靠一篇专著式论文[3]。这意味着教育博士论文可以采用"化整为零"的做法，而论文包就是这样的形式。

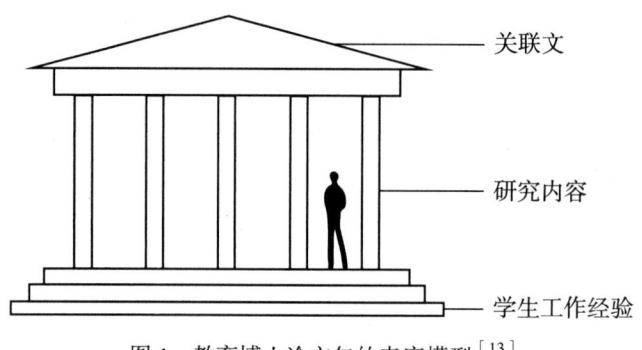

图 1　教育博士论文包的寺庙模型[13]

论文包这种教育博士论文替代形式如何操作？它要求学生在学习每一门博士课程时，即开始研究工作，并形成系列化的研究成果。在课程学习结束之后，教育博士生必须利用先前的系列研究成果做支撑，再完成一项行动研究项目[12]。目前，论文包的操作方案在澳大利亚得到了进一步的完善，马克斯韦尔（Maxwell）用"寺庙模型"（见图 1）来对其结构加以描述，即教育博士生在自己的实践工作经验基础上，针对工作场所的某个复杂问题进行分解式研究，形成若干在研究内容、方法、视角、分量等方面不尽相同的研究成果，最后用关联文（linking paper）将所取得的研究成果连接起来。关联文的内容包括研究目的、研究问题、理论框架、论文包的各个组成部分及其概况、文献综述和方法论说明等，它使得那些由教育博士在不同学习阶段完成的、看似零散的研究成果最终形成主题统一的整体。

相对于传统的专著式论文，论文包在灵活性、应用性和研究宽度方面体现出独特优势。论文包不仅在形式上实现了创新，而且在功能上也有助于教育博士生充分展示其专业知识、专业能力的广度以及表达能力、科研方法、研究视角等方面的素养，从而改变了传统博士论文在某个狭隘的问题域中过于"求深"以及难以展示研究者全面素质的弊端。不过，论文包在实施过程中也经受一些挑战，比如系列化研究成果的关联性以及质量平衡问题，论文审查与答辩问题，质量监管问题等。

当然，美国的教育博士论文替代形式还有其他种类。比如，哈佛大学教育学院于2009年开始更新教育领导博士（Ed.L.D.）项目，新项目的毕业环节借鉴医学、法律专业教育的经验，采用"带薪顶岗实习"（a paid residency）形式来替代传统的博士论文。在为期一年的实习中，学生不仅要作为实践者履行教育管理者的职责，而且要作为研究者完成毕业项目研究，并接受实习单位和哈佛大学教师的共同审核。目前，带薪顶岗实习还处于探索之中[14]。

四、简要评析

目前，虽然美国教育博士论文改革的成效有待时间检验，但这并不影响我们思考其在促进教育博士专业学位教育特色化发展方面所表现出来的积极意义。从理论上来看，教育博士学位论文改革强调了要"在传统博士教育与专业学位教育之间维系平衡"，这意味着教育博士学位论文的定位必须坚持两个最为基本的原则。其一，保持博士生教育的研究水准；其二，充分体现专业学位教育的特色和价值。为此，改革者应当努力在这两者之间找到平衡点，避免走极端。这种看法是中肯的，它既契合了教育专业博士学位教育的培养目标（即造就研究型实践专家）和办学旨趣（即致力于"实践改善"），同时也消解了人们对论文改革是否会降低教育博士水平的疑虑。从实践上看，美国教育博士论文改革中出现了多种教育博士论文替代形式，它们中有的从价值取向上追求与哲学博士论文的不同（如行动研究），有的侧重从形式上突破传统论文的限制（如带薪顶岗实习）；有的则努力从形式和功能两个方面同时展现不同于哲学博士论文的特色（如"小组合作研究"和"论文包"）。尽管目前还难以定论哪种形式是最成功的，但它们作为在理性基础上展开的改革探索都是值得支持和拥护的。笔者认为，当前我国的教育博士专业学位论文不仅在理论上缺乏清晰的定位，而且在实践上也没有与学术型博士学位论文区别开来，因此，借鉴美国经验对教育博士学位论文进行改革，具有必要性和迫切性。

参考文献

[1] Osguthorpe, R.T., & Wrong, M.J.（1993）. The Ph.D. versus the Ed.D.: time for a decision. *Innovative Higher Education*,（1），47-63.

[2] Archbald, D.（2008）. Research versus problem solving for the education leadership doctoral thesis; implications for form and function. *Educational Administration Quarterly*,（44），704-739.

[3] Shulman, L., Golde, C., Bueschel, A., et al.（2006）. Reclaiming education's doctorates: a critique and a proposal. *Educational Researcher*,（3），25-32.

［4］Fairweather, J.S.（2005）. Beyond the rhetoric: trends in the relative value of teaching and research in faculty salaries. *Journal of Higher Education*,（4）, 401-423.

［5］Waddle, R. To Ed.D. or not?［2008-11-10］. http://peabody.vanderbilt.edu/x6843.xml.

［6］Golde, C.M., & Walker, G.E.（2006）. Envisioning the future of doctoral education：preparing stewards of the discipline. Carnegie essays on the doctorate, Jossey-Bass.

［7］Herb, K., Anderson, G.L.（2005）. *The Action Research Dissertation: A Guide for Students and Faculty*. Thousand Oaks, CA: Sage.

［8］The Carnegie Project on the Education Doctorate. Design concept definitions.［2013-09-14］. http://cpedinitiative.org/design-concept-definitions.

［9］Shulman, L.（2010）. Doctoral education shouldn't be a marathon. *The Chronicle of Higher Education*,（30）, B9-B12.

［10］Ferrigno, T., Jensen, J.M. Preparing Ed.D. students to conduct group dissertations.［2013-10-08］. http://cpedinitiative.org/resource-library.

［11］University of Kentucky. Program characteristics.［2013-10-08］. http://cpEdinitiative.org/institutions/university-kentucky.

［12］Andrews, G., & Grogan, M.（2005）. Form should follow function: removing the Ed.D. dissertation from the Ph.D. straight jacket. UCEA Review,（Spring）, 10-12.

［13］顾建民、王霁云：《创建新型毕业环节——美国教育博士学位论文革新的个案分析》,《高等工程教育研究》2012 年第 2 期。

［14］Hadvard Graduate School of Education. Doctor of Education Leadership（Ed.L.D.）.［2013-10-08］. http://www.gse.harvard.edu/academics/doctorate/edld/index.html.

（本文选自《学位与研究生教育》2014 年第 2 期）

第七编　实践争鸣

教育硕士专业学位设置的政策分析

邓光平

（中南财经政法大学）

 **摘要**

　　指出从公共政策执行理论的角度看，目前我国教育硕士专业学位设置政策本身还存在诸多缺陷，如政策目标不准确、政策措施不配套、政策资源不足等。认为教育硕士专业学位教育的健康发展有赖于教育硕士制度的持续创新与完善。

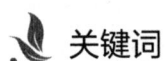 **关键词**

　　教育硕士；专业学位；政策分析；研究生教育

　　我国的教育硕士专业学位研究生教育已开展了 10 余年，取得了令人瞩目的成就与经验，但它作为新生事物，在发展过程中还存在诸多问题。教育硕士专业学位设置政策执行困难重重，难以取得预期成效，这在很大程度上与政策本身的缺陷密切相关。

一、教育硕士专业学位设置政策的主要问题

　　从公共政策执行理论的角度看，我国的教育硕士专业学位设置政策本身的缺陷主要体现为以下几方面。

（一）政策目标不准确

　　准确的目标是政策有效执行的关键。模棱两可、含糊不清的政策目标不仅不具有可操作性，而且容易引起政策执行者对政策目标和内容的误解或曲解，甚至可能为政策执行中的投机取巧者留下钻空子的余地。我国教育硕士专业学位设置政策之所以不能有效执行，其中一个重要的原因是政策目标定位不准，表述含糊、不准确。1996 年，国务院学位委员会第十四次会议审议通过的《关于设置和试办教育硕士专业学位的报告》将教育硕士教育的目标定位于培养"高层次人才"。然而，"高层次人才"却是一个高度笼统与抽象的词汇，显然对实践工作者缺乏指导性和操作性。

　　在教育硕士专业学位研究生参考性培养方案中，将教育硕士培养规格表述为"有较强的实际工作能力""具有较高的教育学和教学论的素养""具有较强的学科教学研究能力"[1]。从这些政策文本中不难发现，使用频率最高的词汇是"比较""较强""较高"。

那么，究竟教育硕士的参照对象是什么，应达到何种程度或水平才算"比较""较强""较高"呢？这在政策目标中却没有准确表述，致使政策执行者难以准确把握培养的尺度，这就难免使政策失真或走样。

（二）政策措施不配套

1. 残缺的任职资格制度

专业学位与任职资格相联系，不仅能激发中小学教育工作者攻读教育硕士专业学位的积极性，而且客观上也能提升中小学教育工作的专业化水平。然而，目前我国中小学教育岗位资格制度并未有效建立起来，教育硕士专业学位与中小学教育岗位的任职资格、职务晋升还严重脱节，这无疑成为教育硕士专业学位设置政策难以取得预期成效的重要原因。尽管早在1996年颁布的《关于设置和试办教育硕士专业学位的报告》就明确指出，"逐步使教育硕士专业学位成为基础教育的专任教师和管理人员担任较高职务的资格条件之一"，但教育硕士专业学位试行10余年来，仍未见教育硕士学位与中小学相应职称或职位相衔接的有关制度安排。

2. 条块分割的管理制度

长期以来所形成的"培训学校只管培训，任职学校只管使用，行政部门只管评审、晋升"的管理模式仍未根本改观，三方各自为政，自然难以建立有效的协调机制，更不能为教育硕士生的学习创造良好的制度环境。在1997年下发的《关于开展在职攻读教育硕士专业学位工作的通知》中，就明确规定国务院学位办、国家教委基础教育司、人事司、师范司统一组织和部署在职攻读教育硕士专业学位工作。这虽然原则性地规定了各相关部门之间应协调统筹，但只限于高层主管部门之间的合作，而与教育硕士生利益相关的培养机构、在职学校与地方行政部门之间的沟通则缺乏必要的制度安排。《中华人民共和国教师法》明确指出，教师有"参加进修或者其他方式的培训"的权利，但由于缺乏切实的保障措施，致使教师的合法权利难以得到有效保障。有学者调研表明：教育硕士生最感苦恼的是工作单位的不支持态度及其做法；只有47.7%的教育硕士生对上级教育主管部门的相应规定持比较满意或非常满意的态度，这其中相当一部分原因就是因为上级教育主管部门没有担负起维护教育硕士生正当权利的责任[2]。

3. 学术化的培养制度

由于我国开展教育硕士教育的时间较短，还没有充分把握专业学位研究生的培养规律，在实践中较多地移植了学术型研究生的培养模式，因而教育硕士的培养制度明显带有学术化的倾向。从国务院学位办颁发的参考性培养方案看，教育硕士专业学位研究生教育的课程结构是"5+5+2"（5门学位课+5门专业必修课+2门选修课）[1]。课程设置中外语课时太多，选修课程太少，理论课程多，必需的实践环节十分缺乏；在教学方式上，仍然采用以传统课堂讲授为主的教学形式和方法，而注重理论与实践紧密结合的案例教学却未能全面推行；在学制上，推行较为僵化的培养形式，弹性学制仍未有效实施，这难免与基础教育工作者都有繁重的教学或行政任务，正常学习时间难以保证的客观实际不相符合。

4.单一的评价制度

教育硕士本质上是职业学位，它与学术性学位有本质差异。我国在开展教育硕士专业学位试点工作之初就提出："要建立教育硕士专业学位教育评估与督导制度。在每个教学周期或必要时，国家学位主管部门将组织或委托有关机构对试点单位试办的教育硕士专业学位教育进行评估和指导。"[3]然而，经过10余年的试点，我国尚未建立起针对教育硕士专业学位研究生教育特点的质量评价制度，仍然施行的是较为单一的质量评价制度，具体表现在以下两个方面。

一是评价主体来源的单一。在英国，许多开设专业学位的大学，它们的学位"制度上仍然保持专业学位认证委员会由校内外的学术成员、被邀请的专业组织和国家认证机构代表组成的传统"[4]。专业学位教育评价的主体不仅有来自学术团体和政府机构的代表，而且有来自专业组织的人员，因为"教育硕士专业学位属于专业性学位，对其进行质量评估自然属于专业评估（职业鉴定）的范畴"[5]。因此，在教育硕士研究生的培养过程中理应有专业组织的广泛参与。然而，在我国的教育硕士教育评价过程中，参与质量评价活动的主体主要是来自高校的专家和政府官员，很少有来自专业组织的成员和基础教育一线的人员。这无疑与教育硕士专业学位应具有的特色评价制度相去甚远。

二是评价标准的单一。在我国教育硕士专业学位研究生教育评价活动中，存在两种不良倾向：一种观点认为，既然教育硕士研究生与学术型研究生一样都同属于研究生层次，那么在课程设置、教学要求、考核标准、论文水平以及总的质量标准等方面，应坚持与学术性学位相同的学术质量标准；另一种观点则把教育硕士专业学位研究生教育等同于一般职业教育，从而忽视教育硕士专业学位的学术要求。其实，教育硕士专业学位既以鲜明的职业性或应用性强的特征不同于学术性学位，又以一定的知识属性或学术性区别于一般职业教育。因此，教育硕士专业学位研究生教育是职业性与学术性的统一，其评价标准理应坚持应用性与学术性的统一，并鲜明突出应用性的特征。

（三）政策资源不足

1.经费资源投入不足

"教育硕士专业学位虽有巨大的生源市场，但却缺乏应有的财力支持。"[6]根据教育硕士专业学位教育的最初制度设想，教育硕士专业学位教育实施的是多元教育投资体制，其经费来源渠道主要有政府财政、用人单位和受教育者本人，这为专业学位设置政策的可持续发展提供了最基本的财力保证。但其经费远非充足的，因为目前作为投资主渠道的政府财政投入缺口较大，用人单位投入力度整体萎缩，社会团体、民间机构等经费所占比例很小。对北京师范大学2003级教育硕士生的一份抽样调查显示，55%的被调查者个人全部负担学费，38%的人要负担部分学费，全部由单位负担的仅占7%。同时，48%的人会因为脱产学习被停发或部分停发工资[7]。此外，教育硕士学位与工商管理硕士（MBA）等其他专业学位不同，攻读教育硕士学位的教师大都待遇较差，承受教育成本的能力十分有限，大幅度提高学习费用缺乏现实基础。

2. 人力资源投入不足

这里的人力资源是指与教育硕士专业学位设置政策执行有关的各级政府和机构的管理人员、研究人员和教师等。适度的、合格的政策执行人员是政策顺利有效实施的重要条件。在专业学位设置政策执行过程中，人力资源投入的数量，尤其是质量，更无法适应教育硕士教育可持续发展的需要。在早期颁发的《关于设置和试办教育硕士专业学位的报告》和《〈教育硕士专业学位第一次试点工作会议纪要〉及有关决定的通知》等政策文本中，对教育硕士生任课教师和指导教师的素质、结构等均未做出明确的规定。针对专业学位教育试行中师资素质存在的突出问题，虽然在 2002 年出台的《关于加强和改进专业学位教育工作的若干意见》中指出，从事专业学位研究生教育的"教师必须要紧密接触实际、具有实践经验。教师在加强学术研究的同时，必须针对专业学位教育的特点，注重教学方法的研究。培养单位要……积极吸收实际部门有丰富实践和较高理论水平的人员参与教学活动"。但由于缺乏有效、可操作性的评聘、培训和激励等制度安排，教育硕士师资状况在短期内仍难以获得明显改观。全国教育硕士专业学位教育指导委员会曾对 29 所培养院校的教育硕士学员进行问卷调查表明，认为任课教师了解与基本了解基础教育的分别占 20%、57%；认为自己的导师合格和基本合格的分别占 57%、34%。在问及任课教师和导师哪些方面有明显缺陷时，"不熟悉基础教育和专业学位教育特点"是被调查者的首选[8]。

3. 信息资源投入不足

一般而言，"政策执行所需的信息资源可分为两类：一类是政策制定者应提供的，另一类是政策执行者应该积极获取的。"[9] 作为教育硕士专业学位设置政策的制定者和上层执行者，应充分利用各种渠道，采取多种有效的形式和办法，大力宣传教育硕士专业学位的性质、特征、功能，以及在我国开展教育硕士专业学位研究生教育的目的、意义、前景、可行性和具体行动方案等，这样就会减少甚至避免政策误解，提高执行者对政策的认识与理解，增强政策目标群体对政策的认同，从而为政策的顺利执行创造良好的社会氛围和条件。作为教育硕士专业学位设置政策的具体执行者，各培养院校一方面要系统研究国外开展专业学位教育的成功经验，获取为我所用的信息资源，另一方面应深入调查基础教育，了解基础教育工作者的愿望和要求，从而为更新教育理念，强化培养模式、评价制度等方面的改革创造条件。然而，令人遗憾的是，我国教育硕士专业学位设置政策在投入的信息资源方面是远远不够的。在颁布教育硕士专业学位设置政策时，尽管教育行政主管部门下发了红头文件，但据我们调查了解，文件很难逐级传达，不少中小学教师（尤其是农村教师）对教育硕士专业学位的了解和认识，主要是从非正式渠道获得的，这容易导致他们对此学位认识的偏差或知之甚少，难以把握学位的性质和弄清我国设置此学位的意义，因而该学位很难获得他们的认同与支持，这在客观上增加了政策执行的难度。

4. 权威资源分配不当

按照《国务院学位委员会关于审定学位授予单位的原则和办法》的规定，学位授予权的获得是通过国家授权的方式，从学位授予单位的资格认定，到具体学科专业点的布局与设立，再到学位授予质量的评估与管理，等等，一系列与学位授予有关的权力都来自国家。国家权力的主导地位，使得我国学位呈现国家学位的鲜明特点。国家权力的过多介入，必然造成组织权力过于集中，难以充分调动教育硕士专业学位授予单位的积极性和创造性。

二、几点政策建议

（一）政策有效执行的前提：以"临床专家型教师"的标准重新定位培养目标

基于教育硕士专业学位具有特定教育职业背景和专门知识性的基本属性，以及基础教育的发展需要具有研究意识和解决教育实践中复杂问题能力的应用型创新人才，因而，我国教育硕士专业学位研究生的培养目标应定位于"临床专家型教师"，使具有一定教学经验的专业人员得以较大幅度提高他们的专业素养，使学位攻读者获得成为本专业领域教育专家的资格。为此，一方面国家应制定严格的标准体系与程序来认定我国的临床专家型教师资格，以成为重新设计教育硕士课程、教学方式与培养质量等方面的指导框架；另一方面，应充分发挥教育指导委员会的作用，督促各培养单位在"临床专家型教师"培养目标的导引下，根据各自特色与优势，进一步细化目标，制定具体、可行、个性化的培养目标，以全面适应基础教育的多样需求。

（二）政策有效执行的制度保障：完善相关配套措施

1. 密切教育硕士专业学位与基础教育领域任职资格的联系。

① 在制度上，应严格根据《中国教育改革和发展纲要》的要求，将教育硕士专业学位作为基础教育教师、校长、管理人员的任职和担任较高职务的资格条件之一，并与中小学教师的职称评定建立有效的联系；② 专家指导委员会、行业协会、培养单位、用人单位等应充分协调，共同制定教育硕士专业学位人才的培养标准，以便与基础教育的用人标准基本统一；③ 根据基础教育领域任职资格要求，有针对性地强化理论学习和实际操作能力的训练，并重视职业道德素质教育，以全面达到临床专家型教师职业任职资格的基本要求。

2. 培养单位、任职学校和教育行政部门在管理制度上须相互协调一致

在教育硕士的培养过程中，培养单位、任职学校、教育行政部门等应加强协调沟通，实行培养、使用、评聘等相互衔接的一体化管理，形成既有利于教师个体发展，又有利于教师队伍专业化水平提高的良性运作机制。培养单位在学制的设计上，应充分考虑教育硕士生的学习能力和基础教育工作的实际情况，大力推行弹性学制，给他们更多自由选择的空间；任职学校应有战略眼光，从学校发展的长远和根本利益出发，切实减轻教育硕士生的工作负担，以保证他们充足的学习时间；教育行政部门应将教育硕士学位作为任职、升迁的先决条件，以充分调动中小学教师和管理人员攻读学位的积极性。

3. 培养制度需突出教育硕士的专业性与实践性

教育硕士专业学位研究生教育要彰明其本质与特色，就需要在培养制度上采取符合自

身特性的措施。比如，在课程设置上，须从教育硕士坚持的职业性方向出发，紧密结合基础教育领域的教学实际，适当压缩政治理论和英语等公共课的课时比重，有针对性地开设一些专业性强、实践性鲜明的实践型课程，并增加观摩教学等内容。这样才能培养出既有一定理论水平，又有突出实践能力的特色鲜明的专业学位硕士。

4.加强与行业协会的联系，实现评价标准、主体和形式的多样化

由于行业协会具有相当的独立性，在评价标准上可保持价值中立与科学性，在评价结果上能达到较高的效度，在对学校和社会的影响上能获得较高的接受度和认可度。因此，在法律的框架下，政府应积极扶持诸如中国优秀教师协会等行业协会的发展，鼓励这些具有民间性质的行业协会机构参与教育硕士的培养过程、专业学位质量标准的制定和临床专家型教师资格的认证。此外，我国的教育硕士教育还应更广泛地开展国际学术交流与合作，积极争取国际认证。这样，就能更好地取长补短，吸收国际专业学位教育先进的办学与管理经验，加强创新教育研究，逐渐形成学校的强大品牌优势，推动我国专业学位研究生教育的健康发展。

（三）政策有效执行的人力与物力保障：加大资源投入力度

加大教育硕士专业学位设置政策的资源投入力度，可着重从两个方面入手。

1.继续深化投资体制改革，确保充足的财力资源

根据谁受益谁付费的市场原则，教育硕士专业学位研究生教育的教育成本分担制度应根据不同投资主体的受益大小，确定分担份额。只有具备充足的财力，才可改善教育硕士专业学位研究生教育的软、硬件设施，从而为提高培养质量创造良好的环境。

2.加强政策执行队伍建设，提升执行者素质

一方面要加强对现有人员的再教育和再培训工作。在这方面，可在国务院学位委员会办公室领导下，由专家指导委员会负责每年定期举办几次培训班，选拔具有丰富实践经验并懂得教育硕士教育发展规律的专家学者，对从事教育硕士教育工作的管理人员、教师，特别是青年导师进行培训，并进行结业考核，只有考核合格者，方可继续担任专业学位研究生的导师。另一方面，要从外面引进高素质人才，充实政策执行队伍。对于引进的人员，教育行政部门或高校须通过建立公平的评聘制度、明确的奖惩制度、合理的人事制度等管理制度来确保政策执行人员的素质，切不可搞人情关系和权力寻租，唯此才能保证执行队伍的纯洁和高效。

参考文献

［1］国务院学位委员会：《国务院学位委员会办公室关于转发〈教育硕士专业学位第一次试点工作会议纪要〉及有关决定的通知》，学位办〔1996〕53号。

［2］徐富明、黄文锋、杨阿丽：《教育硕士学业满意度的调查研究》，《辽宁教育研究》2004年第11期。

［3］国务院学位委员会：《国务院学位委员会办公室、国家教委研究生工作办公室关

于开展教育硕士专业学位试点工作的通知》，学位办〔1996〕25号。

［4］Hammick, M.（1996）. Validation of professional degrees: the micropolitical climate and ethical dilemmas. *Quality Assurance in Education*, 4（1）, 26-31.

［5］王洪松、李章泉:《教育硕士专业学位教育质量评估初探》,《中国成人教育》2002年第3期。

［6］吴家国:《积极推进新世纪教育硕士专业学位教育工作》,《学位与研究生教育》2002年第9期。

［7］成康:《教育硕士招生困境的成因与对策》,《学位与研究生教育》2006年第2期。

［8］张晓明、何艳茹:《提高MEA教育师资质量 打造专业学位品牌》,《中国高等教育》2005年第12期。

［9］袁振国主编:《教育政策学》,江苏教育出版社2001年版, 第328页。

（本文选自《学位与研究生教育》2009年第1期）

我国教育硕士培养的学术化倾向及改革对策

李子江

（北京师范大学）

 **摘要**

　　受教育学硕士培养模式定势的影响，当前我国教育硕士的培养不同程度地存在向教育学硕士趋同的倾向。为了凸显教育硕士培养的应用性、实践性特色，必须正确认识学术性与实践性之间的关系，坚持应用型人才培养的专业学位目标定位；加强教育硕士课程的实践环节，完善应用型人才培养的课程教学体系；加强教育硕士实践型师资队伍建设，构建应用型人才培养的"双师型"教师队伍。

关键词

教育硕士；培养模式；学术性；实践性

　　教育硕士专业学位教育是我国专业学位研究生教育体系的重要组成部分。我国教育硕士专业学位教育经过 10 多年的探索和实践，已初步形成了具有中国特色、高层次、高素质的教育职业型人才培养体系，为我国基础教育领域输送了大批高素质的中小学教师和教育管理干部，提升了中小学教师和教育管理干部队伍的整体素质和专业化水平，对于促进我国基础教育和教师教育改革发展发挥了重要作用。但是，由于我国教育硕士专业学位教育起步较晚，高校对教育硕士培养目标存在错误认识，加之受教育学硕士学位教育模式和经验的影响，在教育硕士培养过程中，不同程度地存在向教育学硕士学位标准趋同的倾向，导致教育硕士陷入既没有明显的专业学位特色，学术性又不及教育学硕士的尴尬境地，影响了教育硕士专业学位教育的质量。

一、我国教育硕士专业学位教育的学术化倾向

（一）教育硕士培养目标与教育学硕士趋同，偏离专业学位的目标定位

　　《关于开展教育硕士学位试点工作的通知》明确规定："教育硕士专业学位是具有特定教育职业背景的专业性学位，主要培养面向基础教育教学和管理工作的高层次人才。教育硕士与现行的教育学硕士在学位上处于同一层次，但规格不同，各有侧重。"教育硕

士是面向特定教育职业背景的专业学位，主要培养基础教育领域的实践性、应用型人才，更注重实际应用能力，要求学位获得者具备扎实全面的理论素养和较高的基础教育教学或管理能力；而教育学硕士专业学位主要培养学术型人才，更强调学术科研能力的提高，要求学位获得者掌握本学科前沿性的理论和一定的学术研究能力。教育硕士作为一种专业学位，与学术性学位相比，其目标定位应充分体现实践性、职业性等特色，以培养从事实际工作的高层次"临床专家型"教师为目标，适应基础教育改革与发展对教师素质和能力的新要求。

虽然从理论上我国非常明确地规定了教育硕士的培养目标不同于教育学硕士，但在很多办学者的思想观念及实践中，基本上是按教育学硕士的培养目标"降格"处理，把教育硕士当作在职的教育学硕士培养[1]，偏离了职业性目标定位，走入追求学术性的误区。究其原因，主要因为我国教育硕士专业学位是新型学位，缺乏可以借鉴的成功经验和准备，许多院校的教育硕士和教育学硕士的培养基本上是"两块牌子，一套人马"，照搬学术型研究生的培养模式和教学方式，不同程度地存在学术化倾向，重学术研究、轻实践应用的现象比较突出。进一步看，重视教育基本理论和专业知识的学习，忽视中小学基础教育所需要的教育教学能力和实践能力的培养，在客观上造成了教育理论与教育实践的脱节，导致教育硕士专业学位教育的职业性特色不明显。据调查，目前教育硕士培养存在的突出问题是结合教学第一线的课题研究太少，实践性研究成果的推广不足。[2]

（二）教育硕士的课程教学体系与教育学硕士趋同，偏离专业学位的实践性特色

教育硕士专业学位教育的课程教学体系是其培养工作的重点和中心，是体现培养目标和落实教育原则的载体。《教育硕士专业学位教学大纲》规定：教育硕士专业学位课程设置包括学位公共课、专业必修课及专业选修课三类。教育硕士至少要修12门、34个学分的课程，其中学位公共课程包括：政治理论、外语、教育学原理、教育心理学和现代教育技术5门课程，学位公共课采用统一的教学大纲，总共15个学分，占教育硕士专业学位最低学分（34个学分）要求的44.1%；专业必修课程与专业选修课程依照学科方向由培养单位自行开设，每个学科方向一般开设5—6门专业必修课，每门课程2—3个学分，总共15—16个学分；专业选修课一般开设4—8门不等，最低修满3—4个学分。从课程的学分分布看，学位公共课和专业必修课总共达30—31个学分，学位公共课程和专业必修课程比重过大，选修课程无论是从学分数量还是从可供选择的数量种类来说都是比较少的，很难满足学生选择符合个人兴趣的课程的要求，不利于学员根据工作岗位的需要和自身的基础形成自己的岗位核心素质。从课程的课时分布来看，学位公共课程、专业必修课程和专业选修课程三类的课内总学时为844学时，学位公共课程、专业必修课程和专业选修课程的课时分别为496学时、276学时、72学时，分别占课内总学时数的58.8%、32.7%和8.5%（见表1）。其中，马克思主义理论与外国语课程共计6个学分，课内学时为328学时，约占课内总学时数的38.9%；可供选修的课时数为72学时，占总课时数的8.5%。[3]可见，课程体系中学位公共课程所占比重偏高，政治、英语以及教育类课程内容重复学习，教育理论课程与学科专业课程之间缺乏实质性的融通或综合[4]，课程的实用性、针对性不强，教学效果不理想；理论学习性的课程居多，培养教学技能方面的课程较少，实践指导类课程严重不足，其结果是强调了教育硕士专业学位的共性，淡化了研究方向的特色，没有体现教育硕士专业学位教育课程的实践性。

表1 教育硕士课程结构比例

	课程门数	学分	百分比（%）	课内总学时	百分比（%）
学位公共课	5	15	44.1	496	58.8
专业必修课	5	15	44.1	276	32.7
专业选修课	2	4	11.8	72	8.5
合计	12	34	100	844	100

由于我国教育硕士课程培养方案受教育学硕士培养方案的影响，教育硕士课程教学体系基本上是全日制研究生教育的浓缩与翻版（见表2）[5]，课程设置模仿学术型研究生教育以学习理论知识为主线的学科课程体系，课程教学一直沿用普通教育学硕士的学术化教学模式。对于相同专业或方向的教育硕士和教育学硕士来说，不仅课程设置差别不大，而且课程内容和教学方法也大同小异。课程教学也以学位课程学习为主，重理论教学，轻教学实践。教学方式以教师的课堂讲授为主，以传授教育理论知识为主，教学内容脱离基础教育实际，教学方法和形式比较单一。此外，在教育硕士课程教学与论文的指导过程中，学术化倾向也十分明显。在承担教育硕士专业学位课程教学的教师队伍中，学术理论素养高的教师较多，而熟悉基础教育并能运用所学理论解决基础教育实际问题的教师数量较少。不少教师对教育硕士的培养存在错误的认识，认为学术性是衡量教育硕士质量高低的标准，没有学术性就谈不上高层次、高水平的专业学位，因此在教育硕士课程教学和论文指导过程中，不可避免地套用教育学硕士学位的培养标准评判教育硕士专业学位的标准，比较关注教育理论研究的深度而忽视教育实际问题的研究，常常要求教育硕士花大量的时间做理论层面的研究以确保论文的学术理论深度，结果导致许多教育硕士的课程学习、论文选题和研究方法盲目向教育学硕士看齐，仅关心理论研究，极少关注教育实际问题的应用性研究，论文选题不能与自己从事的教育实践结合起来。[6]

总之，我国大部分高校的教育硕士课程教学体系都是依托培养教育学硕士的标准来进行的，在学科化的课程教学体系和学术化的质量评价标准制约下，教育硕士的课程教学体系建立在学科知识体系的基础之上，专业性、技能性的课程教学内容被淡化。这种课程设置在很大程度上忽视了中小学实际的教育教学需要，以及教师职业和专业发展的实践需要，没有突出教育硕士课程实用性、服务基础教育教学的特点，从而造成教育硕士培养目标异化成为教育学硕士培养目标，不能很好地满足培养"应用型"人才的目的。

表2　师范大学教育硕士专业学科教学（数学）方向和课程与教学论专业（数学教育）方向
硕士研究生课程设置对照表

课程名称	教育硕士专业（数学）	课程与教学论专业（数学教育）		比较结果
	学分	课时	学分	
政治★	3	90	4	课程相同学分不同
外语（含专业外语）★	5	216	6	课程相同学分不同
教育学原理★	3	36	2	课程相同学分不同
数学教学论	3	54	3	完全相同
教育心理学★	3	54	3	完全相同
教育技术学★	3	54	3	完全相同
教育科学研究方法★	3	36	2	课程相同学分不同
现代数学概览	3	54	3	完全相同
现代数学与中学数学	3	54	3	完全相同
中学数学教学研究	3	数学教学论54	3	雷同

注：★代表公共课。

资料来源　朱新根：《论教育硕士课程设置及其建设》，《清华大学教育研究》2006年第4期。

（三）教育硕士的学术型师资队伍不符合专业学位应用型人才培养的需要

我国教育硕士专业学位教育缺乏专职的教学队伍和指导教师，基本上依靠教育学硕士指导教师队伍。目前，高校教育硕士指导教师队伍主要包括大学课程与教学论专业方向的研究生导师以及教育学其他专业方向的研究生导师，同时外聘了部分重点中小学具有高级专业技术职务的教师及基础教育管理专家等作为教育硕士的指导教师。从教育硕士指导教师队伍的构成可以发现，教育硕士指导教师的主体仍然由各培养单位学术型学位研究生的指导教师兼任，这部分教师具有学历层次高、学术能力强的优势，但是他们普遍存在对基础教育情况了解不够，缺乏从事教育硕士专业学位相关领域实践背景的劣势。而且，他们长期受传统学术型硕士教育和指导方式的影响，习惯于用教育学硕士的培养方式来指导教育硕士，在教学方式上偏重于课堂教学和纯理论知识的传授，常常用学术性、研究性学位的质量标准来衡量专业学位教育质量，认为专业学位的学术水平不高，不屑于从事教育硕士专业学位教育，因此缺乏关注和了解基础教育、钻研专业学位教育特点的主动性和积极性。由于这部分教师普遍缺乏基础教育教学与管理的科研积累和实践经验，指导过程中偏向自己的专业特长，偏离学生的职业实践，案例教学和实践环节的指导能力不足，偏离了专业学位的职业性和实践性，违背了专业学位教育的宗旨，很难满足教育硕士专业学位教育的需要。[7]尽管为了弥补教育硕士专业教师队伍在教育实践方面的不足，加强高校与中小学之间的联系和交流，高校也聘请了部分从事基础教育的专家参与教育硕士的教学及培养工作，但是，由于受教学经费、管理体制等方面的限制，在实施的过程中往往流于形式，没有达到预期的效果。

二、解决我国教育硕士专业学位教育学术化倾向的对策

（一）正确认识学术性与实践性之间的关系，坚持应用型人才培养的专业学位目标定位

我国设立教育硕士专业学位的初衷主要源于基础教育教师专业化发展的实践需要，其主要目的是为基础教育领域培养高层次的应用型专业人才，专业性、职业性和实践性而非纯粹的学术性是教育硕士区别于教育学硕士的主要依据。教育硕士专业学位和教育学硕士学位作为两种完全不同类型的学位，只有特色的不同，而不存在水平高低的差异。因此，我们不仅要从理论上充分认识到教育硕士的独特性，澄清对教育硕士目标定位的错误认识，制定不同于教育学硕士的培养方案，而且要在教育硕士培养的各个环节坚持教育硕士专业学位的目标定位，反对套用学术型教育学硕士的"学术本位"的标准来衡量教育硕士的质量，避免教育硕士的培养标准向教育学硕士培养标准趋同的现象，从而使教育硕士真正成为一种既具有硕士研究生水准，又具有独自存在价值和意义的特色学位。相反，如果教育硕士一味模仿教育学硕士的培养模式，很可能发展成为教育学硕士学位的"缩水版"，也就失去了教育硕士存在的意义。教育硕士专业学位的应用性、职业性目标定位决定了其专业学位的实践性特色，因此必须强调教育硕士专业学位的实践性。但是绝不是要放弃对教育硕士的学术要求，教育硕士专业学位毕竟是硕士学位的类型之一，作为"高层次人才"，自然应有一定的学术要求。因此，在教育硕士培养过程中的各个环节必须正确处理好学术性与实践性之间的关系，既要防止把教育硕士专业学位混同于学术型学位，用学术型学位的标准来要求教育硕士专业学位，又要防止出现单纯强化教育硕士的职业性和实践性，却有意无意地弱化了其理论性和学术性，把实践性等同于低水平的做法。

（二）加强教育硕士课程的实践环节，完善应用型人才培养的课程教学体系

教育硕士专业学位的实践性特点决定了教育硕士课程教学体系必须突出教学实践环节。为了改变我国教育硕士课程教学体系存在的较为严重的理论与实践相脱离、实践性特色不明显的现状，首先要调整课程结构，强化应用性实践课程，适当压缩政治理论和英语等公共课的课时比重，多开设一些专业性强且对教育实践具有指导意义的实践课程；增加专业外语课程的课时比重，培养学生熟练阅读本专业外文资料的能力，增强学生的英语应用实践能力；加强教育专业课程自身以及教育专业课程与学科专业课程之间的实质性整合，改变单独设置教育学、教育心理学、教育技术学等纯粹教育理论课程的做法，将教育理论课程的原理、规律、方法、技术融合到教学中，促使教育专业知识有效地转化为指导学科教学实践的学科专业知识；在选修课的设置上加大选修课的种类和范围，结合各校优势，突出各自的专业特色。其次，加强教学实践环节，采取专题讲座、案例教学、课堂实录分析、教育实习和见习等多种形式的教学方式，充分发挥学员教育实践工作经验丰富的

优势，在学习过程中，强调理论学习与其基础教育教学、管理工作经验相结合，与教育改革和发展的实践相结合，促使学员主动发现和思考教育实践中的问题，独立提出解决问题的对策，提高实际教学、管理工作能力，从而实现理论与教育实践的协调发展。

另外，建立教育硕士培养与实践基地，构建以大学为基地的教学活动和以中小学为基地的实践活动相结合的立体教学实践体系。大学与中小学结成合作伙伴关系，共同承担培养教育硕士的任务，促进大学的教育理论学习与中小学的教学实际相结合，从而使教育硕士的培养紧密结合中小学教学实践，从根本上解决教育硕士培养存在的理论与实践相脱离的现象。

（三）加强教育硕士实践型师资队伍建设，构建应用型人才培养的"双师型"教师队伍

教育硕士专业学位教育对高校现有教育硕士师资队伍提出了新的挑战，要求他们逐步适应从学术型人才培养到应用型人才培养的转变。针对目前高校教育硕士师资队伍大多由学术型导师兼任的现状，一方面，高校要加强对现有教育硕士指导教师的培养和训练，对现有教育硕士授课教师和导师进行教育培训，定期邀请经验丰富的教育硕士导师交流指导研究生的经验，举办关于教育硕士专业学位的特点、教育硕士教学策略以及基础教育的改革与发展趋势等方面的专题讲座，提高教育硕士师资队伍理论联系实际的教育实践能力。同时，制定相应措施鼓励教育硕士指导教师深入中小学教学一线了解中小学教师真正关注的教育教学问题，提高教育硕士指导教师的专业实践能力，使之成为具有较高学术水平、较强专业实践能力和丰富实际工作经验的指导教师，从而推动教育硕士教师队伍逐步实现从学术型师资到专业学位师资转变，进而建立起高素质的教育硕士师资队伍。另一方面，拓宽教育硕士研究生导师来源渠道，从中小学以及教育研究部门聘请特级或高级教师加盟到教育硕士培养导师行列，吸收一批实践经验丰富、有一定学术水平或技术专长的专家学者作为兼职导师，参与教育硕士专业学位研究生的培养，逐步建立一支拥有丰富的一线教学经验的教育硕士兼职指导教师队伍。

总之，通过充分发挥高校和中小学各自的优势，打造一支适应应用型专业人才培养的"双师型"教育硕士指导教师队伍，其中以高校导师为正导师，中小学具有高级职称的教师为副导师。高校导师根据基础教育改革与发展及培养人才的需求，负责教育硕士培养计划的制订、学术指导、论文审阅并主持教育硕士学位论文答辩。副导师负责帮助教育硕士关注教育教学中的热点问题，对教育硕士在实际工作中遇到的问题给予解疑答惑。正副导师及时研讨，并解决教育硕士在科研和学习工作中遇到的问题。这样不仅可以弥补大学教师长期远离基础教育实践以及教育硕士专业学位师资队伍不足的缺陷，而且还有利于加强高校教师与基层第一线教师的联系和交流，推动高校教师到中小学参观学习、观摩教学以及开展调查研究等实践活动，更多地了解中小学教育现状，掌握基础教育的典型案例，从而丰富和增强高校教师的实践经验。

参考文献

［1］周光明、傅定涛:《教育硕士培养的学术性与实践性辨析》,《湖南科技大学学报（社会科学版）》2008年第5期。

［2］全国教育硕士专业学位教育指导委员会秘书处:《教育硕士专业学位工作资料汇编（第二辑）》,2001年。

［3］叶引娇:《我国教育硕士专业学位教育研究》,浙江师范大学硕士学位论文,2006年。

［4］武玉国、韩延伦:《教育硕士课程设置科学性问题探讨》,《学位与研究生教育》2007年第4期。

［5］朱新根:《论教育硕士课程设置及其建设》,《清华大学教育研究》2006年第4期。

［6］李炎芳、但昭彬:《我国教育硕士专业学位师资队伍建设研究》,《教育研究》2002年第12期。

［7］杨启亮:《扬长补短：教育硕士学位论文的指导》,《学位与研究生教育》2008年第3期。

（本文选自《高等教育研究》2010年第5期）

发展与论争：免费师范毕业生在职攻读教育硕士专业学位之政策检视

李　鹏　林克松　朱德全

（西南大学）

摘要

　　师范生免费教育政策自 2007 年回归以来，一直备受关注，围绕着政策的各种论争更是常议常新。免费师范毕业生在职攻读教育硕士专业学位及其相关规定是国家最新的师范生免费教育政策，其出台、执行、发展价值、利益分配、实践演绎等构成了一个新的"政策网络"。用西方公共政策分析理论对新政策的现象形态、本体形态、过程特点和特殊性质予以检视透析，可对其实施效果与可能性论争做出展望。

关键词

免费师范毕业生；教育硕士；政策检视

　　正值关于免费师范生教育政策的论争方兴未艾之际，2010 年 5 月，教育部又印发了《教育部直属师范大学免费师范毕业生在职攻读教育硕士专业学位实施办法（暂行）》（以下简称"新《实施办法》"，并把与之相关的各项政策并称为"新政策"）的通知。自此，免费师范毕业生在职攻读教育硕士专业学位政策正式出台。新政策的出台引起了广泛关注，围绕着它的各种声音已然响起。

　　一、文本解读与要素剖析：免费师范毕业生在职攻读教育硕士专业学位政策的现象形态

　　"教育政策表现为静态的文本——政府关于教育领域政治措施的政策文本或政策文本的综合，也就是一定的政治实体——政府关于教育领域政治决策的结果，如措施、方针、法律、规定、准则、计划、方案、纲要、条例、细则等用文本的形式表达出来而形成的。"[1] 教育政策所要表达的实质性内容往往隐含在不同格式的合法化文本之中。因此，停留在教育政策的现象形态是远远不够的，必须进行政策的要素剖析。从政策要素分析来看，可以从政策环境、政策目标、政策主体、政策客体以及政策资源五个维度进行深入检视（见图 1）。

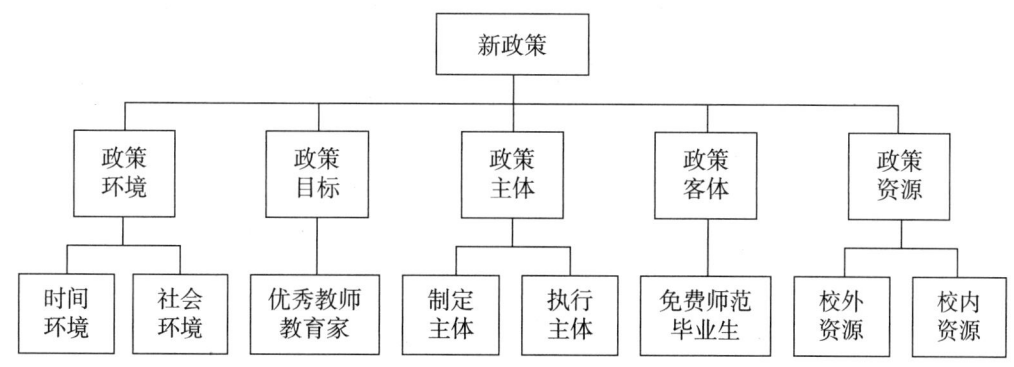

图 1 "免费师范毕业生在职攻读教育硕士专业学位"政策要素剖析

（一）政策环境——合法而有争议的立场空间

新《实施办法》实际上是旧政策的延续。新政策的出台是国家政治承诺的兑现，也是国家对免费师范教育结果的肯定，表明了国家实施师范生免费教育的强大决心。另一方面，转型时期的特殊社会环境里，新政策的出台也有可争议的空间。虽然免费师范生教育政策已经实施 4 年有余，但国内理论界关于师范生免费教育政策的价值争论从未停息，实践领域里对于如何做好免费师范生的培养工作也仍处于探索阶段。

（二）政策目标——一致性背后的偏离与多元

新政策指出："通过教育硕士研究生的培养，使免费师范毕业生具备先进的教育理念，良好的职业道德和创新意识，扎实的专业知识基础，较强的教育教学实践反思能力，为将来成长为优秀教师和教育家奠定坚实基础。"新政策的目标定位反映了国家的理想与期待，对于培养什么样的人才以及如何培养免费师范毕业生具有实质性的指导意义。但是，新政策亦有目标偏高和目标"多元化"的不足。"培养优秀的教师和教育家"的政策目标定位偏高。另外，新政策也试图在培养优秀的教育家的同时解决农村教育的师资问题，甚至是教育公平问题，这样的"多元化"政策目标定位有定位不准、目标涣散之嫌，在实际操作中，更是难以同时达成。

（三）政策主客体——特殊又复杂的群体对象

教育部是新政策的制定主体，6 所部属师范大学是执行主体，免费师范毕业生则是政策客体。教育部制定新政策是国家通过公共政策实施国家管理职能的政治行为，也是国家对师范生免费教育的指导与调控；6 所部属师范大学有执行新政策的义务，也享有发展和完善学校师范生免费教育政策和制度等相应权利；免费师范毕业生得到了政策赋予的教育权利，同时也必须遵守服务基层等有关规定。然而，新政策涉及的主客体众多，且相互之间始终表现为"人—人"的利益与对象关系，各相关者之间的权责关系都没有明确的或者详细的规定。新政策的执行有何保障、新政策的实施又能起到多大的效用成为大众论争和质疑的地方。

（四）政策资源——假想的丰富与有效利用的担忧

新政策以国家政策的形式规定了"采取部属师范大学与地方政府、中小学校合作培养教育硕士研究生的新机制"，并要求"各有关地方教育行政部门、部属师范大学和中小学校要高度重视，密切配合，精心组织，创造条件，确保师范生免费教育示范性举措的顺利实施"。可见，新政策的政策资源理应存在理论上的丰富性。但是，各级行政制度框架的惯性和我国传统政策文化的传承性为这些政策资源的使用设置了重重困难，加上资源占有者之间的利益纠葛，使得资源利用的有效性变得难以度测。

二、利益分配与公正诉求：免费师范毕业生在职攻读教育硕士专业学位政策的本体形态

教育政策的本体形态是指从各种形式的教育政策中抽象出来的一致性特征。公共选择理论认为，个体政治人，无论是政策制定者还是选民，其行为都受到自身利益的驱使，并力求获得最大利益。詹姆斯·布坎南（James Buchanan）把政策过程看成为一个不同政治人竞相"寻租"的过程，提出了"寻租理论"，以"经济人"为假设，利益为政策核心，直接指出，"所有的公共选择或政治学的经济理论可以概括为一句话，那就是'发现'或'再发现'人们在他们的可能范围内，追求理性效用最大化的"。[2] 系统分析理论创始人戴维·伊斯顿（David Easton）更是旗帜鲜明地喊出："公共政策是对全社会的价值做权威的分配。"[3] 两人的观点恰好印证了一个基本的政治学假设：利益及利益关系是人类社会活动的基础，而政府的基本职能就是通过公共政策对利益进行社会性的分配，试图实现政治利益的"帕累托最优"。

（一）新政策关涉的教育利益及其利益关系

首先，新政策是国家政治承诺的政策兑现，保障了免费师范毕业生的个人利益。新政策关系到免费师范毕业生在思想观念、心理素质、身体素质、能力结构等各个方面的发展与完善，关系到他们的成长成才乃至于个人命运的转变和人生价值的实现。其次，新政策关涉到部属师范大学的切实利益。新政策的出台与实施是推动师范教育改革、优化教师教育体制、重振师范教育事业的一个重要契机。政策落实的好坏关系到能否成功做好师范生免费教育的试点工作，能否实现部属师范大学的发展目标。最后，新政策还关涉到更深层次的复杂公共利益，关系到非部属师范大学的生源与学生就业，关系到贫困地区和农村地区的教育发展，关系到国家教育方针的实现，关系到地区间的平衡与协调乃至于社会主义和谐社会的实现。总之，新政策所关涉的利益是多方面的，利益关系是错综复杂的。

（二）新政策关于利益的分配及其分配机理

在复杂的社会系统中，多方面利益很难在价值选择上达成一致，国家利益、公共利益、集体利益、个人利益往往存在纷繁复杂的冲突、分歧和矛盾。政府利用公共政策对所有利益相关者施加具有一致性的政策约束力，在进行资源的社会分配时，对社会个体的利益实现行为加以约束。新政策作为国家教育政策，体现了国家意志、政府行为，是政策主

体——教育部按照国家意志来分配不同利益相关者之间的教育利益，协调教育权力、受教育权利、受教育机会、教育资源的杠杆工具。

国家通过新政策的制定与颁布来对免费师范教育资源进行调配控制。同时，教育部作为政策的制定主体，又代表国家把教育权力分配到6所部属师范大学，这种分配具有一定的强制性，也更便于从国家利益出发而做出一致性的集体选择。6所部属师范大学依托国家分派的权力和法律赋予的权利执行新政策，领导、组织开展免费师范毕业生的培养工作，整合和分配各种教育资源，规范和管理相关人员的行为活动，实现公共利益。在完成国家师范教育试点工作的同时，也实现了学校改革创新与发展。而对于免费师范毕业生来说，在遵守新政策的各项要求的同时，享有受教育权利和教育机会，发展自身水平，获得资格认证，在获得物质与精神利益的满足中追求个人利益的实现。

（三）新政策教育利益分配的公正性探求

从新政策执行学校——部属师范大学的选择，受惠人群——免费师范毕业生的指定等来看，新政策更多地显示出其"工具性"，利益分配和政策执行都追求"试点"的高效率。新政策"工具性"的"效率"优先没有绝对公平，也没能照顾最小受惠者的最大利益。换言之，新政策的公正意义有待提高。首先，这是对非部属师范院校的不公平，非部属师范院校不仅不能得到平等的权益，还要承受生源、毕业生就业率等方面的竞争；其次，部属师范大学特定的区位优势也影响了地区间的平衡，免费师范生的培养没能真正照顾落后地区；再次，免费师范毕业生已经享受了国家提供的各种便利，却仍在入学就业等方面分享和占用非免费师范生的机会，这是对非免费师范生的不公平；最后，新政策对免费师范毕业生也未必就是"天上掉下的馅饼"。

三、自主选择与动态博弈：免费师范毕业生在职攻读教育硕士专业学位政策的过程特点

政策过程是公共政策的重要组成部分，政策价值和政策目标也只有在政策过程中才能实现。教育政策的本质形态是教育利益的分配，那么教育政策的过程也就是利益分配的过程，是政策利益相关者充分参与的制度安排与政策设计。政策科学的发展越来越揭示出政策活动是一种调和各方利益，理解各利益主体价值诉求的过程，是决策主体主动选择、利益主体主动参与的过程。[4]

然而，政策过程中各主体参与政策过程的意愿和能力、利益相关程度也不尽相同，所以政策利益分配只能是一种非均衡的分散配置。这种非均衡的配置过程实际上就是利益相关者选择、博弈的过程，在非均衡的分散配置中实现各自利益要求的平衡。具体说，就是教育部、部属师范大学、免费师范毕业生以及非部属师范大学、非免费师范毕业生和其他的利益相关者在政策和法律的规定下，相互间的利益选择、策略运用、资源占有等的系列竞赛、自主选择与动态博弈的复杂过程。把动态的博弈过程静态化到某一具体时间点，以参与政策过程的意愿和能力、利益相关程度为划分维度，则新政策过程中的博弈主体与博

弈关系就变得非常明朗（见表1）。

表1 新政策过程博弈主体

参与新政策的 权力和意愿 ＼ 与新政策利益的 相关程度	高	中	低
高	教育部	部属师范大学	非部属师范大学
中	免费师范毕业生	—	专家团队、新闻媒体
低	—	非免费师范毕业生	学生家长

从某种意义上说，表1是新政策利益相关者通过对话、理解和博弈等特殊契约建构的"政策网络"。不过，这毕竟只是新政策过程的一个静态描述，在现实中的特定条件下，这些利益相关者的位置会发生变化，具有动态性。因此，不可将新政策过程博弈主体的位置绝对化。

（一）教育部与部属师范大学、非部属师范大学之间的博弈

部属师范大学作为新政策执行者，在享有相应权利与机会的同时，也必然会担负一定的责任，那么，对于利益享受与责任承担的权衡，政策过程机遇与挑战的掂量等都是新政策过程中作为执行者必须面临的选择和博弈。同时，部属师范大学自主权较大，会不会因为自身利益关系而使政策执行成为"上有政策，下有对策"的形式主义。非部属师范大学虽然没有直接参与新政策的执行，不享有新政策的权利与义务，但作为国家师范教育的重要参与者，面对新政策过程的特殊赛局，如何找到利益的平衡点，是关系到自身发展的关键。

（二）部属师范大学与非部属师范大学、免费师范毕业生之间的博弈

非部属师范大学并不直接处在新政策过程的赛局之中，不能享有新政策的权利，但是新政策却规定部属师范大学可以整合各级资源（包括非部属师范大学的资源）。那么，部属师范大学能否整合非部属师范大学的优秀资源以培养免费师范毕业生，双方能否在这一新政策过程赛局中进行合作式的竞争与博弈。按照规定，部属师范大学和免费师范毕业生在新政策环境中，可以进行双向选择，学校招生方案对免费师范毕业生有多大吸引力和限制成分；实行学分互认后，免费师范毕业生是报读本校还是就近报读其他师范大学，这些简单的选择却是免费师范毕业生不得不面临的博弈，更会影响师范大学生源和免费师范毕业生的个人发展。

（三）免费师范毕业生与周围环境的博弈

不可否认免费师范生也有希望通过接受高等教育来实现社会流动的意愿。[5]尽管部分免费师范生当初选择免费师范教育是由于经济或家长的原因，但毕业时个人经济能力和自主决策能力增强，必然会有继续求学与否、退不退出免费师范生队伍的选择与博弈。同时，进入社会后会有更多的发展机会，而利用寒暑假来参加学习势必会牺牲这类机会。此外，在当下社会价值观里，专业硕士学位的含金量不如全日制硕士学位，那么，免费师范毕业生在职攻读专业学位又有多大意义，社会对此的认可度为多少，可能是他们关心的重点问题。

四、价值意义与实践演绎：免费师范毕业生在职攻读教育硕士专业学位政策的特殊性质

教育政策的特殊性质是针对一般公共政策而言的，新政策有着巨大的发展价值和实践意义，其特殊性源于其价值意义与实践演绎的"错位"。新政策的决策过程是价值确认和价值选择的过程，其政策目标蕴含着特殊的价值理想；而政策的实施则是价值实现的过程，各主体的自主选择和动态博弈就是其实践演绎的过程，而价值理想和实践演绎的"错位"促成其复杂与特殊。

（一）新政策价值意义的特殊性表征

新政策的出台与实施对于社会发展，尤其是教师教育发展有着重大的价值意义。首先，新政策兑现了国家政治承诺，给已经在读的免费师范生、广大有志于成为人民教师的优秀青年打了一针"强心剂"。它必将坚定免费师范生的从教志向，也将吸引更多优秀青年加入免费师范生的队伍，从而壮大我国的师资队伍。其次，新政策把师范生免费教育从本科层次上升到了研究生层次，培养了一批具备良好职业道德、先进教育理念、扎实专业基础、较强教育教学实践反思能力与创新能力的优秀中小学教师和管理人才。这必然会优化我国中小学师资队伍，又使学校教学效率、效益、质量再上一个台阶。再次，师范教育是教育事业的"工作母机"，在国家教育事业中起着基石性的决定作用。新政策招生体制的改革，培养方案的创新，特色突出，优势明显，能把优秀学生吸引进来、培养好，也能把最有才华的学生培养成人民教师。最后，由于历史、现实等多方面的原因，我国城乡之间、区域之间的教育差距一直存在，教育的和谐发展面临严重挑战。新政策的出台与实施既是国家师资质量上的优化，也是配置上的优化。通过对农村地区教师的培养，缩小地域间的教育差距，达到区域间的均衡，从而促进地区经济与社会的平衡，进而推进全社会的和谐发展。

（二）新政策实践演绎的可能"错位"

新政策的价值意义是其逻辑理论起点，然而，在实践中，理论与实践的经常性的"错位"却促成了新政策实践演绎的特殊。

第一，重显性价值，轻隐性价值。显性价值是指教育政策文体形态中所体现的价值；隐性价值是指教育政策文本背后所体现的各种利益整合的价值。文本政策呈现了确定的外显性文本符号，人们在长期工作中对教育政策的这种外显结果——文本，有了一种畏惧和盲从心理。过分看重教育政策显在的文本形态，实际工作中，常常把文本作纲，依"文本"办事，轻视教育政策的前文本形态、隐性部分和教育政策生成过程。新政策要求各执行主体按照新《实施办法》制定培养方案和其他规章制度，但从各师范大学最后成文的培养方案和招生简章等来看，多是对旧政策的阐释和学校自身主张的文件化。由于其自身没有参

与政策决策，学校对于新政策背后的利益整合没有规定，也不能做出规定，显性价值和隐性价值的联系被割断，新政策面临被窄化理解或曲解，政策价值被片断化、简单化的危险。

第二，重实然价值，轻应然价值。应然价值是指教育政策"该实现怎样的价值"；实然价值是指教育政策"事实上实现了怎样的价值"，是教育政策的价值评价和价值选择的结果。由于各方面的原因，教育政策的应然价值最终难以全部实现，在政策实施的最后效果中有其他的客观效果，即政策实然价值的可以看得见的附加部分。于是，关注教育政策的实然价值，以某项教育政策创造的看得见的效益去分析和评价此教育政策成了大众的思维惯性，但却忘了其应该实现的那部分价值——应然价值。新政策目标多元且涣散，政策环境不完全成熟，应然价值难以全盘实现，所以，其最终的价值表现形式是实然价值。最终，新政策的实施可能是人才"有志"与"优秀"的错位，师范大学崛起与跌落的反差，农村师资的短暂改善与城乡教育难以协调的悬殊。所以，必须坚守应然价值的主张不动摇，从实然价值向应然价值回溯。

第三，重间接价值，轻直接价值。直接价值是教育政策作用于教育本身的价值，其实质是为人的发展服务的，是教育圈内的一种价值规范。间接价值是依赖于直接价值的效率或作用而实现的价值，它是教育政策的二级价值，其实质是为了促进社会的发展，通常被称为教育圈外的价值。现代教育系统是开放的和不确定的，各种各样的问题都会在里面发生，由于社会价值观主导和媒体影响，社会问题比个人问题更受到关注，所以，教育政策的间接价值在作用于社会大环境时反而遮盖了其直接价值。新政策的实施必然会在改善农村师资、营造尊师重教的氛围、实现教育公平等方面起到重要作用。各师范大学在招生、就业等方面做得有声有色，文件制定、政策宣传等也得到了社会一致的好评。但是，对于免费师范毕业生的个人能力和素质能够得到多大的提升，人生价值是不是能够在政策的实施中实现，却少有人问津。可社会发展终究是社会人的努力，倘若社会个体人不能得到尽可能的发展，那么，又怎能奢谈社会发展？

参考文献

［1］刘复兴著：《教育政策的价值分析》，教育科学出版社 2003 年版，第 36—37 页。

［2］李金珊、叶托编著：《公共政策分析：概念、视角与途径》，科学出版社 2010 年版，第 37 页。

［3］Easton D.（1953）. The Political System. New York: Knopf.

［4］刘荣：《利益相关者共同治理视阈下的教育政策制定》，《现代教育科学》2011 年第 9 期。

［5］崔波：《免费师范生就业为何偏离政策初衷——基于社会流动的视角》，《现代教育管理》2012 年第 9 期。

（本文选自《现代教育管理》2013 年第 3 期）

"免费师范毕业生在职攻读教育硕士"的困境与出路

李高峰

（陕西师范大学）

 摘要

免费师范毕业生在职攻读教育硕士专业学位遭遇诸多困境。首先，免费师范毕业生的读研政策受到质疑；其次，部属师范大学并不能够有效培养学生；最后，免费师范毕业生心有余，力不足。面对困境，必须要实施根本上的改革：免费师范毕业生应在工作3年之后自选师范大学，脱产、公费读研；要为免费师范生教育硕士配备专业对口的导师；要把师范大学和中小学结合起来；"211工程"师范大学要加大"学科课程与教学论"博士点建设力度。

 关键词

免费师范毕业生；在职攻读教育硕士；困境；出路

"免费师范毕业生在职攻读教育硕士"是"部属师范大学师范生免费教育实施办法"中的既定方针政策，旨在使这些优秀的师范毕业生能够成为师德高尚、业务精湛、充满活力的高素质中小学教师。"免费师范毕业生在职攻读教育硕士"是"进一步形成尊重教育的浓厚氛围，让教育成为全社会最爱尊重的事业"，"鼓励更多的优秀青年终身做教育工作者"[1]的点睛之笔。然而，现实与理想存在着巨大的差距。

一、"免费师范毕业生在职攻读教育硕士"的困境

第一、第二届免费师范毕业生已经分别于2012年、2013年开始在职攻读教育硕士专业学位。部属师范大学及其导师在培养、指导过程中，以及免费师范毕业生在攻读学位过程中，均不同程度地陷入难以克服的困境。

（一）免费师范毕业生的"读研政策"受到质疑

"教育公平问题源于教育政策"[2]，对于教育的不公平，教育政策难辞其咎。《教育部直属师范大学师范生免费教育实施办法》和《教育部直属师范大学免费师范毕业生在职攻读教育硕士专业学位实施办法》进一步加大了"部属师范大学"和"地方师范大学"之

间的不公平，同时也造成了"在职联考教育硕士""全日制教育硕士"和"免费师范毕业生在职攻读教育硕士"（以下简称"免费师范生教育硕士"）之间的不公平。

1. 政策没有用在"刀刃上"

六所部属师范大学均为"211工程"重点建设大学，本来就对优秀学子具有很大的吸引力，但国家在2007年只批准部属师范大学实施师范生免费教育；自2012年起，又是仅有的六所部属师范大学有资格招收免费师范生教育硕士研究生；这些举措是"锦上添花"。相比较而言，地方师范大学的培养直接面向待遇低、条件差的农村中小学校；地方师范大学中的家境困难学生的比例比部属师范大学要高得多，他们更需要"免费"。如果在地方师范大学实施"师范生免费教育"和"免费师范毕业生攻读教育硕士"政策，无疑是"雪中送炭"。锦上添花的政策进一步加大了实力本已就相差悬殊的部属师范大学和地方师范大学在生源争夺和资源分配上的不平等；雪中送炭的政策必将会充分利用有限的教育资源，有利于地方师范大学与部属师范大学之间的公平竞争。

2. "免费"政策缺乏连贯性

免费师范生在校读"本科"期间，"免除学费，免缴住宿费，并补助生活费"[1]，然而读研时却要交纳数万元的费用。一方面，免费师范毕业生作为初任教师，资历浅、无职称、收入低，有限的工资除用于生活所需，已经所剩无几；要想读研，他们只能依靠借贷或是"啃老"。免费师范生在职攻读教育硕士仍然迫切需要"免费"政策。另一方面，免费师范生在大学毕业之际，其教师专业素质充其量只是"处在专业和半专业的中间状态"[3]；他们攻读教育硕士专业学位，是其成为成熟的专业教师必不可少的重要一步。但是，师范生免费教育政策只"免"其本科阶段的教师专业发展之费用，"不免"其研究生阶段之费用，显然是不合情理的。长此以往，师范生免费教育政策的目标——"培养大批优秀的教师"，使其"热爱教育事业，有志于长期从教、终身从教"[1]，必定会大打折扣。

3. 免费师范毕业生读研享受的"特权"备受质疑

免费师范毕业生享有的第一个特权是攻读教育硕士不需要参加入学考试——"免费师范毕业生到中小学任教满一学期后，均可申请免试在职攻读教育硕士专业学位，经任教学校考核合格，部属师范大学根据考核结果、本科学习成绩和综合表现考核录取"[4]；而全日制教育硕士研究生、在职联考教育硕士研究生、课程与教学论（学术型）研究生等都要参加全国统一的招生入学考试。第二个特权是，免费师范毕业生在职攻读教育硕士可以获得"双证"，"修满规定课程学分，通过论文答辩……，授予教育硕士专业学位，并颁发硕士研究生毕业证书"[4]；同为"在职攻读"，"在职联考教育硕士"在课程考试合格和论文答辩通过后，只授予教育硕士专业学位，[5]不授予硕士研究生毕业证书。有没有研究生学历具有很大的差异，我国很多地方的中小学和教育行政管理机构在评定教师职称时，仍然看重"学历"，甚至超过了对"学位"的重视。

（二）部属师范大学不能有效培养学生

六所部属师范大学的"教学类"硕士研究生种类很多，有课程与教学论、"4+2+1"

研究生、全日制教育硕士、农村教育硕士和全国联考教育硕士。面对数量巨大、种类繁多的研究生，部属师范大学仍将免费师范毕业生招入本校继续读研。现实情况是，六所部属师范大学在很多方面并未准备好，针对免费师范生教育硕士的培养，走的是"摸着石头过河"的艰难之路。

1. 师生比失衡

因为免费师范毕业生读研"免试"，入学几乎没有"门槛"；又因为他们只能回原来本科就读的学校读研，所以部属师范大学就有了大量的"免费师范生教育硕士"。以陕西师范大学为例，2007年第一届免费师范生有2 500人，他们2011年毕业，2012年重返陕西师范大学攻读教育硕士的人数就达2 066人。然而，陕西师范大学15个学院具有"硕士生导师资格"的课程与教学专业、教育技术专业和教育管理专业的教授、副教授仅有28人；如果"专业对口"地指导，每个导师要指导70多个"免费师范生教育硕士"。教育硕士研究生导师的数量和"免费师范生教育硕士"的数量之比极度失衡。

2. 导师指导无意、无力、无效

专业对口的硕士生导师指导"免费师范生教育硕士"责无旁贷，但面对众多的研究生，他们只是九牛一毛。为了"消化"大量的"免费师范生教育硕士"，部属师范大学不得不让其他专业的导师指导，诸如文学院的文艺学导师、历史学院的隋唐史导师、物理学院的凝聚态物理导师、生命学院的干细胞生物学导师……，甚至有的学院还允许具有博士学位的实验员和辅导员指导免费师范生教育硕士。如此，出现了大量"不了解基础教育"的导师指导"了解基础教育"的教育硕士研究生。诚然，其他专业的导师是被"赶鸭子上架"的，他们并无意指导不属于自己专业的教育硕士研究生。"免费师范生教育硕士"除了在部属师范大学有导师外，在中小学也有导师。校外导师虽说是基础教育的专家，但其指导也不尽如人意，原因有四：第一，是这些中小学教师多数没有研究生学历，没有写过硕士学位论文，在教育科学研究方法掌握及指导等能力上非常薄弱；第二，部属师范大学连校内导师的培训都无从顾及，更勿谈对校外导师的培训、指导；第三，部属师范大学对校外导师除了颁发一个文件、一个聘书之外，报酬、工作条件等都不到位；第四，这些经验丰富、具有资历的中小学教师基本上已经是"满负荷"工作，没有时间和精力指导研究生。

3. 培养的学术化倾向突出

部属师范大学免费师范生教育硕士的培养，学术化倾向非常突出。首先，其培养目标定位于教学"研究"人员，将免费师范生培养成为"掌握现代教育理论、具有较强教育教学实践和研究能力"，"了解学科前沿和发展趋势"，能"在现代教育理论指导下运用所学理论和方法"，能"运用一种外国语阅读本专业的外文文献资料"[6]的人。实际上，部属师范大学培养的教育硕士应该是"从事基础教育教学和管理工作的学科带头人和管理骨干"[7]。其次，课程设置过于注重理论，学位基础课有"教育学原理"、"课程与教学论"、"青少年心理发展与教育"和"中小学教育研究方法"；[6]专业必修课依专业方向不同而异，例如"地理"方向有"学科教学论（地理）""中学地理教材研究与教学设计""地理学科发展前沿专题""地理学理论与方法"。[8]如果以教育部2012年颁布的《中学教师专业标准（试行）》来衡量，这些课程仅覆盖了其14个领域中的"教育知识""学科知识""学科教学知识""教学设计""教学实施" 5个领域。这些课程离"教师专业标准"的距离还很远。最后，教学方法非常传统。因为"免费师范生教育硕士"均为在职学习，所以课程都是通过"集中面授"与"远程教育"两种方式实施的。集中面授安排在读研伊始的暑假；因时间短、任务重，采取的是"讲授"的传统方式。"远程教育"是研究生通过网络观看部属师范大学摄制的录像课；和在大学里的"面对面"授课相比，录像课的授课非常突出主干内容，失去了很多风趣、色彩、反馈和互动。如此教学方法，难以培养学生的教学和管理能力，而学生也很难学以致用。

（三）免费师范毕业生心有余力不足

虽说免费师范毕业生更想脱产攻读硕士学位，[9]但在《师范生免费教育协议书》的约束下，他们还是比较珍惜国家政策给予的读研权利的。然而，在职攻读教育硕士学位，他们力不从心。

1. 读研动机不强烈

免费师范生当初选择去部属师范大学读本科的最强烈动机是"就业有保障"，其次是"两免一补"（免除学费、免缴住宿费并补助生活费）。[10]免费师范毕业生在职攻读教育硕士是不得已而为之。首先，十年之内脱产读研之路被堵死，国家规定，免费师范毕业生"在协议规定服务期内，一般不得报考脱产研究生"[1]。其次，中小学都在"提高教师任职学历标准"[11]，具有硕士研究生学历和硕士学位是大势所趋。最后，免费师范生毕业一年，年龄大都在24岁左右，如果错失读研机会，结婚、生子等原因可能会使读研一直搁置下去。上述读研动机均为外部动机；而从免费师范毕业生内心而言，他们在本科毕业后2—3年内最需要的不是读研，而是安身立命、安居乐业。

2. 网络课程资源利用率不高

部属师范大学投入巨资专门为免费师范生教育硕士开发了门类齐全的视频课程，让其通过网络学习学位课程。然而，他们挤不出时间上网学习网络课程。首先，他们拥有"中（小）学教师"和"研究生"双重身份，面对"中（小）学教学"和"读研"，更为重视的是前者。这是因为，他们的教师专业发展处在"早期生存关注阶段"[3]，最关注的是自己的职业生存问题："我能获得学生的信任吗？""学生家长认同我的管理吗？""中学校长肯定我的教学吗？""我能在学校站稳脚吗？"，从而无暇顾及学位课程的学习。其次，免费师范毕业生在教学上均被委以重任，相当比例的毕业生担任班主任或高三毕业班的教学工作。除了课堂教学工作，还有辅导、评比、教研组共同备课、年级组活动、学校考评、教师培训等工作，任务繁重。最后，网络课程的权限有时效。上一学期开的网络视频课程到下一学期，免费师范毕业生就失去了观看的权限。很多研究生抱怨："我这一学期需要测量与评价学生的学业成绩，但'教育测量与评价'这门课下学期才开，看不到课程资源；这学期学习了'班级管理学'，等我下一学年真正当了班主任，又想参考、学习时，网上已没有这门课的视频和PPT。"

3."为研究而研究"的学位论文

从第一届免费师范生教育硕士的论文选题来看，题目或是自己冥思苦想出来的，或是导师拟定的，未能指向免费师范毕业生自己教学中的实际问题；这种"为研究而研究"的学位论文的应用价值不高。开题报告中所写的论文框架仍为学术性学位论文形式，基本上都是从"问题的提出""文献综述"到"研究意义""研究内容""研究方法""研究过程"，最后是"结果的讨论与分析""研究结论""启示与建议"；未能呈现出诸如研究报告、调研报告、实验报告、案例分析报告等多种多样的论文形式。其原因在于，一直以来教育硕士专业学位论文就没有走出"学术性学位论文"的局限，教育硕士研究生（及其导师）只能参考到有限的论文形式，他们即便知道有"案例分析报告"等形式的学位论文，但从安全、顺利毕业的角度考虑，都不愿意做"第一个吃螃蟹的人"，以免形式创新的学位论文被外审专家、答辩委员会"毙掉"。

二、"免费师范毕业生在职攻读教育硕士"的出路

免费师范毕业生在职攻读教育硕士是"师范生免费教育"的升华，其意义重大，影响深远。如果不及时解决免费师范毕业生读研中的困境，将会使"师范生免费教育"这一重大举措半途而废、前功尽弃。面对问题，亟待修正免费师范毕业生读研的政策；同时，加强师范大学"学科课程与教学论"教师队伍建设势在必行。

（一）免费师范毕业生应在工作3年后自选师范大学，脱产、公费读研

首先，免费师范毕业生至少要全身心在中小学一线从事教学工作3年之后，再攻读教育硕士专业学位。免费师范生本科毕业后走向基础教育一线，他们的教师专业发展从"任教前关注阶段"转入"早期生存关注阶段"，工作和生活压力相当大，这一状态要持续3年左右。[3]另外，在3年时间内，免费师范毕业生正好完成"一轮"初中或高中教学，其教师专业能力也发展到一个新的阶段，进入"高原期"。此时，就有了"读研"的必要性。其次，要允许免费师范毕业生面向全国自选师范大学读研。当前，部属师范大学对研究生增减"消化不良"；同时，很多综合实力不错的地方师范大学有较强的学科课程与教学论的师资和研究生培养力量，却面临着优质生源匮乏的窘境。国家应为部属师范大学和地方师范大学提供公平竞争的平台。免费师范毕业生可以向全国的任一所有研究生招生资格的师范大学提出读研申请；师范大学根据免费师范毕业生的本科学习成绩、任教中小学考核结果和研究生导师组面试成绩审核录取，允许其攻读教育硕士专业学位。最后，免费师范毕业生要脱产、公费读研。国家应建立免费师范毕业生全脱产攻读教育硕士专业学位的机制，而且"应给予足够的奖学金或财政援助，以使之能够继续学业并维持相应的生活"[12]。国家要制定"本科＋硕士"一体化的师范生免费教育政策，在攻读教育硕士学位的2年间，要保留其原工资待遇，并由当地财政报销其学费、住宿费，或由国家拨付专

项资金至其所读的师范大学。

（二）要为教育硕士研究生配备"专业导师"

中小学教师"是履行教育教学职责的专业人员"[13]，其专业既包括学科专业，也包括教育专业。"专业"的教育硕士研究生导师应该"既是学科知识方面的专家，又是学科教学和教育知识方面的专家"[14]。例如，师范大学化学学院的无机化学、有机化学、物理化学、化学生物学、高分子化学专业的教授、副教授，即便是博士生导师，对于教育硕士研究生而言，都是"非专业导师"；而只有"化学课程与教学论"专业的教授、副教授才是专业对口的导师。让有机化学专业的教授指导教育硕士研究生，无异于让"生殖医学"教授指导"口腔医学"专业研究生。所以，教育行政管理机构和师范大学都"应把教育工作视为专门的职业，这种职业要求教师经过严格地、持续地学习，获得并保持拥有专门的知识和特别的技术"[15]。教育部要严格审核师范大学的教育硕士培养师资力量，量力而行，控制教育硕士研究生招生规模和数量，杜绝"非专业"导师指导教育硕士研究生的现象。

（三）要把师范大学和中小学结合起来

我国的师范大学基本上都有"师大附小""师大附中"，但很多附小、附中除了人事管理和师范大学教工子女上学之外，几乎都是"名不副实"——师大附小、师大附中的教学与师范大学的学科课程与教学论专业教师、教育硕士研究生的培养几乎是"井水不犯河水"，这种状况对师范大学和中小学的教学都是非常不利的。如果师范大学的课程与教学论专业的教授想成为师范教育的专家，就必须利用中小学的骨干教师来培训"准教师"，来开展对教学的研究；而且，中小学也必须成为教师、准教师和大学教授共同系统钻研和改进教学实践的场所。[16]除了师大附小、附中，师范大学还要与多个中小学建立教育教学联盟关系，为教育硕士研究生、也为大学教授开发"教育实验场所"[17]；这些中小学和"教学医院"有相似的功能，应当是与师范大学密切结合的优秀学校。[18]另一方面，师范大学也要开门办学，聘任中小学教师为"临床教授"，把他们作为"硕士学位教学计划中的骨干教学人员"，"还应当在硕士生就读的学院担任职务"，[18]并且为他们在大学里提供办公和开展教育教学研究的条件，保证其工作的待遇。

（四）"211工程"师范大学要加大"学科课程与教学论"博士点建设力度

教育硕士专业学位研究生导师在数量上"捉襟见肘"，在指导上"滥竽充数"，暴露出我国师范大学"学科课程与教学论"教师队伍素质不高这一"短板"；其根源在于我国各学科课程与教学论博士点少，博导资源稀缺。要改变教育硕士研究生培养中"师生比"过小、导师不专业等现实状况，不能"头痛医头，脚痛医脚"，根本出路在于培养一支高素质的专业化"学科课程与教学论"教师队伍。首先，要在"211工程"师范大学增列"学科课程与教学论"博士点，努力使所有"211工程"师范大学都具有门类齐全的学科课程与教学论博士点。其次，遴选具有专业素养的学科课程与教学论博士生导师，特别要打破"具有正高职称""主持国家级课题、教育部课题"等条条框框的限制。总之，没有结构合理的学科课程与教学论博士生导师队伍，就没有高质量的师范大学，我国一千多万中小学教师的专业化就永远是一个梦。

参考文献

［1］中华人民共和国国务院办公厅：《教育部直属师范大学师范生免费教育实施办法（试行）》，国办发〔2007〕34号。

［2］朱永坤：《教育决策价值标准：教育政策公平性的影响因素》，《东北师大学报（哲学社会科学版）》2009年第1期。

［3］刘捷著：《专业化：挑战21世纪的教师》，教育科学出版社2002年版，第1—2页，第127页，第127页。

［4］中华人民共和国教育部：《教育部直属师范大学免费师范毕业生在职攻读教育硕士专业学位实施办法（暂行）》，教师〔2010〕3号。

［5］国务院学位委员会办公室：《关于开展教育硕士专业学位试点工作的通知》，学位办〔1996〕25号。

［6］全国教育硕士专业学位指导委员会：《免费师范生在职攻读教育硕士指导性培养方案》，2011。

［7］汪昌海：《论教育硕士专业学位的内涵及其他》，《高等函授学报（自然科学版）》1999年第6期。

［8］陕西师范大学：《免费师范毕业生在职攻读教育硕士·学科教学（地理）培养方案》，2011年。

［9］李高峰：《免费师范生报考动机的调查研究——以陕西师范大学为例》，《黑龙江高教研究》2010年第6期。

［10］李高峰：《免费师范生三大报考动机的调查研究——以陕西师范大学为例》，《教育科学》2011年第2期。

［11］《国家中长期教育改革和发展规划纲要（2010—2020年）》，人民出版社2010年版。

［12］联合国教科文组织著，万勇译：《关于教师地位的建议》，《外国教育资料》1984年第4期。

［13］《中华人民共和国教师法》，《人民教育》1993年第12期。

［14］袁贵仁：《加强和改革教师教育 大力提高我国教师专业化水平》，《人民教育》2001年第9期。

［15］刘微：《教师专业化：世界教师教育发展潮流》，《中国教育报》2001年1月3日。

［16］［美］霍姆斯协会著，范宁编译：《霍姆斯协会报告：明天的教师（1986）（上）》，《外国教育资料》1988年第5期。

［17］［美］霍姆斯协会著，范宁编译：《霍姆斯协会报告：明天的教师（下）》，《外

国教育资料》1988 年第 6 期。

［18］卡内基教育和经济论坛"教育作为一种专门职业"工作组：《国家为培养 21 世纪的教师作准备》，节选自国家教育发展与政策研究中心编：《发达国家教育改革的动向和趋势（第二集）》，人民教育出版社 1987 年版，第 330 页。

（本文选自《研究生教育研究》2015 年第 2 期）

全日制教育硕士职业定位的失范与构建

钟振国　陈海瑛

（杭州师范大学）

 **摘要**

　　职业定位是全日制教育硕士培养的逻辑起点，厘清职业定位是对其培养的合理性辩护。文章认为全日制教育硕士的职业定位应当为基础教育的工作者、教育理念的执行者、教育科学的研究者和教育改革的推动者，将其现实的培养失范概括为"模糊"、"脱节"、"单一"和"缺位"，并针对这些培养失范提出相应的构建策略。

关键词

　　全日制教育硕士；职业定位；失范；构建

　　全日制教育硕士是培养掌握现代教育理论、具有较强的教育教学实践和研究能力的高素质的中小学教师[1]。解读这一培养目标的要求，厘清全日制教育硕士与学术型研究生、师范类本科生以及在职教育硕士培养的区别，乃是全日制教育硕士培养的逻辑起点，也是为全日制教育硕士培养的合理性辩护。本文从分析全日制教育硕士培养的职业定位出发，对其现实的培养失范及建构路径进行了探讨。

一、全日制教育硕士培养的职业定位

（一）基础教育的工作者

　　全日制教育硕士的培养目标是为中小学培养合格的教师，其未来的服务对象是中小学生。基础教育工作者是其最基本的定位。全日制教育硕士应注重学科知识的教学应用，侧重教学技能的培养和训练，重视专业实践。在全日制教育硕士的培养过程中，应当避免其知识结构过于学术化的倾向，要夯实其专业的基础知识，重视培养其教育实践知识，着力加强其应用知识和传授知识的能力。同时，要明确就业去向，树立起为基础教育服务的意识。

（二）教育理念的执行者

　　培养目标中提到了"高素质"，指的是全日制教育硕士应是一名教育理念的执行者。

他必须要吸收先进的教育理论并内化为自己的教育理念，贯彻到自己的教学实践中去，这是由全日制教育硕士的培养层级所决定的。与师范类本科生相比，全日制教育硕士不仅要掌握更加扎实和宽厚的学科知识，更要具备先进的教育理念以及应用于实践的意识。

（三）教育科学的研究者

全日制教育硕士应是一名教育科学的研究者。他应当能反思自己的教学行为，并具有对教育现象进行科学研究的能力。与学术型研究生相比，其研究成果必须体现应用性和实用性，能直接服务于教育教学。教师从事教育研究是一个真正学习的过程，这是教师专业化发展的必由之路。[2]因此，在培养过程中，要让全日制教育硕士掌握扎实的科研方法，学会观察，学会思考，并善于发现问题，为其一生的专业成长奠定坚实的基础。

（四）教育改革的推动者

全日制教育硕士应是一名教育改革的推动者，应当成为推动教育改革的主体。人们越来越相信教育改革的成功取决于教师所具有的对教学、对学生、对知识的根本信念。[3]与师范类本科生和在职教育硕士相比，全日制教育硕士接受的教育理论知识和专业知识具有更高的系统性和科学性，更应当肩负起这一职责。要致力于培养全日制教育硕士的改革意识、批判意识，进而推动基础教育改革逐步走向成功。全日制教育硕士的职业特征具有"基础性"、"应用性"和"职业性"。其中，基础性是全日制教育硕士的本质属性；应用性是全日制教育硕士的内在要求；职业性是全日制教育硕士的外在规范。专业学位教育要适应社会需求，强化职业导向。[4]因此，全日制教育硕士的培养要以"准教师"的身份来作要求，以教师的职业素质、职业规范等要求为参照，强化与教师职业能力的对接。

二、全日制教育硕士培养职业定位的现实失范

（一）"模糊"——培养方案与学术型同质化倾向

"模糊"是指全日制教育硕士培养方案与学术型研究生的培养方案并没有一个清晰的分野，两者同质化倾向严重。首先，在课程设置方面，学术性、理论性课程比重过高。在全日制教育硕士培养方案所要求的 36 学分中，教学实践仅占 8 个学分。学位基础课等理论性课程比重过高，没有突出教育实践环节在培养方案中的重要性。其次，课程简单移植于学术型研究生的课程，缺乏针对性。许多课程内容"换汤不换药"，没有突出专业学位"应用性"的培养特色，只专注知识的理论性和学术性。最后，指导教师没有从学术型导师中分离出来，专业化水平较低。全日制教育硕士指导教师往往由学术型指导教师兼任，但大部分导师的研究旨趣主要放在学术研究上，对于基础教育的研究动态，尤其是实践技能，缺少必要的兴趣和关注。学术型导师往往以指导学术型研究生的方式、方法、理念和期待来对待全日制教育硕士，缺乏指导性。"模糊"使全日制教育硕士的职业定位产生了偏差。

（二）"脱节"——课程教学与基础教育需求相疏离

"脱节"是指全日制教育硕士的课程教学与基础教育的实际需求和基础教育一线教师

的素质要求相疏离。具体表现在：首先，课程教学以知识传授为主，较少关注基础教育领域的实际需求。目前，全日制教育硕士的课程教学仍遵循师范类本科生的"理论运用模式"，即教师先在大学学习理论，获取一定专业方面的知识，然后将大学所学的理论运用到中小学校的实践中去。但学生所学的大学课程与中小学所进行的实践活动少有联系。[5]课程教学很少以基础教育实际需求为指向，教学形式单一，缺乏生动的案例教学。其次，基础教育的实际需求无法反映到全日制教育硕士的培养过程中来。高校和中小学的壁垒分明，基础教育的一线指导教师没有相应的途径了解全日制教育硕士在高校所完成课程的具体内容，他们的职业规范和需求难以投射到高校的课程教学中来，使得全日制教育硕士的课程与教学显得形而上学，脱离实际需求。最后，全日制教育硕士缺少教师角色浸润式体验的经历。一名优秀的教师应"具备对其所服务的学生和家庭的文化、身份和社区的背景知识，并以此为基础在不同情境中创建有效的核心教学实践"[6]的能力。但目前的培养环境割裂了高校与中小学的联系，缺乏创设相应的体验环境，使得全日制教育硕士对于中小学教师的真实生存环境和真正的职业需求等知之甚少，更不用说去主动了解学生所处的社区、家庭背景等意识。"脱节"使全日制教育硕士的职业定位失去了土壤。

（三）"单一"——教育实习技能培养的简单化倾向

"单一"是指全日制教育硕士在教育实践过程中，其侧重的技能训练存在简单化的倾向。具体表现在：首先，实践指导教师缺乏指导经验。在实习过程中，实践指导教师不能给实习生一个明晰的指导计划和清晰的指导思路。全日制教育硕士实习生很多时间是在帮助实践导师批改作业，听课与上课是模仿实践导师已经成型的套路和技巧，缺乏相应的教学设计创新。其次，实践指导教师忽视综合技能的训练。教学技能的训练毋庸置疑是重点，但是PPT、教学视频等多媒体制作、班主任工作及与家长沟通等能力也是构成教师职业素养的重要内容，这些方面的技能训练没有得到实践指导教师的重视。最后，教育实习没有与教育科研紧密结合。实践导师没能与实习生深入探讨教学科研问题，没有共同梳理本学科或本校可研究的课题，而全日制教育硕士也缺乏从实习过程中找到问题驱动的意识，致使教育实习和教育科研相分离。"单一"使全日制教育硕士的职业定位失去了根基。

（四）"缺位"——培养管理的保障制度建设滞后

"缺位"是指全日制教育硕士的管理制度和保障制度建设不到位。首先，认识缺位。很多高校认为只有学术型研究生的培养质量才能代表本校的研究生培养水平，而对于专业学位研究生的认识不足。专业学位设置时间尚短，经验不足，又加上培养高校重视不够，造成培养管理制度建设落后。其次，保障缺位。全日制教育硕士的培养需要协调多个部门共同参与，比如实习基地建设等。由于缺乏相应的保障制度，很多实习基地是各二级学院为应急依靠个人关系建立的，缺乏周密的规划和布局，没有进行制度化管理。另外，经费保障没有相应的配套，比如实习基地实践指导教师的劳务、实习生和实习带队教师的实习补贴等费用都没有较好的保障。最后，评价缺位。学校尚未形成对全日制教育硕士培养的科学、有效的评价机制，比如校内导师是否胜任，学位论文是否突出应用性，学生教育实习的效果如何确定，校外实践指导教师如何考评，实习基地是否规范等。对于这些方面的评价都亟待精心的设计和合理的量化。"缺位"使全日制教育硕士的职业定位失去了保障。

三、回归全日制教育硕士培养职业定位的构建

（一）高度重视全日制教育硕士培养，加大经费投入

首先，培养高校应当高度重视专业学位研究生的发展和培养，要认识到国家大力发展专业学位研究生教育的背景和方向。作为有鲜明职业导向的全日制教育硕士是专业学位教育的重要组成部分，其培养质量的好坏亦体现着高校的研究生培养水平。其次，要加大经费投入力度。要制定科学、合理的经费预算和安排，来保证实习基地的建设与运作；保证实践指导教师的合理报酬；保证全日制教育硕士能获得一定的实习补助，以解决生活和学习上的困难，顺利完成教育实习。经费投入是最直接、最有效的支持，要做好科学、合理的预算和安排，激发实习基地和实践指导教师的积极性，为顺利完成全日制教育硕士的培养打下坚实的基础。最后，要完善各项管理制度。要制定全日制教育硕士的招生、培养方案、导师遴选、考核评价等制度，尤其要完善以教育实习为核心的管理制度，确保教育实习及各个培养环节能落实到位，保证全日制教育硕士的培养质量。

（二）着力开发"以实践为导向，以需求为指引"的全日制教育硕士课程体系

全日制教育硕士的课程开发必须秉持"以实践为导向，以需求为指引"的宗旨。首先，可以邀请中小学优秀教师参与课程开发、教材编写。当前，全日制教育硕士的理论课程不少是移植于学术型研究生课程的，强调专业性和学术性。中小学教师参与编写教材，一方面可以带来一线教师的教学智慧和鲜活的实践知识，使课程内容更富有张力，更契合教育实践和基础教育的需求；另一方面，可以使课程内容和结构在保持必要的学术性和逻辑性的同时，防止课程内容过于学术化而脱离教育实践。其次，构建"双师课程"。"双师课程"指中小学教师与校内教师协同授课。两类教师相互配合、协作，校内教师负责理论讲授，校外教师负责实际操作的演示，并配合大量的案例教学，使课程内容更具体、更形象、更生动，使理论与实践能高度结合。最后，要融入教师职业教育，有意识地将教师的职业精神、职业习惯、职业责任、职业艺术等融入全日制教育硕士的课程教学中，以符合教师专业发展素养的需求。

（三）全力打造"以基础教育研究为旨趣，教学科研俱佳"的全日制教育硕士导师队伍

全日制教育硕士导师队伍建设是其培养质量的重要保证，必须选择以基础教育研究为旨趣的校内导师和教学与科研俱佳的校外实践导师为主体。首先，要遴选真正对基础教育感兴趣的校内导师。全日制教育硕士是以培养中小学高素质教师为目标，校内导师自身要先了解本学科在基础教育领域的研究动态，自身要具备出色的教学能力，才能指导好全日制教育硕士。校内导师要根据学生特点制定相应的指导方案，以自己对教师职业的热爱，唤起学生对基础教育教学工作的热爱，有效地实现对学生的指导。其次，要科学甄选校外实践指导教师。要选择师德高尚、教学能力突出并具有一定科研能力的一线教师担任实践

导师。要综合考量，择优确定，避免只选择有行政职务的教师；要制定合理、规范的遴选标准，对新担任的实践导师要进行相应的培训，明确实践导师的指导要求和标准；建立相应的考核机制，确保实践导师能真正为全日制教育硕士教学技能的提高和教学科研能力的发展提供有效的指导。最后，要建立起有效的沟通合作机制。畅通有效的沟通合作，一方面可以使师导双方更全面地了解自己指导的全日制教育硕士的情况；另一方面，也可以实现导师双方的互相学习和提升，更好地发挥各自的优势，更为有效地指导学生。

（四）积极探索"特色鲜明、符合规律"的全日制教育硕士培养模式

全日制教育硕士不能套用学术型研究生的培养模式，要积极探索符合全日制教育硕士职业定位的培养模式。首先，要特色鲜明。各培养高校应当结合本地区中小学的教师专业发展情况和本校全日制教育硕士的生源特点，探索出适合本校、体现本校特色的全日制教育硕士的培养之道。其次，要富于创新，打造亮点，设计和制定具有鲜明特色的课程体系和培养方案。在经过几年的打造之后，能为其他高校提供借鉴，形成较为成熟的培养模式。最后，要符合培养规律。全日制教育硕士的培养一定要与教育实践紧密结合，才符合其培养规律。因此，高校要与中小学甚至社区紧密结合，构成全日制教育硕士培养主体的多元化。要积极探索高校与中小学及社区的联动机制，形成协同培养全日制教育硕士的共同体，使高校、中小学、社区三体联动，共同建立全日制教育硕士的培养平台与基地。

参考文献

［1］［4］国务院学位委员会办公室：《关于全日制硕士专业学位研究生指导性培养方案的通知》（学位办〔2009〕23 号），2009-05-06。

［2］刘捷著：《专业化：挑战 21 世纪的教师》，教育科学出版社 2002 年版，第 63 页。

［3］王平：《基于教师改革信念视角的课程改革困境反思》，《中国教育学刊》2014 年第 8 期。

［5］［6］戴伟芬：《职前教师教育理论与实践融合的第三空间研究》，《教育研究》2014 年第 7 期。

（本文选自《教育评论》2015 年第 4 期）

美国教育博士培养"学术化"问题的改革和探索

——以范德堡大学教育学院为例

张秀峰　高益民

（首都师范大学；北京师范大学）

 摘要

美国教育博士（Ed.D.）培养的"学术化"问题即教育博士与教育学哲学博士（Ph.D.）在培养模式上趋同的问题比较突出，美国教育博士培养机构对此进行了一系列改革。范德堡大学教育学院从培养目标、招生录取、课程设置、教学模式、教学师资、学位授予等方面改革了教育博士的培养模式。通过对其教育博士和教育学哲学博士培养模式的比较研究，我们可以进一步深化理解教育博士培养的专业学位特性。

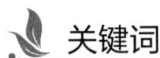 关键词

美国；教育博士；教育学哲学博士；"学术化"问题

　　教育博士（Doctorate of Education，简称为 Ed.D.）最早是由哈佛大学 1921 年授予的。作为一种专业学位，教育博士旨在培养教育实践领域的高级专门人才。自哈佛大学之后，美国的许多大学纷纷设置了教育博士学位。发展至今，美国约 220 家在教育领域授予博士学位的高等教育机构中至少有 180 家授予教育博士学位；[1] 相应地，教育博士学位授予人数也日益增长（如图 1 所示）。但是，美国教育博士的培养也面临着一系列的问题和挑

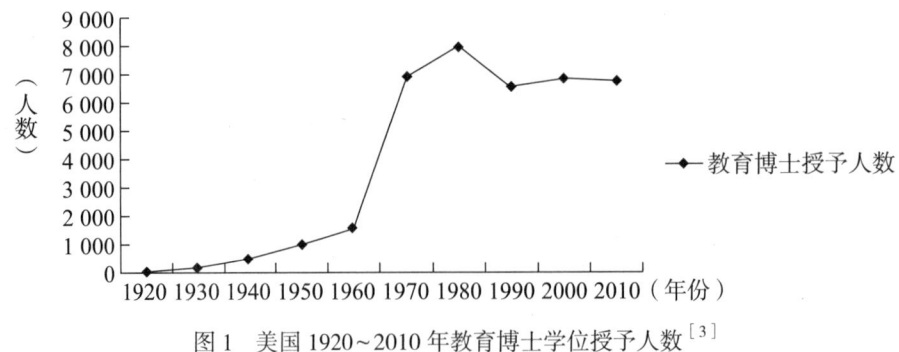

图 1　美国 1920～2010 年教育博士学位授予人数[3]

战，其中比较突出的问题就是教育博士培养的"学术化"问题，导致教育博士培养的含金量不高。[2]

一、教育博士培养的"学术化"

所谓教育博士培养的"学术化"问题，就是指教育博士在培养模式上逐渐与教育学哲学博士（Doctorate of Philosophy in Education，简称为 Ph.D.）趋同。教育博士和教育学哲学博士作为教育领域授予的两种学位，虽有着共同的学科背景和基础，但因为分属于两种不同性质的学位，因而教育博士和教育学哲学博士的培养目标之间存在着根本的差异，其培养模式之间也相应地存在显著的不同。教育博士作为一种专业学位，旨在培养教育实践领域的高层次专门人才，因而有着突出的专业实践性特征；教育学哲学博士作为一种学术学位，旨在培养高校和科研机构中从事教学和研究的人员，因而有着突出的学术研究特征。教育博士和教育学哲学博士培养目标的根本差异决定了两者在入学要求、课程设置、教学模式以及学位论文要求等方面存在着显著区别。

但是，美国相关专业组织和研究人员所开展的一系列调查和研究发现，美国教育博士的培养逐渐偏离了其专业实践性，而走向学术性的误区，教育博士的培养逐渐趋同于教育学哲学博士的培养，教育博士培养的"学术化"问题比较严重。勒德洛（Ludlow）从1956 年到 1958 年开展了针对 91 所教育学院的调查研究，比较其教育博士学位和教育学哲学博士学位学生的培养，结果发现两种学位获得者在智力、能力和职业成就方面几乎没有显著差别。[4]美国教师教育学院协会（AACTE）于 1971 年组织的全国性调查表明，美国的教育博士和教育学哲学博士变得越来越相似，许多教育博士学位项目几乎完全照搬教育学哲学博士学位的培养模式，两种学位仅有的不同就是其名称不同。[5]迪林（Deering）1998 年对 50 所大学授予的教育博士和教育学哲学博士学位获得者的论文、研究类型以及他们的就业模式进行了实证研究，发现两者没有根本性差别，因而提出了取消教育博士学位的建议。[6]

随着教育博士培养的"学术化"问题日益突出以及由此招致的教育博士培养质量的下降，美国许多教育博士培养机构开始对教育博士培养模式进行了一系列的改革和探索，在关注理论学习的同时更加突出基于教育实践能力的培养，以此凸显教育博士作为专业学位的特性，使之区别于教育学哲学博士的学术学位的特性。例如，哈佛大学教育领导专业的教育博士项目以带薪上岗实习（paid residency）的方式取代学位论文的写作，学生在实习单位从事实际的领导工作[7]；宾夕法尼亚大学（University of Pennsylvania）则采取模块化的课程设计，每个模块的学习包括核心概念介绍、案例讨论以及以小组或个人形式完成书面作业三个部分；诺瓦大学（Nova University）的教育领导专业的教育博士项目，采用临床诊断研究方案来培养教育博士对管理实践的诊断能力[8]；圣路易斯大学（Saint Louis University）关注教育博士实践技能的培养，以小组共同完成以实践问题为导向的研究报告取代了学位论文。连续多年位居全美教育学院排名首位的范德堡大学（Vanderbilt

University）教育学院也对其教育博士的培养模式进行了积极的改革和探索。本文将从培养目标、招生录取、课程设置、教学模式、教学师资、学位授予等方面对范德堡大学教育博士培养所开展的改革进行集中研究。

二、范德堡大学的教育博士培养

范德堡大学教育博士的培养由其教育学院负责，该教育学院全称为皮博迪教育和人类发展学院（Peabody College of Education and Human Development），目前开设的教育博士专业学位有两个，即基础教育领导力与政策（educational leadership and policy）和高等教育领导力与政策（higher educational leadership and policy）。这两类教育博士学位的区别就在于，一个是关注基础教育及其相关领域，另一个是关注高等教育及其相关领域。为了更好地了解范德堡大学教育学院教育博士培养"学术化"问题的改革措施与成效，本文在集中研究其教育博士培养模式的同时，还将其与教育学哲学博士培养模式进行了比较研究，从而深化理解两种不同性质的学位之间的根本差异，尤其是其教育博士培养的专业学位特性。

（一）培养目标

范德堡大学教育学院的教育博士项目就是培养"有能力的教育人士成长为优秀的教育领导者"。[9]其中，基础教育领导力与政策专业的教育博士是培养"那些有志于领导基础教育机构或从业于基础教育相关领域的专业人员"，而高等教育领导力与政策专业的教育博士则是"培养高等教育领域的专业人员，为其提供理论的和基于研究的视角来提升其对学院、大学、政府机构、专业协会以及教育咨询机构相关运作的理解"。与之相比，该学院的教育学哲学博士项目则是培养"那些对教育和人类发展问题感兴趣的研究人员，关注学术的探究，从而为在大学和学院的工作做好学术上的准备"。[10]以领导力与政策研究专业的教育学哲学博士项目为例，其目标就是培养"有意于成为以研究教育和教育政策为其学术职业的研究者、教授和政策分析人员"。[11]由此可见，范德堡大学教育学院的教育博士培养目标有其鲜明的专业实践性并兼顾学术性，而其教育学哲学博士学位则突出其鲜明的学术性和研究性。

（二）招生录取

范德堡大学教育学院的教育博士项目主要面向那些有志于在教育领域的领导岗位工作，并且有经验的专业人员。根据其招生指南，教育博士项目的入学申请人要求已获得硕士学位，且最后两年的课程学习成绩平均绩点要达到3.4以上（绩点最高为4），要求必须有两年的相关专业领域的工作经验，要求参加研究生入学考试（GRE），同时要求有3份推荐信（推荐信来自于教育人士和专业人士，并且对申请人的学术表现和工作经验有相当了解），还要求提交个人陈述（陈述学术兴趣、研究计划以及职业目标等）。[12]与之相比，该学院的教育学哲学博士学位项目对入学申请人的学位、学习成绩平均绩点、GRE成绩和推荐信也有所要求，但对申请人的教育工作经验却不作要求。由此可见，范德堡大学教育学院的教育博士项目与教育学哲学博士学位项目相比，在招生录取方面突出对其专业实践经验和能力的要求，有着鲜明的专业实践性，与其预定的培养目标保持一致。

（三）课程设置

范德堡大学教育学院的教育博士项目为期 3 年，6 周为一个学期，因为项目学习者多为在职人员，所以通常是利用周五下午和晚上以及周六白天授课。课程设置坚持理论学习与实践相结合的原则，兼顾了课程的学术性和专业实践性。课程内容都是基于教育专业人员在日常工作中所面临的问题和挑战，以此培养有专业知识和领导力并具备分析和管理技能的教育领导人员，从而最终改进其所在的教育机构和组织。[13] 其课程大致分为三类：理论学习课程（旨在培养和发展对于知识和问题的理解力，以此促进管理实践能力）、数据分析技术课程（旨在解答学校管理中所面临的问题与挑战）、背景分析类课程（旨在学习和了解自身和机构所处的背景情况和特定挑战，并制定出合理的解决方案）。[14] 其具体课程设置如表 1 所示。

表 1 范德堡大学教育学院教育博士项目的课程设置表

学年	学期	基础教育领导力和政策专业教育博士	高等教育领导力和政策专业教育博士
第一学年	夏季学期	*机构学习和表现 *领导力理论与行为	*机构学习和表现 *领导力理论与行为
	秋季学期	*组织理论和行为 *教学领导和教育改革	*组织理论和行为 *学术职业：结构和角色
	春季学期	*决策分析（1）：系统咨询的逻辑 *教育领导力和政策的背景	*决策分析（1）：系统咨询的逻辑 *教育领导力和政策的背景
第二学年	夏季学期	*决策分析（2）：定量分析 *资源的分配与部署	*决策分析（2）：定量分析 *学院和大学管理
	秋季学期	*决策分析（3）：定性分析 *教育职责和学生评估	*决策分析（3）：定性分析 *公共政策和高等教育
	春季学期	*基础教育法律（K-12 Law） *政治学和管理	*高等教育的本质和功能 *大学学生
第三学年	夏季学期	*决策分析（4）：教育政策和项目评估 *不同的学习者以及高危学生	*决策分析（4）：教育政策和项目评估 *学院和大学的财政
	秋季学期	*国际/比较教育问题 *顶峰体验（capstone experience）	*国际/比较教育问题 *顶峰体验
	春季学期	*教师与教学 *顶峰体验	*教育机构研究 *顶峰体验

资料来源：范德堡大学教育学院官网[15]。

与之相比，该学院的教育学哲学博士项目则一般要求脱产学习 4 年，帮助学生掌握足够的专业知识、研究方法和研究工具，使之能开展前沿的有关教育问题的研究，使其具备娴熟的统计和数据分析技能并兼备实验和准实验的设计、调查研究方法以及质性研究方法等方面的能力。[15] 其课程大致分为四类：社会科学核心课程、专业研讨课程（specialty seminar）、研究方法课程以及选修课程。社会科学核心课程包括教育政治学、教育社会学、教育经济学、比较国际教育；专业研讨课程采取轮换（rotating）的形式，包括基础教育、高等教育以及国际教育等方面的专题，研讨课程由导师主持且研讨专题与其所正在开展的研究有关；研究方法课程则包括研究设计、研究方法、统计、回归分析、质性研究方法，同时还有研究实习课程（research practicum）；选修课程则是由学生与导师讨论后决定。[16] 在全部课程学习结束后，学生要参加一个综合考试，该考试包括方法和内容两部分，其中方法部分考查研究方法、统计和回归分析以及计量经济学，而内容部分考查社会学、政治学以及国际和比较教育。学生有一门不通过可以参加补考，如果补考还不通过，就要停止博士阶段的学习。

综上可知，范德堡大学教育学院的教育博士项目的课程设置兼顾学术性和专业实践性，而其教育学哲学博士项目的课程设置则重点关注学术能力和研究能力的培养。

（四）教学模式

范德堡大学教育学院的教育博士项目在教学模式上同样坚持理论和研究方法学习与实践相结合的原则，突出表现在其"顶峰体验课程"（capstone experience）。所谓"顶峰体验课程"，是指学生开展的为期近 1 年的独立研究，或学生参与的包含于团队研究中的研究分析活动（团队一般不超过 4 名学生）。顶峰体验课程首先由校外的合作方提供其教育实践过程中亟待解决的一些实际问题；然后由教育博士的导师根据其专长和教育博士培养目标，帮助学生选择其顶峰体验课程要解决的问题，学生对其要解决的问题进行设计和任务分工，学生在课程结束后要提交 50~75 页的研究报告并就项目内容进行汇报。研究包括语境分析、数据分析、项目推荐、实施策略、结论、附录和参考文献等部分。这种顶峰体验课程将所学的理论和研究方法与实践问题相结合，检验学生对相关概念和方法的掌握与应用。到目前为止，与范德堡大学教育学院的顶峰体验课程合作过的机构多达 21 家，其中有政府机构，如田纳西州立教育委员会（Tennessee State Board of Education）；有协会组织，如田纳西州高等教育委员会（Tennessee Higher Education Commission）；有高等教育机构，如肯塔基卫斯理学院（Kentucky Wesleyan College）、林恩大学（Lynn University）、东伊利诺伊大学（Eastern Illinois University）；有科研机构，如田纳西州技术中心（Tennessee Technology Center）；有中小学，如纳什维尔公立学校（Nashville Public Schools）等。"顶峰体验课程"以实际问题为导向，以合作方的问题解决为中心，加强了教育博士培养与教育实践的紧密结合，给学生提供了针对性的专门训练。因而，"顶峰体验课程"比毕业论文更能培养学生的专业实践能力——分析能力、专业见解、背景知识和推断能力等。[17]

与之相比，该学院的教育学哲学博士项目则主要采取导师—学徒模式（mentor-apprentice model）。学生除了参加课程学习之外，更重要的是与导师一起开展研究和撰写学术论文，从而获得设计、实施或分析高质量的实验或准实验（quasi-experiment）的技能，并最终设计出自己的论文研究项目，同时还要在学术会议上提交研究论文，在期刊上公开发表研究论文。学生在学习的前 3 年，每年可获得一次参加学术会议的资助。除此之外，学生每周还必须承担约 20 小时的研究助理或教学助理工作。以领导力与政策研究专业的教育学哲学博士学位项目为例，其教学模式如表 2 所示。

由上可知，范德堡大学教育学院的教育博士项目的教学模式兼备了学术性和专业实践性，而其教育学哲学博士学位的教学模式则主要是基于学术能力和研究能力的培养。

表 2 范德堡大学教育学院领导力与政策研究专业教育学哲学博士项目的教学模式

	第一学年	第二学年	第三学年	第四学年
研究项目	设计研究项目（与导师协商）			
课程学习	必修课程（成绩保持在 B）	必修课程（成绩保持在 B）	必修课程（成绩保持在 B）	
研究	参与导师或其他教师的研究项目	参与导师或其他教师的研究项目 参与写作研究计划和研究论文	参与导师或其他教师的研究项目；发表研究论文	呈现研究结果；发表研究论文
实习	完成研究实习			
会议	参加一次国内研究会议	参加一次国内研究会议，并且发言	参加一次国内研究会议，并且以第一作者发言	
考试		综合考试		博士资格考试
论文			学位论文研究计划答辩	完成论文，答辩

资料来源：范德堡大学教育学院官网[11]。

（五）教学师资

范德堡大学教育学院教育博士项目的师资通常分为专职、兼职和访问三种类型。其中，该教育项目经常聘任具有丰富专业知识和实践经验的兼职讲师来向学生展现教育中的现实问题。例如，该项目的"K-12 教育法"课程由当地富有经验的律师负责教授，这些律师在特殊教育、性骚扰、宗教议题、学生纪律、终身教职以及教师权利方面拥有专长；学院与大学的财政课程由州高等教育委员会的执行理事承担，他们基于其一线的专业实践经历来讲解州级财政监管、预算和战略规划。[18]这些富有专业实践经验的兼职教师展示了理论知识与实践问题的结合，扩展了项目的课程范围，增强了课程的实用性，从而强化和保障了教育博士项目的培养目标。与之相比，该学院的教育学哲学博士学位的教师主要是研究型的教师，指导学生开展研究和撰写学术论文，不断提升学生的学术研究能力。

（六）学位授予

范德堡大学教育学院教育博士项目规定，学生入学后不是自动获得教育博士候选人资格，学生必须完成相关的课程学习且无不及格课程，还要通过所在系所组织的教育博士资格考试，然后才会被系主任推荐给院长，从而获得教育博士候选人资格。学生只有在获得教育博士候选人资格后，方可参加为期近1年的"顶峰体验课程"。在课程学习方面，学生在整个教育博士学习期间要修满总共84个学分，其中30个学分可以从硕士阶段的学习转化而来（transfer），其余54个学分必须是新修的课程学分，而且还必须包含12个学分的研究方法课程，必须取得B或者更好的成绩，从而表明学位申请人已经掌握相关的研究设计、研究方法以及数据分析的能力。在学位论文方面，学位申请人以"顶峰体验课程"的研究报告取代了传统的学位论文的写作。研究报告由专门的委员会负责评审，该委员会一般由三人组成。除了项目的导师之外，其他两位委员之中必须有一位为外系的教师，也可以邀请"顶峰体验课程"的校外合作方的成员担任评审委员，评审委员会最终决定研究报告能否通过审核。学生在完成课程学习要求、通过教育博士资格考试并通过研究报告审核后，方可授予教育博士学位。与之相比，该学院的教育学哲学博士在申请学位时，除了要完成专业课程的学习并获得规定学分之外，也要通过综合考试和博士资格考试，同时还需要完成学位论文写作并顺利通过答辩，且其学位论文要求必须有原创性的研究成果，以此证明学位申请人具备了良好的学术能力和独立开展研究的能力。

总之，范德堡大学教育学院针对教育博士培养的"学术化"问题进行了一系列改革和探索，改革后的教育博士培养模式凸显了专业学位的特性。在培养目标、招生录取、课程设置、教学模式、教学师资、学位授予等方面都兼顾了学术性和专业实践性，与该学院的教育学哲学博士培养模式相比呈现出显著不同。

三、结语

综上所述，教育博士培养的"学术化"没能有效体现教育博士的专业学位特性，严重影响了其培养的质量和社会认同，而美国高等教育机构针对教育博士"学术化"问题进行的一系列改革和探索，突破了教育博士培养的"课程学习＋论文写作"的传统模式，在课程设置、教学模式、学位授予等方面突出了教育博士的专业学位特性，开始将理论学习和实践相结合，强调专业实践能力的培养，形成了不同于教育学哲学博士的培养模式，从而有效地提高了其教育博士培养的质量。

我国从2010年开始由北京大学、清华大学和北京师范大学等15所高校开始教育博士的招生和培养，教育博士的发展还处于初级阶段。美国教育博士培养"学术化"问题的改革和探索给我国教育博士的发展带来很多有益的启示。

第一，我国教育博士发展过程中从理论上一定要厘清作为专业学位的教育博士和作为学术学位的教育学哲学博士之间的根本差异，从理论根源上解决教育博士培养的"学术化"问题。教育博士因为具有一定的学术性而与教育学哲学博士有相似之处，但教育博士又因为具有鲜明的专业实践性而与教育学哲学博士存在着根本不同。

第二，我国教育博士发展过程中，在实践环节一定要凸显教育博士的专业学位特性，教育博士的培养目标、招生录取、课程设置、教学模式、教学师资、学位授予等方面要兼顾学术性和专业实践性。在培养目标方面，教育博士的培养要以教育、教学和教育管理领域的复合型、职业型的高级专门人才为导向。在招生录取方面，教育博士的培养要关注专业经验和专业能力。目前，我国教育博士在招生对象上都严格要求有 5 年以上工作经历并有硕士学位，[19] 就较好地体现了教育博士培养的专业学位特性。在课程设置方面，教育博士的培养要坚持专业理论的学习和研究与专业实践并重的原则，专业理论课程要反映最新学术成果和科技动态，从而培养学生的思维能力、逻辑推理能力和学术研究能力，同时还应注意专业实践课程的设置，注重培养学生观察问题的能力以及解决问题的能力。在教学模式方面，教育博士的培养要坚持教学与专业实践相结合，将课堂讲授与研讨、模拟、案例教学、实习、实践问题研究等形式有机结合，鼓励学生积极、主动参与教学活动，同时可以通过创建大量的专业实习基地来加强学生理论学习与实际应用的紧密结合，不断提升其实践能力的培养。在教学师资方面，教育博士的培养可以实行多导师制，由来自教学、专业实践以及科研的多位导师分别负责学生的理论学习、专业实践以及科研。在论文写作方面，教育博士的培养可以保留传统的论文写作形式，但对论文内容的实践性和应用性要有明确的要求，同时也可以采用其他更新颖的、专业实践性更强的形式来取代论文写作，如美国大学中所采用的带薪实习、顶峰体验研究项目等；同时，毕业论文或毕业研究项目的答辩或审核委员会，在人员组成方面除了高等教育机构的学术性专家学者之外，还应积极吸纳教育实践领域的有经验的专业实践人员。

参考文献

［1］文东茅、阎凤桥：《美国"教育博士"（Ed.D.）的培养及其启示》，《国家教育行政学院学报》2004 年第 3 期。

［2］褚艾晶：《"教育博士"培养的合法性危机——基于美国现实面临的问题与挑战》，《复旦教育论坛》2008 年第 3 期。

［3］Arthur, L.(2010). Educating Researchers. http://fcci.coe.ufl.edu/web/files/33/file/Educating_Researchers_Levine.pdf.

［4］Ludlow, H.G.(1964). The Doctorate in Education. Washington, DC: American Association of Colleges for Teacher Education.

［5］Jered, B.K.(1997). Current perception of the doctor of philosophy and doctor of education in counsel or preparation. *Counselor Education and Supervision*,(3), 207-215.

［6］Deering, T.E.(1998). Eliminating the doctor of education degree: It's the right thing to do. *The Educational Forum*,(62), 243-248.

［7］顾建民、王霁云：《创建新型毕业环节——美国教育博士学位论文革新的个案分析》，《高等工程教育研究》2012 年第 2 期。

［8］张济洲：《美国"教育博士"培养的实践、问题与挑战》，《高等教育研究》2009 年第 3 期。

［9］Peabody College.（2013）. Ed. D. Brochure. http://peabody.vanderbilt.edu/docs/pdf/brochure/Ed.D.%20brochure%2009-10.pdf.

［10］Peabody College.（2013）. View Book of Peabody College. http://peabody.vanderbilt.edu/docs/pdf/brochure/view book.pdf.

［11］Peabody College.（2013）. http://peabody.vanderbilt.edu/departments/lpo/graduate_and_prof essional_programs/phd/index.php.

［12］Peabody College.（2013）. http://peabody.vanderbilt.edu/degrees-programs/masters-edd-program s/apply_for_masters_or_edd/admissions_checklist.pdf.

［13］Peabody College.（2013）. http://peabody.vanderbilt.edu/degrees-programs/masters-edd-programs/edd_programs.

［14］吴志芬:《美国教育博士培养模式的研究与启示》，南京大学硕士学位论文，2011年。

［15］Peabody College.（2013）. http://peabody.vanderbilt.edu/degrees-programs/masters-edd-programs/edd_programs/index.php.

［16］Peabody College.（2013）. Leadership and Policy PhD, Handbook. http://peabody.vanderbilt.edu/docs/pdf/lpo/Leadership_and_Policy_Studies_PhD_Hand book_2010.pdf.

［17］Peabody College.（2013）. http://peabody.vanderbilt.edu/departments/lpo/graduate_and_prof essional_programs/edd/capstone experience/index.php.

［18］陈粤秀、Ellen、Goldring、Catherine Loss:《美国教育博士学位的背景与发展》，《复旦教育论坛》2009年第3期。

［19］国务院学位委员会:《教育博士专业学位设置方案》，http://www.cdgdc.edu.cn/xwyyjsjyxx/gjjl/bsszfa/jybs, 2008。

（本文选自《比较教育研究》2014年第3期）

第八编　他山之石

加拿大教育硕士专业学位教育及其特色

王喜娟

（东北师范大学）

 摘要

以加拿大七所大学教育硕士研究生培养方案为基础，较为详细地考察了加拿大教育硕士专业学位研究生教育的培养过程，即培养目标、招生对象、入学标准、培养路径、专业和课程设置、论文要求、培养方式以及指导教师等方面的状况，并分析了加拿大教育硕士研究生培养的特色与优势所在。

关键词

加拿大；教育硕士；研究生教育

本文主要以加拿大英属哥伦比亚大学（University of British Columbia）、布鲁克大学（Brock University）、皇后大学（Queen's University）、多伦多大学（University of Toronto）、温莎大学（University of Windsor）、渥太华大学（University of Ottawa）和湖首大学（Lakehead University）七所大学教育硕士培养方案为基础，着重考察加拿大教育硕士培养过程的相关内容及其特色和经验，以期对我国教育硕士专业学位研究生教育的改革与发展提供新的视角和思维。

一、教育硕士学位在加拿大硕士研究生教育中的地位

加拿大硕士研究生教育主要有三类，即研究生文凭（Graduate Diplomas）、研究生证书（Graduate Certificates）和硕士学位（Master's Degree）。总体而言，开设研究生课程的大学，大多授予研究生文凭及证书。通常研究生文凭和证书课程在一年之内便可完成，学生只需完成必修的课程、研究报告及考试，不需要提交研究计划或论文。但学生必须在完成学士课程后才可得到许可进入研究生文凭或证书课程学习。而硕士学位大致又可分为两类：研究硕士学位和专业硕士学位。前者主要以培养研究人员为主，如文学硕士、科学硕士、应用科学硕士等；后者主要以培养专业人员为主，如会计硕士、金融硕士、工程硕士、教育硕士等。在加拿大，研究性的教育文学硕士［Master of Arts of Education，MA（Ed.）］和专业性的教育硕士（Master of Education，M.Ed.）同时存在。研究性的教育文学

硕士主要以培养学生的研究能力为主，为其进入博士阶段学习或从事研究性工作做准备。而教育硕士则是一种专业硕士学位，主要面向教育实践，旨在帮助教育工作者和研究者提升专业实践技能和研究能力，促进其专业发展。

二、加拿大教育硕士的培养过程

（一）培养目标

加拿大教育硕士的培养目标主要分为几个层次：使学生可以掌握和应用教育、学习和管理等相关的理论；拓展教育工作者的知识基础和技能，提高他们的专业实践水平；提高教育工作者的研究能力，为自己的专业发展服务；培养具备雄厚学术知识储备的专业教育管理人员。例如，温莎大学教育硕士的培养目标主要是：① 培养教师的学术研究能力，为自身不断的专业成长服务；② 掌握现行的与中小学课程和管理相关的理论和研究；③ 理解和尊重教育规律[1]。教育硕士与教育文学硕士二者在培养目标上差异明显，前者主要为了提高在职教师的专业基础知识和实践能力，而后者则着重于培养专业领域内的研究人员。以英属哥伦比亚大学课程研究所这两类学位的培养目标为例：其教育硕士项目主要为了培养面向工作领域的人员，促进在职教师增长有关课程和教学方面的知识和技能，并为打算在硕士毕业后从事教学工作的学生做好准备；而教育文学硕士项目主要为了培养研究人员，主要面向对课程和教学具有专业兴趣，并希望通过习得一定的知识和研究能力成为教育研究人员，或想要继续攻读博士学位的学生[2]。可以说，教育硕士项目主要面向教育实践，以培养和提高教师的实际工作能力和水平为主，从而促进其专业发展。因此，简要总结，加拿大教育硕士的培养目标大致为：培养具有基本的专业素养和研究能力，能够将理论与实践有机结合，具备较高的专业实践能力并能不断促进自身专业发展的各级教育教学和管理人员（以中小学为主）。

（二）招生对象

加拿大教育硕士招生对象主要是在职教师或具有相关工作经验的人员。同时，也招收具有教育学学士学位、没有工作经验的学生[3]。加拿大教育硕士并没有统一的入学考试，学生主要以申请的方式来攻读教育硕士学位。只要大学提供教育硕士项目，学生就可以申请，但必须达到大学相关入学标准的要求。相对于研究硕士而言，申请教育硕士项目较为容易。

（三）入学标准

在加拿大，对于申请攻读教育硕士学位的学生，大学通常从以下几个方面进行审核。

1. 教育背景，即学生已有的学位和在学期间的学习成绩。申请者需要具备得到认可的三年或四年的学士学位或同等学力；其次，学生在攻读学士学位期间的平均成绩要求在 B（或百分比在 75%）以上。

2. 工作经历或专业经验。通常要求申请者至少要有 1~2 年的教育或相关工作经验。

3. 推荐信。申请者需要提交 2~3 封推荐信，通常由熟悉申请者情况的教授等对其学术和研究潜能做出评价。申请者也可提供由雇主或工作单位提供的有关自身专业和工作能力的推荐信。

4.个人的专业需要和兴趣。申请者需要提交一份简短的自述，阐明教育硕士项目对本人职业发展的作用，或自己的学习规划等内容。

5.外语成绩。加拿大是一个多语言国家，英语和法语都是官方语言。为了便于学生的学习和交流，有些大学需要学生出具标准外语考试成绩（通常是英语成绩，如托福、GRE等）。例如，皇后大学以英语为主要的教学和交流语言，因此，如果学生的母语不是英语，且在中等后教育中学习英语的时间不满一整年，申请时就需要英语考试成绩[4]。

申请者提交的材料，主要由招生办公室负责审核。当然，各大学的具体要求也不尽相同。例如湖首大学，其最低入学标准是：申请者要具有得到认可的三年或四年的学士学位或同等学力，在学期间平均成绩为 B 以上；或者具有两年的专业经验，并在四年的学士学位教育中平均成绩为 B 以上等。在此基础上，申请攻读教育硕士学位的学生，还需要教育学院以外的至少一位教师的推荐信，对申请者的学术写作能力和研究潜能做出评价。如果申请者难以找到教师提供学术参考意见，需要与学校相关部门联系。而对于平均成绩在 70%~75% 的申请者，如果被录取，首先也只能进入档案袋路径，之后在获得许可的情况下，可以转到论文路径。但学生的申请必须得到学院一名全职教师的书面批准，并且他要出任学生论文的指导教师[5]。

（四）硕士项目培养的基本路径

为了满足学生多样的要求，加拿大教育硕士的培养项目大致可分为五种路径。学生可以在项目顾问帮助下，根据自己的需要进行选择。这五种路径是：

1.论文路径：必修课＋选修课＋论文；

2.研究报告或计划路径：必修课＋选修课＋研究报告或计划；

3.硕士档案袋路径：必修课＋选修课＋硕士档案袋；

4.课程＋考试路径：必修课＋选修课＋综合性考试／要求；

5.课程路径：必修课＋选修课。

当然，很少有大学可以同时提供这五种路径供学生选择。通常最为常见的是论文路径和研究报告或计划路径。攻读教育硕士学位的学生在进入培养项目之前，应该明确论文与研究计划的区别，认真考虑哪条路径最为符合自己的兴趣、专业以及学术上的目标。

（五）专业方向及课程设置

加拿大教育硕士的专业方向设置并没有统一的要求。教育硕士培养通常由各大学的教育学院来承担，设置的专业方向也不尽相同。总的说来，加拿大教育硕士专业方向的设置较为关注教育的实际需求，注重提高学生的专业能力，为准备就业的学生提供必要的实践知识和技能，为在职人员创造机会提高他们的学术水平和能力，重视培养中小学教育的专业管理人员。因此，其专业方向设置主要集中于教育管理、课程、教学（中小学学科教育方面）、教育研究等方面。

而每个研究方向的课程结构，大致可以分为以下几部分：专业核心课程（教育各专业的基本理论或研究）；教育研究方法类课程；专业拓展类课程（选修课程，在其中学生必须修习几门专业方向内的课程）；专题研讨课程（专业方向内理论或实践中的热点问题）。课程设置较为突出研究方法类课程，通常将其作为学生入学后最先开设的课程，培养学生基本的研究能力，以及将理论方法应用于教育实践的能力。其次，十分重视研讨会或专题讨论课，关注教育理论和实践中的前沿热点问题，或以论文或研究计划所研究问题为核心的研讨，例如，布鲁克大学就要求所有全日制学生必须参加每年举行的研讨会（seminar）[6]。

而课程评价主要是综合学生的出勤、课上发言、课程作业等情况做出评定。进入教育硕士项目学习后，虽然学生有多种路径可以选择，但首先需要在研究方向内确定一个研究的重心，围绕这个重心选修课程。而对于选择论文或研究计划路径的学生，更需要与指导教师协商，修习相关课程，为进行课题研究、完成论文或研究计划做准备，如果有需要的话，可以跨专业、跨院系选课。

表1　加拿大几所大学专业方向与课程设置情况

大学名称	专业方向、课程设置与学分要求
布鲁克大学	专业方向：教育的社会和文化背景研究；教学、学习和发展；教育管理和领导；教育研究
	课程结构（每门课程0.5学分）： （1）必修课程：核心课程；专题研讨；研讨会（全日制学生必须参加，无学分） （2）选修课程：其中至少一门为研究方向课程。学生也可以选择公共课程，其主要为研究方法类课程、论文/研究计划指导或写作研讨会；教育实习；硕士教育专题讨论等； （3）论文（1学分）或研究计划（0.5学分）
	总学分：5学分（论文1学分，研究计划0.5学分）
温莎大学	专业方向：课程研究；管理研究
	课程结构： （1）必修课程：教育研究方法；专业核心课程；研究计划研讨会； （2）论文、计划或研究报告方向的选修课程； （3）教育综合考试；论文或研究报告
	学位授予的最低要求：6门课程+论文；或8门课程+研究报告
渥太华大学	专业方向：教育管理；教学、学习和评价；第二语言教育；社会、文化和读写能力；教育咨询
	课程结构（每门课程3学分）： （1）必修课程：教育研究方法课程（3学分）；综合研讨课程（synthesis seminar）（3学分）；专业方向必修课程（15学分，教育咨询21学分）； （2）选修课程（9学分）
	学分要求：总学分要求最少为30学分（教育咨询36学分）

（六）论文或研究计划的要求

1.论文

在教育硕士项目中，选择论文路径的学生，需要完成一篇以一定研究为基础的论文，最后的文本必须包括规定的结构或内容，并要参加论文答辩。通常，论文的选题源自教育实践，主要关注探讨实践中所面临的问题，或如何运用理论来解决教育实践中的问题等，较为关注论文的应用性，为教育实践服务。下面是湖首大学 2006—2008 年部分教育硕士毕业生的论文选题：《初级和中级教师数学知识价值观的发展》《对隔离教室中包容性的认知——基于对行为困难的 7 & 8 年级学生的观察》《威廉姆·格拉泽选择理论在课堂管理中的应用》《对好的读者俱乐部的评价》《常规教室中影响全纳教育实施的争论焦点》《青年男女同性恋者的教育经历研究》《职前教师对于周长、面积和体积的概念性理解》《教师对于课堂管理的信念》《对激进教育的再思考：概念性分析》[7]。

而论文从准备到审核也要经历几个阶段的锤炼，例如，皇后大学教育学院就将教育硕士学生的论文准备过程分为五个阶段：确立论题，批准开题，论文研讨会，论文准备，论文答辩[8]。

（1）论文选题和开题报告。学生应在项目顾问或其他教师指导下确定论题，此时项目顾问可担任论文指导教师的角色或帮助学生确定一位合适的论文指导教师。研究论题确定后，学生需要与其论文指导教师讨论确定论文指导委员会的人员组成。通常，论文指导委员会由论文指导教师和一名学院教师组成（成员数可增加，也可包括其他院系的教师）。开题报告的结构和程度，根据论题和研究重点而有所不同。

（2）批准开题。论文指导委员会负责批准学生的开题。学生和委员会要共同完成正式的开题报告，并将它交给研究生教育与研究的负责人（coordinator），他将为学生安排论文研讨会。

（3）论文研讨会。论文研讨会由研究生教育与研究负责人召集，针对学生的开题报告进行建设性的批判并提出建议。研讨会将提前一周张榜公布，面向学校内的所有教师和学生。研究生教育与研究负责人（或其代表），论文指导委员会和学生本人必须参加研讨会，本人还需要做不超过 15 分钟的陈述。

（4）准备论文。论文研讨会之后，学生需要完成论文。学生应该让导师了解论文的进展情况，如果有需要的话，可以召集论文指导委员会进行讨论。

（5）论文答辩。论文在达到论文指导委员会的要求后，学生并可进入论文审核阶段。指导教师为学生向研究生教育与研究的负责人提出正式的论文审核申请。论文必须通过论文委员会的审查（内部审查：指导教师和一名学院内的非论文委员会的教师；外部审查：一名其他院系的老师）。然后，学生方可进行口头答辩。

2.研究计划或报告

加拿大十分重视教育硕士毕业研究课题的"应用性"。研究课题的选择应立足于现实的理论和实践问题，对解决和改善问题具有应用价值。对研究计划或报告来说，这主要体现在以下两方面。首先，从研究结论呈现的形式来看，除正式的书面报告外，学校还鼓励学生开发各种形式的教育资源材料，如展览、期刊和杂志文章、配有口头陈述的多媒体材料、表演和录像等，因为这些途径更便于教育者进行资源共享。其次，在研究内容方面也偏重应用性，如英属哥伦比亚大学课程研究系就要求学生从以下几个方面来确定研究课题：对一些专业相关文献进行综述或批判性分析；探究一个相关的课程问题，并提出解决问题的建议；将理论与概念应用于特定的课程环境；批判性地分析现行的政策或项目，并提出改革建议；开展具有创新性的研究课题，也要具有应用性；开发可以应用于教育环境的多媒体材料[9]。也就是说，教育硕士的毕业研究课题，不仅应对学生个人有价值，对于其他教师也应有教育价值和意义。

（七）培养方式

在加拿大，教育硕士项目的学习方式主要有全日制和部分时间制两种，也有少数将两种方式混合使用。采用部分时间制学习方式的比较多，据 2003 年的统计，约占学生总数的 67.6%[3]。部分时间制学生每学期的修课数量通常不得超过两门课程，但其学费要低于全日制学生，如皇后大学，其部分时间制学生的学费只有全日制学生的一半[8]。至于学习时间方面，不同学校的要求也不相同，一般而言，教育硕士的修业年限主要为 2—3 年。其中，全日制学生最短学习时间不得少于 1 年，部分时间制学生不得少于 2 年；最长时间不超 5—6 年（从学生注册之日算起）。对于部分时间制的学生，通常集中在周末、工作日的傍晚或暑假等时间修习课程，例如，英属哥伦比亚大学就规定学生必须有 5 个周末或 13 个工作日（通常下午 4：30—7：30）集中到校学习，也可以在暑假期间到学校集中学习[10]。此外，也有学校提供校外群组学习（off-campus cohorts）项目。群组主要通过与学区合作，服务于来自不同学区的学生。通常每个群组配有一名学校教师作为顾问，主要为学生的学术事宜提供咨询，群组负责人主要负责后勤保障等内容。群组学习项目为学生提供了小组合作学习的环境，除要共同修习课程外，还要共同完成小组研究计划（group project），这主要以他们所在学校和学区所关注的问题和焦点为核心。可以说，这种项目不仅为在职工作人员提供了相互交流经验的平台，更有助于提高其合作意识和能力。

（八）指导教师

通常攻读教育硕士学位的学生并没有专门的指导教授。学生入学后，学院会为每个学生委派一名项目顾问（学院的教师），负责为学生提供有关教育硕士培养项目的咨询和服务，如学习路径、学习方式、课程、指导教师等的选择。选择论文路径和研究计划路径的学生，学院会为他们委派论文指导教师和研究计划指导教师，分别负责指导学生的论文和研究计划，其中也包括指导相关课程的选择。针对学生的论文，指导教师要负责组建论文指导委员会，帮助学生确定选题、指导开题和论文研究以及审核学生的论文等。通常论文指导委员会（the thesis committee）包括指导教师和一名学院教师。根据问题的性质或研究设计的情况，指导教师可以再推荐一名学院教师作为委员会成员。

三、加拿大教育硕士培养的特色与经验

通过对加拿大七所大学的调查研究，可以发现加拿大教育硕士的培养有着自身的特色与优势。加拿大教育硕士培养的相关经验和做法，对于我国教育硕士专业学位教育的改革与发展将具有重要的借鉴作用。

（一）扩大招生对象的范围

通常教育硕士项目面向的是在职教师，即具有一定工作经验的人员。而加拿大的教育硕士项目虽也以在职教职人员为主，但其同时也招收应届毕业生。只要学生具有教育学学士学位，在学期间的平均成绩为 B（或百分比为 75%）以上，即使没有工作经验，也可以申请攻读教育硕士学位。而针对非教育学专业的应届生，一些学校也提供了扩展性课程（extended program），在课程中达到要求的学生也有机会申请。这为许多想要从事教育教学工作却没有工作经验的学生提供了机会，而且也有助于为教育领域引入更多优质的教师资源。

（二）教育硕士培养路径多样化

加拿大教育硕士培养路径主要有论文路径、研究报告或计划路径、档案袋路径、课程 + 考试路径和课程路径。学生可以结合自己的兴趣、专业能力及目标，来选择适合自己的培养路径。想要从事研究的学生，可以选择论文或研究报告 / 计划路径，通过开展课题研究提高自己的研究能力和水平；而主要想要修习课程，以研究为辅的学生，则可以选择档案袋路径、课程 + 考试路径或只修习课程，通过课程学习来丰富自己的专业知识，扩展知识结构，形成基本的研究素养等。不管选择哪种路径，只要学生达到了相关的课程或研究方面的规定要求，就可以获准毕业。可以说，这种多样化的培养路径满足了学生各自不同的需求。

（三）重视方法类课程和专题讨论课程

加拿大教育硕士培养在课程设置方面也具有较为明显的特色，即突出教育研究方法类课程，以及专题课程或研讨会，而且选修课程在课程体系中所占比例很大。通常，教育研究方法类课程都是学生的必修课程，一些大学要求学生入学后就要修习这类课程，培养学生基本的研究能力，为其进入课题研究做准备。而专题课程或研讨会，则不但可以帮助学生掌握专业方向中理论与实践方面的前沿问题，也能够开阔学生的视界，锻炼其研究能力。这些课程有利于培养学生的专业研究能力和素养，为其在以后的学习和工作中不断促进自身的专业发展奠定了基础。此外，在课程体系中选修课程所占比重很大，通常学生必须选修几门专业方向的课程，而后，根据自己的兴趣或研究课题的需要可以跨专业、跨院系来选修课程。增加选修课程，对于学生建构自身的知识体系、拓展研究视野、进行课题研究可谓裨益颇多。

（四）研究课题偏重实践性和应用性

教育硕士学位本身就是指向教育实践的，是一种专业性学位。因此，实践性和应用性，应是教育硕士培养项目所关注的核心和关键，学生的研究课题当然也要以此为着眼

点。通常，攻读教育硕士学位的学生，其毕业论文和研究计划/报告在选题方面都要求关注教育实践，探讨教育实践中所遇到的理论或现实问题，通过研究为解决实际问题提供有益的帮助。

（五）校外群组学习的方式

校外群组学习，可以说是加拿大教育硕士学习方式的一大特色。群组主要是由来自不同学区的学生组成的相对固定的学习小组，在校外共同学习。小组成员不仅要学习共同的课程，还要一起完成研究计划。这种相对固定的学习小组，为学生提供了互动、交流与合作的场所和空间。这种学习方式，不仅可以使学生贴近教育实践，深入认识其所面临的教育问题，同时，也能够提高学生的合作意识和能力，在合作的过程中生产和建构知识。

四、加拿大教育硕士培养的不足

加拿大的教育硕士培养也不是完美的，仍存在很多的问题和不足之处。首先，在课程设置方面，教育文学硕士与教育硕士存在大量的交叉课程，例如渥太华大学教育管理专业[①]。在这种状况下，相对于教育文学硕士，教育硕士的专业特色难以得到切实的体现。其次，加拿大教育硕士培养的师资也存在很大问题。一方面，任课或指导教师缺乏中小学教学和管理等相关的经验，而大学在大量引进教育实践领域内的杰出教师或专家方面又存在困难，因此，在授课或指导的过程中难以给予学生切实有利的帮助和指导。另一方面，由于这类学生对于大学教师的学术研究帮助不大，也导致大学教师的工作动机不强。面对这些问题，加拿大有关方面正在不断地探索与改革。

参考文献

［1］University of Windsor. Master of education degree.［2008-07-05］. http://www.uwindsor.ca/units/edu/masters/main.nsf/inToc/850425B2E24C2395852572B200500D81?Open-Document.

［2］University of British Columbia. MA & MEd.［2008-07-02］. http://cust.educ.ubc.ca/gradinfo/admissions/masters.html#mapr.

［3］Canadian Association for Graduate Studies. A profile of master's degree education in Canada（2006）.［2008-07-02］. http://www.cags.ca/Portals/34/pdf/CAGS-Master.pdf.

［4］Queen's University. M.Ed. admission: how to apply.［2008-07-05］. http://www.educ.queensu.ca/admission/graduate/med/index.shtml.

［5］Lakehead University.［2008-07-01］. http://www.brocku.ca/webcal/current/graduate/EDUC.html.

---

① 在必修课方面，攻读教育文学硕士学位和教育硕士的学生要修习一门共同的课程（必修课共为两门）；在选修课程方面，这两类学生选择课程的范围基本一致，攻读教育文学硕士学位的学生只多了一门"定向阅读"课程。

［6］Brock University.［2008-07-01］. http://www.brockuca/webcal/current/graduate/EDUC.html.

［7］Lakehead University. MEd thesis route graduates.［2008-07-04］. http://education.lakeheadu.ca/?display＝page&pageid＝168.

［8］Queen's University. Graduate studies in education handbook（2005）.［2008-07-01］. http://educ.queensu.ca/graduate/handbook/documents/GraduateStudiesin Education Hand bookJune2005.pdf.

［9］University of British Columbia. MA＆MEd information.［2008-07-02］. http://cust.educ.ubc.ca/gradinfo/admissions/masters.html#medpr.

［10］University of British Columbia. Graduate programs.［2008-07-02］. http://www.edst.educ.ubc.ca/programs/mea.html.

（本文选自《学位与研究生教育》2009 年第 4 期）

日本教育硕士专业学位教育的现状与特色

高亚杰　饶从满

（东北师范大学）

摘要

　　较为详细地考察了日本教育硕士专业学位教育的开创及其培养过程——"教育研究生院"制度的创设及教育硕士的培养目标、招生对象、入学要求、招考方式、培养方式、专业方向、课程设置、教师指导体制、毕业要求等方面的状况，分析了日本教育硕士专业学位教育的特点。

关键词

　　日本；教育硕士；教育研究生院；实践性；应用性

　　日本的教育硕士（日文原文为"教職修士"，英译为"Master of Education"，简称"M.Ed."）专业学位教育刚刚开始起步，其指导方针、实施效果等均处于发展中状态。本文主要依据日本文部省中央教育审议会 2006 年 7 月 11 日咨询报告《关于今后教师培养和资格制度的应有状态》（以下简称"中教审 2006 年咨询报告"）、《关于设立教育研究生院的专业研究生院设置基准》（2007 年修订，以下简称"《专业研究生院设置基准》修订案"）及获得设置教育研究生院资格的大学的教育硕士培养方案等，来考察日本教育硕士教育的现状与特色。

一、"教育研究生院"制度的创设

　　自 20 世纪 90 年代以来，随着社会的急剧变化，日本学校教育中的欺负行为、校园暴力、班级崩溃、学生逃学等不良现象开始在全国蔓延，这使得教师的能力问题再次受到社会的关注和质疑。教师对孩子理解不够，缺乏教育指导能力，难以应付教育现场中出现的各种问题，等等，已经成为社会对教师素质的基本判断；现行的教师培养和研修制度受到批判，人们认为现行的教师培养和研修"缺乏明确的理念和目的意识"，"成体系的课程的编制和实施不足"，"以理论和讲义为中心，缺乏演习和实习"，"过度重视某个领域的学术知识与能力，而忽视了培养在学校现场中的实践能力、应用能力等作为教师职业的高度的专业性"等[1]，不能提高教师实际指导和处理问题的能力。另一方面，在知识社会与信息化时代，社会的多样化需求也越来越需要具有高度的专业性、丰富的人性和社会性的高素质教师。在这种情况下，以提高教师实践指导能力为核心进行教师培养制度的改革就成了迫切要求。

2004 年 10 月，文部大臣中山成彬提出了关于"教师实践演习""教师资格更新制度""教育研究生院"的咨询[2]。随后，以"实践指导能力"为核心的教师培养和研修制度的变革在日本迅速展开，在本科阶段谋求教育实习等实践科目体系化，在研究生阶段积极创建"教育研究生院"制度。

2005 年，日本文部省中央教育审议会提出将专业学位教育制度应用于教师培养领域的构想[3]。2006 年 7 月的最终咨询报告明确提议在教师培养领域创设"教育研究生院"制度，实施教育硕士专业学位教育[2]。2007 年 3 月，文部省颁布了关于设立教育研究生院的政令——《部分修订专业研究生院设置基准以及学位规则的政令》，并于 2008 年 4 月 1 日起开始实施[4]，由此拉开了日本教育硕士专业学位教育的序幕。根据该政令的规定，"教育研究生院"毕业者，获授相当于美国"M.Ed."的"教育硕士（专业学位）"。文部省于 2007 年开始受理各大学设置教育研究生院的申请，对 27 所申请设置资格的大学进行了审核（国立大学 21 所，私立大学 6 所），其中的 19 所大学于 2008 年 4 月获得设置资格（国立大学 15 所，私立大学 4 所）[5]。

二、教育硕士专业学位教育的现状

（一）培养目标

中教审 2006 年咨询报告对日本教育硕士培养目标有着明确的表述，即："作为教育研究生院，目前应以如下两点为目标与功能：① 在掌握本科水平的素质能力者中培养更具实践性指导能力与拓展能力、能成为创建新型学校的有力成员的新教师；② 以在职教师为对象，培养在地区及学校工作中能发挥指导性作用、具备扎实指导理论与出色实践能力和应用能力的学校领导者（school leader）。"①《专业研究生院设置基准》修订案中也规定："以培养具有高度专业能力和优秀素质能力的中小学等教师为目的，创建教育研究生院。"这就确立了各大学设定本校教育硕士培养目标的基准。因此，很多大学都直接借用了中教审 2006 年咨询报告中的表述来阐明自己的教育硕士培养目标，如上越教育大学、兵库教育大学等；此外的一些大学则在上述基准之下确定了能凸显本校特色的培养目标，如爱知教育大学突出了培养教师对教育的理论与实践的融合能力[6]；东京学艺大学强调应对时代的变化与需求，把培养教师合作能力，即能够充分合作解决学校的各种现代教育课题的能力作为重点[7]；岐阜大学注重培养教师改善、开发当前学校现场的实践课题的能力[8]。

可见，日本教育硕士的培养目标以提高教师的资质能力为核心，希望通过研究生水平

---

① 这里所说的学校领导者即"school leaders"（核心的骨干教师），并非指校长、副校长等特定的管理职务，而是指在上述社会背景下，被期待能在以学校为单位或以地区为单位的教师组织集团中发挥核心的指导性作用的教师，其中也包括未来成为管理者的人员。

的学习，提高参与学习人员的研究水平与教师专业能力，旨在为教育实践领域造就高层次的、具有实践指导能力与应用能力的、能在学校工作与建设中发挥核心作用的"专业型"教育实践者（即核心的骨干教师）。显然，这种培养目标与教育学硕士不同，它谋求的不是具有高深学术造诣的研究型教师，也不注重教育领域内的学术研究及高深教育理论的探讨，而是以学校现场为依托，通过开发、探究、解决诸种有关学校教育的课题，以培养教师的高度的专业能力，呈现出很强的实践性、职业性等特点。

（二）招生对象与入学要求

日本教育硕士的招生对象非常广泛，总体来说可分为三类，即有志于从事教育事业的应届本科毕业生、在职教育人员（约占 50%）、大学毕业且具有一定社会经验并有志于从事教育事业的社会人员（绝大多数是拥有教师资格证书而未从事教育事业的人员）。

日本教育硕士在入学标准上并没有统一的规格限制，但从其培养方案与招生简章来看，一般会涉及三个方面的要求：一是学历。各大学基本上都明确规定申请人须具有大学本科毕业文凭或同等以上学力。二是工作经验。对于在职的教师和相关教育人员（如教育行政机关人员等）及社会人员，一般都会要求其须有一定的工作经验。有的大学规定为 3 年以上，如兵库教育大学；有的大学规定为 5 年以上，如常叶学园大学；还有的大学规定为 10 年以上，如上越教育大学。三是教师资格证。这一要求主要适用于在职教育人员和大学应届毕业生，要求他们已经获取了或预计即将获取某种教师资格。

（三）招考方式

关于教育硕士的招生方针，日本目前尚没有明确的统一规定，但中教审 2006 年咨询报告给出了明确提议，即教育研究生院可根据相关政策文件自行确定招生方式。从各种教育硕士招生简章来看，当前各校所采取的招生方式主要是由申请人提出申请并提交申请材料（如学力证明、教师资格证、工作经历证明等），教育研究生院依据本院的入学要求进行考核，合格者获准参加教育硕士学位入学考试。

日本教育硕士没有全国统一的入学考试，基本上是由大学根据本校教育硕士课程的具体目标来决定自己的考试措施。目前各大学所采取的考试方式主要是笔试＋口试。笔试多为在规定的时间内完成有关专业方面的小论文；口试的进行则主要以申请人提交的诸如研究计划等与入学后所要研究的课题、主攻方向相关的书面材料及在笔试中完成的小论文为参考。

由于申请对象及其入学要求的不同，一些大学还对入学考试做出了相应的区别，有的将其分为普通入学考试（面向应届毕业生）和特别选拔考试（主要面向在职教育人员）两类，如早稻田大学；也有的大学将教育硕士入学考试分为普通入学考试、在职教育人员选拔考试和社会人员选拔考试三类，如爱知教育大学。

（四）培养方式

针对不同的培养对象，日本教育硕士在培养方式上采取了灵活多样的策略。一般来说，主要包括适用于招收应届毕业生的全日制及有利于在职人员再教育的部分时间制两种模式。标准修业年限为 2 年。但在具体的实行过程中，多数大学都采用了弹性学制，设定了方便在职人员学习的 1 年短期学习制度和长期在学制度（如东京学艺大学、兵库教育大学）。1 年短期学习制度多指经过 1 年在校学习的在职教师经所在教育研究生院同意，可以在自己现职学校完成学校现场实践。长期在学制度多指参加部分时间制学习的在职教师，申请延长学习时间来完成研究生学习，修业年限多为 3~4 年，全日制学习 2 年，1 年在大学进行课程学习，1 年在实习学校进行实习（在职教师可申请在其现职学校完成实习任务）。部分时间制学习基本为 3~4 年，通过采用昼夜开讲制①、夜间研究生院、长期休业期间的集中教学、周末集中教学、卫星教室、科目学习制度等弹性学习方式，完成研究生课程学习。此外，对于未取得教师资格证的学员，还开设相应的本科教职科目的长期在学类课程，以弥补其在教育专业上的不足。

（五）专业方向

文部省并没有对教育硕士的专业方向设置做出统一规定，但从各个教育硕士培养方案来看，日本教育硕士一般设置 2—4 个专业方向，而且主要集中在学校（与班级）经营、教育教学实践等方面②。如兵库教育大学设置了学校经营、心灵教育实践指导、教学实践指导、实践型小学教师培养 4 个专业[9]；常叶学园大学设置了学校组织运营、教学与教材开发、地区教育 3 个专业[10]；上越教育大学设置了教育实践指导、学校经营指导 2 个专业[11]。这些专业方向从地区与学校教育的实际需求出发，注重提高学习者的专业能力，为应届大学生提供就职所需的教育实践及必要的知识和技能，为在职人员创造机会提高他们的研究水平和应用指导能力，具有很强的实用性、职业性。

（六）课程设置

日本教育硕士的课程由三个基本模块——"公共基础科目""专业学科选修科目""实习科目"构成[2]。教育硕士的每一个专业方向都依据这三个基本模块来设置相应的课程体系，每一个基本模块之下又依据学科性质与专业要求而分设不同的学习领域，学习领域之下再设若干课程，为学习者提供广泛的选择。这样，就构成了内容充实、阵容庞大的教育硕士课程体系。

公共基础科目大多包含各大学共有的公共科目和体现大学特色的公共科目。前者主要包括：①有关教育课程编制、实施的领域；②有关执教学科等的实践性指导方法的领域；③有关学生指导、教育咨询的领域；④有关班级经营、学校经营的领域；⑤有关学校教育与教师应有状态的领域。公共基础科目属必修内容，一般规定学分不能低于 20 学分。

---

① 昼夜开讲制是指日本教育硕士课程设置为了适应在职教师及社会人员因全日制工作等而无法参与全日制学习而实行的以白日开课授业为中心，在夜间也酌情开课的授课制度。

② 日本教育硕士设置的这些专业方向与我国的一些专业方向相类似，但在内涵上并不完全一致。如学校经营类似于我国的教育管理（或学校管理），其内涵则比我国的教育管理（或学校管理）更为丰富，上越教育大学对它的阐释为："学校经营并非只是狭义上的由校长与教导主任这些法定的管理人员来承担的，而是包含着以教务主任与学生指导主管为首的中层领导的合作互动的广义性概念。"

后者因校而异，有的大学设为必修内容，有的大学设为选修或选择性必修的内容，学分多规定在 4 学分以上。专业学科选修科目主要是依据专业特性而开设的相应课程，多为必修或选择性必修的内容，要求学分不低于 15 学分。实习科目是凸显教育硕士培养的实践性的科目，属必修内容，要求学分不少于 10 学分；但对于在职教师，则可灵活把握这一要求，即大学可在 10 学分范围内认定其教职经验为相应的实习学分。

这种课程设置着眼于在学校现场培养教师的实践指导能力，突出了实践性与应用性的特点。因而在教学中强调不能只运用讲授法，而必须积极开发并引入融合理论与实践的新型教育方法，如案例研究、模拟教学、教学观察与分析、集体讨论、角色扮演、实地调查等；同时，为了确保学校实习的顺利实施，教育研究生院还建立了联系合作学校制度，通过与普通中小学等建立合作关系，来实现长时期实习和实地调查等实践性教育。

（七）教师指导体制

日本教育硕士培养设有专任教师。按照中教审 2006 年咨询报告的提议和《专业研究生院设置基准》修订案的规定，专任教师的人数最少为 11 人，其中实务型教师须占 4 成以上。各大学以此为基准，根据本校教育硕士的专业设置情况确定相应的专任教师。

从人员构成来看，日本教育硕士的专任教师至少由两种类型组成：一种是研究型教师，另一种是实务型教师。前者一般来说是大学里的资深教师，如大学教授或副教授，在教育专业领域里具有高度教育指导能力。后者主要以学校教育相关人员（如中小教师、教育委员会成员等）为中心，包括医疗机构、家庭审判庭或福利设施等与教育相近领域的相关人员或者具有管理才能、领导才能的民营企业人员等，他们具有很强的实务经验。研究型教师主要承担研究指导的任务，实务型教师主要担任实务指导的任务。他们与实习单位的教师合作，与学习人员互动，在学校现场中就学校与班级经营、教学与课程开发、教育协商、学生指导及相关的专业领域等，进行实践研究。因此，研究型教师不仅仅要具有一定科学研究能力，同时还要具备相应的在中小学的实地经验；同样，实务型教师也不仅要具有中小学的教育经验，同时还要在科学研究上拥有一定成绩。

（八）毕业要求

在毕业要求上，日本教育硕士没有论文或相关研究方面的规定，只要学习者具有一定期限的在学时间并修完所规定的学分数，即在校学习累积时间至少要达到 1—2 年，修完 45 学分以上课程，且其中至少 10 学分是来自于学校实习[2]，就可获得教育硕士专业学位。但这并不意味着日本对教育硕士的毕业要求有所降低，只是鉴于教育硕士培养的不是研究者，而是具有高度专业性的实践人员，因此更强调课程学习和实践环节等，这一方面表现在课程学习中严格学分的获得，把课程学习与教育实践紧密地联系在一起；另一方面表现在非常重视学校实习环节，有的学校还规定在实习的过程中要解决一定的研究课题或形成相应的研究报告。当然，这些研究课题或研究报告并非是为了提升学术研究，而是面向教育实践的。

三、日本教育硕士专业学位教育的特色

日本的教育硕士专业学位教育才刚刚起步，其成效如何？是否能达到创设这一项目的初衷？培养过程中将会出现什么样的问题？培养方案的可行性如何？其在现实操作中能否真正实现？等等，现在还没有答案。而且，对"教育研究生院"制度的创设，也存在着一些争议，有些人认为应该慎重考虑设立这一制度。日本东京都港区立御成门小学校长池田芳就认为创设"教育研究生院"制度对于培养高素质的教师没有什么作用，教育研究生院制度中的一些用语，如"高度专业化"等存在着难以理解、语义不清等问题；教育研究生院的意义究竟何在很难说清[3]。还有人指出，从教育研究生院开设情况的审查来看，进行教育硕士培养的准备工作不足。这一方面主要表现在文部省对于教育研究生院的设置基准比较模糊；另一方面还表现在各个大学仓促应战，对教育硕士培养的思考还不太成熟[12]。另外，"教育研究生院"制度的创设反而可能会使轻视实践的传统大学体制浮出水面，因为教师指导能力是在学校现场中锤炼出来的，在学校课程学习中以实践指导能力为中心对教师进行的培养，只会造就畸形教师[12]。

诚然，教育硕士专业学位教育对于日本来说还是新生的事物，人们对它存在着上述的疑问，也在情理之中。日本的教育硕士培养在逐步推进过程中，还有待于进一步调整和完善。尽管如此，我们还是可以从日本教育硕士的各种实行方案中看出，日本教育硕士培养在一些方面颇具特色：在文部省的相关政策规定的基准之下，大学结合各自特点，在具体实施方略上凸显了很强的实用性、应用性与职业性。

（一）广泛的招生对象

日本教育硕士的招生对象非常广泛，不仅面向在职教师，相关的教育工作人员（如教育行政人员）、应届本科毕业生甚至具有大学文凭或同等以上学力的社会人员，都可以提出申请。他们经资格审查合格后，通过相应的选拔考试，即可攻读教育硕士专业学位。这就为有志于从事教师职业的各种人士提供了入职教师的机会，为教师队伍的充实提供了庞大的优质人力资源，使更多的有才能的人能够参与到教育事业中来，为教育事业的发展贡献自己的热情与力量；同时，不同领域、不同行业的人员介入教师职业，可以从不同的视角审视、研究学校教育的诸种问题，有利于促进教育事业的发展。

（二）联合教学的教师指导体制

日本的教育硕士培养实行研究型教师与实务型教师联合教学的教师指导体制，形成以研究的课题为中心，教育硕士专任教师与学校现场的教师及学习人员等多方合作、多向互动的学习网络。这种体制在教育硕士培养过程中如果能够真正发挥作用，一方面可以避免教育硕士培养中容易出现的学术化倾向，并满足相应的理论需要与指导；另一方面也可以实现以实践性为核心的教学指导，改变死读书本知识或从理论到理论的学习方式。这为提高教师质量、确保教师素养提供了保障。

（三）凸显实践性课题研究的毕业要求

在日本教育硕士的毕业要求中，没有关于撰写学位论文的明确规定或完成相关研究的

具体要求，但却非常重视课程的学习过程与实习环节，强调在课程学习中要把学校现场的实际操作与课题研究相结合，要求学习者在课题学习、研修过程中撰写出相关的有质量的实习报告或课题设计等。这实际上是把对毕业生的研究要求贯穿于整个培养过程之中，以阶段性成绩来替代最终的研究成果。这种独具特色的毕业要求对于造就具有实践指导能力的专业型教师将起到重要作用。

参考文献

［1］葛上秀文：《关于谋求教师专业性提高的教师教育的考察——从教育研究生院的课程构建透视》,《鸣门教育大学研究学报》2006 年第 21 期。

［2］关于今后的教师培养和许可制度（咨询报告）.［2008-06-30］. http://www.mext.go.jp/b_menu/shingi/chukyo/chukyo0/toushin/06071910/009.htm .

［3］东京学艺大学教师培养课程开发研究中心：《今后的学校教育与教师培养课程——探寻教育研究生院在教师培养中的意义》,东京学艺大学教师培养课程开发研究中心主办的第 7 次专题讨论会会议记录,2007。

［4］部分修订专业研究生院设置基准的政令——关于"教育研究生院制度"的创设.［2008-06-30］. http://www.mext.go.jp/b_menu/houdou/19/03/07030503.htm.

［5］关于"教育研究生院"设置的审查.［2008-06-30］. http://passnavi.evidus.com/teachers/topics/0711/1103.pdf .

［6］爱知教育大学研究生院教育实践研究系培养方案.［2008-07-01］. http://www.aichi-edu.ac.jp/kyoiku_kenkyu/kyoiku_soshiki_2008/kyshoku_in_an.pdf.

［7］东京学艺大学教育研究生院（专业学位课程）培养方案.［2008-07-01］. http://www.u-gakugei.ac.jp/09daigakuin/03kyoushokuin.html.

［8］岐阜大学研究生院教育学研究系教师专业实践开发专业（教育研究生院）培养方案.［2008-07-01］. http://www.ed.gifu-u.ac.jp/~kyoiku/kyosho3ku/.

［9］2009 年兵库教育大学研究生院教育实践高度专业化培养方案.［2008-07-01］. http://www.office.hyogo-u.ac.jp/pro/kikaku/master_ent/images/m_annai2009.pdf.

［10］2009 年常叶学园大学教育研究生院初等教育高度实践研究系（培养方案）.［2008-07-01］. http://www.tokoha-u.ac.jp/grad/wp-content/uploads/2008/06/2009kyousyokuoanfu.pdf .

［11］为了培养优秀教师而开设"新"研究生院——2009 年上越教育大学教育研究生院培养方案.［2008-07-01］. http://www.juen.ac.jp/contents/gsoe/exam/pdf/h21annai_kyosyoku.pdf.

［12］教育研究生院.［2008-07-01］. http://eduon.jp/topics/kyoshoku.

（本文选自《学位与研究生教育》2010 年第 6 期）

澳大利亚教育硕士专业学位教育的特色与启示

邓 涛 孔凡琴

（东北师范大学）

摘要

澳大利亚教育硕士专业学位教育在培养目标、招生与入学资格、专业与课程设置、学制与教学方式、指导教师、学位论文等方面都具有自己的特色和经验。借鉴其经验，推动我国的教育硕士专业学位教育进一步发展应采取多方面的措施，即正确定位教育硕士专业学位教育培养目标并在实践中加以贯彻落实；充分赋予各大学在教育硕士专业学位教育方面的自主权、灵活性和创造性；对教育硕士招生、课程设置、教学方式和毕业论文等进行全面改革。

关键词

澳大利亚；教育硕士；专业学位

目前，澳大利亚的专业学位研究生教育已经初具规模。在一些学科领域，已经形成了学术型学位和专业型学位并驾齐驱、相得益彰的局面。对于教育学领域来说，其硕士学位（Master of Education）分为两种：研究性学位（research degrees）和应用性（applied-to degrees）学位，多数大学将它们称为"研究硕士"（Master by research）和"课程硕士"（Master by coursework）。前者主要依靠论文或"论文 + 课程"的方式获得学位，后者主要依靠课程学习来获得学位。虽然多数大学同时提供上述两种教育学领域的硕士学位，但就目前的发展情况来看，实践取向明显、应用性强的教育硕士专业学位教育（简称"教育硕士"）受到更多学生的欢迎。

一、澳大利亚教育硕士专业学位教育的特色与经验

（一）培养目标：聚焦实践能力提升，促进专业发展

在澳大利亚，各大学都从教育硕士的自身特性出发，制定了旨在促进教育工作人员专业发展、提高其实践能力的培养目标。

例如，阳光海岸大学将其教育硕士的培养目标规定为：拓宽和加深教育工作者的专业知识，增强教育实践能力，发展教师和教育管理工作者对教育政策和专业实践提出建设性

意见或批判性观点的能力。[1]南澳大利亚大学规定，教育硕士的培养目标是：通过为学生开设一系列的课程或"课程＋研究"，培养学生对教育理论问题和实践问题的敏感性和识别能力，并由此发展学生的教育问题解决能力。[2]昆士兰大学将教育研究方向的专业硕士学位（Master of Education Studies）的培养目标规定为：作为为教育实践者开设的高级专业研修项目，其主要目标在于满足中小学教师或教育管理者的专业学习需求，以促进他们的专业发展。[3]

需要指出的是，澳大利亚的教育硕士培养目标对于职前学生和在职人员有着不同的要求。对于职前学生来说，主要是培养其职业适应能力和专业实践能力。对于在职人员而言，主要培养目标在于发展其知识拓展能力、批判性反思能力，促进在职人员的终身专业发展。尽管如此，两者在价值取向上仍然是一致的，即强调实践性，而非学术性。这种准确的目标定位在其整个教育硕士培养过程中起到了导向作用。

（二）招生和入学：灵活性与原则性相统一

在世界范围内，教育硕士招生的指导思想存在着多种倾向，即"严进严出""严进宽出""宽进严出""宽进宽出"。至于如何选择，与特定国家的高等教育大众化水平、学位与研究生教育（尤其是专业学位教育）的发展程度、市场需求状况等存在着密切关系，而澳大利亚基于自己的国情把"宽进严出"作为其教育硕士招生的主要指导思想。

例如，西澳大利亚大学教育学院规定，攻读教育硕士专业学位的学生，应该满足以下基本要求：具有学士学位；已经完成一年的教育学研究生课程学习；两年的教育工作经验；具备一定的研究能力。但是，这些条件并不需要同时满足，并且这些条件也并非是固定的，而是可以变通的或可替代的。这从西澳大利亚大学教育学院关于教育管理硕士入学要求的规定中即可看出。该大学规定，对于科班出身的教育专业学生来说，如果攻读教育管理专业课程硕士（属于专业学位），其基本入学条件如下：教育学学士学位；2年与教育相关的工作经历或研究能力证明（demonstrated research capacity）。而对于跨专业的毕业生来说，则必须具备以下条件：相近学科的学士学位；已经修完一年的教育学研究生课程；两年的教育相关工作经历或研究能力证明。[4]由此可见，如果一个申请者不具备"两年的工作经历"这一条件，就可以用"研究能力证明"这一条件来替代。这体现了一定的灵活性，但并不意味着没有原则性。比如，必须获得被认可的教育学或相关学科的学士学位，具备一定的研究能力。

总体来看，"宽进严出"的指导思想及其"灵活性与原则性相统一"的实施原则是澳大利亚教育硕士招生与选拔的一大特色，这有利于扩大教育硕士候选人的来源范围。由于不同背景学生广泛参与教育硕士专业学位教育，其教育教学与相互研讨活动因此焕发出了旺盛的活力。

（三）专业方向与课程设置：应用性和个性化

在澳大利亚，各大学在举办教育硕士专业教育方面都享有充分的自主权，同时各大学又把相应的权力下放给其内部的各个学院（研究生院除外）。各个学院在设置教育硕士专业方向和课程时，不仅考虑到自身的传统、特色、教学与研究的优势等因素，而且更加关注地方教育发展以及就业市场的实际需要。由于各大学及所处地域的具体情况不同，其教育硕士专业和课程设置也不尽相同，因而体现出明显的个性化特色。但也具有共性，即各大学的教育硕士专业设置都主要集中在一些应用性较强的领域。例如，墨尔本大学教育硕士的专业设置包括教育领导与管理、特殊教育、教育技术、数学教育、早期干预教育等。[5]西澳大利亚大学设置了教育测量与评价、应用语言学、对外英语教学等。[6]昆士兰大学设置了学生行为管理、指导与咨询、特殊教育、教育领导、学习支持、文学、数学、科学、中年级教育（Middle Years of Schooling）等。[7]不难发现，这些专业都是教育学领域中应用性较强的专业。

同时，各大学的教育硕士课程设置也体现出应用性和务实性的特征，主要体现在以下几方面。

1. 明确地将专业实践课列入教育硕士培养的必修课程模块之中。例如，在墨尔本大学，其"包容和早期干预教育"（inclusion and early intervention）专业的教育硕士的必修课程模块中包括：（1）专业实践Ⅰ；（2）包容或儿童/家庭介入（family interventions）；（3）专业实践Ⅱ；（4）应对挑战性行为；（5）评估和实施；（6）家庭—专业的伙伴关系。[8]这种利用"硬性规定"来提升教育专业实践课地位的做法有利于将培养教育硕士专业实践能力的目标落到实处。

2. 教育研究方法课程受到高度重视。例如，西澳大利亚大学规定，教育测量与评价专业的教育硕士共需要修满48学分。其具体课程学分为：（1）必修课。主要包括评估和测量（6学分）、测量和评价（6学分）、研究方法（6学分）、硕士毕业论文（12学分）；（2）选修课。在所指定的范围内任选一科（6学分）。[9]可见，研究方法课程不仅成为必修课程，而且其学分占总学分的1/8。与之类似，南澳大利亚大学和阳光海岸大学也分别为教育硕士开设了"研究方法"课程、"研究范式和调查方法"课程。该类课程促进了教育硕士的研究意识与能力、反思性教育实践等能力的发展。

3. 为不同背景、专业及学制的学生设置不同的课程。例如，昆士兰大学根据教育硕士生源背景的不同，将教育硕士分为两类：一类是需要完成16单元学习任务的教育硕士，另一类是需要完成24个学习任务的教育硕士。前者必须完成如下课程：（1）16个单元的教育课程（PG courses）；（2）12个单元的教育课程和4个研究设计（project）；（3）10门课程和6个研究设计；（4）8门教育课程和经学校领导批准的8个其他研究设计。后者的课程不同于前者，主要包括：（1）24个单元的教育课程；（2）20门教育课程和4个研究设计；（3）18门教育课程和6个研究设计；（4）16门教育课程和8个经学校领导批准的其他研究设计。这种灵活的课程设置有效地避免了教育硕士课程设置中"一刀切"的弊端，有利于学生的个性化发展。[10]

总之，澳大利亚教育硕士的专业方向和课程设置都充分展现了应用性、自主性和个性化的特色，确保其教育硕士专业学位教育朝"务实"方向发展。

（四）学制与教学方式：弹性化、多样化

澳大利亚教育硕士的学制规定具有弹性化的特点。总体来看，澳大利亚教育硕士的学习方式主要有全日制和部分时间制两种，其学习年限有着不同的规定。例如，西澳大利亚大学的教育硕士培养方案规定，全日制教育硕士的学习年限为 1 年，部分时间制的教育硕士学习年限为 2—4 年，最长为 4 年。[11] 阳光海岸大学全日制教育硕士的学习年限为 1 年，部分时间制教育硕士的学习年限为 1—2 年。[12] 昆士兰大学全日制教育硕士的学习年限为 1.5 年，对部分时间制教育硕士的学习年限的要求比较灵活，即分散的学习时间总和应当等同于 1.5 年。[13] 总体来看，澳大利亚教育硕士的培养年限一般为：全日制教育硕士的学习年限为 1—1.5 年，部分时间制教育硕士的学习年限为 2—4 年。

澳大利亚教育硕士的教学方式灵活多样，主要采取讲授、研讨、远程教育、通信教学等方式。比如，西澳大利亚大学对教育硕士的教学方式提出这样的要求："通过为学生提供理论知识和国内或国际教育实践，使他们能够把自己的教育经验与不同的教育实践联系起来，并且通过讨论、辩论和分享思想和信息的方式来扩大他们的知识面，提高他们的实践能力。同时为他们进行深入的专业研究提供可能。"[14] 墨尔本大学则规定，包括教育硕士在内的所有课程型硕士的学习方式可以多样化，部分课程既可以采取面授的方式，也可以采取通信教学（correspondence）、网络在线学习，还可以在指定的校外教学点进行教学（approved off-campus locations）。[15] 实践证明，上述弹性化的学制和灵活多样化的教学方式收到了很好的效果，且受到了学生们的欢迎。

（五）指导教师："零导师制"

在澳大利亚，由于教育硕士学位主要是通过课程学习的途径来获得的，所以教育硕士培养过程中摆脱了对传统"导师制"的依赖。因为对于课程学习而言，主要是学生根据教育学院的课程设置、个人的专业发展需要、兴趣、能力等方面进行自主选择后参与集体学习的。考察各大学的教育硕士培养情况可以发现，它们并没有为教育硕士配备专门的指导教师，我们不妨称这种做法为"零导师制"。通常情况是，教育硕士入学之后，教育学院会为每个学生指派一名项目顾问或咨询者，解答教育硕士课程选择、课程学习方式、学费等方面所遇到的实际问题，而对于一些专业问题，主要与授课教师或同伴进行磋商。同时，一些大学还为学生提供了详细的学生手册，以指导他们在课程学习过程中如何进行自主选择。例如，墨尔本大学教育学院还规定，学生遇到学习上的问题时，可以与学院的所有教师进行商讨和咨询。[16]

关于在教育硕士培养过程中是否一定需要采取"导师制"模式显然没有统一的结论。澳大利亚摆脱对这种传统模式的依赖当然具有一定的创新性，但由此导致的问题也值得重视。最为明显的问题是，教育硕士在培养过程中很少能得到来自于实践领域的专家的指导。正是为了克服这个弊端，目前一些国家都在极力推行教育硕士培养的"双导师制"模式，这更加引发了人们对澳大利亚的"零导师制"的思考和关注。

（六）学位论文：追求自身特色

在澳大利亚，与研究性硕士学位教育比较起来，教育硕士的学位论文要求具有明显的特色化倾向。这种特色化通过以下几个方面体现。

1. 一些大学只对研究型硕士提出必须撰写学位论文的要求，而没有对教育硕士提出同样的要求，墨尔本大学就是如此（见表1）。

表1　墨尔本大学的教育学专业"研究硕士"和"课程硕士"的论文要求比较

	研究硕士 （Master by research）		课程硕士 （Master by coursework）
学位性质	学术性学位		专业性学位
学位获得途径	论文 （totally by thesis）	论文 + 课程 （a mix of coursework and thesis）	课程 （totally by coursework）
学位论文要求	学生必须采取适当的研究方法完成3万字的学位论文（100学分）。如果论文合格，作者有资格申请哲学博士（PhD）和博士项目（Doctor of Education Programs）。	学生在修完25学分硕士学位课程的基础上，必须完成2万字的包括有研究方法说明的学位论文（75学分）。如果课程学习和论文合格，将有资格申请哲学博士和博士项目。	无学位论文要求。只要求学生完成100学分的硕士课程学习即可获得学位，这种硕士学位对于学生毕业后申请博士项目有效，而对于申请哲学博士来说，则不够资格。

资料来源：The University of Melbourne.（2009）. Master of Education. http://www.edfac.unimelb.edu.au/futurestudents/courses/postgraduate/Courses/mseiei.html.

2. 一些大学尽管也规定教育硕士必须撰写学位论文，但与"研究硕士"相比，"课程硕士"的论文要求相对较低。这集中体现在其论文字数要求相对少一些，论文学分总数较少，在总学分中所占的比例也相对较小。例如，西澳大利亚大学教育管理硕士培养方案规定，研究型的教育硕士和课程硕士都必须完成学位论文，但标准并不一致。对于前者来说，学生在完成两个选修单元（optional units）和论文单元（thesis units）的基础上，必须完成一篇2—2.5万字的学位论文。而对于后者来说，学生在完成一个研究单元（research unit）和五个选修单元的基础上，完成一篇1万字的专业论文（major paper）即可。[17]

3. 一些大学创新性地推出教育硕士学位论文的替代样式——"课题研究设计"（project）。近年来，为了更加突出教育硕士的实践性特色，澳大利亚一些大学开始对传统的教育硕士学位论文做出改革，即使用应用性较强、篇幅相对较小的课题研究设计（project）作为学生展现研究水平的载体，昆士兰大学和阳光海岸大学就是如此。相对于传统的硕士论文来说，其特色之处在于：（1）研究内容更具有实践性和应用性；（2）可以进行"化整为零"的研究；（3）学生可以自由安排撰写论文的空间和时间。此种做法代表了教育专业硕士学位改革的一种方向，且在澳大利亚等国的教育专业博士学位（Ed.D.）教育改革中得到推广和应用。

总的来看，虽然澳大利亚没有用传统的学术性论文来要求教育硕士，但是，一些大学仍然强调对教育硕士的研究活动和研究能力进行考查，只不过相对于哲学硕士来说，教育硕士的学位论文更具有实践性和应用性的特色。当然，在澳大利亚，也存在着一些大学对教育硕士的要求不严格、随意降低学位标准的问题。

通过上述六个方面的阐述可以看出，澳大利亚教育硕士专业学位教育在培养目标定位、招生与入学资格、专业与课程设置、学制与教学方式、指导教师、学位论文等方面都具有自己的特色。进一步看，我们可以将澳大利亚教育硕士专业学位教育的成功经验概括为以下几个方面：（1）准确定位教育硕士专业学位（即职业性、应用性和实践性的学位），并在各个培养环节中加以贯彻落实；（2）充分赋予各大学在教育硕士专业学位教育方面的自主性、灵活性和创造性，从而在一定程度上提高了教育硕士专业学位教育的办学效率；（3）教育硕士专业学位教育实行开放性办学。其教育硕士不仅"入口"较为宽松和开放，而且在"出口"上，教育硕士毕业生的去向较为广泛，既可以继续申请攻读教育博士，也可以从事其他职业。例如，昆士兰大学的教育硕士项目介绍中就提到学生就业方向可以是小学教师、行为矫正官（corrections officer）、公务员、教育管理者及自由职业者等。[18]

二、启示与借鉴

自 1996 年教育硕士在我国诞生以来，它已经为提升基础教育教学和管理人员的专业素质以及丰富学位与研究生教育的结构体系等都做出了重要贡献，但也面临着不少问题。为此，我们试图汲取澳大利亚的相关经验，对我国教育硕士改革举措提出几点思考。

（一）正确定位教育硕士专业学位教育，并坚决在实践中加以落实

笔者认为，我国当前的教育硕士专业学位教育面临的一个重要问题是，虽然我们在理论上将教育硕士和教育学硕士进行了分别定位，但是很遗憾，我们在实践中却将两者混淆了，以至于出现了两种学位教育相互雷同的现象。根据 1996 年国务院学位委员会在《关于设置和试办教育硕士专业学位的报告》中的规定，教育硕士专业学位应当"是具有特定教育职业背景的专业性学位，它与现行的教育学硕士在学位上处于同一层次，但规格不同，各有侧重。"[19] 可是，在实践中，教育硕士在招生方式、课程与教学、指导教师、毕业论文与学位授予等方面都与教育学硕士相差无几。由于教育硕士专业学位教育没有办出实践性的特色，加之在学术性方面又很难与学术型学位相比，所以在实践中出现了边缘化、培训化、营利化的不良倾向，其社会认可度极低，从而大大影响了教育硕士的社会声誉和发展前景。为了走出这种困境，我们有必要借鉴澳大利亚的经验，既要进一步在理论与思想认识上正确定位教育硕士专业学位教育，强调教育硕士的职业性、应用性和实践性的办学方向，以便与学术型学位严格区别开来；还需要思考如何在教育硕士专业学位教育的具体操作环节上，充分体现出教育硕士专业学位教育的独特性。

（二）赋予各大学在教育硕士专业学位教育方面的自主权

澳大利亚的教育硕士发展经验表明，给予大学自主决定教育硕士的招生、专业与课程设置、教学方式与学位论文改革等方面的"自由裁量权"，对于调动大学的主动性和积

极性，提高教育硕士的办学效率，促进教育硕士朝个性化、多样化方向发展具有重要意义。从我国目前的教育硕士办学情况来看，各大学在教育硕士招生、培养方式等重要环节上享有的自主权仍然有限，这导致了大学以"消极应付"的心态来对待教育硕士专业学位教育。由于缺乏自主创新的热情，各大学的教育硕士培养模式基本上是"千篇一律"，这严重制约了我国教育硕士的创新发展。为此，笔者认为，在国家相关部门的宏观控制与监督的前提下，当前应当扩大各大学的办学自主权，使它们在教育硕士招生、专业与课程设置、培养方式等方面享有一定的自主权利。

（三）对教育硕士的招生、课程设置、教学方式和毕业论文等进行全面改革

1. 招生改革

我国的教育硕士招生长期以来存在着生源单一、要求过高、学生数量不足等问题。[20]到 2009 年，我国教育硕士招生才开始改革以往单纯在职人员的规定，允许应届本科毕业生报考教育硕士，这使得教育硕士向开放性迈出了一步。但是目前，无论对于在职人员还是应届本科毕业生来说，都必须参加全国统一的外语、教育学和心理学考试，只有在初试合格之后，才有资格参加面试和录取。在这种竞争性考试面前，一些优秀的在职人员要么望而生畏，要么屡试屡败，难以获得攻读教育硕士的学习机会，这使得教育硕士的培养质量因为很难招收到合适的、高质量的生源而受到消极影响。因此笔者认为，随着我国高等教育大众化的快速推进和教师教育改革的深入，我们有可能也有必要降低教育硕士的入学条件，比如，可以考虑取消必须具有学士学位的限制，允许那些教育工作经验丰富、业绩显著、科研能力较强且有兴趣继续提高自己专业素质的同等学力人员报考教育硕士等。在提倡"宽进"的同时，我们必须把好"严出"的原则。即便如此，鉴于我国目前的实际情况，暂不宜模仿澳大利亚完全取消教育硕士入学统一考试的做法。

2. 课程改革

就目前我国各大学的教育硕士培养方案来看，教育硕士的课程学分占据其总学分的绝大部分。因此，采用什么样的课程体系和教学方式，对于确保教育硕士的教育质量非常关键。然而，无论是学界还是教育实践界，人们对我国教育硕士的课程设置和教学方式选择微词颇多。目前，各大学的教育硕士的课程结构不尽合理，理论性课程的比重过大，实践性课程的比重偏少。而且由于大学的教学习惯及其他条件限制，在教育硕士的教学上仍以讲授式为主，由此导致的问题是教育硕士的理论学习与实践严重脱节。不仅如此，这种以大学为中心的集中讲授也给在职人员协调工学矛盾带来了困难。为了革除这些弊端，笔者认为，我们可以借鉴澳大利亚的做法，在教育硕士的必修课程模块中增加专业实践课程，并使之得到一定的比重，同时广泛采用研讨、案例教学法、工作坊等多样化的教学方法。

3. 学位论文改革

我国的教育硕士毕业论文存在的明显问题之一是与教育学硕士论文趋同。从理论上来说，虽然教育硕士和教育学硕士的学位论文都应属于"研究"的范畴，但两者的研究指向却有所不同。教育硕士指向的是教育工程、教育实践，是行动研究，以解决实际存在的教育、教学和管理问题为旨趣，从而体现出教育硕士的职业性、实践性和应用性特色。而教育学硕士指向的是教育科学、教育理论，是学术研究（academic research），并以提出或创造新的教育理论为宗旨，以体现出鲜明的学术性质和科学性质。[21] 但是，在实践中，我们看到两者在研究目的、研究内容、研究方法、写作风格、篇幅、论文答辩等方面都非常相像，没有充分体现出教育硕士论文的实践性特色。为了有效解决这个问题，我们可以汲取澳大利亚的相关经验对其进行以下方面的改革：一方面，可以在论文字数、学术水平等方面降低对教育硕士学位的要求；另一方面，在选题、研究方法与风格、研究目的与价值等方面强化其实践性特色。当然，澳大利亚一些大学采用的以"课题研究设计"来创新教育硕士研究载体的做法也值得我们思考和探索。

参考文献

［1］［12］University of Sunshine Coast. Master of professional learning.［2009-03-08］. http://www.usc.edu.au/Students/Handbook/Postgrad/OnCampus/MProfLearning.

［2］The University of South Australia. Master of education.［2009-03-12］. http://www.unisanet.unisa.edu.au/programs/pro-gram.asp?Program=MMEU.

［3］［7］［10］［13］［18］The University of Queensland. Master of educational studies（MEdSt）.［2008-03-15］. http://www.uq.edu.au/study/program.html?acad_prog=5265.

［4］［6］［9］［11］［14］［17］The University of Western Australia. Master of education.［2009-03-20］. http://www.education.uwa.edu.au/courses/master_education.

［5］［8］［15］［16］The University of Melbourne. Master of education.［2009-03-25］. http://www.edfac.unimelb.edu.au/future students/courses/postgraduate/Courses/mseiei.html.

［19］国务院学位委员会：《关于设置和试办教育硕士专业学位的报告》，1996年。

［20］任丽娟、朱成科：《教育硕士专业教育中的问题及解决策略——以"问题—诊断—解决"为导向的教学模式》，《辽宁教育研究》2007年第7期。

［21］邬志辉、戴继天、唐德先：《关于教育硕士专业学位几个理论问题的认识》，《学位与研究生教育》2001年第1期。

（本文选自《外国教育研究》2010年第10期）

美国"临床实践型"教育硕士培养方案探析

——以密歇根州立大学为例

贺 菲 周 琴

（西南大学）

摘要

2010 年 11 月，全美教师教育认证委员会发布了题为《通过临床实践转变教师教育培养模式：国家优秀教师培养策略》的报告，进一步强调"临床实践型"教师的培养。密歇根州立大学作为这一领域表现卓著的领军者，在课程与教学专业教育硕士的招收对象、入学要求、培养目标以及课程设置等方面的内容具有一定的代表性，分析其培养方案，总结其经验教训对我国的教育硕士培养不无裨益。

关键词

美国；密歇根州立大学；临床实践；教育硕士；专业学位

"临床实践型"教师是动脑、动口和动手三结合的"临床专家"，其教育宗旨是把学生培养成具有教育理论知识、教育技术特长和心理学技术特长相结合的教师。"临床实践型"教师教育理念历经萌芽、孕育、发展和成熟，已成为美国未来教师教育改革的主要方向。其中，教育硕士是"临床实践型"教师的典型代表，为进一步了解"临床实践型"教师的培养模式，本文选取密歇根州立大学教育硕士专业学位培养方案进行具体分析，以期对我国教育硕士专业学位研究生培养有所启迪。

一、"临床实践型"教师教育培养模式的发展及其特征

自 1936 年哈佛大学校长科南特（J.B. Conant）设置了历史上第一个教学硕士学位（The Master of Arts in Teaching）以来，美国"临床实践型"教育硕士培养显示出旺盛的生命力。从 20 世纪 60 年代中期到 70 年代，一些教育研究者认为教师不但应该成为某一学科专业的学者，也应成为教育专业的学者，明确提出了教师应成为教育"临床专家"（clinician）的培养目标。把教师培养成"临床专家"的设想和实验，是美国在教师教育

改革中的一次大胆的探索。[1]1986 年，美国霍姆斯协会在《明天的教师》（*Tomorrow's Teachers*）的报告中明确提出密切大学与中小学关系，主张设立"临床学校"，以强化师范生的教育实习。[2]

卡内基基金会于 2002 年 9 月发表了题为《教育新挑战——教师临床教学》（*Teaching as a Clinical Profession: A New Challenge for Education*）的研究报告，呼吁对教师教育做大刀阔斧的改革，主张采用像医学院训练实习医师的方法，让学生接受实际训练；强调具有职业特点的"临床实践型"教师要像医生那样，善于从学生身上诊断、分析其发展状况，像开处方一样提出解决问题的方案，有效地处理各种问题，促进学生健康成长。[3]2010年 11 月，全美教师教育认证委员会（National Council for Accreditation of Teacher Education，简称"NCATE"）发布了题为《通过临床实践转变教师教育培养模式：国家优秀教师培养策略》（*Transforming Teacher Education Through Clinical Practice: A National Strategy to Prepare Effective Teachers*）的报告，进一步强调教师"临床实践"能力的培养。[4]

总之，"临床实践型"教师是经过教师培训机构训练，具有高度实践智慧与实践技能的教师。主要具有以下特征：第一，具有永恒价值的基础能力，主要指获取知识的能力、思考能力、有效交流能力、了解人和社会的能力以及个人生存能力。第二，具有发展价值的"扩展能力"，主要是指获取新知识、扩展新知识、更新新知识的能力。第三，具有高效价值的创造能力，主要强调创新和探究的能力。第四，具有职业特点的临床实践能力。临床型教师既是一个学者，又是一个教育理论的实践家。基础能力、扩展能力、创造能力，最终都要通过临床实践能力才能发挥其社会效能和经济效能。[5]教师应该善于从学生身上诊断、分析其发展状况，像医生一样提出解决问题的方案，有效地处理各种问题，促进学生健康成长。

二、密歇根州立大学临床实践型教育硕士专业学位的人才培养

据 2009 年《美国新闻和世界报道》（*U.S. News & World Report*）统计，密歇根州立大学中学、小学教师教育专业研究生排名连续 16 年位居第一，[6]教育硕士专业学位主要是培养中小学教师及管理人员。该校教育学院硕士层次的中小学教师主要有三个培养方案：一是课程与教学专业硕士（Masters Arts in Teaching and Curriculum）；二是教育文科硕士（Master of Arts in Education）；三是读写教学文科硕士（Master of Arts of Literacy Instruction）。这三个硕士方案尽管培养目标各有侧重，但是无论从招生对象、入学要求、培养标准还是课程设置，都体现了临床实践的发展理念，显示了教师不仅是教育的思考者、研究者、实践者、创新者，而且是不断发展的专业工作者。

（一）实践取向的招生对象及入学要求

招生是人才培养的首要环节，直接影响着输出人才的质量。密歇根州立大学的教育硕士招生对象目标很明确，例如，课程与教学专业主要招收希望获得高深专业知识并准备在中小学从事教学的本科毕业生，或具有相当学力水平和资质的中小学教师以及其他人员。

有教师资格证的教师以及其他希望继续在课程与教学领域进行专业研究的人员都可以攻读这一学位。申请者需要提交关于教育经历、工作经验的资料，关于专业发展目标的设想以及推荐信和已经发表的专业论文。美国教育硕士入学招生由各校自主进行，没有统一的入学考试，招生专业和人数主要根据各州现状，取决于市场需求。密歇根州立大学硕士招生各专业没有统一要求，课程与教学专业的入学标准需要达到以下五点：一是具有本科学历和学士学位，或者具有被认可的同等学历水平；二是申请者的本科课程学习情况和专业领域的学分成绩需要达到一定标准，如本科最后两年学习的平均绩点分数要求在3.0以上；三是申请人提交选择攻读这一学位的动机、原因与学习目标，如果申请者不适宜攻读课程与教学专业硕士学位，录取小组也会根据申请者的目标和兴趣，指导申请者申请其他专业的硕士学位；四是申请者详细的个人目标陈述、专业论文、教学经验以及三封推荐信；五是提交有关的考试成绩证明，如本科的学习课程和成绩，研究生入学考试（GRE）的成绩，或其他有关的考试成绩。[7]

综上所述，密歇根州立大学课程与教学专业硕士入学申请对象既可以是中小学教师及其他人员，也可以是应届学生，招收范围相对比较广泛。需要指出的是，密歇根州立大学的教育硕士培养目标对于职前学生和在职人员有着不同的要求。对于职前学生来说，主要是培养其职业适应能力和专业实践能力。对于在职人员而言，主要培养目标在于发展其知识拓展能力、批判性反思能力，促进在职人员的终身专业发展。尽管如此，两者在价值取向上仍然是一致的，即强调临床实践性，而非学术性。这种准确的目标定位在整个教育硕士培养过程中起到了导向作用。

（二）聚焦实践能力的培养目标

准确定位教育硕士专业学位（即职业性、应用性和实践性的学位），并在各个培养环节中加以贯彻落实，是密歇根州立大学中小学教师培养的特色。密歇根州立大学从教育硕士的自身特性出发，制定了旨在促进教育工作人员专业发展、提高临床实践能力的培养目标。在课程与教学专业硕士培养方案中，专业发展和解决现实问题的能力始终贯穿其中。例如在培养标准中，强调教师要理解学科内容，怎样以不同的方式向学生传授知识，如何调动学生已有知识、兴趣；怎样设计课程、教学和评价，以促进学生的理解；运用理论和概念框架对教育实践和政策中的问题与困惑做定性分析。另外，强调教师作为专业人士，应该从社会、政治和历史背景以及学校和课堂情境中理解现实问题；对中小学教师自己的实践进行反思性的、系统性的探究；不断发展和完善自己的实践水平，确保学生以有效的方式学习；要具备基本的交往技能和信息素养，并为学生树立榜样；主动地参与合作性的创新研究活动、专业团体学习活动、专业组织以及骨干教师培养，并积极创造机会进行专业发展。

此外，课程与教学专业硕士方案的培养目标包括三个方面的能力培养：首先是教师的批判性探究能力，不仅能从自己的角度和经验来思考问题，更重要的是从不同的视角、不同的参照性框架对复杂的事情加以审视和分析，同时能够开展行动研究以及其他形式的系统的、独立的研究。例如，从学术角度对专业文献、专业研究加以评论；此外还能对自己的教育信念、价值观和实践活动进行深刻的、持续的反思；理解学科内容和学科的新进展。其次要成为有素养的优秀教师，应该不断地加强专业实践，拓展教育学专业知识，从而提高教育能力来面对学生的差异性和多元化，并对学生的学习效果有强烈的责任感。再次要有合作性的专业发展能力，并能发挥教学骨干作用。能够获取与同事共同学习和工作的各种机会，参与协作式学习，并能够在同事中发挥骨干教师的作用；能够发起或支持当地政策与实践工作的改进；积极参与专业团体、协会的活动以及其他专业发展活动。[8]

上述培养标准涉及对学生理解、学科内容教学、教育理论与教育实践的联系、教师的反思性探究、教育技术和人际交往以及教师专业发展，比较全面地体现了现代教师教育的理念和"临床实践型"教师培养模式的特征。培养目标实质上重在培养教师研究教育的能力，通过合作性的研讨，重视对所教学科教学能力的提升和教师的专业发展。无论是培养标准还是培养目标，都在强调教师的专业发展和临床实践能力，体现了实践取向的价值观念。

（三）应用性和多样化的课程设置

教育硕士学位课程是保证教育硕士专业学位培养质量、特色的重要环节。课程与教学专业的学生必须在 5 年内完成 30 学分，主要课程包括专业发展和核心探究课程（Professional Development and Inquiry Core）（9 学分）、专业方向课程（Concentration）（9 学分）和选修课程（Electives）（12 学分）。另外，还有综合性论文（Synthesis Paper）和专业学习档案（Professional Portfolio）。

专业发展和核心探究课程包括以下几门：TE807 专业发展与研究（Professional Development & Inquiry），TE 808 课堂教学探究（Inquiry into Classroom Teaching and Learning），TE 818 社会课程（Curriculum in Its Social Context），TE 801 专业发展与教学实践（Professional Roles and Teaching Practice I），TE 870 课程设计、发展与改进（Curriculum Design, Development, and Deliberation in Schools）和 TE 872 教师导航（Teachers as Teacher Leaders）。每门课程 3 学分，申请者必须从 TE 807 和 TE 808，TE 818 和 TE 872，TE 870 和 TE 801 三组课程中二选一，达到 9 学分。[9]专业基础课程立足于课程研究、课堂教学与教师的专业发展，课程体系与培养目标密切联系，最终目标是培养优秀教师和骨干教师。专业方向课程主要有教育技术（Educational Technology）、教育心理学（Educational Psychology），K-12 教育管理（K-12 Educational Administration）、文学和语言教学（Literacy & Language Instruction）、教学的社会文化视野（Socio-Cultural Perspectives in Teaching and Learning）以及科学和数学教育（Science & Mathematics Education）。根据方向设置不同的课程系列，课程内容的纵向跨度从幼儿园直到高中，甚至延续到中学后教育。课程强调解决实际问题，如教育技术方向中的 CEP 812 运用教育技术解决实践问题（Applying Educational Technology to Problems of Practice）。选修课程多达 54 门，涉及门类丰富。综合测试由综合性论文和学习档案共同构成。综合性论文主要叙述在工作中的案例，以及对实践工作的反馈，论文最终要达到学

校的要求。学习档案是大学进行期末考试和评价的必需文件,二者是取得课程与教学专业学位的重要依据。课程设置虽多种多样,但有一个共同点就是强调实践性。其中综合能力测试和创建专业学习档案,融合了现代教育技术素养的内容。学位申请者可根据自己的兴趣,通过学习不同研究方向的系列课程模块,为自己的职业定向,毕业以后分别到中小学主讲不同的学科或从事相应的教育教学工作。课程设置强调了教育硕士研究意识与能力的培养、反思性教育实践等能力的发展,体现了"临床实践型"教师培养模式的培养目标。

三、美国"临床实践型"培养模式对我国教育硕士培养的启示

国务院学位委员会于1996年通过《关于设置和试办教育硕士专业学位的报告》,开始试办教育硕士专业学位,时至今日,教育硕士专业学位已经历了十几个年头,初步形成了中国特色的教育硕士培养体制。自2009年起,国家调整了研究生的培养方向,扩大了专业硕士的培养比例,这为教育硕士的发展提供了新的机遇。我国教育硕士起步较晚,各方面还不健全,而美国的教育硕士专业学位教育非常发达,如今已处于成熟阶段。尽管中美两国的国情、社会制度、教育体制不同,但美国"临床实践型"教师发展的经验和做法对我国仍不无启迪。

(一)招生入学:扩大招生范围,增强灵活性

《关于设置和试办教育硕士专业学位的报告》明确规定,教育硕士专业学位的招收对象为大学本科毕业,具有三年以上一线教学经历的基础教育的专任教师和管理人员。[10]三年以上一线教学经历限制了基层教师继续深造的机会,密歇根州立大学教育硕士没有具体工作年限的规定,允许对该专业有兴趣并想继续深造的人员申请。笔者认为,我国可以适当放宽对工作年限的限制,允许具有大学本科学历以及同等学力、工作三年以下的一线教学经历的在职人员报考。在美国,是各州掌管自己的教育权,因此各州所制定的教育政策都非常灵活,也比较贴合实际。美国教育硕士的招收对象覆盖面较广,包括在职教师以及其他在职教育工作者,同时还鼓励从事其他行业者进入教师职业领域,招生对象可以是有学士学位、对教师职业有浓厚兴趣的其他专业人员。如此可以广开生源,把最优秀的人员吸收到教师教育行业,可以说良好的生源质量是保证教育硕士专业学位教育质量的首要一环。

结合美国长期以来一直致力于提高中小学教师素质的各种举措可以看出,美国的高校是根据市场和社会的需要来确定入学方式等问题,注重强调教师的专业发展。而我国现行的教育硕士学位培养,从招生计划、报考条件、入学考试、录取标准到学习内容和学位论文都有统一的要求,这种培养方式实际上也忽视了培养个体的差异性和多样性。针对中国目前的经济状况和国情,完全把招生权放到各个学校还不现实,但是针对我国地区之间教育资源严重不平衡的问题,可以根据实际情况给予不同地区(尤其是中西部)的院校以一定的招生自主权,改革现行教育行政体制,将权力下放到各个地方教育主管部门,进而下放到各个试点院校。根据当地的具体需要设置专业方向,真正做到以市场为导向。随着我

国社会的快速发展，要进一步拓展教育硕士专业学位内涵，不仅要在教育学科领域内，还要向外扩展，与其他学科或领域相结合，增设相应的专业方向，扩大招生的范围和领域。

（二）培养目标：加强专业发展，突出实践特色

我国教育硕士专业学位是具有特定教育职业背景的专业性学位，主要面向基础教育领域从事教育教学的教师及其管理人员。它注重学生实践应用技能水平的提高，强调学生能够熟练运用所学理论知识和方法分析、解决教学或管理实践问题的临床能力，区别于现行的教育学硕士学位。但是经过十几年的发展，我国教育硕士专业学位教育依然没有摆脱教育学硕士培养模式的桎梏，无论从课程设置、教学方法还是师资队伍等方面，都没有体现出其应有的专业特色。我国教育硕士专业学位只面向基础教育领域，对于学前教育、高等教育、职业技术教育以及特殊教育领域等都没有涉及，尽管在招生对象上包括了幼儿教师，但却没有相应的专业方向设置。也就是说，培养目标和实际操作不相符，没有把培养目标落实在实践中。

借鉴美国的经验，对于教育硕士的培养，首先要明确学习任务和目标，入学后就要填写好个人的学习目标，并在实践中落实。要进一步在理论与思想认识上，正确定位教育硕士专业学位教育，强调教育硕士的职业性、应用性和实践性的办学方向，以便与学术性学位严格区别开来。同时，还应思考如何在教育硕士专业学位教育的具体操作环节上，充分体现出教育硕士专业学位教育的独特性。

（三）课程设置：优化课程结构，强调实践能力

课程是实施教育硕士专业学位教育的关键。我国教育硕士公共必修课比例偏高，专业选修课可选范围很小；基础理论知识偏多，学科专业知识和前沿问题相对较少是学者们的共识。因此，要进一步优化培养方案和课程体系，根据社会和市场的发展变化及时调整，增强其灵活性。课程设计要体现基础性、实践性和选择性。目前，我国教育硕士课程设计的目的性不强，缺少从学生自身专业发展出发思考的课程设计。选修课程种类太少，学生不能充分扩展自己学习的兴趣和爱好，不能充分调动学习积极性。对于选修课程，学生需要在学院规定的范围内进行选择，且通常还会被学校指定。借鉴美国的经验，无论是专业发展和核心探究课程、专业方向课程、选修课程还是综合能力测试，都强调解决实际问题能力的提升。美国院校更加鼓励学生选择跨学科课程，以扩展文理知识，如密歇根州立大学教育硕士选修课程多达54门，学生可根据自己的兴趣进行选择，达到通识教育的目的，不断为课堂教学注入新的活力和思想。我国教育硕士课程有待于进一步优化，强化专业实践能力，最终达到培养"临床实践型"教师的目的。

参考文献

［1］杨之岭、林冰：《美国在师范教育改革中的探索和实验》，《北京师范大学学报》1983年第3期。

［2］Holmes Group. (1996). *Tomorrow's Teachers.* East Lansing: The Holmes Group.

［3］Michael deCourcy Hinds.（2002）. *Teaching as a Clinical Profession: A New Challenge for Education*. New York: Carnegie Corporation of New York.

［4］NCATE.（2010）. *Transforming Teacher Education through Clinical Practice: A National Strategy to Prepare Effective Teachers*. Washington, D.C.: National Council for Accreditation of Teacher Education.

［5］施长君、马林著:《临床型教师——教师专业化指导》, 黑龙江人民出版社 2006 年版, 第 12—13 页。

［6］U.S. News & World Report.（2010）. Best Education Schools. http://grad-schools.us news.rankingsand reviews.com/best-graduate-schools/top-education-schools.

［7］Michigan State University.（2010）. Application & Review Process. http://www.educ. msu.edu/te/MATC/Prospective-Students/Application-Admissions.asp.

［8］Michigan State University.（2010）. MACT Program Goals/Standards Reference Form. http://www.educ.msu.edu/te/MATC/documents/MATC_Prog_Goals_Standards.pdf.

［9］Michigan State University.（2010）. List of Generally Approved Courses for the MATC Program. http://www.educ.msu.edu/te/MATC/documents/matc-list.pdf.

［10］国务院学位委员会:《关于设置和试办教育硕士专业学位的报告》, 1996。

（本文选自《外国教育研究》2011 年第 7 期）

美国教育硕士专业学位的特色及其启示

王　飞　车丽娜

（山东师范大学）

 摘要

　　美国教育硕士培养具有鲜明的特色，表现在将教育硕士培养纳入教师专业发展大背景，根据社会发展需要设置形式多样的教育硕士专业和方向，注重理论与实践的紧密联系，开设灵活多样的教育硕士课程，建立优质师资队伍等。其对我国教育硕士的发展与完善具有重要启示作用。教育硕士培养应体现教师的专业性，为教师专业发展服务；教育硕士专业学位设置应充分尊重市场需要，为社会提供亟须人才；教育硕士培养应努力提升学生的实践智慧，促进理论与实践的融合；要完善教师队伍建设，加大教育博士招生力度。

关键词

　　教育硕士专业学位；教师专业发展；实践智慧

　　教育硕士专业学位的雏形最早出现于哈佛大学。19世纪末，哈佛大学在教育专业开设了"攻读学位"（Earned Degree）课程，学生修完课程通过考试后，授予结业证书，但不授予硕士学位。1921年，哈佛大学率先开设教育博士学位课程，授予教育博士学位，从此在教育领域出现了专业学位与学术学位并存的局面。1936年，为充实中小学教师队伍，提高中小学教师素质，哈佛大学校长科南特倡议设置跨学科的、主要面向文理学院以从事教师职业为目的的应届本科毕业生的新学位——教学文硕士（Master of Arts in Teaching），这是世界上最早的教育硕士专业学位。该学位与传统文理硕士不同，是以职业为导向的硕士学位，学生经四年本科学习后，再经过一年教育硕士专业培养，完成课程，通过考试即可获得教学文硕士学位。其他高校纷纷仿效哈佛大学，美国一些州也出台政策给予获得教育硕士专业学位的教师以教师资格，这大大刺激了教育硕士专业学位的发展。到1940年，教育硕士专业学位招生人数达9 500人。其类型逐渐增多，除教学文硕士之外，还出现了教育专业硕士（Master of Education）等教育硕士专业学位。[1] 1945年，美国大学协会正式将教学文硕士和教育专业硕士纳入硕士学位类型，制定了关于教育硕士专业学位培养的具体要求和方法，特别强调实践性知识和技能在教育硕士专业学位培养中

的重要性。[2]至此，教育硕士专业学位作为一种专业学位正式确立。

一、美国教育硕士专业学位的特色

（一）与教师教育和教师专业发展紧密相联

20 世纪初，随着美国普及中等教育，对教师的教育教学知识和学历的要求越来越高。以培养专科层次毕业生为主的师范学校越来越不适应社会需求。这种背景下，师范学校逐渐升格为师范学院，大学开始组建教育学院或教育系以培养本科层次的教师。但由于四年学习期间，学生需学习大量教育教学知识和学科专业知识，大大压缩了通识教育课程的比例，遭到美国社会各界的诟病。人们认为，如果教师缺乏广博的通识知识，就很难在教师生涯中培养健全发展的儿童，势必影响美国社会和经济的发展。美国著名教育家，如科南特等人提出应取消以教育为专业的本科项目，改为在研究生层次培养教师。正是在此背景下，以专门培养和培训教师的教育硕士专业学位应运而生。为提升中小学教师专业化发展程度，美国各州纷纷出台以修读教育硕士专业学位研究生更新教师执照的政策，并用提高工资待遇的方式激励教师参与教育硕士专业课程学习。此外，战后婴儿潮导致入学人数激增，1930—1950 年，美国学龄儿童保持在 2 800 万人左右，到 1960年增长到 4 200 万人，1970 年增加到 5 100 万人。教师数量也由 100 万人猛增到 200 万人。[3]教师质量和数量要求的提升进一步加剧了教育硕士专业学位的需求，许多美国高校开始设置教育硕士专业学位。1975—1976 学年，美国全国招收教育硕士专业学位数量达 126 061 人。[4]这些人毕业后大都进入教育相关领域，极大提高了美国中小学教师的学历水平。到 1981 年，美国中小学教师中硕士学位比例已超过 50%，其中绝大多数教师持有教育硕士专业学位。[5]

20 世纪 70 年代后期开始，美国出生率下降导致教师需求减少，经济不景气导致政府大幅缩减教育开支。同时，公众对教育质量不满引发了对教师教育质量的批评。种种因素促使美国对教师数量需求的关注转向对教师质量的要求。在此背景下，旨在提高教师质量的教学专业化运动成为美国教师教育领域的主导运动。几个重要的教师教育委员会的建立和系列教师教育改革报告的出台，促进了教学专业化运动的深入发展并持续至今。1987年成立的州际新教师评估与支持联合会和国家教师专业教学标准委员会、2001 年成立的优质教师证书委员会，是对新教师、优秀教师和杰出教师入职标准的三大认证机构。1985年，卡内基基金会和美国教育部资助美国数所研究型大学教育学院院长和研究机构主要负责人组成霍姆斯协会，对美国各州教师教育进行考察，分别于 1986 年、1990 年和 1995年发表《明天的教师》《明天的学校》《明天的教育学院》三份报告，对美国教师教育改革产生了广泛影响。各种教师专业委员会的建立和有关教师教育报告的出台，为美国教育硕士专业教育提供了指导。各州政府依据这些专业委员会的认证标准和教师教育报告制定了教育硕士专业教育的教学标准和评价方法，据此对教育硕士专业教育课程进行了重新设置。目前，美国教育硕士的培养目标、招生标准、课程设置等都与教师教育的最新要求和教师专业化的发展密不可分。

（二）教育硕士类型和方向多样

2010—2011 学年，美国共授予硕士学位 730 635 人，其中教育领域共计 185 009 人（学术性学位 28 829 人，专业性学位 156 180 人）。教育硕士专业学位占所有教育类硕士学位的比例为 84.4%。[6] 美国教育硕士专业学位不仅数量多，类型也非常多样。与我国教育硕士专业学位统一用"教育硕士"名称不同，美国教育硕士专业学位包括多种类型，其中最为普遍、招生人数最多的是"教学文硕士"和"教育专业硕士"。二者的主要区别在于教学文硕士主要招收全日制非教育专业应届本科毕业生和其他职业打算改行当教师的人，教育专业硕士则主要面向在职教师，旨在帮助持证教师获得更高学位。此外，还有教学硕士、教育科学硕士等。另外，一些以培养教学专家为目的的研究生项目，虽然授予文硕士或理硕士学位，但它们主要侧重于教学实践研究，以培养实践教学专家为目的。本质上说，这部分学位也属于教育硕士专业学位。

美国教育硕士专业学位的方向设置灵活多样，基本是现实教育有什么样的师资培训需求就会设置什么样的专业，并非严格按照学科体系设置。美国教育专业硕士设置中，既有按教育阶段划分的（如初等教育硕士、中等教育硕士等），也有按中小学各学科专业设置的（如生物教学硕士、化学教学硕士、社会科学教学硕士等），还有为满足学生各种特殊需要设置的残疾儿童教育硕士、天才教育硕士、特殊教育硕士等。此外，还有课程与教学硕士、教学设计硕士、心理教育硕士等专项训练专业，以及与教育相关的行业或领域（如社会工作教育硕士、国际发展教育硕士、公共关系教育硕士等）。以南加利福尼亚大学为例，其教育硕士项目有婚姻和家庭治疗教育硕士项目（master of marriage and family therapy），培养面向学校、健康中心等机构的咨询者，毕业生可获得加利福尼亚州婚姻和家庭治疗资格证。[7] 美国可授予教育硕士专业学位的项目达近百种，每个项目又设置多个研究方向，项目与项目间还存在交叉。[8] 美国各高校根据自身资源和特色开设不同类型和方向的教育专业硕士教育，追求办出特色，而非类型和数量的多样。另外，为帮助学生更好选择研究方向，美国各大学都设有专门的教师指导团队，帮助学生确定适合自己的教育硕士研究方向，帮助学生选择能更好促进其发展的课程。不同学校根据具体情况确定教育硕士招生标准以适应市场的需求，不过为保证教育硕士质量，一般都要求美国研究生入学考试（GRE）成绩在 3.0 以上，提交 2—3 份推荐信、一份个人简历和学习计划等。此外，考虑到相当数量的学生需兼顾学习和工作，学校教学时间的安排也相当灵活，学生可根据实际情况选择晚上或周末到学校上课。还有许多大学充分利用现代教育技术手段，通过网络提供在线教育硕士教育课程。

（三）灵活多样的教育硕士课程设置

教育硕士学位是专业学位，以课程学习为主，毕业论文只作为课程学习的辅助手段，美国只有 1/4 左右的学校有毕业论文要求。课程本身的质量成为影响教育硕士培养质量的关键因素。所以，美国教育硕士培养单位都非常重视教育硕士的课程设置。总体看，美国教育硕士课程设置，首先依据州教师资格认定对教师的要求，其次根据不同类型教育硕士的特点，再次依据不同教育硕士研究方向和教育硕士学员需求设置课程。所以，美国教育硕士课程在不同学校、不同教育硕士类型、不同方向甚至不同教育硕士学员之间都不同。教育硕士培养单位非常注重学生个体教育经验和知识结构、兴趣等对教育硕士培养的影响，通过各种途径将这些因素纳入到教育硕士课程设置。

尽管不同学校、类型、方向，甚至不同教育硕士学员的课程都不相同，最低学分要求也不同，但总体看，主要包括核心课程、专业方向课程和选修课程。我国不同教育硕士专业的公共基础课有很多相似性，如英语、政治、教育学原理和教育心理学几乎是所有专业的必修课程。美国教育硕士的核心课程是面向不同专业教育硕士的，是同一专业不同研究方向的必修课程，是与专业紧密相关的，不同专业教育硕士的核心课程差异很大。我国专业课程分专业基础课程、专业必修课程和专业选修课程；美国教育硕士的专业课程因同一专业不同研究方向而不同，主要面向本研究方向的专业课程。此外，美国选修课程虽有些可跨院系选修，但必须是与研究方向相关的课程。我国教育硕士课程设置一般还包括公共选修课，但大部分学校并不开设；此外还有补修课，主要面向非教育学本科专业的教育硕士学员设置，如教育学补修课程；美国教育硕士课程一般不涉及这两种课程。我国全日制教育硕士有为期一年的教育实习要求，非全日制教育硕士的教育实习主要回原单位自主实习。美国教育硕士的实习形式灵活多样，包括教学、听课、课堂观察、调研报告等，主要与课程教学紧密联系，达到理论联系实际的效果。

（四）注重理论与实践紧密结合

随着舍恩（D.A. Schon）、克兰迪宁（D.J. Clandinin）等对实践性知识研究的深入，人们越来越关注实践性知识在教师教育过程中的重要性。20世纪80年代中后期开始，各种有关教师教育改革的报告层出不穷，如"霍姆斯协会报告"等。这些报告对当时美国教师教育进行了批判，指出美国教师教育与中小学教育实践脱离，教师教育课程过于注重理论传授，忽视理论对实践的指导作用。[9] 2001年，卡内基基金会发起了一项教师教育改革的计划——新时代教师计划（Teachers for a New Era）。该计划选择若干所教师教育院校进行改革试点，认为教学是临床实践性专业，教师教育应吸取临床医学的做法，将所学理论与实践紧密结合，共同促进学生学习智慧的发展。[10] 2006年《莱文报告》指出，应将教育学院从象牙塔转变成以教学实践为重点的专业性学院，教育学院不应继续像人文学院和科学学院那样过度强调学术性，而应像法学院和医学院把工作重心放在实践领域。[11] 2010年，美国教师教育认证委员会发布题为《通过临床实践转变教师教育培养模式：国家优秀教师培养策略》的报告，进一步强调教师"临床实践"能力的培养。[12]

在此背景下，许多大学的教育学院都将"临床实践型"教师作为培养目标纳入教育硕士专业学位培养。美国教育硕士培养越来越关注理论与实践紧密结合，将实践融入整个培养过程，而不是在学生修完所有课程后再去实习。为此，美国许多教育硕士培养单位设置了贯穿每学期的基于实践教学基地的课程，让学生在理论学习过程中，不断学习如何将理论运用于实践，如何从实践提出问题和解决问题，建立理论与实践间的紧密联系。如约翰·霍普金斯大学教学文硕士培养将学术型课程和临床实践课程整合，一门课程学习中既有理论知识讲授，又有实践能力培养，将理论与实践紧密联系。为培养学生的临床实践能力，增强理论运用于实践的技能，约翰·霍普金斯大学教学文硕士还专门开设了临床实践课程，如在小学教育方向开设小学临床实践 1 和小学临床实践 2 两门临床实践课程。[13]

（五）建立优质教育硕士师资队伍

美国教育硕士占所有教育类硕士 80% 以上，因此培养合格的教育硕士师资队伍受到高度重视。从事教育硕士培养的教师中有教育博士专业学位（Ed.D）的教师占相当大的比重。以哈佛大学为例，教育硕士教育项目共计 13 种类型，2012—2013 学年共招收 644 名学生。13 个专业教育硕士专任教师共 104 人，其中具有教育博士学位 45 人（占总数的 43.27%），具有哲学博士学位的 44 人（占总数的 42.31%），具有教育硕士学位的 5 人（占总数的 4.82%），其他（法学博士、医学博士等）共计 10 人（占总数的 9.60%）。[14] 很多大学都有专门培养教育博士的项目，以哈佛大学为例，2012—2013 学年招收教育博士 24 人，设置五个方向：文化、社会与教育，教育政策、规划与教学实践，高等教育，人类发展与教育，教育政策分析。[15] 教育博士培养注重学生理论联系实际的能力及各种研究方法的运用等。教育博士主要面向具有丰富实践经验的教育管理人员和教师，他们毕业后大都回原工作单位，少部分优秀毕业生进入大学从事教育硕士培养工作。将受过专业教育的教育博士纳入教育硕士培养教师队伍，有利于克服教育硕士培养理论脱离实践的弊端，对促进教育硕士健康发展起到了非常大的作用。此外，具有哲学博士学位的教师必须是本领域具有相当学术造诣和广泛实践经验的教师，必须对教学实践非常熟悉。

二、对我国教育硕士专业学位建设的启示

（一）教育硕士培养应体现教师的专业性，为教师专业发展服务

从我国教育发展和社会需求看，学术型教育学硕士只有极少部分进入研究机构、大学或考取博士，大都进入某个职业领域工作。因此，从社会需求角度看，教育学硕士的培养数量已远远超过需求。从另一角度看，随着社会和教育的发展，人们对教师质量的要求日渐增强，极大促进了教师学历提升的要求，但目前教育学硕士培养模式明显不能满足这种要求。正是在此背景下，我国教育硕士专业学位不断发展壮大。西方发达国家中小学专任教师学历结构中，硕士学位的教师大都超过 50%，《中国教育统计年鉴（2012）》显示，普通高中 1 595 035 名专任教师中有硕士学位的 79 860 人，占比约为 5%；初中专任教师 3 504 363 人中有硕士学位的 36 424 人，占比约为 1%；小学专任教师 5 585 476 人中，有硕士学位的 14 459 人，占比约为 0.25%。[16] 从美国等西方发达国家来看，提高教师的学历是教师专业发展的重要措施，是提高教育质量的关键因素之一，美国自 1936 年招收教育硕士专业学位以来，教育硕士培养人数逐渐增多，目前占教育类硕士比例已超过 80%，且教育硕士毕业生大都进入与教育相关的职业，极大促进了美国教育的发展。所以，我们

应大力发展教育硕士专业学位，使其成为优化中小学教师学历结构、促进教师专业化的重要途径。

另一方面，与教育学硕士是教育学科自身发展到一定阶段的结果不同，教育硕士是立足于基础教育发展的实际，为满足基础教育高质量师资需要而设置的，根本上说是因职业需要设置的。它是为基础教育培养具有较扎实理论知识、拥有现代教育理念并具有较强教育教学实践能力的高素质中小学教师服务的。所以，教育硕士培养应与教师教育和教师专业化密切相关，应将教育硕士培养置于教师教育大背景，从教师专业化角度思考和制定教育硕士政策文件、培养计划、课程标准、评价标准等。

（二）教育硕士专业学位设置应尊重市场需要，为社会提供急需的人才

美国教育硕士学位设置相当灵活和多样，教育作为专门职业领域，有着相对宽泛的内涵，在社会生活中有着相当广泛的适用性。从美国现有近百个教育硕士专业设置看，它不仅包括教育领域各学段和各学科领域，还包括学生事务与发展、企业教育和培训、户外教育、对外英语、团体教育、教学媒介等适应社会发展变化需要和不同人群需求的专业方向。同一专业类型下还设置多个不同方向，不同高校根据自身师资条件和特点及面向群体的特征和地区需求设置教育硕士方向，办出特色，办出质量，而非贪多求全。所以，美国不同高校教育硕士的方向因其学校特征和所在区域而不尽相同，即便同一方向也会有不同。多样化的教育硕士方向设置，为学生提供了丰富的选择，学生可根据自己的兴趣和职业理想，选择不同的方向；进入高校后，学生若对所学方向不满意，也可通过一定程序调整到其他方向。另外，丰富的选修课也可满足不同学生的需求。

我国自1997年开始招收教育硕士以来，规模越来越大。2009年开始扩大招收应届本科毕业生攻读教育硕士专业学位，极大促进了教育硕士专业学位的发展。专业学位设置对加速培养社会所需的复合型、应用型高层次人才，提高行业专业技术人员素质起到了积极作用。但目前专业设置相对单一，且招生实行全国联考，课程设置也比较一致，难以适应不同学校、不同地区的发展需要，无法真正满足市场需要。应赋予高校一定招生自主权和专业设置自主权，专业设置不仅要看学校现有资源，还要重点关注社会和市场需求，本着培养高质量、社会急需人才的目的设置专业方向，不应贪多求全。

（三）教育硕士培养应努力提升学生的实践智慧，促进理论与实践融合

评判一门学科是否有较高地位主要看其是否有专属的高深理论。从学科发展史看，教育学发展相对较晚，研究对象的特殊性决定了其主要吸收和借鉴其他学科理论研究教育问题，这是教育学在学科体系中地位较低的重要原因。为提升教育学学科地位，世界各国教育家不断努力，尝试将教育学建设成科学的教育学，成为与其他学科具有同等地位的学科。从世界范围看，欧陆国家主要通过将教育学建基于哲学的基础上，通过高深哲学推论和将哲学原理运用于教育学达到教育学的科学性，英美国家则主要通过将自然科学研究范式运用于教育学达到教育学的科学性。虽然这两种途径的具体方式和过程有所不同，各有侧重，但本质上，它们都试图通过将教育学建立在高深理论基础上，以提升教育学的学科地位。典型例子是 20 世纪初，美国许多高校教育学院建立了实验学校，很多教授带着学生进入实验学校做研究，但很少有人对学校具体教学试验感兴趣，只是为了通过研究来提升教育学院和教育学科的地位，提升教育学者的地位，至于学校的具体问题是否得到解决，并非其考虑的核心。虽然通过理论的难易程度衡量学科地位的做法在 20 世纪后半叶受到各方批评，尤其是后现代主义对其进行了彻底的批判，但这种观念根深蒂固，仍然禁锢着人们的思想。

高校是理论主导观念最根深蒂固的地方，这种观念的存在导致高校人才培养过于注重理论学习，忽视实践的作用，没有认识到理论源于实践并受实践的最终检验。理论与实践间的隔膜是阻碍高校进步的巨大阻碍。专业学位的建立为大学提供了很好的机会，以解决理论与实践脱节的问题，提供了理论向下延伸、实践向上求索的机会。教育硕士学员中有很大一批是有丰富教育教学实践经验的中小学教师，他们进入高校学习求得实践向上求索的机会，高校也应准备好接受实践考验，建立实践与理论间的桥梁，而不应让教育硕士削足适履，适应高校长期形成的脱离实践的传统。从世界各国看，教育硕士培养必将成为教育类硕士培养的主体，因此，高校建立理论与实践之间的桥梁不只是人才培养的需要，也是事关自身生死存亡的大事。因此，教育硕士培养应依据教育硕士培养的目标，尊重他们的实践经验，通过理论联系实践的教学，提升他们的教育科学知识和研究方法，使他们形成研究的意识，具备研究的能力，能在实践中自发从事教学研究，形成自下而上与自上而下相融合的教育发展趋势，真正促进教育学的发展。

（四）完善教师队伍建设，加大教育博士招生力度

尽管我国教育硕士专业学位师资队伍与美国教育硕士专业学位师资队伍的学历和职称结构相近，大都具有博士学位和副教授及以上职称。但两国教育硕士专业学位师资队伍的学位类型却有很大差异，我国教育硕士专业学位师资队伍主要以获得学术型博士学位的教师为主，美国教育博士学位获得者在师资队伍中占很大比重。现在美国很多大学都积极加入教育博士培养，将其中的优秀者纳入教育硕士培养教师队伍，有效克服了教育硕士培养理论脱离实践的弊病，对促进教育硕士健康发展起到了非常重要的作用。尽管近年来，我国一些高校开始实行"双导师"制，从中小学优秀教师中选择具有丰富实践经验的教师作为教育硕士学员的实践导师，但由于这些教师缺乏理论深度，难以把最新教育教学理念运用于教学实践，难以从实际问题的解决中总结和提升，形成自下而上的理论研究。而高校教师由于长期习惯于学术型研究生的培养，与实践长期脱节，不了解实践到底需要什么样的教育理论，更不知道如何将教育理论运用于实践。这导致我国教育硕士培养单位虽然实行双导师制，努力克服理论与实践间的隔膜，但由于师资队伍存在问题而无法真正实现教育理论与实践之间的紧密结合。

目前条件下，应从高校教师中选择具有一定实践经验、其研究方向偏重实践的指导教师。教育硕士培养单位应经常组织高校教育硕士教师进入中小学，鼓励高校教师参与基础教育改革相关课题研究，提升高校教师对实践的了解。另一方面，应对实践导师进行理论

培训，使他们充分了解最新教育教学理论，提升他们的理论素养。从长远看，教育硕士的数量将远远超过学术型教育学硕士，因此，应从国家层面及早进行专业人才培养。2008年12月，国务院学位委员会第二十六次会议审议通过在我国设置教育博士专业学位，其培养目标是造就教育、教学和教育管理领域的复合型、职业型高级人才。从目前看，我国具有教育博士培养资格的高校仅有15所，招生专业只有学校课程与教学、学生发展与教育、教育领导与管理三个方向。无论是现有教育博士招生数量还是专业设置，都很难满足教育发展对教育教学和教育管理等领域高层次实用人才的需求。从长远看，为促进教育硕士健康发展，非常有必要加大教育博士的培养力度，选择具有丰富理论知识和实践能力的人进入高校作为教育硕士指导教师和任课教师。此外，应成立专门的教育硕士指导教师团队，使团队中获得教育博士的教师达到一定比例。

参考文献

［1］Association of American Universities.（1945）. *Problems of the Master's Degree: Committee on Problems Relating to the Master's Degree.* Washington, D.C.: Association of American Universities, 112.

［2］［4］Blackwell, P.J., Diez, M.（1998）. *Toward a New Vision of Master's Education for Teachers.* Washington, D.C.: National Council for Accreditation of Teacher Education, 6-7, 8.

［3］Clifford, G.J., Guthrie, J.M.（1988）. *School: A Brief for Professional Education.* Chicago: The University of Chicago Press, 170-171.

［5］周洪宇主编：《学位与研究生教育史》，高等教育出版社2004年版，第135页。

［6］Thomas, D., Snyder, S.A.（2013）. *Digest of Education Statistics 2012.* Washington, D.C.: U.S. Department of Education.

［7］Master of marriage and family therapy.［2014-08-25］. http://rossier.usc.edu/programs/masters/mft/.

［8］秦春生、戴继天、孙平：《中美教育硕士教育比较研究》，《学位与研究生教育》2002年第11期。

［9］Darling, H.L.（2000）. How teacher education matters. *Journal of Teacher Education,*（3），166-173.

［10］Kirby, S.N.（2004）. *Reforming Teacher Education: A First Year Progress Report on Teachers for a New Era.* Santa Monica, CA: The Rand Corporation.

［11］Levine, A.（2006）. *Educating School Teachers.* Washington, D.C.: The Education Schools Project.

［12］NCATE.（2010）. *Transforming Teacher Education through Clinical Practice: A National Strategy to Prepare Effective Teachers.* Washington, D.C.: National Council for Accreditation of Teacher Education.

［13］Elementary education.［2014-08-20］. http://education.jhu.edu/academics/masters/MAT/coursework.html.

［14］HGSE facts and figures.［2014-08-10］. http://www.gse.harvard.edu/about/facts.

［15］Doctor of education.［2014-08-10］. http://www.gse.harvard.edu/doctorate/edd.

［16］中华人民共和国教育部发展规划司编：《中国教育统计年鉴（2012）》，人民教育出版社 2013 年版，第 74—159 页。

（本文选自《高等教育研究》2014 年第 12 期）

"教育博士"培养的合法性危机

——基于美国现实面临的问题与挑战

褚艾晶

（北京师范大学）

 **摘要**

　　美国的教育博士培养在几十年的发展历程中积累了丰富的经验，但仍面临着一系列问题与挑战。教育博士与哲学博士培养趋同问题与一些教育博士项目"含金量低"的问题是其无法回避的困扰，产生了对其培养合法性的质疑。美国作为设置教育博士专业学位最早的国家，同时也是教育博士专业学位教育最发达的国家，研究其经验和教训，无疑对未来我国教育博士培养具有重要的借鉴意义。

关键词

教育博士；培养；合法性危机

　　"教育博士"（Ed.D）是一种专业博士学位，旨在培养面向实际工作岗位的高级专门人才。哈佛大学于 1921 年授予世界上第一个教育博士专业学位，使美国成为教育博士专业学位的发祥地。它的这一创举得到了美国许多大学教育学院的积极响应，教育博士学位点增加迅猛，1967 年 67 个，1970 年 97 个，1979 年 133 个，1989 年 163 个。[1] 目前，全美约有 220 所高等教育机构在教育学科领域授予博士学位，多数高校同时授予教育哲学博士和教育博士两种学位，形成了两种学位制度并行的格局。在哥伦比亚大学教师学院 9 个系中，有 48 个方向授予教育博士学位，而授予教育哲学博士学位的项目只有 24 个。

　　经历了近九十年的演进历程，美国教育博士的培养取得了长足发展，积累了丰富的经验。那么，它的培养是否已经达到"炉火纯青"的地步？是否已经形成完全有别于哲学博士的培养模式？是否已经成为世界上其他国家推崇的典范？通过大量的英语文献研究发现，美国教育博士的培养仍然面临着一系列问题与挑战。事实上，自教育博士专业学位发轫之日起，它一直是争论的焦点，其潜在的培养合法性危机一直是其无法回避的困扰。"危机与变化一直占据着统治地位，没有例外。"[2] 美国教育博士培养究竟面临着哪些问题与挑战？它有存在的价值吗？它的未来发展方向又是什么？当前，我国对设立教育博士专业学位的呼声日益高涨，专家、学者陈述已见，探讨其设置的迫切性和可行性，构想其培养体系与方案。在此背景下，美国教育博士培养面临的一系列问题更值得我们去深入地思考与反思！

一、问题与挑战：教育博士培养的两难困境

（一）模式趋同：教育博士培养走向"哲学化"

教育博士和教育哲学博士到底有什么区别呢？从理论上分析，由于教育哲学博士与教育博士在价值取向上的差异，教育哲学博士在于培养大学教师与科研人员，注重理论研究；而教育博士主要培养高级专业人才，注重实践性。因此，两种培养模式是按照自身的逻辑建构起来的，区别明确。在入学标准上，哲学博士强调申请者的学术研究潜能，而教育博士则强调工作经验；在培养方式上，哲学博士的课程设置向精、专、深的方向发展，而教育博士的课程更重视应用性、职业性、综合性；在论文要求上，哲学博士培养强调理论研究的创新，教育博士培养强调应用实践的创新等特征。然而在实践中，二者的区别又是怎样？教育博士学位已经建立了有别于哲学博士学位的培养模式吗？

为了弄清这两种学位到底有什么不同，早在20世纪50年代，美国就进行了一系列的全国性调查。1958年的调查发现一些学校实际允许教育哲学博士学位论文以实践问题为题。1970年的调查发现部分学校（33%）开始放弃对教育哲学博士学位的外语要求。[1]1971年，由Phi Delta Kappa（PDK）和美国教师教育学院协会（AACTE）赞助的全国性调查提供证据表明，两种学位正变得越来越相似，许多教育博士项目完全按照教育哲学博士培养模式进行，只是授予不同的学位名称而已。1978年的调查发现，80%以上的学校取消了对教育哲学博士学位的外语要求，与此同时，许多学校提高了对教育博士学位的学术要求，尤其是研究方法，强调以行为科学和统计学为基础的研究方法训练。教育哲学博士学位放弃了对论文题目与外语的传统要求，而教育博士学位则提高了对研究方法的要求，结果是两种学位的差别越来越小了。[1]美国学者Dill和Morrison（1985）在查阅大量的文献后惊奇地发现，两种学位之间几乎没有什么差别。在入学标准、住宿规定和学分要求等方面，它们之间有着极其相似之处。[3]Osquthorpe和Wong（1993）同样指出，两种学位在博士论文要求、综合考试及论文答辩方面不存在差异。1994年，美国学者Jack K. Nelson和Calleen Coorough对1950—1990年教育领域的1 007篇教育哲学博士论文和960篇教育博士论文，就研究设计、统计分析、研究类型（基础研究还是应用研究）、研究结果的重要性等几方面进行了比较，其结果是：尽管在研究设计、统计分析方面存在着差异，但这两种学位论文在基础研究、应用研究以及研究结果的重要性方面没有差异。1995年，威廉玛丽学院教育系副教授Charles F. Gressard、得克萨斯A&M大学咨询和教育心理系副教授Johnston M. Brendel以及威廉玛丽学院新视野家庭咨询中心指导员Jered B. Kolbert就127所提供顾问培养项目的机构进行了调查，目的是研究顾问培养项目提供的教育博士

和教育哲学博士学位的差异。这127所机构的顾问培养项目协调员（coordinators）就两种学位五个方面的问题进行了回答，结果如表1所示。

表1 顾问培养项目协调员就两种学位有关问题的回答[3]

问题	教育哲学博士	教育博士	无差别
哪种学位更强调科研	64.6%	0.8%	34.6%
哪种学位博士论文更强调定量研究	56.7%	3.1%	40.2%
哪种学位更适合于培养学生成为大学教师	25.2%	10.2%	64.6%
哪种学位入学标准更高	52.0%	0.8%	47.2%
哪种学位更倾向于培养咨询专业人员	18.9%	21.3%	59.8%

这些调查结果表明，两种学位的相同之处远远胜过不同之处。尽管存在某些差别，但这些差别似乎并不是那么明显，培养专业人员和学术人员似乎是教育博士和教育哲学博士两种学位共同的使命。顾问培养项目的一位协调员指出："传统上，教育博士被认为是授予专业实践人员的学位。而现在我不再认为这是一个正确的观点。"[3]在印第安纳大学，教育学院的课程研究项目提供的教育博士和教育哲学博士的学位要求极其相似。鉴于哲学博士学位的声望，对于那些即使未来的职业道路是专业实践者的学生而言，也同样选择教育哲学博士学位。正如范德比尔特大学教育学院的一位教授所言："实际上，许多教育学院把所有博士生投入到极其相似的培养模式中，先是一系列的课程学习，接着是独立研究，最后是体现学术能力的博士论文，而完全不顾培养的是未来的督学或学者。"[4]卡内基教学发展基金会主席舒尔曼（Shulman）先生严厉指出："我们现在已陷入尴尬境地，我们既没有培养教育博士的那种令人赏识赞美的模式，也没有培养哲学博士的优秀模式，因为我们基本上是在用相同的模式来培养两者，不管培养的是教育博士还是教育哲学博士。"[4]于是，就出现了这样一种局面：许多院校的教育博士项目被看作是教育哲学博士的"缩水版"（watered down version），教育博士被指责为既不是"鱼类"，也不是"禽类"，简直是"四不像"。因为在教育领域，它的声望比不上教育哲学博士学位；在专业学位领域，它也无法与法律博士（J.D）、医学博士（M.D）相媲美。

那么，究竟是什么原因造成了教育博士学位的这种境地呢？其根本原因在于，自教育博士学位创立之日起，它的一个参考点就是哲学博士学位。这导致了教育博士对哲学博士的一味模仿，而不是另辟新径，创造一个独特的培养模式。要获得教育哲学博士学位，学生需要学习研究生层次的课程，通过资格考试和撰写博士论文。这些步骤在教育博士培养中同样存在。如果说两种学位培养存在差别，那差别更多地体现在课程的数量和种类，以及资格考试和博士论文的内容上。但毫无疑问的是，大多数教育博士培养中通常包括了这三个组成部分。教育博士必须遵循课程学习、资格考试、博士论文三部曲吗？难道教育博士培养一定要受制于教育哲学博士的三个传统组成部分吗？教育博士学位创立的初衷是为高级专业实践人员服务，然而现在它似乎已经迷失了自己的定位。它既不是一个很强的专业性学位，同样也称不上一个学术性学位，那么，它究竟代表了什么呢？如果这种情况继续下去的话，它培养出来的毫无反思意识的专业人员如何适应日益复杂的教育实践环境呢？适合于哲学博士的培养模式一定适合于教育博士吗？教育博士培养还能继续存在于当前的结构框架中吗？它能突破哲学博士培养而创造出真正属于它自己独特的模式吗？

（二）含金量低：教育博士培养走向"低俗化"

与其他专业博士学位不同的是，在美国没有任何一家全国认证机构对教育博士项目做出规定，也没有任何共同认可的原则和标准来指导形成一个统一的学位要求。其结果是：有多少个提供教育博士项目的机构，就几乎有多少种不同的培养规格和学术严格层次。各大学在学位要求上，包括课程学习、研究能力、总学分等各不相同；在学习方式上，有的大学采取小组（cohort）共同学习方式，而有的大学遵循着更传统的个人学习方式。教育管理方向的教育博士专业学位在美国众多大学设立，这可从 1950—1990 年教育博士学位论文领域的分布窥见一斑。影响力强大的美国全国教育管理政策委员会于 1989 年提出了把教育博士学位作为中层教育管理岗位从业证书条件的建议后，更突显了这一趋势。事实上，美国的教育管理博士项目担负着为中小学和学区培养高素质的校长和督学的重任，在未来的十年内，有超过 40% 的校长和更高比例的督学将离任退休，这意味着国家面临着需要培养更多高素质管理者的严重挑战。然而，美国最近的一项调查研究表明，培养未来一代领导者的教育管理项目远远没能胜任这一重担。

表 2　1950—1990 年教育博士学位论文领域分布

教育博士论文领域分布	1950	1960	1970	1980	1990	总数
高等教育	1	0	88	210	204	505
教育管理	5	221	658	717	802	2 405
历史	0	23	60	38	22	243
体格教育	0	38	144	112	75	369
教育心理学	0	83	258	194	126	663
教师培训	0	87	272	106	79	544

资料来源：Jack K. Nelson, Calleen Coorough. Content Analysis of the PhD Versus EdD Dissertation, 1994.

2005 年 3 月，即将离任的哥伦比亚大学教育学院院长亚瑟·莱文（Arthur Levine）发表了一份措辞严厉的报告，题为《教育类院校行政主管》。这份报告是在对大学校长、教职员工、学校主管、毕业生进行全国范围的调查以及对 28 个教育部门和教育类院校进行案例研究的基础上完成的。莱文先生在报告中指出，"美国的教育领导项目存在着入学标准低、师资力量薄弱以及学位不当等问题，一些培养中小学管理者的教育博士项目只限于'从不合格到极差'的范围。"[5] 同时，莱文先生还列举了作为一名管理者应肩负的责任：

必须成为一名测试学生的专家；为学生提供专业发展机会；为学生的考试分数真正负起责任等。但是，"现在我们还没有做到这几点，全国范围内也没有多少能让我们培养这种人才的项目。各校校长及各系的主管人员忙于撰写那些与工作毫无关系的论文。那是典型的沽名钓誉。"[6]对这种情况，莱文先生敦促各学院停止把教育类院校作为"摇钱树"的行为，呼吁各州取消这种含金量不高的教育领导博士项目。[7]美国国家教师教育认证司主席亚瑟·E.怀斯（Arthur E.Wise）先生认为，"学习这些项目的主要是那些有全职工作，只能在晚上、周末或暑假学习的老师，所以学院不会难为这些老师。"[7]教学主管和教授们都承认教育学院的教育博士项目需要改进。

毫无疑问，美国一些大学的教育管理博士项目的确存在着严重的问题[8]：（1）不相关的课程：被调查的毕业生中89%的人认为他们所学的课程与学校领导工作不相干，39%的人认为课程已经过时。（2）入学标准低：教育领导项目中学生标准测试成绩在所有博士培养项目中是最低的。（3）师资力量薄弱：教育管理博士项目过多使用助理教授（adjunct professor），这些助理教授大多缺乏实践性的专业知识，同时，即使是那些全职教授，也很少拥有或根本没有作为学校管理者所需的实践经验——教师中仅有6%是校长，2%是督学。在精英研究型大学中也仅有55%的教授可以被称为高产型学者（highly productive scholar）。（4）诊断指导（clinical instruction）不充分：教育领导项目中的专业管理者素质从"优秀到极差"参差不齐，而且几乎很少有项目建立师生督导关系，大多数全职教授没有起到真正有效的指导作用。（5）拙劣的科研：教育领导项目中的科研活动与教育实践相脱离。实际上，1987年的一次全国会议就建议取消60%的教育管理项目，但是这种呼声不仅没有得到关注，而且在随后的几年里，这些项目的数量反而增加了20%。正如莱文先生所批评的那样，一些教育学院把教育领导项目当作"赚钱机器"，"廉价"地兜售证书和学位；而学生感兴趣的也仅仅是给其带来的工资上涨和职位升迁的学位，全然不顾究竟能从中学到多少有用的东西。[7]

二、积极探索：教育博士培养凸显特色

美国教育博士培养存在的这些问题与挑战，受到了美国各界的广泛关注。一些机构，如教育领导立宪委员会（Educational Leadership Constituent Council）、卡内基教学基金会（the Carnegie Foundation for Teaching and Learning）、研究教育机构学术系主任委员会（the Council of Academic Deans From Research Education Institutions）以及全国博士授予机构的教师团体都强烈地要求对教育博士项目进行严格的专业实践能力评估。

实际上，一些大学，如圣路易斯大学、南加利福尼亚大学、范德比尔特大学等正在采取策略致力于突显教育博士培养的特色，使其明显有别于哲学博士项目。常见的策略涉及强调培养教育博士理论应用能力与解决实践问题的能力；组建更富内聚性的学生组（cohort），小组集体学习，共享集体知识经验。更大的改变体现在对博士论文的要求上，许多学校以小组为基础的项目研究（team-based projects）代替了传统的学位论文。2003

年，圣路易斯大学对教育博士项目进行重新改组，改革的焦点在于注重培养教育博士在未来工作中所需的实践技能，逐步撤除了教育博士项目的博士论文要求，以3—4人组成的博士小组共同完成以实践问题为导向的作业代替。除了提交一份总的研究报告外，每个小组成员也要各自提交反映自己实际工作情况的报告。同时，不但要进行小组共同答辩，每个小组成员也要单独进行答辩。[4]下面以两个案例来看美国大学在突出教育博士培养的特色方面所做的改进。

（一）宾夕法尼亚大学资深高等教育管理教育博士项目的特色

1. 招生对象背景丰富

宾夕法尼亚大学（以下简称"宾大"）资深高等教育管理教育博士项目的招生对象主要是面向高等教育机构有多年工作经验的高级管理者，如大学副校长、学术常务主任等。2003—2006年度共招收学生90名，遍及全美24个州，这些学生有着丰富的高等教育管理专长，如学术事务、招生管理、政府和社区事务、人力资源、少数民族事务、计划和评估、科研管理、学生事务、法律、财政等。

2. 小组共同学习，学制短

学生组成学生组（cohort），共享集体知识经验，按同一个计划进度完成学业。由于项目设计的结构化和系统化，使得每一个学生都有能力在不脱产的情况下2年内取得博士学位。除每月集中三天两晚授课之外，定期的网上交流沟通也是必不可少的组成部分。

3. 突出高等教育核心管理能力

该项目设计的理念在于，高等教育管理者需要各种核心管理能力和应用研究能力。因此，除了加强学生对高等教育机构的历史、哲学、使命、市场领域的全面理解外，课程着重强调提高学生对高等教育管理核心领域的掌握与精通，其中包括数据和决策支持，招生管理，经济学和财政，高等教育系统，人力资源管理，机构的发展，机构的创新，国际指导，管理冲突，市场、价格与边际收益，组织文化，联邦和州政府政策，财政体系与分析，质量保障等。

4. 模块化的课程设计

围绕着高等教育管理核心领域，宾大把课程设计成具有连贯性的31个模块（module），每个模块聘请数量不等的教师提供相关讲座，并力求达到以下三个目标。

（1）学生能获得新的知识、新的视野、新的概念模型、新的实践工具。

（2）每个模块在结构、内容、介绍、课堂讨论等方面都要做到效果显著。

（3）有利于学生的专业发展、智力发展。

每个模块的学习分为三部分：关键概念的介绍，现实生活案例的讨论，小组或个人方式完成的书面作业。

5. 多学科背景的教师和管理者共同组建教师队伍

宾大资深高等教育管理教育博士项目拥有多元化的教师队伍，既有杰出的学者，又有资深的管理者。他们的学科背景涉及教育、历史、法律、经济、政治、社会学、统计学等多个领域。

（二）犹他大学教育管理教育博士项目的特色

1. 招收在职的有一定管理经验的学生。

2. 学生组成学生组（cohort），教师组成教师组（faculty team），教师与学生两个小组集体工作。

3. 采用以现场为基础的方式（field-based approach）培养学生。学生把原来所在工作单位作为解决实际问题的"实践场地"（field laboratory）。

4. 把有学术背景的高层管理人员作为"诊断教师"（clinical faculty），参与对学生的实践指导。

5. 以每年对学生的"档案袋评审"（portfolio review）代替传统的资格考试。

6. 以现场诊断研究报告（the clinical research study）代替传统的博士论文。

三、现实思考：教育博士培养路在何方

西方发达国家研究生教育的历史和现状表明，其高层次、应用型人才的培养规模一直呈不断扩大的趋势。1990 年，澳大利亚高等教育委员会主张澳大利亚的大学应当发展专业博士学位教育，到 1996 年，澳大利亚的专业博士学位已涉及教育、商业、法律、心理学、健康科学、人文科学、设计和建筑、工程、管理、图书馆等多个学科领域，其中 38 所大学有一半开发了教育博士专业学位。1992 年，英国历史上第一个专业博士学位——教育博士诞生于布里斯托尔（Bristol）大学，到 1998 年，英国有 24 所大学开发了 29 个教育博士专业学位，形成了两种博士学位制度并行的局面。[9] 作为最早授予教育博士学位的美国，对教育博士长久保持着旺盛的需求，如加利福尼亚州立大学于 2007 年在 7 个校区新设立教育博士培养项目，到 2008 年，又将有 6 个校区加入教育博士培养计划中。这些新设立的教育领导专业博士培养项目是为了不断满足加利福尼亚州公立 K-12 级学校系统及社区学院对高级管理者的需要。不久的将来，教育博士项目将遍及加利福尼亚州立大学系统的 23 个校区。[10]

教育博士是作为一种与教育哲学博士相互独立的学位而设置的，正如哈哥提（M.E.Haggerty）于 1922 年在《哈佛大学教育学院》一文中写道："哈佛大学教育学院的目的不是提供普通教育而是培训工作者。它所追求的重要知识不是一般性的综合知识，而是针对特定需要的特殊而有限的知识。它的目标是让那些有确定职业的人们获得特定的专业技术……在这方面，教育学院与医学院、法学院、工学院相似，与文理学院及其他的学术性学院不同。"[11] 所以正确认识二者之间的区别和差异，是设置这种新型学位首先必须解决的问题。教育博士面向的是一个特定的群体，即具有一定工作经验，且大部分处于职业发展中期并担任一定领导职务的教育工作者，[12] 因此，必须对教育博士学位的性质、宗旨、培养目标、培养方式进行正确框定，在招生入学、课程设置、指导方式、专业实践、质量控制、论文写作等方面进行合理的设计，制定出有别于传统教育哲学博士要求的标

准，避免两种学位之间的趋同，遏制教育博士培养的"哲学化"和"低俗化"，使教育博士成为一种具有真正价值和意义的学位，享有与哲学博士同等的地位与声望。同时，它更需要颠覆长期占统治地位的"学术知识优于专业知识"的观念，形成整合大学与工作场所的新的知识生产体系，并建立大学、学生及其工作场所的新的连接，从而打造出一种完全不同于哲学博士的培养体系。[13]相反，如果教育博士一味地跟在哲学博士后面亦步亦趋，一味地追求对哲学博士的模仿，或是以速成式的含金量低的培养模式为鹄的，成为一些教育学院的"赚钱机器"，"廉价"地兜售证书和学位，那么，教育博士学位很可能发展成为哲学博士学位的"缩水版"（watered down version），它既做不成"哲学博士"，也成不了"专业博士"，如果发展成为"四不像"，它还有存在的价值吗？这无疑会产生对其合法性的追问，教育博士是"一种真正的博士学位"吗？尽管亚瑟·莱文关于"在今天的教育环境中，教育博士（Ed.D）不再是一个有价值的学位"，甚至呼吁"各州取消这种含金量不高的教育领导方向的专业博士项目"[9]的言辞有些激烈，但这无疑为我们以后如何正确定位教育博士的培养敲响了警钟！

参考文献

［1］赵炬明：《学科、课程、学位：美国关于高等教育专业研究生培养的争论及其启示》，《高等教育研究》2002 年第 4 期。

［2］陈学飞著：《美国高等教育发展史》，四川大学出版社 1989 年版，第 196 页。

［3］Kolbert, J.B., Brendel, J.M., & Gressard, C.F.（1997）. Current perceptions of the doctor of philosophy and doctor of education in counselor preparation. *Counselor Education and Supervision*, 36（3）, 207-215.

［4］Archer, J.（2005）. Some Ed.D programs adopting practical approach. *Education Week*, Washington, 25（15）, 8.

［5］Jacobson, J.（2005）. Report calls for abolition of Ed.D degree and overhaul of education schools. *The Chronicle of Higher Education*, Washington, 51（29）, A.24.

［6］珍妮弗·雅各布森著，文慧译：《教育学博士的位置在哪里》，《世界教育信息》2006 年第 3 期。

［7］Jacobson, J.（2005）. The Ed.D: Who needs it? *The Chronicle of Higher Education,* Washington, 52（5）, A.20.

［8］Levine, A. Educating school leaders.［2008-03-16］. http://www.nasbe.org/projects/standard/Standard_Sept_2005_Levine%20article.pdf.

［9］Bourner, T., Bowden, R., & Laing, S.（2001）. Professional doctorates in England. *Studies in Higher Education*, 26, 65-83.

［10］California State University to launch Ed.D programs.［2008-04-17］. http://www.calstate.edu/pa/news/2007/EDD.shtml.

［11］Commission Report. The Doctorate in Education: Issues of Supply and Demand in California. ERIC document, 1987.

［12］袁锐锷、凌朝霞:《关于澳大利亚若干大学教育博士培养工作的思考》,《比较教育研究》2006 年第 9 期。

［13］Scott, D., et al.（2004）. *Professional Doctorates: Integrating Professional and Academic Knowledge*. Buckingham: Society for Research into Higher Education & Open University Press.

（本文选自《复旦教育论坛》2008 年第 3 期）

英国教育博士研究生的培养及其特征

——以伦敦大学教育研究院和格拉斯哥大学为中心

饶从满

（东北师范大学）

摘要

英国的教育博士专业学位（Ed.D，以下简称"教育博士"）教育始于 1992 年，近些年来发展迅速。与美国的教育博士作为职前学位的性质不同，英国的教育博士属于一种在职专业学位。这种教育博士一方面强调教育博士对于知识生产方面的贡献，另一方面更注重促进在职人员的专业发展。通过对伦敦大学教育研究院和格拉斯哥大学等英国高校教育博士培养的考察，我们发现英国教育博士培养至少有三个特点值得我们关注和借鉴：视教育博士为研究型学位，重视研究训练；突出过程指导与监控，注重培养质量；充分利用现代信息技术，开展网上教学。

关键词

英国；教育博士；专业博士；研究生教育

2008 年 12 月 30 日，国务院学位委员会第 26 次会议审议通过了《教育博士专业学位设置方案》，决定在我国设置和试办教育博士专业学位。2009 年，北京大学等 15 所高校被批准为首批教育博士专业学位（Doctor of Education，简称"Ed.D"）教育试点单位，2010 年开始招生。在此背景下，借鉴国外教育博士教育的经验与教训，无疑具有重要意义。有鉴于此，本文主要根据 2010 年 6 月份对英国教育博士教育的实地考察和交流，并参考有关文献，以伦敦大学教育研究院和格拉斯哥大学为中心，对英国的教育博士培养进行考察与分析。

一、英国教育博士教育发展的总体状况

1992 年，教育博士在英国首先诞生于传统的研究型大学——布里斯托大学。十年后，有将近 40 所英国大学开设了教育博士项目。[1] 据英国研究生教育委员会（UK Council for

Graduate Education）2004 年的调查，在 192 个专业博士学位项目中，62% 的项目分布在教育博士、临床心理学博士（DClinPsy）、管理博士（MD）、工商管理博士（DBA）和工程博士（EngD）等几个领域，教育博士成为英国专业博士学位教育中发展最快的领域。[2]

在此背景下诞生的英国教育博士在英国的兴起与发展主要是因为传统的哲学博士被认为不能满足那些在职教育专业人员对更高层次专业发展的需求，教育博士就是为了满足那些已经取得教育领域的硕士学位，并且希望在他们各自的专业实践领域从事研究的教育专业人员的需求。[3]

在此背景下诞生的英国教育博士，既有别于美国传统的教育博士，也不同于所谓的"第一代专业博士"。众所周知，包括教育博士在内的专业博士学位源于美国。源于美国的传统专业博士学位主要被作为一种进入专业性职业的"职前"高级职业资格（pre-service high-level qualification）。[4]而英国的教育博士主要是旨在促进在职教育专业人员专业发展的在职性质学位（an in-service award）。教育博士在英国诞生之初，大学和社会中也曾经有过教育博士是否就是一种仅通过课程学习就可获得学位的博士（taught doctorate），因而相比于哲学博士属于一种更容易获得的二流学位的困惑与迷茫。但大多数大学很快就发现情况绝非如此。[5]英国的教育博士是严格的研究本位、研究取向的学位，只不过它所要培养的不是专业研究人员（professional researchers），而是研究型专业人员（researching professionals）。

正如斯科特（Scott）等人所指出的那样，英国"教育博士学位的总体目的在于培养能够成为研究成果的消费者、评价者、管理者和生产者的人"。[6]可见英国的教育博士也有别于鲍登（Bowden）等人所说的"第一代专业博士"。根据鲍登等人的考察，盎格鲁—澳大利亚的"第一代专业博士"强调的是"通过研究对关于专业实践的知识做出重要贡献的能力"，而"第二代专业博士"似乎更看重"通过研究对专业实践做出重要贡献"。[7]前者实际上把专业博士置于专业实践中知识生产者的地位，而后者似乎并没有明确凸显专业博士的知识生产者角色，或者说它只赋予专业博士以有限知识生产者的角色。由此观之，英国的教育博士似乎更接近于"第二代专业博士"。

尽管教育博士在英国也被经济和社会研究委员会（以下简称"ESRC"）纳入研究理事会之中，而且相当一部分大学的教育博士项目也于 2001 年获得 ESRC 的认证，但是教育博士并没有像工商管理博士那样有一个组织或团体来对其进行专业管理或者为其制定统一的标准或框架。不过，世纪之交以来，以伦敦大学教育研究院为据点，设立了各大学教育博士项目负责人的一个论坛，这个论坛为相关人员每年聚集在一起交流讨论教育博士培养经验与问题提供了一个非正式的平台或网络。[8]

教育博士在英国作为在职专业博士学位，绝大多数情况下都采用部分时间制，学习年限在 3—7 年。与其他专业博士学位教育一样，教育博士也采用模块式课程结构，其中许多课程与学生的职业和工作密切关联。课程学习基本都采取群组（cohort）学习的方式进行，这与很多哲学博士项目以个人的学习与研究为主有所不同。除了课程学习之外，教育博士项目都要求学生最终提交一份学位论文。学位论文的审核方式基本与哲学博士学位论文的审核方式相似。

二、伦敦大学教育研究院的教育博士培养

伦敦大学教育研究院（Institute of Education，University of London，以下简称"IOE"）是伦敦大学联盟中一所研究生学院，为全英最大的专门从事教育及其相关学科研究的学院，2008 年开始授予 IOE 而非伦敦大学的学位。IOE 授予的博士学位有三种：哲学硕士和博士学位、教育博士学位、教育心理学博士学位。

（一）招生要求

IOE 的教育博士项目主要是为那些来自教育和相关行业，渴望拓展其专业知识，发展对实践进行研究、评价和高层次反思之能力的在职专业人员，而设计的一种专业博士学位教育项目。IOE 规定，凡是欲攻读教育博士的人，必须在教育或相关领域具有四年以上的工作经验，拥有硕士学位，且在硕士学习期间成绩优良。在申请入学时，IOE 要求申请者提供硕士学习期间的成绩单和硕士论文或论文摘要，并且要求申请者提供一份 2 000 字的陈述，简要阐述自己如被录取将打算研究什么，并说明教育博士将对自己的专业发展起到什么样的作用。

从这些规定可以看出，IOE 期望教育博士项目能够对申请者的专业发展和专业实践真正起到促进作用，不希望录取目的性不强的所谓"非本意"学生，而且 IOE 非常注重教育博士项目申请者的研究意识和研究潜力。

（二）培养方案

IOE 强调其教育博士项目旨在培养学生的研究能力和知识，期望学生在具备这种能力和知识的基础上，通过对专业实践的反思，能够对与其专业发展和工作实践相关并对其具有潜在影响的研究进行阐释、评估、实施和传播，同时也能够满足对于一个博士在学术方面的严密性和原创性的要求。IOE 在设定教育博士项目学生的预期学习结果（intended learning outcomes）时，强调要为学生在以下几方面提供机会：（1）更深刻地理解专业性（professionalism）、教育的专业背景以及学生各自的专业角色和工作；（2）更广泛地参与学术和专业共同体，拓展体验，提升自己的专业性；（3）从事对当前问题的研究与分析，以作为反思自身及其专业经验与职场实践的基础；（4）发展在研究方法和收集、分析资料的方式等方面的知识、理解和技能；（5）阅读、理解和评估一系列的研究方式。由这些规定可以看出 IOE 对于教育博士作为研究性学位的严格要求。

为了达到如上培养目标，IOE 规定，教育博士项目的基本修业年限为在职学习五年，最短不少于四年，最长不超过七年。教育博士培养共由三大部分组成：一是课程学习（taught courses）；二是聚焦于某个机构的个案研究（the institution-focused study，简称"IFS"）；三是导师指导下的原创性研究（supervised original research），即学位论文研究。

1. 课程学习

课程学习环节的目的在于培养学生的专业理解力、洞察力和研究能力。在此环节，学

生必须至少修学以下四门课程（一般在前四个学期完成）。

第一，教育领域中专业性的基础。该课程的主要目的在于：（1）考察专业性在现代社会和教育领域中的起源、性质及其变化；（2）探讨关于专业性的各种理论模式及其在真实专业情境中的适用性；（3）鼓励学员集体创造性地思考专业性的含义以及专业生活的特征；（4）使学生能够反思他们各自关于专业性的观念和各自提升自身专业实践的方式。

第二，研究方法1：教育研究中的理论与概念问题。该课程旨在将研究置于更宽广的政治和社会背景中进行考察，澄清学生在设计和实施社会科学研究时，对所面临的困境和选择的理解，具体目的是：（1）从政治和目的的角度，探讨各种不同的研究和评估方式；（2）思考知识的哲学和社会学维度，包括何谓合法性知识，解释说明的模式，理论证明和认可，客观性、概率和偶然性的性质等；（3）考察"数据"（data）在教育研究环境下的含义，以理解这些意义与研究和实践之间的关系；（4）思考研究结果传播的伦理问题和方式。

第三，研究方法2：研究过程与技能。该课程的主要目的在于：（1）使学生意识到有很多研究方法，并知晓为了研究教育问题，这些方法是如何被运用的；（2）提升学生形成研究问题和充分思考各种选择之后，选定恰当研究方法的能力；（3）鼓励学生集体创造性地思考回答研究问题的可能方式和思考研究管理的问题；（4）使学生具备资料收集和分析能力以及课题管理能力；（5）发展研究报告的写作和报告能力。

第四，专业研究方向课程。专业研究方向课程属于选修课程，要求学生根据自己的研究方向和兴趣，在以下四门课程中选修一门：（1）当代教育政策；（2）课程、教学和评估；（3）教育组织中的领导与学习；（4）后义务教育阶段的教育、培训和终身学习。

每门课程的学习评价主要基于课程学习期间提交的一篇5 000字左右的书面作业进行。书面作业通过Blackboard在线教学管理平台提交给任课教师，在收到任课教师在线反馈意见之后，学生再进行修改；修改后再次提交，将由两位IOE内部审查者对作业进行最终评价。全部课程学习环节结束后，学生需要提交一份由四篇课程作业和一篇反思性陈述组成的档案袋，以作为第二学年末的正式进展评估的基础。

2. 聚焦于某个机构的个案研究

在顺利完成课程学习环节之后，学生就要进入到聚焦于某个机构的个案研究研究阶段。所谓聚焦于某个机构的个案研究，是学生在指导教师的指导下，做一项与自己职业有关的某个机构或组织的个案研究，以养成对于研究方法的理解和运用能力。尽管IOE没有要求这项研究必须是关于各自工作单位的，但是大多数学生都选择研究自己的职场。IOE要求学生在完成这项研究之后，撰写一份约2万字的研究报告，报告要能够展现这项研究对拓展自己的专业理解和促进自身专业发展的作用。学生通常要在第三学年末之前完成这种个案研究并提交报告。IOE会安排两位内部审核者和一位外部审核者对学生提交的个案研究报告进行评价，而且评价结果最终要得到教育博士审核委员会（Ed.D Board of Examiners）的确认。

3. 学位论文研究

学生在完成聚焦于某个机构的个案研究之后，进入学位论文研究阶段（通常是第四学年开始）。所有教育博士项目的学生要获得学位，必须在选定的专业领域提交一篇基于自己独立开展的研究而撰写的大约 45 000 字的学位论文（不含附录、参考文献目录，但包含脚注、尾注、术语汇编、地图和图表）。论文的审核和评价按照哲学博士论文一样的标准进行，要求除了必须"对所研究领域的知识构成有明显的贡献，经得起原创性检验，并能够展示作者独立开展研究的能力"，还需要展示作者对于专业性和自身专业角色的理解，以及论文对于作者自身专业发展的贡献。在学生正式提交学位论文之前，导师一般会请一位同事（通常是指导小组成员）通读博士论文全文，给出反馈意见。正式的论文审查和答辩通常由 2 位专家（一位为 IOE 教师，一位为外部人员；必要时两位都是外部人员）共同进行。与哲学博士论文答辩有所不同的是，允许教育博士学生在答辩开始时做 10—15 分钟的论文陈述（属于自愿）。答辩时允许导师以观察者的身份在场，以便导师了解审查者提出的评论和建议，从而在答辩后更好地指导学生。另外，IOE 还为每位学生的答辩设立一位独立主席（independent chair）。独立主席不参与论文答辩的学术性事务，而是以一位中立观察者的身份出席答辩会，确保答辩在程序上符合规定，公平公正地进行。

（三）培养方式

IOE 的教育博士培养采取导师负责和集体指导相结合的方式进行。学生一旦被录取，IOE 就会根据学生的研究领域为其分配一位导师。导师负责对学生的学习提供全程指导。除此之外，教育博士培养的每个环节都有强大的团队支持着学生的学习。

每门课程的教学都由一个课程团队来负责实施。通常课程学习的实施方式是要求学生每学期参加三次由 IOE 组织的集中学习，每次 2 天（通常是周五和周六）。在此阶段，导师的主要任务就是每学期审核一次所指导学生的学习进展情况，并指导其寻找可能的研究领域。在学生课程学习期间，IOE 要求导师除了通过电话、邮件等方式进行指导之外，必须每学期至少对学生进行面对面指导一次。

进入聚焦于某个机构的个案研究阶段之后，IOE 要求导师必须每学期对学生至少指导三次。除了导师的指导之外，IOE 还为进入该阶段的学生举办工作坊（IFS workshops），指导和支持学生开展此项个案研究。这种工作坊每学期一般举办两次，IOE 要求学生参加这种工作坊。还有一点值得指出的是，IOE 还利用 Blackboard 这一网络平台，开设了"虚拟研究工作坊"（virtual research workshop），旨在帮助学生制订个案研究计划，巩固和拓展对于研究方法的理解。

在进入论文研究阶段之后，IOE 除了继续要求导师每学期对学生至少指导三次之外，还为学生每学期举办学位论文工作坊（thesis workshop），并要求学生参加。作为对导师指导的一种补充，这个工作坊为进入论文研究阶段的学生提供从撰写研究计划直到论文答辩的全程支持。在这个工作坊中，学生获得的不仅有来自其他教师的指导，也有来自同学给出的建议。

除了上述之外，IOE 还为所有的博士生都各自安排了一个指导小组（advisory panel）。指导小组通常至少由三名成员组成，其中一人是学生自己的导师。指导小组的主要职责是：（1）监督学生年度学习进展审核的实施，确保对学习进展的监控；（2）在导师之外，为学生的学习等提供形成性反馈或评估；（3）在导师离开 IOE 或因休假而不在 IOE 时，确保指导的连续性；（4）规定一位小组成员在学生开始收集数据或进行田野工作之前，对其研究进行是否关涉伦理问题的审查；（5）监督学生在进入学位论文阶段之前的研究计划的正式审核，并且在需要时参与审核；（6）在指导教师提出协助请求时，为学生提供指导。

（四）评价方式

IOE 对于教育博士学生的评价方式有两个特点值得关注。

1.注重过程监控

为了确保学生能够在规定的修业年限内完成各培养环节，IOE 建立了全程审核学生学习进展情况的一整套程序。这套程序除了前述各培养环节的具体措施之外，还包括以下三个程序。

第一，年度进展审核。每学年末，学生都须和导师一道回顾一下自己过去一年的学习进展，并提交一份年度进展报告。教育博士项目团队和学生所在的系会根据这份报告掌控学生的学习情况，确保教育教学、导师指导和支持是否达到要求，及时发现学生或导师遇到的困难。负责学士后研究工作的系主任会代表系研究生委员会对所有学生的年度进展报告进行检查。

第二，进入聚焦于某个机构的个案研究阶段之前的审核。学生要进入聚焦于某个机构的个案研究阶段，需满足两个条件：（1）提交了由四篇合格的课程作业和一篇反思性陈述组成的档案袋，并经指导小组成员审核合格；（2）个案研究计划获得教育博士项目团队的批准。此项审核通常在第二学年末进行。

第三，进入论文研究阶段之前的审核。审核的主要内容一是聚焦于某个机构的个案研究，二是博士论文研究计划。负责审核的是由导师之外的 2 位专家组成的审核小组（review panel），其中有一人可能是指导小组成员。他们二人负责阅读学生提交的书面材料，并开会讨论。审核会要求学生到场接受询问。

2.注重引导学生对各培养环节之间的整合性理解

这主要体现在以下两方面。

第一，要求学生在提交四篇课程作业之同时，提交一份大约 2 000 字的反思性陈述。这份陈述一般包含以下内容：（1）对作业内容的简单描述和反思，包括从撰写作业中获得的新洞见和理解；（2）对作业之间以及课程与作业之间关系的反思；（3）说明从教师获得的反馈在多大程度上影响了自己的学术思维；（4）思考教育博士的学习与自身的专业实践和发展之间的关系；（5）证明自己已经形成关于聚焦于某个机构的个案研究和学位论文的想法，并揭示课程学习与这些想法之间的关系。

第二，要求学生在博士论文的正文之后附上一份大约 2 000 字的陈述。陈述一般包含以下内容：（1）对于自己在整个培养期间学习经验的总结和综合；（2）在各要素之间建立联系；（3）说明教育博士项目对自己的专业发展和知识积累的作用。论文答辩时审查的不仅是论文本身，而且包括学生对教育博士培养方案中各个环节和要素之间的关系和整合性的理解。

三、格拉斯哥大学的教育博士培养

格拉斯哥大学（以下简称格大）始建于 1451 年，是英国第四古老的大学，现在是一所研究型综合性大学。每年大约有 16 500 多名本科生，5 000 多名研究生在格大学习，生源分布广泛，达 120 多个国家。[9] 格大教育学院是格大成立时间最短的学院，它提供的研究生教育包括硕士学位教育和教育博士教育两个层次。

（一）招生要求

格大的教育博士项目主要招收在各级各类教育、培训和开发机构或相关组织工作的专业人员。迄今为止，格大的教育博士项目的学生主要来自中小学、继续和高等教育机构、地方政府和健康教育机构。入学要求是申请者必须具有教育领域的硕士学位或相当的资格。

（二）培养方案

格大教育博士项目的总体培养目标是：（1）提升学生分析、评估、质问和运用相关教育理论、原则和概念所需的批判性反思意识与能力；（2）提升学生对专业实践、政策发展和分析、教育未来和研究活动的理解；（3）使学生具备参与分析、评论、应用和生成与其专业工作环境相关并对其产生影响的教育实践、政策和研究的能力。从这一总体目标规定以及格大对教育博士项目学生预期学习成果的具体规定来看，格大强调教育博士培养与学生的专业实践和发展的相关性，并聚焦于研究、政策与实践三者之间的相互关系。这也是教育博士项目与哲学博士之间的主要区别。不过，格大也强调，教育博士项目在学术要求的严格程度和地位上丝毫不亚于哲学博士，它是为那些要在教育领域从事高级研究者提供的一种既有专业实践相关性，又有严格学术要求的创新型培养项目。[10]

格大的教育博士项目是一种五年制的部分时间制远程教育项目。不过格大考虑到教育博士属于一种成人在职学习，允许学生休学一定的时间。格大的教育博士项目要求学生修学 540 学分（80 学分属于硕士生层次，460 学分属于博士生层次）。整个培养包括课程学习和学位论文两大部分。第 1—3 学年通常属于课程学习阶段，在此阶段学生需要修学 6 门课程，共 240 学分；第 4—5 学年通常属于学位论文阶段，折合学分为 300 学分。

1. 课程学习

第一学年，一般开设如下两门课程。

第一，专业学习与实践中的批判性反思。该课程的主要目的在于：（1）探讨专业发展和实践中反思的概念；（2）质问反思型实践者观念；（3）考察和开发批判性反思的方式。

第二，教育政策。该课程的目的在于：（1）帮助学生理解教育政策研究中的主要方式；（2）使学生具备批判性地反思政治与公共政策之间关系的能力，包括帮助学生理解新自由主义和"第三条道路"政治；（3）提升学生对于这些政策研究范式背后的基本假定以及它们对于专业实践之影响的意识；（4）帮助学生意识到当代教育政策研究中的主要议题；（5）使学生具备在国内或国际环境下开展关涉重要教育问题的政策研究所需的知识和能力；（6）将政策置于当代关于全球化讨论的背景中进行考察。

第二学年，学生通常修学开设的以下两门课程。

第一，教育之未来。该课程的主要目的在于：（1）针对教育之未来，批判性地评估一系列当前和预期的问题、关切和可能性；（2）鼓励批判性地、缜密地研究教育之未来；（3）评估全球化背景下教育之未来；（4）考察未来教育促进全球社会公正的方式。

第二，伦理与教育。该课程的主要目的是：（1）帮助学生形成一种对于教育研究中关键性伦理概念的批判性理解；（2）评价现代教育思想中的主要趋势与学派；（3）评价关于教育促进公平和社会公正的各种社会学和哲学的视野。

第三学年，开设如下两门课程。

第一，开放研究1：提升研究方法——教育探究中的选择与挑战。该课程的主要目的是：（1）提升学生对教育研究过程的知识、理解和运用能力；（2）为学生提供评估各种研究方式、方法论以及与学生各自关心的研究话题相关的研究方法的机会；（3）帮助学生就博士论文的选题做出明智、可行的选择；（4）使学生具备质问和阐明研究、政策、实践之间关系的能力；（5）为学生提供分析、评价和建构适于教育研究的话语的机会；（6）使学生能够设计一个可在开放研究2中实施的尝试性研究。

第二，开放研究2：运用研究方法。该课程的主要目的在于：（1）拓展学生在博士层次上对于教育研究过程的知识和理解，并且使其能够将可能要用于博士论文的研究方法直接运用于小规模研究；（2）使学生能够顺利完成最终博士论文的研究计划；（3）使学生能够根据尝试性研究进行研究设计、批判性的评估和报告；（4）帮助学生思考和阐明研究、政策、实践之间的关系；（5）提升学生评估和构建适于学生所选择的教育研究方式的话语。

2.学位论文

在此阶段，学生在指派的导师指导下开展一项研究课题，完成5万—6万字的学位论文。博士论文要求能够展现学生以下几方面的能力和素质：（1）在所研究领域具有适当的知识基础；（2）独立批判能力；（3）明显的知识贡献；（4）熟悉如何恰当地运用教育研究方法；（5）使用了恰当的写作和呈现风格；（6）对专业实践进行了批判性反思。由此规定可以看出，格大对教育博士学位论文的要求，一方面强调论文在知识生产方面的贡献，另一方面也强调论文与专业实践的关联性。

（三）培养方式

格大的教育博士项目在培养上，以弹性的、提供援助的网络学习为主要手段，辅之以周末在格大的集中强化学习（每门课程有一个强化学习周末）。

格大基于虚拟学习环境——"摩灯"（Moodle）网络学习平台开展教育博士培养。该项目强调建设和维持一个挑战性和援助性兼具的网络学习共同体，以推进教育博士培养。格大教育学院或教师会把每门课程要求学生阅读的文献转换成数字化资源，放在网络平台上，学生可以凭借学院提供的密码在平台上下载资料。教师会根据需要，适时地给学生提供弹性化的支持。对学生的支持主要借助网络平台，采用集体和个体讨论与交流的形式进行，辅之以电子邮件、电话和适当时的面对面指导。而且，越来越多的教师和学生经常借助免费的全球语音沟通软件（SKYPE）进行同步交流。

所有教育博士项目的学生都自动被注册为教育博士共同空间（Ed.D Common Room）的成员。这个共同空间会在如何使用"摩灯"平台、学术规范、大学校内外的各种资源等方面给学生提供帮助和建议。在学生开始教育博士项目第一门课程学习之前的三周里，在第一门课程的网络空间和环境中，教师会给学生提供一个入门培训。这个培训旨在确保所有学生能够使用"摩灯"平台开展他们的正式学习。

第1—3年的课程教学除了网络在线学习之外，都相应地设置了一个必修的周末，集中强化学习环节。这个环节的主要作用在于为学生分享与课程相关的学习体验和专业实践经验提供指导和互动交流的机会。在第4—5年的博士论文撰写期间，根据需要每年会设置一个周末学校（通常是三天）或双日学校环节。

当学生进入到博士论文阶段时，除了继续作为基于"摩灯"的网络学习共同体成员，每个学生还会被指派一位导师。在撰写论文阶段，学生和导师每年要提供一份进展报告，教育博士项目负责人尽管是非正式，但却定期地对年度进展报告进行检查督促。项目要求学生通常每周至少要在线一次，参与讨论和其他课程活动，要完成各阶段的所有要求。

（四）评价方式

格大教育博士项目实施的特色在于其构建和维持了一个在线学习共同体。相应地，评价方式也体现了网络学习的特点，即主要根据学生在线或在网络学习的"空间"中的参与、互动、讨论和相互之间的评价等情况进行形成性评价。为了支持学生的学习和进步，项目设计了大量的形成性反馈，这些反馈不仅来自于教师，也来自于学生之间；形式也多种多样，或是粘贴讨论帖子，或是回答提出的讨论问题，或是关于核心学习活动的，包括作业。

除了形成性评价之外，每门课程都要根据一份大约5 000字的书面作业进行终结性评价，这份作业要求能够展示学生对这门课程的知识掌握、能力和运用情况。终结性评价作业一般会给学生留有一定程度的弹性空间，以便学生可以根据个人的专业需求和环境进行调整。

需要指出的是，六门课程中的"专业学习和实践中的批判性反思"和"教育政策"这两门课程（通常在第一学年学习）是按照硕士水平进行评价的。教育博士学生要获得教育博士学位，还必须提交5万—6万字的博士学位论文，对论文的审核方式与哲学博士相同，要求有两位专家进行审核，一位是内部专家，一位是外部专家（如果是内部人员攻读教育博士，则两位审核专家均须是外部专家）。内部审核专家通常是教育学院教师，应该是与该博士生的论文指导工作没有密切联系的人员。

四、英国教育博士培养的特征

通过以上对英国的教育博士教育，特别是 IOE 和格大的教育博士培养的考察，我们可以发现有以下几个方面特征值得关注和借鉴。

第一，视教育博士为研究型学位，重视研究训练。在英国，无论是在 IOE，还是在格大，教育博士一般都被视为与哲学博士相同的研究型学位（research degree）。尽管英国的教育博士项目并不以培养专业研究人员为目标，但是却高度重视学生通过研究实现自己的专业发展和实践改进，因此，在研究方面的要求丝毫不亚于对哲学博士的要求。也正因如此，英国的教育博士项目不仅在论文研究阶段，而且在课程学习等其他环节，都高度重视研究训练。在课程学习环节重视研究训练，不仅体现为重视研究方法课程（注重研究过程而非具体的研究方法），同时也体现在课程学习不追求给学生提供多少系统的知识，而是注重为学生批判性地思考和研究教育问题提供指导和训练。

第二，突出过程指导与监控，注重培养质量。虽然教育博士在英国的历史尚短，但其获得的地位与社会声誉却丝毫不亚于哲学博士。这与英国各高校具有极强的质量意识不无关系。对于在职人员来说，由于时间和空间的关系，要在规定的期限内顺利完成教育博士学业，过程的指导与监控显得尤为重要。因此，英国的许多高校（这一点 IOE 表现得尤为突出）都非常重视过程指导与监控，并将过程指导与过程监控有机结合，相得益彰。

第三，充分利用现代信息技术，开展网上教学。现代社会是一个信息化社会，现代教育技术也被广泛运用于教育之中，英国也不例外。在教育博士培养中，针对成人在职学习的特点与需求，格大、IOE 等英国大学都借助网络学习平台构建学习共同体，一方面通过网络为学生提供丰富的数字化资源；另一方面为教师与学生、学生与学生之间的交流提供空间与机会，深化了学习的成果，在很大程度上弥补了集中学习时间短的不足。

参考文献

［1］［3］［5］［6］［8］Scott，D., et al.（2004）. Professional Doctorates: Integrating Professional and Academic Knowledge. Berkshire: Society for Research into Higher Education & Open University Press.

［2］Powell, S. & Long, E. Professional Doctorate: Awards in the UK. UK Council for Graduate Education, 2005.

［4］National Qualifications Authority of Ireland. Review of professional doctorates. ［2007-11-01］. http://www.eua.be/fileadmin/user_upload/files/EUA1_documents/Review of Professional Doctorates_Ireland2006.1164040107604.pdf.

［7］Bowden, R., Bourner, T., & Laing, S.（2002）. Professional doctorates in England and Australia: Not a world of difference. *Higher Education Review*, 35（1）, 2-23.

［9］Student numbers.［2010-07-19］. http://www.gla.ac.uk/about/facts/studentnumbers.

［10］Department of Educational Studies, University of Galsgow. Doctorate in education （Ed.D）.［2010-07-21］. http://www.gla.ac.uk/departments/educationalstudies/postgraduate studies/doctorate in education edd.

（本文选自《外国教育研究》2010 年第 11 期）

透视美国教育博士学位：历史变迁与发展趋势

徐铁英

（北京大学）

 摘要

美国教育博士学位教育自 1921 年哈佛大学开始，已有近百年的发展历史，其历史发展过程可以划分为三个时期：萌芽期、上升期和平台期。美国教育博士学位在其百年发展中出现了诸多问题：培养目标定位不明，与哲学博士学位相似度较高，自身的质量保障体系不够完善等。当前美国教育博士学位已出现改革的趋势。

 关键词

教育博士；专业学位；美国

教育博士（Doctor of Education, Ed.D.）是一种不同于教育学博士的专业学位。自 1921 年美国哈佛大学率先设立教育博士专业学位以来，这一学位教育已有近百年的发展历史。在这个过程中，支持和质疑同在，机遇与挑战并存。

一、美国教育博士学位的历史变迁

按照美国教育博士的产生和发展趋势，可将其历史变迁过程划分为三个时期，即萌芽期、上升期和平台期。

（一）萌芽期（20 世纪初至 1921 年）

20 世纪初的职业训练模式普遍采用学徒制而非正规学习，为了回应人们对这种训练模式的不满，法律、医学和教育等领域开始出现专门职业教育。[1]这些职业开始寻求可以确定和建立训练方式的方法以期培养出胜任该职业的专家。最早采取的措施就是"将专门职业与现代美国大学联系起来"[2]，借助高等教育机构的正式学习，为职业提供高质量的人才。

教育领域的专业培养与大学之间的联系可以追溯到 1879 年，当时密歇根大学创建了"文理科教学席位"[3]。各大学纷纷效仿，到了 1890 年，美国全国大学和学院里共有 31 个教育的教授席位。[4]1893 年，明尼苏达大学把教育学设置成为一门研究生课程，随后

爱荷华大学和密歇根大学也开始为研究生提供教育方面的课程，同年，哥伦比亚大学教师学院设置了第一个教育学科的哲学博士学位（Ph.D. in Education）。

而同一时期，哈佛大学教育学院院长查尔斯·埃略特倡导大学学习专门化以提高对社会的有用性。他为教师创办了师范课程。但是一些来自历史系、哲学系的教师都否认教育是一门科学，他们认为那些教育原则对于孩子的管理和教育并不充分，而且教师是自然拥有教学天分的，不需要（在教学技能和知识方面）进行专门训练。因此，教育的专业化之路从一开始就在反对的声音中寻找生存机会。直到1921年，亨利·霍姆斯注意到了哈佛大学在教育从业者的职业培训中的作用，成立了哈佛大学教育研究生院[5]，并创建了教育博士学位，这一学位是为那些有成功教学经历、拥有"生物学、心理学和社会科学的职业知识"、寻求学校系统内更高职位的学生而设的。该项目的学习内容囊括了教育的五个领域以及教育的社会理论、教育史和教育心理学方面的学习。学位论文要求学生实施一项独立的调查，充分利用现有的知识，并产生"在重要性和价值方面有建设意义的成果"。设立该学位的目的是提供严格的课程学习，强化候选人的知识和技能，更好地为他们成为学校管理者做准备。[6]霍姆斯认为教育博士能够使学院致力于培养那些期望成为学校管理者的有一定年龄的、经验丰富的男性教师，同时他还设想哈佛大学教育研究生院能够从哈佛大学文理学院中独立出来，因为这"意味着认同教育是一个专门职业的主张，而且这会吸引更多的研究生前来就读"。[7]他相信教育博士和教育硕士这两种专业学位的意义是深远的，不仅可使教育学从文理学院中分离出来，同时也象征着教育的声望与自治权。然而，霍姆斯的同事们却担心这些新学位会被人们认为没有哲学博士和文科硕士那么有价值，这些忧虑使霍姆斯在教育研究生院中保留了哲学博士学位。但是校长却秉承哈佛大学学术分权，认为教育学院不能颁发两种学位，哲学博士学位应由文理学院专门授予，教育研究生院只能授予教育博士学位，这样一来，就从本质上确立了该学位的独立性，使教育博士学位成为哈佛大学教育研究生院所颁发的唯一博士学位类型。[8]至此，美国教育博士学位教育拉开了发展的序幕。

（二）上升期（1921年至20世纪60年代中期）

继1921年哈佛大学创建教育博士学位之后，加利福尼亚州立大学伯克利分校于1921年、斯坦福大学于1927年、哥伦比亚大学于1934年也纷纷建立起教育学院，实施研究生教育，并颁发两种博士学位。在哥伦比亚大学，教育博士项目包括三年的课程学习、笔试、口试以及项目报告。其中，课程学习包括"教育领域的职业人士的共同议题"，最初包括诸如历史、哲学和心理学等方面的基础课程，后来也把"教育管理、指导以及课程和教学"纳入课程体系。最后的论文涉及的研究主题常常包括对课程发展的调查、行政和制度改革等议题，超出了哲学博士的研究主题范围。[9]随着越来越多的大学设置教育博士学位，人们对获得教育博士学位的兴趣持续增加，就读人数也逐年增长。到20世纪40年代后期，教育博士学位与教育专业的哲学博士学位的授予人数相同，并在其后的二十年间仍然继续保持强劲的增长。[10]

值得注意的是，这一时期已经有研究者开始关注教育博士的培养及其与哲学博士之间的差异。1930年，乔治·华盛顿大学的教授沃尔特·门罗对教育学科的博士生培养进行了一次调查，调查对象为当时的6所授予教育博士学位的院校，即波士顿大学、哈佛大学、约翰·霍普金斯大学、南加利福尼亚大学以及斯坦福大学。调查结果显示，在核心要求方面，最初两种博士学位都有对外语的要求，但是后来教育博士学位不再做此要求。此外，教育博士学位对候选人有职业经验的要求，而哲学博士候选人没有。而关于研究的要求方面，两者是相同的，即"对现有的知识进行组织，而不是发现新的真理"。[11]

20世纪50年代晚期，美国教师教育学院联合会为了回应人们对两种学位之间的优劣差异的关注，发起了一项研究，调查两种学位的差异。当时，人们普遍认为哲学博士"是一种学术研究性学位"，而教育博士"是一种从业者的职业学位"。[12]为了验证这种看法，该研究对1956—1958年的91所院校的教育博士和哲学博士学位获得者们的能力、职业动机和工作满意度进行了调查，发现无论是智力、能力还是在某个职业岗位的成就都没有显著差异。[13]而同一时期的另一项研究通过对入学要求、资格考试、论文等方面的考察，也发现很难对这两种学位做出区分[14]。正如亚瑟·莱文所指出的那样，两种学位之间旷日持久的混淆和相似"从一开始就出现了"[15]。

（三）平台期（20世纪60年代中期至今）

这一时期，教育博士的授予数量逐渐下降并趋于稳定，相比之下，哲学博士学位则从20世纪50年代开始得到了稳定发展，从80年代开始超越教育博士，此后一直处于领先地位（如图1所示）。

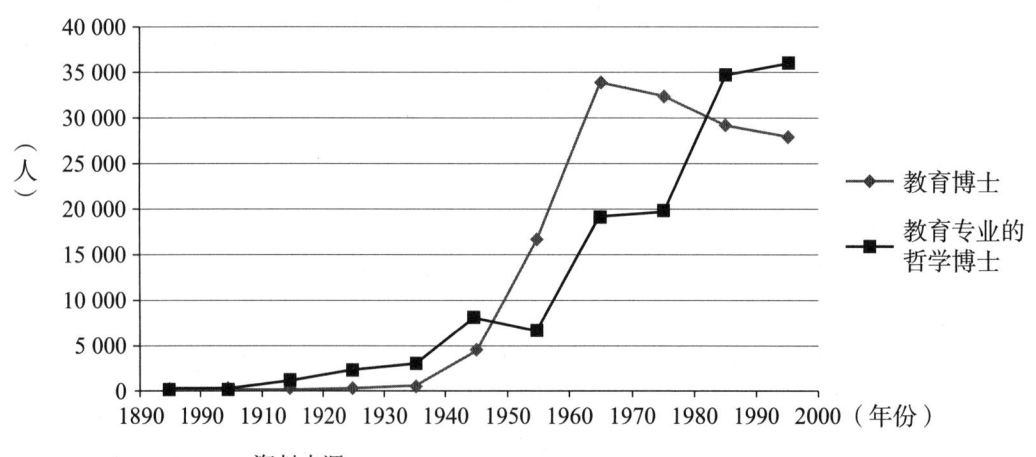

资料来源：ProQuest Dissertations and Theses Database。

图1 美国教育博士与教育专业哲学博士学位授予人数趋势

教育博士学位的发展从20世纪60年代中期开始之所以出现下降，一是从20世纪60年代早期开始，科学研究得到了美国联邦政府的更多关注，联邦基金对科学研究的资助也日益增加，这种资助政策制约了专业学位的发展。另一个原因则是因为尽管教育学院的数量在日益增加，但是与医学院和法学院相比，教育学院要树立其专业学院的形象仍然需要继续努力。专业学院的形象往往是通过专业人才的培养来实现的，而教育学院在培养教育博士和哲学博士时，往往区别不甚明显，这进一步增大了教育学科专业化的难度。区分这两种博士学位的主要问题就在于"研究性学位与专业实践性学位相比声望更高"[16]，学位要求的一致性、论文主题的相似性以及选择攻读哲学博士学位或进入教育博士项目不久后就转而攻读哲学博士学位的学生越来越多，这些情况都阻碍了教育博士的进一步发展。

这一时期，研究者们对教育博士与哲学博士之间的区别进行了大量调查研究。如1978年哥伦比亚大学教育学院院长劳伦斯·克雷明对教育学科在专门职业方面的培养进行了研究[17]，在审视哈佛大学教育博士的课程时，他注意到两点。首先，与哥伦比亚大学教育学院相比，哈佛大学的"课程设置不够多"；其次，在学位要求上，哈佛大学的教育博士与哥伦比亚大学教育学院的哲学博士颇为相似。唯一的不同在于哈佛大学教育博士的学位论文可以有非常宽泛的主题选择。通过查阅两个院校的论文，发现20世纪20年代，这两个学院的学位论文相似度很高。在整个20世纪20年代，哈佛大学的许多师生都不清楚教育博士的本质，这一学位"尽管声称其目的是专门职业的而非学术的，但是仍然被认为与哲学博士学位殊途同归"[18]。

综上所述，在这一时期，大量的调查和研究都在试图弄清教育博士与哲学博士的区别，因为这关系到教育的专业化之路以及两种博士学位的良性发展。

二、美国教育博士学位的发展趋势分析

进入21世纪，美国教育博士学位的发展出现了诸多问题，这些问题一方面是由于历史原因造成的，如教育博士学位的培养目标定位不明，与哲学博士学位相似度较高；另一方面也是由于教育博士学位自身的质量保障体系不够完善所造成的。因此，改革已经成为当前美国教育博士学位教育的主要趋势。

表1　基于卡内基大学分类的教育学科博士学位授予情况[20]

大学　　　　　　　　百分比	仅授予哲学博士学位	仅授予教育博士学位	授予两种学位
研究综合型大学	26	6	68
研究密集型大学	20	45	35
一类硕士教育层次的学院和大学	18	70	11
平均	22	40	39

（一）改革的背景：教育博士的培养质量令人担忧

据统计，在美国现有的约25万名教育管理人员中，绝大部分来自全美大约600个高校的研究生授予项目[19]，教育博士学位也是这些教育管理人员所追求的终极学位。进入21世纪以来，美国大学在教育学科领域中授予的哲学博士学位与教育博士学位都随着大

学的增多和生源的扩大而有大幅度的增长，值得注意的是，一部分非研究型大学（一类硕士教育层次的学院和大学）也开设了教育博士项目（见表1）。这引发了人们对教育博士的培养质量的担忧。2005年3月，即将离任的哥伦比亚大学教育学院院长亚瑟·莱文在对大学校长、教职员工、学校主管、毕业生进行全国范围的调查以及对28个教育学院（系）进行案例研究的基础上，发表了名为《培养学校领导》的研究报告。报告显示，美国一些大学的教育管理博士项目的确存在着以下一些严重的问题。

（1）不相关的课程：被调查的毕业生中，89%的人认为他们所学的课程与学校领导工作不相干，39%的人认为课程已经过时。

（2）入学标准低：教育领导项目的学生标准测试成绩在所有博士培养项目中是最低的。

（3）师资力量薄弱：教育管理博士项目过多使用助理教授，这些助理教授大多缺乏实践性的专业知识，同时，即使是那些全职教授，也很少拥有或根本没有作为学校管理者所需的实践经验——教师中仅有6%是校长，2%是督学。在精英研究型大学中，也仅有55%的教授可以被称为高产型学者。

（4）诊断指导不充分：教育领导项目中的专业管理者素质从"优秀到极差"参差不齐，而且几乎很少有项目建立师生督导关系，大多数全职教授没有起到真正有效的指导作用。

（5）拙劣的科研：教育领导项目中的科研活动与教育实践相脱离。实际上，1987年的一次全国会议就建议取消60%的教育管理项目，但是这种呼声不仅没有得到关注，而且在随后的几年里，这些项目的数量反而增加了20%。

正如莱文所批评的那样，一些教育学院把教育领导项目当作"赚钱机器"，"廉价"地兜售证书和学位；而学生感兴趣的也仅仅是给其带来的工资上涨和职位升迁的学位，全然不顾究竟能从中学到多少有用的东西。[21]

（二）改革初期行动：探索教育博士学位的培养模式，以保障培养质量

2006年，李·舒尔曼等人再次对教育博士和哲学博士的区别进行了讨论[22]。他们敦促所有教育学院正面博士生教育问题，否则"促进知识的发展和培养高质量的从业人员将成为不可能完成的使命"。他们认为教育博士"名不符实"，对从业人员的训练与对研究者的训练非常相似，以至于目前教育博士被人们界定为"比哲学博士学位要求少、不用全日制学习和住宿"，成为"次哲学博士学位"。作为卡内基教学促进委员会主席，舒尔曼严厉指出："我们现在已陷入尴尬境地，我们既没有培养教育博士的那种令人赏识赞美的模式，也没有培养哲学博士的优秀模式，因为我们基本上是在用相同的模式来培养两者，不管培养的是教育博士还是教育学科的哲学博士"。

2007年年初，美国卡内基教学促进委员会发起了预计为期三年的重新评估教育博士行动（Carnegie Project on the Education Doctorate），其目的不仅是研究教育博士的现状，也是为了通过25所院校的参与，在三年的时间里协力改革，使教育博士学位和哲学博士学位得以区别开来，使教育质量得以提升，以培养高水平的教育从业人员为国家教育体系服务。参与改革的院校正在对其教育博士培养目标和原则进行重新考察，并提交报告。

研究者们也针对教育博士与哲学博士的界限不清以及教育博士质量问题进行了深入探究，他们指出，当前许多教育博士学位与哲学博士学位缺乏在教学对象、教学方针、课程设置、评估方式等重要方面的区分。比如很多教育博士专业极大程度地依赖哲学博士的教学大纲和内容，要求学员写与实际工作相去甚远的研究性毕业论文。但由于大多数教育工作者缺乏相关的训练和技能，这些项目又不得不降低对研究论文的标准。明确教育博士的定位是提高其质量和成效的关键，其定位应当参考以下几个方面：（1）学位宗旨在于培养有学者能力的实际工作者，是培养面向第一线的教育管理人员；（2）以提高实际工作效率为教学目的，将治学的重心置于应用性；（3）对应用性的重视不能减弱学位的要求，必须通过严谨的科学训练，培养理论思维和分析、运用实证信息和方法的能力；（4）跳出教育的框架，引进管理学科的理念和模式；（5）明确统一的质量标准，使学位得到广泛的认可。[23]

此外，舒尔曼等研究者还提出了一个解决方案，即创建一个培养从业人员的最高水平的学位——专业实践博士（Professional Practice Doctorate，P.P.D.）。他们认为这个新学位的名字并不是关键的，重要的是它将提供一条加强博士训练和在两种学位之间划清界限的路径。此外，他们还对教育学院院长联席会的建议发出质疑——联席会建议通过审视专业从业人员的评价办法以及思考教育学院如何联合起来共同"改造"教育博士，舒尔曼等人则主张专业博士的培养应该重视学生的工作经验和他们非全日制学习的情况，应该以一种与哲学博士生学习要求同等严格的方式教会专业博士生应用性研究方法。

三、结语

教育博士学位在美国的发展历史与经验对我国教育博士学位的发展有着重要的借鉴意义。在美国教育博士的百年发展中，争议一直是其主题。而教育博士学位的问题，在于尽管这一学位满足了人们提高社会地位的需要，但是却没有相应地提供公众所期望的像医学、法律和工程领域那样拥有高水平的专业知识和能力。改革将成为21世纪美国教育博士学位能否继续发展下去的动力。正如詹姆斯·格思里所指出的那样，"在过去，用单一模式来满足研究型和专业型的双重目标的博士教育是可能的，甚至是切合实际的……过去一个人想在研究领域和专业实践领域自如地切换是可能的，而这种做法在今天已行不通了，现代教育研究在研究范式上日渐严密，甚至连20世纪晚期的研究状况都不能与今日相比了。这些研究技能与意义理解需要花费时日去学习，需要在分析和研究中，而不是仅仅通过讲座和书本获得；而另一方面，专门职业的技能和理解包括了技术和专业的复杂性，诸如关于人类学习的知识、对课程目标的理解、对现代教育测量方法的熟悉、善于依靠数据进行管理、对组织复杂性的感知、对政策的评估、对预算过程的理解等方面，这使得成为一个教育领导的要求变得更加复杂，更加专业化和技术化，而不仅仅只依靠科层上、政治上的努力。研究者和专业人士应各司其职，证书互换和角色互换都是不可想象的，更不消说是违法的"，因此，"针对研究和实践两种不同的情况而采取一种单一的培养方式已经不切实际了"。[24]

参考文献

［1］［6］［7］［9］［17］Cremin, L.A.（1978）. *The Education of the Educating Professions*. Washington D.C.: American Association of Colleges for Teacher Education.

［2］［4］［16］Clifford, G.J. & Guthrie, J.W.（1988）. *Ed School: A Brief for Professional Education*. Chicago and London: University of Chicago Press.

［3］Hazlett J.S.（1989）. Education professors: The centennial of an identity crisis. In R.Wisniewski, E.R. Ducharme, & R.M. Agne（eds.）, *The Professors of Teaching: An Inquiry*（pp.11-29）. Albany, NY: State University of New York.

［5］［8］［18］Powell, A.G.（1980）. *The Uncertain Profession: Harvard and the Search for Educational Authority*. Cambridge, MA: Harvard University Press.

［10］Brown, L.D., & Slater, J. M.（1960）. *The Doctorate in Education Volume I: The Graduates*（p.24）. Washington, D.C.: American Association of Colleges for Teacher Education.

［11］Freeman, F.N.（1931）. *Practices of American Universities in Granting Higher Degrees in Education: A Series of Official Statements*（Vol.19）. Chicago: University of Chicago Press.

［12］［13］Ludlow, H.G.（1964）. *The Doctorate in Education*（p.22）. Washington, D.C.: American Association of Colleges for Teacher Education.

［14］Eells, W.C.（1963）. *Degrees in Higher Education*（p.15）. Washington, D.C.: The Center for Applied Research in Education.

［15］［20］Levine, A. Educating researchers.［2010-12-02］. http://www.edschools.org/ EducatingResearchers/educating researchers, pdf.

［19］陈粤秀、Ellen Goldring、Catherine Loss：《美国教育博士学位的背景与发展》，《复旦教育论坛》2009 年第 3 期。

［21］Levine, A. Educating school leaders.［2010-12-02］. http://www.edschools.org/pdf/ Final313.pdf.

［22］［23］Shulman, L.S., et al.（2006）. Reclaiming education's doctorates: A critique and a proposal. *Educational Researcher*, 35（3）, 25-32.

［23］［24］Guthrie, J.W.（2009）. The case for a modern doctor of education degree（Ed. D.）: Multipurpose education doctorates no longer appropriate? *Peabody Journal of Education*, 84（1）, 3-8.

（本文选自《清华大学教育研究》2012 年第 3 期）

附　录

（按时间顺序排列）

　　说明： 本附录主要摘选近二十年来我国教育专业学位研究生教育的有关学术成果，按照文章发表的时间由远至近排序，其目的就是要客观呈现我国教育专业学位研究生教育发展的趋势和特点。论文遴选遵循质量第一的原则，主要分为核心期刊学术论文和高水平的学位论文两个部分，力图全面展示论文集正文中未收录但具有一定学术和理论价值的成果。

一、期刊论文

　　［1］国务院学位委员会办公室有关负责同志就设置和试办教育硕士专业学位答记者问［J］. 学位与研究生教育，1996（5）.

　　［2］谢桂华. 面向基础教育做好教育硕士专业学位试点工作［J］. 中国高等教育，1997（1）.

　　［3］洪成文. 英国开设新型教育博士学位［J］. 学位与研究生教育，1997（2）.

　　［4］汪昌海. 教育硕士专业学位研究生培养模式探讨［J］. 华中师范大学学报（人文社会科学版），1998（2）.

　　［5］张晓明. 论设置教育硕士专业学位的意义［J］. 现代教育论丛，1998（2）.

　　［6］刘大文，杨广学. 综合、开放、应用型教育硕士研究生课程探析［J］. 中国高教研究，1998（5）.

　　［7］张晓明. 开拓教育硕士生源的实践与思考［J］. 高教探索，1999（1）.

　　［8］李玲，张慧霄，姜君. 黑龙江省教育专业学位培养工作的探索［J］. 黑龙江高教研究，1999（3）.

　　［9］王洪松，李章泉，张慧. 面向基础教育培养应用型高层次人才——浅谈教育硕士专业学位的设置与试点［J］. 中国成人教育，1999（7）.

　　［10］王洪松，惠芙蓉，王淑菊. 完善在职教师攻读教育硕士专业学位试点工作［J］. 中国成人教育，2000（1）.

［11］胡大雷. 在教育硕士培养工作中应注意的四个问题［J］. 学位与研究生教育，2000（3）.

［12］袁锐锷. 中英教育硕士专业学位教育的比较研究［J］. 比较教育研究，2000（3）.

［13］戴亦军，刘四二. 教育硕士专业学位研究生思想道德特点及其管理机制初探［J］. 学位与研究生教育，2000（4）.

［14］李章泉，王洪松. 突出专业学位特色 优化教育硕士的课程设置［J］. 学位与研究生教育，2000（5）.

［15］段丽华. 教育硕士专业学位研究生教学方式的探索性研究［J］. 学位与研究生教育，2000（6）.

［16］张慧，王忠山，杨存昌. 设置教育硕士专业学位的必要性研究［J］. 中国成人教育，2000（8）.

［17］邬志辉，戴继天，唐德先. 试论教育硕士专业学位的性质［J］. 吉林教育科学，2000（11）.

［18］王洪松，李章泉，张宇. 对在职攻读教育硕士专业学位学员的调查与分析［J］. 学位与研究生教育，2001（1）.

［19］杨启亮. 教育硕士专业的课程制约性与对策［J］. 江苏高教，2001（3）.

［20］买宁. 教育硕士研究生学籍管理制度的探索［J］. 学位与研究生教育，2001（4）.

［21］杨承印. 港台与内地教育硕士专业学位研究生教育比较［J］. 学位与研究生教育，2001（5）.

［22］母小勇. 论"临床专家型"教师的教育课程——教育硕士专业学位课程研究［J］. 高等教育研究，2001（6）.

［23］梁景和. 建立教育硕士培养与实践基地［J］. 学位与研究生教育，2001（10）.

［24］杨启亮. 教育硕士专业学位研究生教育的课程设计理念［J］. 学位与研究生教育，2001，Z1.

［25］骆四铭. 我国专业学位教育发展的必然与局限［J］. 理工高教研究，2002（3）.

［26］王洪松，李章泉. 教育硕士专业学位教育质量评估初探［J］. 中国成人教育，2002（3）.

［27］吴家国. 积极推进新世纪教育硕士专业学位工作［J］. 学位与研究生教育，2002（9）.

［28］秦春生，戴继天，孙平. 中、美教育硕士教育比较研究［J］. 学位与研究生教育，2002（11）.

［29］李炎芳，但昭彬. 我国教育硕士专业学位师资队伍建设研究［J］. 教育研究，2002（12）.

［30］梁其健. 教育硕士专业学位师资队伍应具备的整体结构——兼论教育专业硕士与学科硕士培养标准的异同［J］. 华中师范大学学报（人文社会科学版），2003（2）.

［31］关尔群. 关于教育硕士指导教师队伍建设的思考［J］. 教育科学，2003（2）.

［32］李长著，李玉泉. 对西北少数民族地区发展教育硕士专业学位的思考［J］. 高等理科教育，2003（6）.

［33］何英惠. 教育硕士专业学位研究生培养目标的定位思考［J］. 中国高教研究，2003（11）.

［34］邵光华，姚静. 教育硕士专业课程教学改革研究［J］. 教师教育研究，2004（2）.

［35］傅松涛，王俊景，郑丽君，赵晓凤，何逢春. 中美教育硕士专业学位研究生教育比较研究［J］. 学位与研究生教育，2004（4）.

［36］徐富明，黄文锋，杨阿丽. 教育硕士专业学位学业满意度的调查研究［J］. 辽宁教育研究，2004（11）.

［37］曾琦. 成人学习理论对教育硕士专业学位研究生教育的启示［J］. 学位与研究生教育，2005（2）.

［38］徐富明，任亮. 教师在职攻读教育硕士专业学位的学习成效及其影响因素研究［J］. 教师教育研究，2005（3）.

［39］徐学智. 教育硕士工作满意感与离职倾向的调查［J］. 教师教育研究，2005（3）.

［40］徐富明，黄文锋. 中小学教师攻读教育硕士的求学动机和成效研究［J］. 教学与管理，2005（4）.

［41］任亮，徐富明，杨阿丽. 教育硕士的进修动机与学习效果研究［J］. 辽宁教育研究，2005（5）.

［42］杨启亮. 偏失与合适：教育硕士专业学位的论文选题［J］. 学位与研究生教育，2005（8）.

［43］石长地，白向宁. 教育硕士专业学位培养的三大落差［J］. 中国高等教育，2005（10）.

［44］唐文焱，何太平. 探索独具特色的教育硕士培养模式［J］. 学位与研究生教育，2005（11）.

［45］袁锐锷，易轶. 美国大学以优秀教师标准重设教育硕士课程［J］. 学位与研究生教育，2005（11）.

［46］马睿颖. 墨尔本大学教育学院教育博士学位课程［J］. 福建论坛（社科教育版），2005，S1.

［47］张宏，徐富明，安连义. 中小学教师在职攻读教育硕士专业学位的自我导向学习的调查研究［J］. 教育学报，2006（1）.

［48］张海防，耿红. 素质教育纳入教育硕士培养规范刍议［J］. 江苏高教，2006（2）.

［49］成康. 教育硕士招生困境的成因与对策［J］. 学位与研究生教育，2006（2）.

［50］石长地，白向宁. 以课程学习为依托 提高教育硕士专业学位研究生的科研能力［J］. 学位与研究生教育，2006（4）.

［51］周富强. 英国"教育博士"培养的实践、问题与挑战［J］. 中国高教研究，2006（6）.

［52］陶业涛. 加强导师队伍建设 提高教育硕士培养质量［J］. 中国成人教育，2006（7）.

［53］袁锐锷，凌朝霞. 关于澳大利亚若干大学教育博士培养工作的思考［J］. 比较教育研究，2006（9）.

［54］井维华. 教育硕士学位教育应注意的几个问题［J］. 中国成人教育，2006（10）.

［55］王云兰. "农村高中教育硕士师资培养计划"政策实施过程中的问题及思考［J］. 江西教育科研，2006（11）.

［56］陈明霞. 对教育硕士教学管理中存在问题的思考［J］. 福建论坛（社科教育版），2006，S1.

［57］王丽娟. 浅谈我国教育博士学位的兴起［J］. 中国成人教育，2007（3）.

［58］徐富明，周治金. 中小学教师在职攻读教育硕士专业学位的职业承诺和离职倾向［J］. 高等教育研究，2007（4）.

［59］武玉国，韩延伦. 教育硕士课程设置科学性问题探讨［J］. 学位与研究生教育，2007（4）.

［60］张先亮，陈玉兰，蔡伟. 构建教育硕士"一点二线三面"培养模式——以浙江师范大学人文学院语文教育硕士培养为例［J］. 学位与研究生教育，2007（5）.

［61］徐晓明，薛卫军. 教育管理方向教育硕士课程体系的构建［J］. 职业时空，2007（5）.

［62］王茹. 解读俄罗斯技术教育硕士专业国家教育标准［J］. 中国职业技术教育，2007（6）.

［63］褚宏启. 我国教育管理方向教育硕士专业学位研究生培养现状与走向的思考［J］. 教师教育研究，2007（6）.

［64］池塘. 远程教育硕士学位（MDE）课程的实践经验［J］. 中国远程教育，2007（8）.

［65］马健生，滕珺. 论我国教育博士专业学位设置的迫切性和可行性［J］. 学位与研究生教育，2007（8）.

［66］张维军. 试论教育硕士专业学位教育的内涵发展［J］. 中国成人教育，2007（11）.

［67］卫嵘，陈平水. 教育硕士专业学位研究生培养目标的新思考［J］. 中国高教研究，2007（12）.

［68］何敏，张屹. 农村教育硕士远程可视化学习和教研平台设计［J］. 中国远程教育，2007（12）.

［69］杨德平，罗文伟. 浅议教育硕士专业学位教育与基础教育改革互动关系［J］. 当代教育科学，2007（15）.

［70］陈继贞. 提高生物教育硕士生物科学素养的思考［J］. 中国成人教育，2008（3）.

［71］顾明远. 教育硕士专业学位十年的思考与建议［J］. 教师教育研究，2008（3）.

［72］杨启亮. 扬长补短：教育硕士学位论文的指导［J］. 学位与研究生教育，2008（3）.

［73］符得团，吕文英. 教育硕士教学合格评估的目标选择与实现［J］. 西北师大学报（社会科学版），2008（4）.

［74］余国升. 高校设立教育博士专业学位探究［J］. 安徽师范大学学报（人文社会科学版），2008（4）.

［75］任山章. 重新定位教育硕士的培养目标 纠正学术性培养倾向——以浙江省为例［J］. 现代教育科学，2008（5）.

［76］徐今雅. 美国教育硕士培养变革的经验及启示——从基于课程到基于标准［J］. 比较教育研究，2008（5）.

［77］周其国，张朝光，周淑芳. 农村教育硕士政策分析［J］. 教育与职业，2008（7）.

［78］谭洁，裴劲松. 我国专业学位教育质量评估方式探讨［J］. 学位与研究生教育，2008（7）.

［79］宋俊骥. 教管方向教育硕士学位的实践课程范式探析［J］. 教育与职业，2008（8）.

［80］杨跃，张婷婷. 双导师制：提高教育硕士培养质量的可能策略［J］. 教育探索，2008（8）.

［81］王咸伟. 谈全国教育硕士优秀学位论文的指导［J］. 学位与研究生教育，2008（10）.

［82］时花玲. 对教育硕士研究生教学现状的调查分析［J］. 教育探索，2009（1）.

［83］王强，李继凯，杨祖培，杨高矸，周自翔. 关于教育硕士专业学位研究生教育的回顾与思考［J］. 学位与研究生教育，2009（1）.

［84］汪辉. 日本专业学位改革的特点与问题［J］. 学位与研究生教育，2009（1）.

［85］陈粤秀，Ellen Goldring，Catherine Loss. 美国教育博士学位的背景与发展［J］. 复旦教育论坛，2009（3）.

［86］邓涛，孔凡琴. 美国教育博士（Ed.D.）专业学位教育的问题与改革论争［J］. 比较教育研究，2009（4）.

［87］谢芳. 从教育硕士的困惑看高师数学教育课程设置改革［J］. 中国成人教育，2009（6）.

［88］时花玲，谢安邦. 教育硕士专业学位研究生教学质量保证体系研究［J］. 高等教育研究，2009（7）.

［89］李政云. 美国学术型教育博士的培养与启示——以范德比大学皮博迪学院为例［J］. 中国成人教育，2009（9）.

［90］周世厚. 英国教育硕士专业学位教育：现状、特色与经验［J］. 学位与研究生教育，2009（9）.

［91］毕华林. 提高教育硕士专业学位论文质量的实践探索［J］. 中国成人教育，2009（10）.

［92］范牡丹. 关于教育硕士专业学位研究生培养现存问题的分析与思考［J］. 教育与职业，2009（11）.

［93］朱晓宏. 实践取向的教育硕士课程建设［J］. 中国教育学刊，2009（12）.

［94］周晓芳. 我国教育博士专业学位研究生招生工作的思考［J］. 清华大学教育研究，2010（2）.

［95］和震，张宇. 教育硕士专业学位体系中增设职业技术教育专业的思考［J］. 学位与研究生教育，2010（2）.

［96］时花玲. 问题与对策：教育硕士研究生导师队伍建设［J］. 教育理论与实践，2010（3）.

［97］王强. 实践型专家教师培养取向的教育硕士课程改革［J］. 中国教育学刊，2010（5）.

［98］马金晶，靳玉乐. 关于教育博士培养的几点探讨［J］. 教育科学，2010（5）.

［99］岳建军. 国外教育博士专业学位教育对我国的启示及未来展望［J］. 教育科学，2010（5）.

［100］马金晶，靳玉乐. 美国圣路易斯大学教育博士培养的改革及其启示［J］. 高等教育研究，2010（6）.

［101］靳春泓，衡旭辉，韩春霞. 我国教育硕士专业学位研究生教育研究现状分析［J］. 学位与研究生教育，2010（6）.

［102］侯中太. 教育硕士学位论文质量保障研究回顾与思考［J］. 学位与研究生教育，2010（6）.

［103］杨明全，时花玲，王艳玲. 我国教育硕士专业学位教育课程设置的调查研究［J］. 全球教育展望，2010（7）.

［104］马燕华. 论汉语国际教育硕士专业学位论文评价标准［J］. 学位与研究生教育，2010（7）.

［105］戴心来，张囡囡，王健. 面向教育硕士的个性化教育资源平台的构建与技术实现［J］. 电化教育研究，2011（1）.

［106］刘建银. 我国教育硕士培养模式多样化问题的政策思考［J］. 学位与研究生教育，2011（1）.

［107］李森，王振华. 中美教育专业学位研究生培养模式比较研究［J］. 中国高教研究，2011（2）.

［108］李高峰，杨祖培. 教育硕士专业学位论文中的问题、原因与对策［J］. 学位

与研究生教育，2011（2）.

［109］马金晶，谭菲，靳玉乐. 国内外教育博士研究现状及其走向［J］. 现代大学教育，2011（4）.

［110］张秀梅. 远程教育硕士专业课程体系研究：澳大利亚的经验与启示［J］. 中国电化教育，2011（4）.

［111］姚赛男. 农村教育硕士：该确立怎样的培养观——基于管理者视角的反思［J］. 教育理论与实践，2011（5）.

［112］郭跃进. 中西方专业教育硕士培养的观察与思考［J］. 中国高等教育，2011（5）.

［113］曾文婕，黄甫全. 合作活动学习：教育硕士课程的教学样式创新［J］. 复旦教育论坛，2011（5）.

［114］刘筱. 美、澳、英教育博士人才培养中存在的问题及改革论争［J］. 中国高教研究，2011（6）.

［115］宋强，裴金宝. 全日制专业学位研究生指导教师队伍建设的探讨——以教育硕士为例［J］. 中国成人教育，2011（7）.

［116］任娟，袁顶国. 论实践取向的教育硕士课程设置［J］. 中国成人教育，2011（7）.

［117］李云鹏. 国外对教育博士（Ed.D.）教育的研究、争论及其启示［J］. 学位与研究生教育，2011（11）.

［118］时花玲. 教育硕士教育类课程设置的问题及对策［J］. 教育理论与实践，2011（12）.

［119］陆宏，李秋萍，刘兴波. 全日制教育硕士现代教育技术专业课程体系的探究［J］. 当代教育科学，2011（23）.

［120］杜志强，董方. 职业实践导向的全日制教育硕士课程开发［J］. 教育与职业，2011（26）.

［121］杜志强，董方. 谈全日制教育硕士课程内容的选择与组织［J］. 教育探索，2012（2）.

［122］马爱民. 澳大利亚教育博士改革动向［J］. 高等教育研究，2012（2）.

［123］曾必好. 英国 TESOL 专业硕士和我国英语教育硕士人才培养比较与思考［J］. 高教探索，2012（2）.

［124］杨金华. 汉语国际教育硕士专业学位研究生教学实践探索［J］. 学位与研究生教育，2012（2）.

［125］刘德华，耿淑玲. 美国密歇根州立大学科学教育硕士培养方案的特点与启示［J］. 教师教育研究，2012（2）.

［126］王霁云，顾建民，严文蕃. 美国教育博士与教育哲学博士之争的缘起和发展［J］. 大学教育科学，2012（3）.

［127］闫飞龙. 日本教育硕士研究生院的评价制度及其标准［J］. 学位与研究生教

育，2012（3）.

[128]李云鹏. 论教育博士专业学位研究生教育的比较优势［J］. 中国高教研究，2012（3）.

[129]杜凯华，张怡真. 我国教育博士发展问题研究［J］. 河北师范大学学报（教育科学版），2012（5）.

[130]李云鹏. 美国"重塑教育博士卡内基行动"及其启示［J］. 学位与研究生教育，2012（6）.

[131]桑宁霞，王演. 成人教育硕士研究生课程体系改革研究［J］. 中国成人教育，2012（7）.

[132]苗耘，刘莉. 美国范德比尔特大学教育博士培养"顶峰体验"改革研究［J］. 学位与研究生教育，2012（8）.

[133]詹一虹，夏守信，谭进. 免费师范教育硕士培养的困境前瞻与预防——基于综合实验区的探索［J］. 高等教育研究，2012（10）.

[134]韩延伦，武玉国. 教育硕士学术能力培养问题刍议［J］. 学位与研究生教育，2012（11）.

[135]宋智. 全日制教育硕士就业过程中的问题及对策研究［J］. 学位与研究生教育，2012（11）.

[136]路书红，魏薇，许士国. 基于共同体的模式：全日制教育硕士实践教学的探索［J］. 学位与研究生教育，2012（12）.

[137]刘涛，陶媛. 芬兰中小学教师教育硕士化制度探析［J］. 教育探索，2012（12）.

[138]王恩科. 改革在职教育硕士课程 培养专家型教师［J］. 中国高等教育，2012（Z2）.

[139]马爱民. 全日制教育硕士学位论文的新模式［J］. 学位与研究生教育，2013（6）.

[140]陈勇. 教育硕士的科研能力检视及培养对策研究［J］. 黑龙江高教研究，2013（12）.

[141]张有东，陆中会，王颖丽. 专业学位研究生培养的双导师机制研究——以淮阴工学院"特需项目"的实践为例［J］. 学位与研究生教育，2014（3）.

[142]康晓伟. 我国教育博士专业学位教育的现状、问题及政策建议［J］. 现代教育管理，2014（3）.

[143]李彩彦，刘方林. 教育博士研究能力培养：经验、困境与对策［J］. 教育探索，2014（4）.

[144]张爱军. "教师成为研究者"的困惑与解惑——基于教育博士的个案研究［J］. 中国教育学刊，2014（4）.

[145]苏丹. 在职教育硕士毕业生教师职业认同研究［J］. 天津师范大学学报（社会科学版），2014（4）.

［146］苏丹，王光明. 全日制教育硕士实践教学体系的构建研究［J］. 教育探索，2014（5）.

［147］赵蒙成. 文科类专业学位水平评估指标体系的构建策略［J］. 现代大学教育，2014（6）.

［148］郝庆云，张蕾. 全日制教育硕士研究生"三位一体"的人才培养模式探究［J］. 黑龙江高教研究，2014（9）.

［149］崔显青，郭长虹. 专业学位研究生实践能力培养模式构建与实践［J］. 黑龙江高教研究，2014（9）.

［150］许慧霞，章明卓，汪贤泽. "知行研合一"的全日制教育硕士培养体系探析——以浙江师范大学为例［J］. 学位与研究生教育，2014（9）.

［151］张弛，孙富强. 全日制教育硕士专业学位研究生实践教学问题及对策研究［J］. 学位与研究生教育，2014（10）.

［152］王红艳. 全日制教育硕士培养的"浸润式实习模式"之辩［J］. 全球教育展望，2014（11）.

［153］景晓娜. 我国教育硕士人才培养模式的现实考量及其改进［J］. 高等农业教育，2014（11）.

［154］邓涛. 教育博士"论文包"实施的个案解析［J］. 学位与研究生教育，2014（11）.

［155］李红. 全日制教育硕士教育实习存在的问题及对策［J］. 教育与职业，2014（26）.

［156］王峰娟. 全日制教育硕士培养工作的困境与对策［J］. 中国教育学刊，2014（S6）.

［157］韩延伦. 近年来美国重塑教育博士的改革行动及启示［J］. 现代大学教育，2015（2）.

［158］钟振国. PCK视域下全日制教育硕士的核心知识及其建构［J］. 中国成人教育，2015（3）.

［159］尹小敏. 基于大学与基础教育机构合作的教育博士培养路径研究［J］. 江苏高教，2015（3）.

二、学位论文
［1］母小勇. 论"临床专家型"教师的教育课程［D］. 华东师范大学，2001.
［2］曹麦玲. 中美师范教育硕士研究生培养比较研究［D］. 陕西师范大学，2002.
［3］龙兰. 教育硕士（数学教育）课程的国际比较与启示［D］. 西南师范大学，2003.
［4］王秀珍. 在课程改革背景下的教育硕士课程设置研究［D］. 西北师范大学，2003.
［5］孙永兴. 教育硕士专业学位质量保障研究［D］. 华南师范大学，2004.

［6］贺中元. 美国教育硕士课程研究［D］. 湖南师范大学，2006.

［7］叶引姣. 我国教育硕士专业学位教育研究［D］. 浙江师范大学，2006.

［8］邓光平. 我国专业学位设置的政策分析［D］. 华中科技大学，2006.

［9］吴玲. 教育硕士专业学位课程设置研究［D］. 华东师范大学，2007.

［10］赵悦. 教育硕士研究生教育质量保障体系构建研究［D］. 吉林大学，2007.

［11］周淑芳. 农村教育硕士政策分析［D］. 江西师范大学，2007.

［12］韩从梅. 专业学位研究生教育质量评估的研究［D］. 合肥工业大学，2007.

［13］洪晓峰. 教育硕士学科资源库平台的研究与设计［D］. 内蒙古师范大学，2007.

［14］周频. 我国专业学位研究生教育发展对策研究［D］. 兰州大学，2008.

［15］范微微. 中、美教育硕士培养的比较研究［D］. 东北师范大学，2008.

［16］赵云花. 教育硕士专业学位论文质量保障体系研究［D］. 华东师范大学，2008.

［17］卫嵘. 综合性大学教育硕士培养问题研究［D］. 山西大学，2008.

［18］徐英. 教育硕士移动学习组织与应用模式研究［D］. 湖南师范大学，2008.

［19］范柳俊. 我国教育硕士专业学位研究生培养模式研究［D］. 河北大学，2009.

［20］苑金婷. 我国专业学位硕士研究生教育发展战略研究［D］. 燕山大学，2010.

［21］佘宇菡. 我国专业学位研究生教育的学位结构研究［D］. 西南大学，2010.

［22］张兰. 专业学位研究生教育课程教学若干问题探讨［D］. 复旦大学，2011.

［23］吴志芬. 美国教育博士培养模式的研究与启示［D］. 南京大学，2011.

［24］董方. 职业实践导向的全日制教育硕士课程开发研究［D］. 南昌大学，2011.

［25］杜丹. 专业学位研究生培养机制研究［D］. 郑州大学，2012.

［26］王一博. 专业学位研究生教育结构发展适切性分析［D］. 广州大学，2012.

［27］高改兰. 中美教育硕士培养模式研究［D］. 哈尔滨师范大学，2012.

［28］李云鹏. 美国教育博士专业学位的发展动力与变革模式研究［D］. 南京师范大学，2012.

［29］贺菲. 美国密歇根州立大学教育硕士培养方案研究［D］. 西南大学，2012.

［30］曲海红. 我国全日制教育硕士培养模式研究［D］. 曲阜师范大学，2012.

［31］李世讴. 教育硕士课程体系构建研究［D］. 西南大学，2010.

［32］刘洋. 我国教育硕士专业学位制度两条路径的比较研究［D］. 东北师范大学，2010.

［33］曾夏芳. 中美比较视野下我国教育硕士培养质量保障体系研究［D］. 浙江师范大学，2010.

［34］陶西文. 教育硕士专业学位研究生多元化学习方式的构建［D］. 河北师范大学，2011.

［35］曾宪培. 全日制教育硕士课堂教学行为优化策略［D］. 陕西师范大学，2011.

［36］梁晓风. 我国教育硕士专业学位课程体系研究［D］. 上海师范大学，2010.

［37］冯啸．教育硕士专业学位研究生培养实施过程管理的研究［D］．扬州大学，2011．

［38］周美丽．基于实践能力的全日制教育硕士课程体系构建研究［D］．湖南科技大学，2012．

［39］郭小娜．全日制教育硕士"双导师制"实施现状调查及对策研究［D］．南昌大学，2012．

［40］王媛媛．在职人员攻读教育硕士专业学位教学质量问题研究［D］．华中师范大学，2013．

［41］马爱民．国际比较视野下的教育博士发展研究［D］．华东师范大学，2013．

［42］郭娟．基于学位授予标准的全日制硕士专业学位管理改革研究［D］．华南理工大学，2013．

［43］黄正夫．基于协同创新的全日制教育硕士培养模式研究［D］．西南大学，2014．

［44］任路伟．全日制教育硕士课程质量问题研究［D］．河北大学，2014．

［45］彭熠．从学科专家到专业教师［D］．湖南师范大学，2014．

后　记

1996 年，我国开始了教育专业学位研究生培养工作。此后，学术界也一直在不断探索教育专业学位的建设和发展问题，产生了众多研究成果。本书便是我们在全国教育专业学位研究生教育指导委员会的统筹下，精心编选的 20 年来关于教育专业学位研究的具有较高水平的论文的结集。

本书共收录论文 50 篇，分为 8 大主题，基本囊括了近年来学术界所争鸣的主要内容，分别是：总论、本质省思、课程与教学、培养模式与机制、质量保障与评估、招生与毕业设计、实践争鸣以及他山之石。为了尽可能遴选出高质量的论文，我们在组织上采取了专家团体集体决策和多阶段筛选的方式进行，对同一主题的学术论文也是进行了反复比较后才确定。论文遴选完全以质量为原则，不唯成果发表等级，不唯成果发表单位，不唯作者学术身份地位，也不限定同一作者的选中数量。

本书的编选整理是由诸多同仁共同完成的。全国教育专业学位研究生教育指导委员会副主任委员、西南大学副校长崔延强教授负责统筹整部书的筛选整理工作，对文稿进行专题设计，确立遴选原则，以及对论文集整体质量等做全面把关；西南大学教育学部教授、研究生院副院长张学敏从成果遴选到格式安排等都全程参与，指导督促论文遴选整理工作；西南大学研究生院副院长张陈、办公室主任曾鸣鸣、专业学位管理办公室主任黄漓红等也参与了了本书的编选协调工作；西南大学教育学部博士研究生吴叶林、朱晓雯、何谐、何润等更是在重庆酷热的暑期完成了大量校订工作。

本书的整理是一项重要的学术活动，不仅反映了 20 年来我国教育专业学位研究生教育的历史脉络和特点，而且也是对过去 20 年教育专业学位研究成果的总结和教育专业学位研究生培养工作的纪念。作为编者，我们也期望它将为我国教育专业学位研究生教育的进一步综合改革提供重要的理论借鉴。

本书得以出版，要特别感谢近 20 年来所有作者的学术贡献和对本书编选整理的理解和支持！全国教育专业学位研究生教育指导委员会秘书处及其专家学者和人民教育出版社的同志们对本书的编选出版都给予了大力支持，我们在此一并致谢！此外，由于任务紧迫，加之我们水平所限，本书定有不足之处，敬请读者批评指正！

编者

2016 年 7 月